Susanne Schlabs
Schuldnerinnen –
eine biografische Untersuchung

Studien zur qualitativen Bildungs-,
Beratungs- und Sozialforschung

ZBBS-Buchreihe
herausgegeben von

Werner Fiedler
Jörg Frommer
Werner Helsper
Heinz-Hermann Krüger
Winfried Marotzki
Ursula Rabe-Kleberg
Fritz Schütze

Susanne Schlabs

Schuldnerinnen – eine biografische Untersuchung

Ein Beitrag zur Überschuldungsforschung

Verlag Barbara Budrich,
Opladen & Farmington Hills 2007

Die Drucklegung dieses Buches wurde freundlicherweise von der
Hans-Böckler-Stiftung unterstützt.

Bibliografische Informationen der Deutschen Nationalbibliothek
Die Deutsche Nationalbibliothek verzeichnet diese Publikation in der Deutschen
Nationalbibliografie; detaillierte bibliografische Daten sind im Internet über
http://dnb.d-nb.de abrufbar.

Gedruckt auf säurefreiem und alterungsbeständigem Papier.

Dissertation zur Erlangung des Doktorgrades der Philosophischen Fakultät der
Martin-Luther-Universität Halle-Wittenberg.

ISBN   978-3-86649-072-7

Umschlaggestaltung: disegno visuelle kommunikation, Wuppertal – www.disenjo.de
Druck: DruckPartner Rübelmann, Hemsbach
Printed in Germany

Inhalt

Anhang (separater Teil – Anfragen bitte an: susanne.schlabs@freenet.de)

Vorwort

Als Fundament meiner Forschungsarbeit möchte ich die Interviews mit meinen Gesprächspartnerinnen bezeichnen, weshalb ihnen mein ganz besonderer Dank gilt. Ich weiß um die Überwindung und Kraft, die sie diese Interviews gekostet haben. Es ist durchaus nicht selbstverständlich, sich einer fremden Person mit sehr persönlichen Erfahrungsberichten anzuvertrauen. Deshalb weiß ich diese Unterstützung und das mir entgegengebrachte Vertrauen sehr zu schätzen.

Ohne die kooperierenden Beratungskräfte wäre der Kontakt zu den Interviewpartnerinnen nur schwerlich zustande gekommen, weshalb ich auch diese Unterstützung ausdrücklich hervorheben möchte. Wenn auch nicht immer ein Interview realisiert werden konnte, so ist aber dennoch das Bemühen der Beratungskräfte trotz ihrer knappen Zeitressourcen zu honorieren. Meine besondere Wertschätzung für ihren Einsatz bei der Akquise meiner Informantinnen gilt L., U. und Frau H., die ich aus Datenschutzgründen bedauerlicherweise nur in dieser Form nennen kann.

Für die Betreuung meiner Promotion, angefangen von den vagen Überlegungen bis hin zur Realisierung des konkreten Vorhabens, möchte ich Frau Prof. Ursula Rabe-Kleberg ganz herzlich danken. Mit Ausdauer und Zuversicht hat sie meine Arbeit begleitet sowie durch praktische oder theoretische Anregungen mein Vorankommen forciert.

Durch die materielle und ideelle Förderung der Hans-Böckler-Stiftung konnte ich dieses Dissertationsprojekt finanziell und strukturell abgesichert durchführen, weshalb ich mich dieser Form der Zuwendung ebenso zu Dank verpflichtet fühle.

In diesem Kontext möchte ich auch meine hilfreiche Einbindung in das Promotionskolleg „Biographische Risiken und neue professionelle Herausforderungen" betonen. Im interdisziplinären Austausch konnte ich eine Reihe von konstruktiven Hinweisen und Hilfestellungen für meine eigene Arbeit gewinnen. Den betreuenden ProfessorInnen Prof. Heinz-Hermann Krüger, Prof. Winfried Marotzki, Prof. Ursula Rabe-Kleberg, Prof. Fritz Schütze, Prof. Jörg Frommer sowie den KollegiatInnen sei dafür herzlich gedankt.

Die engagierte Unterstützung der Postdoktorandinnen Dr. Sandra Tiefel und Dr. Melanie Fabel-Lamla sei hier explizit unterstrichen. Ihre Beratung war in mehrfacher Hinsicht wesentliche Entscheidungshilfe für das weitere praktische Vorgehen. Vor allem Sandras Strukturierungsvorschläge erwiesen sich in scheinbar ausweglosen Situationen als überaus effektiv.

Aus dem Kolleg konstituierte sich eine Interpretationsgruppe, der ich sowohl in fachlicher als auch in persönlicher Hinsicht zu großem Dank verpflichtet bin. Barbara Heisig und Andrea Thiekötter, beide pflegewissen-

9

schaftlich geprägt, wurden nicht müde, sich mit der Überschuldungsproblematik auseinander zu setzen. Zugleich hatten sie aber immer auch ein Ohr für
Probleme jenseits der Dissertation, sodass sie mir jederzeit eine außerordent-
liche Hilfe waren.

Vergessen möchte ich an dieser Stelle auch nicht Frau Kerstin Frenzel,
die sich mit ausgesprochener Freundlichkeit und Hilfsbereitschaft um die
vielen (lästigen) administrativen Angelegenheiten im Verlauf der Dissertation
gekümmert hat. Vielen Dank dafür.

Ein herzliches Dankeschön gilt auch Freunden und Verwandten, die mich
auf ganz vielfältige Weise begleitet, immer wieder ermuntert und tatkräftig
unterstützt haben.

Braunschweig, im Herbst 2006

Geleitwort von Ursula Rabe-Kleberg

Zu konsumieren und wenn das Geld dafür nicht reicht, eben Schulden zu machen, das gelte heute ja schon fast als Bürgerspflicht. Wir seien umgeben von marktschreierischen Angeboten und nutzten vielleicht nur aus augenblicklichem Frust leichtfertig die Möglichkeiten, auch gegen Mitternacht noch per Telefon oder Internet kostspielige Waren zu ordern. Solche kulturkritischen Bekenntnisse finden wir in gewissen Abständen immer wieder als Themen in Feuilletonartikeln, verfasst von Journalisten, die sich vermutlich gerade einmal wieder über ihre Kreditkartenabrechnung erschreckt haben...

Um solche Phänomene des leichtfertigen Umgangs mit Geld auf dem Hintergrund relativ gesicherter Lebensverhältnisse geht es Susanne Schlabs in ihrer jetzt vorliegenden Arbeit über „Schuldnerinnen" gerade nicht. Vielmehr stehen risikoreiche Prozesse der Überschuldung im Zentrum der Untersuchung und Frauen, die biografisch in solche Verstrickungen geraten sind.

Frau Schlabs hat selbst langjährig professionelle Erfahrungen in der Schuldnerberatung gesammelt. Sie hat in dieser Zeit das ihr und ihrer Profession insgesamt zur Verfügung stehende Wissen über biografische Prozesse, die zu Überschuldung – auch und gerade von Frauen – führen, immer als ungenügend empfunden. Trotz der wachsenden anomischen Gefahren, die von Überschuldung gesellschaftsweit ausgehen, liegen bis heute nämlich im deutschsprachigen Raum keine qualitativen Untersuchungen über Entstehung und Verlauf von Überschuldungsprozessen vor. Frau Schlabs hat die sich ihr bietende Möglichkeit der Förderung im Rahmen des gemeinsamen Promotionskollegs der Universitäten Halle und Magdeburg genutzt und eine qualitative Studie über Frauen durchgeführt, die in Überschuldung geraten.

Ihre Untersuchung hat Pilotfunktion, nicht nur in Bezug auf den Überschuldungsprozess selbst. Vielmehr stellen sich auch zwei weitere Aspekte als unbearbeitet heraus: Weder gibt es bislang Untersuchungen, in denen die Überschuldungsprozesse für Männer und Frauen differenziert untersucht werden noch solche, die die professionellen Konsequenzen thematisieren, die sich aus einem biografietheoretischen Vorgehen ergeben. Bislang beschränken sich Interventionen in der Schuldnerberatung in erster Linie auf Wiederherstellung eines ökonomischen Handlungsspielraumes und thematisieren nicht die den Verstrickungen zugrunde liegenden biografisch erworbenen risikoreichen Handlungsmuster.

Eigene biografische oder auch professionelle „Betroffenheit" können bei der wissenschaftlichen Befassung mit einem Problem aufgrund der Nähe und des Engagements oftmals zu einem Hindernis für eine distanzierte wissenschaftliche Betrachtung werden. In dieser Arbeit ist dies nicht der Fall. Im Gegenteil. Frau Schlabs lässt uns an ihrem eigenen Prozess der Distanzierung und Wiederannäherung an ihren Gegenstand teilhaben.

Bereits das erste Kapitel kann wie eine Darstellung des Prozesses der Gewinnung oder Konstruktion ihrer Forschungsfrage gelesen werden. Es wird nachvollziehbar, wie sie sich erfahrungsgesättigt aber doch noch alltagsnaiv vorfindlichen Forschungsergebnissen nähert und den Stand der Forschung zugleich in seiner Vorläufigkeit kritisiert.

Insgesamt folgt die Autorin in der Form der Darstellung diesem Muster. So ist das erste Kapitel nicht „klüger" als die Autorin zu Beginn der Arbeit. Wirft man hier schon einmal einen Blick auf das Kapitel vier, wo ihre eigenen Ergebnisse im Lichte von Theorien und theoretischen Erklärungsansätzen diskutiert werden, so werden diese – im Sinne der Grounded Theory – eben auch erst dann herangezogen, wenn dies auf Grund der selbst erarbeiteten empirischen Ergebnisse sinnvoll ist.

Auf ähnliche Darstellungsprinzipien treffen wir im so genannten Methodenkapitel. Auch hier finden wir nicht – wie dies oft gerade in Promotionen der Fall ist – auf handbuchartige Formulierungen und stereotyp abgearbeitete „Methodenmodule", vielmehr werden Design, Erhebung, Auswertung und Fragen der Ergebnisdarstellung methodisch und methodologisch präzise und kenntnisreich, aber eben immer ganz nah an der eigenen Fragestellung und dem eigenen Vorgehen dargestellt.

Aus einer Reihe von Fällen, die untersucht wurden, stellt die Autorin uns drei Frauen vor, die in Überschuldung geraten sind. Dabei folgt sie in allen drei Fällen dem gleichen Auswertungs- und zugleich Darstellungsmuster.

Zunächst wird die Verlaufskurve der Überschuldung chronologisch rekonstruiert, das Selbst- und Weltverständnis der Schuldnerinnen analysiert und zum Schluss wird mit der Formulierung eines Fallprofils ein weiterer Abstraktionsschritt gemacht. Auf diese Art bleibt die Darstellung übersichtlich und die Fälle werden vergleichbar. Jede Fallrekonstruktion ist trotzdem ausreichend detailliert, ohne – wie oft beobachtet – so auszuufern, dass es für den Leser unübersichtlich wird und der Kern der Aussage untergeht. Diese Knappheit der Darstellung muss demnach als besondere Leistung und als vorbildlich für qualitative Forschung hervorgehoben werden.

Beim Vergleich der Fälle kommt Susanne Schlabs auf eine Annahme zurück, die sie bereits zu Beginn ihrer Untersuchung aufgrund ihrer Erfahrungen gemacht hatte, nämlich dass es eben nicht oder nicht nur die äußeren Ereignisse seien, die zur Überschuldung führen, sondern der Umgang der Subjekte mit dem Risiko der möglichen Schulden und Über-Schulden.

Zu den wesentlichen Ergebnissen der Arbeit gehört es, die biografischen Ressourcen – oder besser das Fehlen dieser – herausgefunden zu haben, die Frauen in die Verlaufskurve der Überschuldung eintreten lassen, aber auch solcher Ressourcen, die ihnen die Möglichkeit bieten, diese Verläufe zu transformieren oder auch wieder zu verlassen.

Zu diesen – biografisch sehr früh erworbenen - Ressourcen gehören zum einen soziale Normen und Rollen oder das Gegenteil, Defizite im Prozess ihres Erwerbs. Hierzu gehören zum anderen schwache oder gar kaum auszumachende Selbstkonzepte als Bedingung für das Ausgeliefertsein an scheinbar schicksalhafte biografische Verlaufskurven. Bemerkenswert ist, dass die Autorin davon ausgeht, dass die Verlaufskurve „Überschuldung" nur eine der möglichen ist, in die diese Frauen geraten sind. Es hätte auch eine andere Verstrickung sein können – dies ist von der Spezifik der äußeren Ereignisse abhängig. Das Eintreten eines ähnlich angelegten Erleidensprozesses aber erscheint in diesen Fällen nahezu zwangsläufig.

Die Arbeit ist geradezu spannend zu lesen. Die Ergebnisse bringen einen deutlichen wissenschaftlichen Fortschritt und verweisen auf die Komplexität, die sich daraus für professionelles Handeln in der Schuldnerberatung ergibt.

Die jetzt gesetzlich vorgeschriebene Beschränkung der Schuldnerberatung auf die Wiederherstellung finanzieller Handlungsfähigkeit erscheint vor dem Hintergrund dieser Ergebnisse kurzsichtig und kontraproduktiv.

Auf diesem Hintergrund wünsche ich der Arbeit von Frau Schlabs eine breite und ernsthafte Rezeption – nicht nur in professionellen, sondern auch und vor allem in politischen Kreisen.

Prof. Dr. Ursula Rabe-Kleberg
Halle, im September 2006

13

Einleitung

In Zeiten gravierender gesellschafts- und sozialpolitischer Veränderungen besteht für ansonsten marginalisierte Problemfelder entweder die Gunst der Stunde, doch noch ins Licht einer kritisch-reflektierten Öffentlichkeit rücken zu können, oder aber die Gefahr, in der Flut von Informationen gänzlich unterzugehen.

Gegenwärtig befindet sich die Bundesrepublik Deutschland aufgrund der sozialen Reformen an einem neuralgischen Punkt, an dem sich noch nicht eindeutig prognostizieren lässt, welche ganz konkreten Auswirkungen diese Veränderungen für den einzelnen Menschen wie auch für die Gesellschaft mit sich bringen werden.

Es dürfte jedoch unstrittig sein, dass sozialstaatliche Transferleistungen sukzessiv reduziert werden, indem Eigenverantwortung anstelle von Solidarität und Unterstützung, Bürgergesellschaft statt Wohlfahrtsstaat postuliert werden.

Ein solch markanter Abbau von Sozialleistungen oder deren grundlegende Reformierung lassen sich jedoch nicht ohne eine gesellschaftliche Basis bzw. Akzeptanz realisieren. Neben den herkömmlichen Versuchen, die Bevölkerung über die demografische resp. finanzielle Notwendigkeit eines Umbaus des Sozialstaates zu informieren, bedient sich die Sozialpolitik darüber hinaus auch der fragwürdigen Konstruktion von sozialen Stereotypen. Erinnert sei an die Kampagnen gegen „faule Arbeitslose" oder „Sozialhilfemissbraucher" sowie die unlängst erschienene Publikation des Bundeswirtschaftsministeriums „Vorrang für die Anständigen - Gegen Missbrauch, ‚Abzocke' und Selbstbedienung im Sozialstaat".[1] Soziale Gruppen werden durch diese Form der Darstellung nicht nur stigmatisiert, sondern als ein ganzes und homogenes Konstrukt dargestellt.[2]

Indem den so genannten ehrlichen SteuerzahlerInnen suggeriert wird, eine gewisse[3] Anzahl von SozialleistungsempfängerInnen gehe nicht redlich mit Steuergeldern in Form von sozialen Transferleistungen um, wirbt man um Akzeptanz für die sozialen Reformen. Im Interesse der Wegbahnung des Sozialabbaus und des Hinwegtäuschens über strukturelle Defizite am Arbeitsmarkt werden gesellschaftliche Probleme, wie die Massenarbeitslosigkeit, nicht nur individualisiert, sondern nonkonforme Einzelfälle zu nennenswerten wirtschaftlichen Größen hochstilisiert.

---

1   siehe dazu Bundesministerium für Wirtschaft und Arbeit 2005
2   vgl. Schirilla 2003, 31
3   Da es keine Missbrauch-Statistik bei den Agenturen für Arbeit und den Arbeitsgemeinschaften gibt, existieren auch keine seriös ermittelten Daten (vgl. u.a. Stachura am 5.11.2005).

Infolge derartiger Polarisierungen haben sich sozial benachteiligte Menschen und marginalisierte Problemlagen gegenwärtig eher mit Diffamierung auseinander zu setzen, anstatt kritisch-reflektiert eine öffentliche Beachtung zu erfahren.

Zu diesem aktuellen sozialpolitischen Kontext kontrastiert die vorliegende Forschungsarbeit, denn sie verbindet mit ihren Analysen und Ergebnissen zugleich die Forderung, die Arbeit der Schuldnerberatung und damit auch die Unterstützung sozial benachteiligter Menschen wesentlich stärker in den Fokus politischen Handelns zu rücken. Es verknüpft sich damit die Hoffnung, den defizitären finanziell-rechtlichen und in deren Folge den unzureichenden konzeptionellen Strukturen sozialpädagogischer Praxis wirkungsvoller als bisher begegnen zu können.

In Anbetracht des rasanten Wachstums der Überschuldung privater Haushalte, insbesondere der massiven Zunahme überschuldeter junger Menschen, dokumentiert sich die Relevanz dieser Forderung. Solange ein Staat ein primäres volkswirtschaftliches Interesse am kreditierten Konsum seiner Bevölkerung hat, muss auch dafür Sorge getragen werden, dass die Menschen sowohl präventiv als auch im Fall des Eintretens einer Überschuldung ihren Anspruch auf eine zeitnahe und kompetente Beratung verwirklichen können. An diesen Punkten besteht noch erheblicher Handlungsbedarf.

Die vorliegende Arbeit ist motiviert von den eigenen Erfahrungen in der Schuldnerberatungspraxis, die im Rahmen der Forschungsarbeit beständig reflektiert worden sind. Nicht zuletzt aufgrund fehlender empirisch-qualitativer Untersuchungen zu überschuldeten Menschen, selbstredend aus der Perspektive der Betroffenen, welche die Mehrdimensionalität des Überschuldungsproblems dokumentieren könnten, mangelt es in der Praxis an der Anerkennung sowie Umsetzung ganzheitlicher Beratungsansätze.

Zur privaten Ver- und Überschuldung liegen zwar eine Reihe quantitativer, statistischer Studien vor, deren Erkenntnisse i.d.R. auf soziodemografischen Daten basieren, die wenig Aufschluss geben über die Gesamtsituation, und wie diese von den Betroffenen empfunden wird.

Untersuchungen mit qualitativen Ansätzen bilden die Ausnahme. Auch konzentrieren sie sich auf das Stadium des Lebensverlaufs, in welchem der Schuldnerstatus bereits determiniert ist.

Im Gegensatz dazu erfasst die Studie „Schuldnerinnen – eine biografische Untersuchung" auch die lebensgeschichtlichen Dimensionen, die weit vor diesem Stadium liegen. Die Studie widmet sich mittels qualitativer Biografieforschung strukturierenden Lebensereignissen und Handlungsmustern, die als (latenter) Beginn krisenhafter lebensgeschichtlicher Entwicklungen identifiziert werden können.

Das methodische Vorgehen basiert auf dem Instrumentarium des autobiografisch-narrativen Interviews und es ist auf die Erschließung individueller Formen der Verarbeitung gesellschaftlicher und milieuspezifischer Erfah-

16

rungen gerichtet, womit zugleich die Wechselwirkung zwischen Individuum und Gesellschaft unterstrichen wird. Über die Herausarbeitung von Lern- und Bildungsprozessen im Lebensverlauf und die Rekonstruktion der Ausbildung von Selbst- und Weltverständnissen wird dargestellt, <u>wie</u> Frauen innerhalb ihrer Lebensverläufe zu Schuldnerinnen werden.

Bereits die Erfassung der biografischen Verläufe aus der Sicht der überschuldeten Frauen stellt in diesem Feld eine Besonderheit dar und kann als eine wesentliche Innovation bezeichnet werden. Die Rekonstruktion und Systematisierung biografischer Verlaufsmuster dient aber, neben der Schaffung empirisch gesicherter Daten, vor allem auch der empirischen Profundierung mehrdimensionaler Ansätze zur Betrachtung oder Erklärung der Überschuldungsthematik.

Wenngleich sich die Forschungsarbeit aus der Praxis der Schuldnerberatung konstituiert hat und durchaus praxisbezogen ist, so wurde sie jedoch nicht explizit handlungs- oder praxisorientiert konzipiert.

Diese Entscheidung fiel vor dem Hintergrund der aus der Aktions- oder Handlungsforschung bekannten idealisierten Ansprüche im Hinblick auf ihre Möglichkeiten zur Veränderung der Praxis und der damit verbundenen Problematik einer ungenügenden Differenzierung der unterschiedlichen Strukturlogiken von Praxis und Forschung.

Die vorliegende Arbeit ist auf der Ebene der wissenschaftlichen Forschung angesiedelt, die sich methodisch und methodologisch primär an den Anforderungen des Wissenschaftssystems orientiert. Davon zu unterscheiden ist z.B. eine Praxis- und Begleitforschung, die auf der Ebene handlungsbezogener Reflexion sozialpädagogischer Praxis verortet ist. Folgerichtig macht es innerhalb des Forschungsdesigns methodologisch einen erheblichen Unterschied, ob die Gewinnung neuer Erkenntnisse oder eben die Lösung eines praxisrelevanten Problems angestrebt wird.

Die Ergebnisse dieser Studie sind daher auch nicht als technokratische Anleitung für sozialpädagogisches Handeln zu verstehen. Vielmehr symbolisieren die empirischen Ergebnisse sowie die daraus resultierenden theoretischen Erkenntnisse eine Argumentationsbasis, mit deren Hilfe konzeptionelle Ansätze auf ihre bedürfnis- und adressatenadäquate Ausrichtung resp. mehrdimensionale, ganzheitliche Perspektive untersucht oder evaluiert werden können.

Gleichwohl die Diskurse zur privaten Ver- und Überschuldung sowie zur Schuldnerberatung die Dissertation in ihren theoretischen Kontext setzen, so stehen dennoch die Lebensverläufe von Frauen bzw. die biografischen Momente des Überschuldungsprozesses im Mittelpunkt dieser Arbeit. Infolgedessen liegt der inhaltliche Schwerpunkt bei den methodischen Ausführungen sowie der Ergebnispräsentation, insbesondere den Falldarstellungen.

Der Aufbau der Arbeit bildet im Prinzip chronologisch die einzelnen Arbeitsschritte ab und dokumentiert diese zugleich in transparenter Form.

So greift das 1. Kapitel zunächst die Problematik der privaten Überschuldung als politisches und sozialpädagogisches Handlungsfeld auf und verdeutlicht damit die gesellschaftliche Relevanz der Thematik wie auch die persönlichen Intentionen und Fragestellungen der Forscherin. Anhand der Ausführungen zu den sozialen und ökonomischen Bedingungsfaktoren der privaten Überschuldung, der strukturellen sozialen Beeinträchtigung von Frauen sowie den gegenwärtigen Strukturen im Handlungsfeld der Schuldnerberatung präzisieren sich sukzessiv die Forschungsfrage und das Erkenntnisinteresse. In Abgrenzung zu anderen Untersuchungen wird abschließend der aktuelle Forschungsstand in diesem Feld thematisiert.

Das 2. Kapitel befasst sich umfassend mit den methodologischen Grundlagen und dem methodischen Vorgehen im Rahmen dieser Dissertation. Es wird dargestellt, wie die theoretischen Überlegungen zur Umsetzung der Studie im Hinblick auf ihre praktische Realisierbarkeit und Gegenstandsangemessenheit einer kritischen Überprüfung unterzogen worden sind, bevor sich das Forschungsdesign konkretisierte. Der Forschungsprozess im Feld wird intersubjektiv nachvollziehbar abgebildet, beginnend mit der Vorbereitung und Erhebung der autobiografisch-narrativen Interviews, der Auswertung der Daten vor dem Hintergrund des Verlaufskurvenkonzeptes und abschließend mit der Ergebnisdarstellung in Form von Fallporträts.

Im 3. Kapitel werden die empirischen Ergebnisse präsentiert, indem anhand von drei Fällen der Überschuldungsprozess innerhalb von Verlaufskurvenstrukturen exemplarisch rekonstruiert wird. Über die analytische Abstraktion der Selbst- und Weltverständnisse der Informantinnen werden die Lern- und Bildungsprozesse erfasst, die als konstitutive Momente der späteren Ver- und Überschuldung gewertet werden können.

Das 4. Kapitel stellt die Konstruktion eines Prozessmodells dar, welches die Spezifik der biografischen Verlaufsmuster von Frauen in Überschuldungssituationen beschreibt und zugleich die relevanten charakteristischen Konstitutionsbedingungen berücksichtigt. Die empirischen Ergebnisse werden im Kontext der Konzepte zu Verlaufskurven sowie zur Identitätskonstitution im Sinne des Symbolischen Interaktionismus systematisiert und zu einem gegenstandsbezogenen theoretischen Modell zum Überschuldungsprozess von Frauen konkretisiert.

Zum Abschluss werden die Inhalte und Ergebnisse der Dissertation resümiert und etwaige, über die Studie hinausgehende Perspektiven sowie Postulate formuliert.

In Anbetracht der Aktualität der sozialpolitischen Reformen gestaltet sich die fortwährende Integration neuester Informationen mitunter schwierig. Es wurde dennoch versucht, den aktuellen Gegebenheiten im Rahmen dieser Dissertation eine adäquate Beachtung zu schenken.

1. Die private Überschuldung als politisches und sozialpädagogisches Handlungsfeld: Intentionen und Fragestellungen der Untersuchung

Das 1. Kapitel befasst sich mit der theoretischen Entstehung der Forschungsarbeit resultierend aus den unterschiedlichen Blickwinkeln und Ausgangsfragen der Forscherin. Es wird nachgezeichnet, wie sich anhand existierender gesellschaftlicher, individueller und struktureller Konstellationen im Kontext der Ver- und Überschuldungsthematik das Forschungsinteresse konstituierte. Ebenso werden die mit der Realisierung der Arbeit verbundenen persönlichen Zielsetzungen und die Forschungsziele, die sich auf eine allgemeine Erkenntnis über den Untersuchungsgegenstand beziehen, verdeutlicht.

Die Darstellung des Vorverständnisses dient darüber hinaus der transparenten Dokumentation des Forschungsprozesses, um dem Gütekriterium intersubjektiver Nachvollziehbarkeit zu genügen. Gerade das Vorverständnis beeinflusst maßgeblich die jeweilige Wahrnehmung, die Auswahl und Entwicklung der angewandten Methoden und in der Folge auch die Daten und das Gegenstandsverständnis, weshalb dessen Abbildung von besonderer Bedeutung für die Nachvollziehbarkeit ist.

Um sich der Ver- und Überschuldungsthematik theoretisch zu nähern, sollen im Abschnitt 1.1. zunächst grundlegende gesellschaftlich-strukturelle Komponenten erörtert werden. Rekurrierend auf das Thema der Arbeit werden in diesem Zusammenhang auch frauenspezifische Besonderheiten thematisiert.

Der Abschnitt 1.2. widmet sich der Konstitution des Forschungsinteresses, indem die verschiedenen Aspekte aus der Praxis der Sozialen Arbeit resp. Schuldnerberatung Gegenstand der Betrachtung sind. Eingangs wird im Überblick auf die Potenziale biografischer Methoden und Forschung in der Sozialarbeit verwiesen, um in einem weiteren Schritt die reale Praxis der Schuldnerberatung eingehender zu beleuchten. Hierbei soll die Praxisdarstellung die Erfahrungen der Forscherin widerspiegeln, die wiederum als konstituierende Momente der Forschungsarbeit zu bezeichnen sind.

Die Detaillierung des Forschungsinteresses, verbunden mit der Nachvollziehbarkeit von Entscheidungsfindungen, erfolgt in Form der Präzisierung der Fragestellung im Abschnitt 1.3., und zum Abschluss des Kapitels wird der gegenwärtige Forschungsstand in Bezug auf die inhaltliche Schwerpunktsetzung dieser Arbeit und das Erkenntnisinteresses reflektiert.

1.1. Ausgangsfragen unter dem Blickwinkel der gesellschaftlichen Relevanz der Thematik

Das Phänomen der privaten Überschuldung wird, wenn es denn überhaupt in der öffentlichen Diskussion Aufmerksamkeit erhält, oftmals als ausschließlich individuelles Schicksal der Betroffenen dargestellt. System- bzw. strukturbedingte, äußere Einflussfaktoren werden als Ursache eher vernachlässigt. Lediglich als Auslöser der Krisensituation erfahren sie zumindest peripher Beachtung.

Doch genau wie bei anderen sozialen Prozessen existiert auch hier eine Wechselwirkung zwischen Individuum und Gesellschaft oder eine Dialektik von Subjektivität und Objektivität, wie es die Kritische Theorie formuliert.[4] Im Hinblick auf die Entwicklung der privaten Überschuldung zum sozialen Problem lassen sich die von Spector/ Kitsuse formulierten Stufen verfolgen, womit auch in diesem Sinne die Relevanz gesellschaftlicher und individueller Bedingungsfaktoren evident wird.[5]

Während die Risiken der Arbeitslosigkeit als strukturelle Einflussfaktoren bei der Auslösung einer Überschuldung mittlerweile weitgehend akzeptiert werden, findet dahingegen beispielsweise die Ausweitung der Kreditierungsoptionen zur Finanzierung des Konsumbedarfs seitens der Kreditinstitute verbunden mit aggressiven Werbestrategien in der Verursachungsdiskussion zuwenig Berücksichtigung.

Öffentlich thematisiert werden die individuelle Bereitschaft zur Kreditaufnahme oder die Erhöhung des subjektiven Konsumbedarfs.

Persönliche Umbruchssituationen wie sie mit Trennung, Elternschaft, Krankheit verbunden sind oder mangelnde Kompetenzen bei der eigenen Haushaltsbudgetierung und im Umgang mit den zahlreichen Finanzierungsofferten aufgrund fehlender frühzeitiger Information bzw. Prävention werden lediglich in der Fachdiskussion kontinuierlich rezipiert.

Dabei zeigt sich gerade in der Bereitschaft zur Kreditierung des Lebens- und Konsumbedarfs die Wechselwirkung mit den äußeren Faktoren deutlich. Denn im Zuge einer wirtschaftlich erwünschten wie auch forcierten wachsenden Kreditierung von Gebrauchsgütern und der Eröffnung vielfältiger Angebote seitens der Banken, stellte sich auch die gesellschaftliche wie individuelle Legitimierung der Konsumverschuldung ein.

Auch bei den Folgen einer gescheiterten Verschuldung lässt sich die wechselseitige Bedingung individueller und struktureller Komponenten selbstverständlich fortführen. So hängt einerseits der Verlauf des Überschuldungsprozesses nicht unwesentlich von den individuellen Handlungs- und

---

4   vgl. dazu Klein 1992, 175f.
5   siehe dazu Spector/ Kitsuse 1983, 32f.

Bewältigungskompetenzen der betroffenen Menschen ab. Aber andererseits sind auch die vorhandenen sozialen Strukturen maßgeblich für eine adäquate Bearbeitung und einen gesellschaftlich verantwortlichen Umgang mit der Problematik.

Denn gerade in der psychischen Destabilisierung überschuldeter Menschen zeigen sich die Auswirkungen eines enormen moralisch, normativen Drucks infolge gesellschaftlicher Marginalisierungs- oder Stigmatisierungserscheinungen. Wenn allerdings die innere Belastung aufgrund der äußeren Einwirkungen wächst, ist folglich auch eine weitere subjektive Kompetenzreduktion nicht ausgeschlossen, wodurch im Endeffekt auch weitere Kapazitäten (z.B. psychotherapeutische Beratung, öffentliche Transferleistungen, Krankheitskosten) gebunden werden.

Das Ansteigen der privaten Überschuldung hat wiederum die Schaffung geeigneter äußerer Strukturen bewirkt, um dieser sozialen und finanziellen Problematik zumindest ansatzweise Rechnung tragen zu können. Doch während sich auf der einen Seite spezialisierte Schuldner- und Insolvenzberatungsstellen etablierten, profilierten sich auf der anderen Seite Mahnwesen und Inkassounternehmen.

Wenngleich die private Überschuldung als Resultat einer Wechselwirkung äußerer und innerer Faktoren zu werten ist, erweist es sich als außerordentlich schwierig, dieses Faktum in das öffentliche Bewusstsein zu bringen. Es ist zu konstatieren, dass der Grad der öffentlichen Wahrnehmung sozialer Probleme mit dem Grad des Artikulationsvermögens der Betroffenen steigt.[6]

Um sich jedoch prägnant Ausdruck und Gehör verschaffen zu können, muss der soziale Status in Korrelation mit der Problemkonstellation der öffentlichen Moral und der politischen Stimmungslage entsprechen. Eine Überschuldung wird aber einerseits unter normativer Abweichung oder gar Tabubruch subsumiert, andererseits ist mit ihrer Kenntnisnahme auch politisches Handeln gefragt. Daher verwundert es nicht, dass die Brisanz der Problemlage gesellschaftlich lange Zeit ignoriert wurde und die Betroffen ins soziale Abseits geraten sind.

Hierbei fällt die normative Ambivalenz der Gesellschaft, und die ihr impliziten individuellen Moralvorstellungen, im Umgang mit den so genannten Klein- und Großschuldnern auf. Während das Problem der Kleinschuldner, wozu neben den privaten VerbraucherInnen auch mittelständische Unternehmen mit zahlreichen Arbeitsplätzen zählen, individualisiert, damit marginalisiert und zum Teil moralisch verurteilt wird, erfahren Großschuldner mit ähnlichen betriebswirtschaftlichen Fehleinschätzungen gesellschaftliche und sogar regierungspolitische Anteilnahme.

Indes private SchuldnerInnen oft mit Vorurteilen kämpfen müssen, weil ihnen persönliche Vorteilsnahme und Konsumwahn unterstellt werden, müs-

---

6   weitere Ausführungen dazu auch in Meilwes 1996, 90

sen sich Großunternehmen trotz fragwürdiger oder riskanter Firmenpolitik[7] nicht mit derartigen Unterstellungen auseinandersetzen. Obgleich sie z.b. durch ausbleibende Lohnzahlungen oder säumige Sozialversicherungsbeiträge die Existenz ihrer MitarbeiterInnen gefährden.[8] Eine Ursache für diese moralische Ambivalenz könnte in der defizitären bzw. polarisierten Informationsvermittlung liegen.

Vor diesem Hintergrund soll die vorliegende Arbeit auch der Erhellung und damit auch Enttabuisierung der Thematik dienen sowie gleichzeitig Perspektiven und Handlungsoptionen aufzeigen.

Im Folgenden sollen vor allem die soeben angedeuteten gesellschaftlich-strukturellen Facetten der Problematik systematisiert werden.

1.1.1. Die sozialen und ökonomischen Konstellationen im Kontext der Ver- und Überschuldung in der Bundesrepublik Deutschland

Die private Überschuldung[9] markiert eine relativ neue Form sozialer Ungleichheit[10], die häufig in Verbindung gebracht wird mit dem Begriff der Armut.[11] Wenngleich eine Überschuldung Resultat wie auch Ausgangspunkt einer Armutssituation sein kann, eine Differenzierung ist dennoch geboten.

Insbesondere im Hinblick auf die Strukturebenen[12] dieser beiden sozialen Ungleichheiten lassen sich Unterschiede ausmachen, die folgerichtig eine entsprechende Würdigung bei der praktischen wie theoretischen gesellschaftspolitischen Auseinandersetzung mit dieser Problematik erfahren müssen.

---

7   Erinnert sei an den Fall Phillipp Holzmann AG, die mit Dumping-Löhnen die Konkurrenz unterboten und damit Arbeitsplätze gefährdet oder vernichtet hat, dann aber selbst Insolvenz anmelden musste. Die Interventionen der Regierung griffen nur kurzfristig.

8   Bereits 1997 war dieser Aspekt allein bei 11% der überschuldeten ostdeutschen Haushalte, die eine Beratungsstelle aufsuchten, das entscheidende Auslösungskriterium (vgl. Korczak 1997, 244).

9   Im Allgemeinen liegt eine Überschuldung vor, wenn die regelmäßigen Einnahmen von den regelmäßigen Ausgaben dauerhaft überschritten werden. Andere Definitionen greife ich a.a.O. auf.

10   „Als ‚soziale Ungleichheit' bezeichnet man also (1) wertvolle, (2) nicht absolut gleich und (3) systematisch verteilte, vorteilhafte und nachteilige Lebensbedingungen von Menschen, die ihnen aufgrund ihrer Positionen in gesellschaftlichen Beziehungsgefügen zukommen" (Hradil 1992, 148).

11   siehe u.a. Meilwes 1996, 45f. oder Bundesregierung 2001, 68 („1. Armuts- und Reichtumsbericht")

12   unterschieden werden Ursachen, Determinanten, Dimensionen, Auswirkungen (vgl. Hradil 1992, 148)

Armut als soziales Problem ist sowohl in einer feudalen als auch industriellen oder kapitalistischen Gesellschaftsordnung systemimmanent, weshalb auch die strukturellen Wurzeln in diesen Bereichen zu suchen sind.

Eine Korrelation mit der Sphäre der Erwerbstätigkeit ist gegeben, sei es nun als Resultat kapitalistischer Produktionsverhältnisse oder gesellschaftlicher Stratifikation auf der Basis des beruflichen Status.[13]

Die private Ver- und Überschuldung in breiten Bevölkerungsschichten dahingegen ist in einer deutlich wahrnehmbaren Größenordnung sowohl als Phänomen wie auch als soziales Problem erst in der postmodernen Gesellschaft nach 1945 festzustellen.

In früheren Epochen gab es zwar auch Überschuldungssituationen, diese erwuchsen jedoch aus akuten Armutslagen bzw. korrelierten unmittelbar mit den Besitzverhältnissen oder den Strukturen des Erwerbsleben,[14] und waren nicht mit gezielten Verschuldungsambitionen zur Finanzierung von Gebrauchsgütern verbunden.

Das heißt, die Bedingungsfaktoren dieser neuen sozialen Ungleichheit sind im Kontext der gesellschaftlichen Modernisierung zu lokalisieren. Sie korrelieren auch nicht mehr ausschließlich mit dem Bereich der berufsbezogenen Unterschiede, sondern mit Dimensionen wie Freizeitbedingungen, Wohn- und Wohnumweltbedingungen oder soziale Sicherheit.[15]

Vielmehr sind in den veränderten Strukturen von Staat und Gesellschaft, Hradil nennt wohlfahrtsstaatliche und unmittelbar zwischenmenschliche Faktoren, neue Ursachenfelder sozialer Ungleichheit zu sehen.[16]

Eine Überschuldungssituation kann zwar mit massiven finanziellen und sozialen Beeinträchtigungen verbunden sein, sie ist jedoch nicht zwangsläufig an eine Armutssituation gekoppelt. Das verdeutlicht schon die erhebliche Differenz zwischen dem sozialhilferechtlichen Regelbedarf bzw. den seit 2005 geltenden Regelleistungen gemäß SGB II und XII und den Pfändungsfreigrenzen,[17] vorausgesetzt man orientiert sich am sozialrechtlich gesicherten Existenzminimum als Armutsgrenze.[18]

Vielmehr sind Überschuldung und Armut als jeweils separate Erscheinungsformen unter der übergeordneten Kategorie „soziale Ungleichheit" zu bündeln. Demzufolge sind auch historische, sachliche oder adressatenbezogene u.ä. Überschneidungen vorzufinden.

---

13 siehe dazu Dietz 1997, 61f.
14 zu den herkömmlichen Ursachenfeldern sozialer Ungleichheit siehe Hradil 1987, 46f.
15 vgl. ebd., 29f.
16 vgl. ebd., 46f.
17 Die Pfändungsfreigrenze für eine allein lebende Person beträgt 990 Euro (vgl. Bundesministerium der Justiz 2005), der Brutto-Regelbedarf nach BSHG Ende 2002 im Durchschnitt 565 Euro (vgl. Statistisches Bundesamt 2003, 24).
18 die Bezugnahme auf andere Armutsgrenzen a.a.O.

Im Zuge der gesellschaftlichen Modernisierung kristallisierte sich eine ganz zentrale Übereinstimmung sozialer Ungleichheiten heraus, nämlich die von Beck diagnostizierte Individualisierung resp. Entkollektivierung sozialer Risiken.[19]

Um diese gesellschaftliche wie sozialpolitische Entwicklung nachvollziehen zu können, ist ein kurzer historischer Rückblick angezeigt.

Die Konjunktur der 1950er-Jahre und damit einhergehend die Verabschiedung des Bundessozialhilfegesetzes führte zu der offiziellen politischen Feststellung, dass die kollektive Armut beseitigt und Armut damit lediglich das vereinzelte Problem von Randgruppen sei.[20] Armut wurde seitdem nur noch dezentralisiert von der Gesellschaft wahrgenommen. Es änderte sich auch die Terminologie, indem fortan von Sozialhilfebedürftigkeit gesprochen wurde.[21]

Die historische Auffälligkeit, dass moderne Gesellschaften zugleich massenhaften Reichtum und massenhafte Armut herausbildeten, ging wohl in der Analyse unter.[22]

Die Randständigkeit der Problematik bewirkte in den 1960er-Jahren eine Fokussierung obdachloser Menschen, womit sich auch die Sicht auf Armut veränderte, indem beispielsweise weniger die materiellen Defizite, sondern die mangelnde gesellschaftliche Integration diskutiert wurden.[23]

Die reale Tatsache, dass in den 1960er- und 1970er-Jahren vor allem Frauen und alte Menschen, hauptsächlich ältere Frauen, besonders hohen Armutsrisiken ausgesetzt waren,[24] wurde dabei vernachlässigt.

Bis zur politischen und moralischen Skandalisierung „neuer" Armutserscheinungen u.a. durch Heiner Geißler 1976 wurde das Thema in der Öffentlichkeit tabuisiert.[25]

Aber auch hierbei zeigte sich, dass das Problem immer nur dann in das aktuelle gesellschaftspolitische Bewusstsein zurückgeholt wurde, wenn es innerhalb von politischen Prozessen und wissenschaftlichen Untersuchungen thematisiert wurde:

Offenbar dringt die Existenz von Armut nur in dem Maße in das allgemeine gesellschaftliche Bewußtsein vor, als politische Prozesse Armut als soziales Problem erkennbar werden lassen. Nehmen aber wissenschaftliche Untersuchungen zur Thematik der Armut nur noch einen geringen Raum ein, so schwindet das Phänomen der Armut auch aus dem aktuellen politischen Bewußtsein.[26]

---

19   vgl. Beck 2003, 121f.
20   siehe dazu auch Meilwes 1996, 91
21   siehe Schäfers 1992b, 111
22   vgl. Dietz 1997, 59
23   vgl. Meilwes 1996, 91
24   vgl. Geißler 2002, 251
25   vgl. Meilwes 1996, 92
26   vgl. Könen 1990, 55

Der festzustellende Mangel an einer nachhaltigen gesellschaftlichen Sensibilisierung für diese Problemlage oder die fehlende Konstanz in der öffentlichen Diskussion, dokumentieren das Defizit im Hinblick auf die soeben genannten Prozessinitiationen.[27]

Sowohl im Kontext der Überschuldung als auch der Armut wird immer wieder auf die fehlende Zahlenbasis oder systematische Erhebungsinstrumente verwiesen,[28] wodurch nicht zuletzt die theoretischen Ansätze und Definitionen zum Teil erheblich auseinander gehen. Die Erfassung der Lebenslagen in Deutschland im Kontext der Armuts- und Reichtumsberichterstattung der Bundesregierung seit Anfang 2000 sowie die geplante amtliche Überschuldungsstatistik sind zumindest positive Signale im Hinblick auf eine systematische Datenanalyse.

Ohne hinreichend fundierte theoretische Ansätze ist wiederum eine breite und seriöse gesellschaftspolitische Diskussion erschwert, sodass kaum Veränderungen im gesellschaftlichen Bewusstsein initiiert werden können.

Trotz gravierender struktureller Veränderungen in Ökonomie und Gesellschaft seit Beginn der 1970er-Jahre und einer anhaltenden Massenarbeitslosigkeit ist den existierenden Armutsbildern noch immer ein individualisierendes Verständnis von Armut inhärent. Mehr noch, die Verschärfung und Individualisierung sozialer Ungleichheiten greifen sogar systematisch ineinander, wodurch Systemprobleme in persönliches Versagen abgewandelt und politisch abgebaut werden:[29]

In den enttraditionalisierten Lebensformen entsteht eine neue Unmittelbarkeit von Individuum und Gesellschaft, die Unmittelbarkeit von Krise und Krankheit in dem Sinne, daß gesellschaftliche Krisen als individuelle erscheinen und in ihrer Gesellschaftlichkeit nur noch sehr bedingt und vermittelt wahrgenommen werden können.[30]

So problematisiert Beck weiter die fehlenden gesellschaftlichen Umgangsformen auch mit den neuen Erscheinungsmustern der Armut und das „Wegindividualisieren" von Massenarbeitslosigkeit ohne politischen Aufschrei:[31]

Entsprechend verkriecht sich die neue Armut hinter den eigenen vier Wänden, bleibt in dem schrillen Skandalcharakter, die das Ereignis hier hat, aktiv verborgen. Nicht klar, was schlimmer ist – entdeckt zu werden oder nicht entdeckt zu werden, Hilfe empfangen zu müssen oder noch länger entbehren. Die Zahlen sind da, aber man weiß nicht, wo die Menschen sind.[32]

---

27 siehe dazu auch Ausführungen von Gerhard Bäcker, wenngleich er davon ausgeht, dass es nunmehr in Deutschland im Vergleich zu 1998 zumindest anerkannt wird, *dass* es das Phänomen der Armut gibt (vgl. Bäcker 2002, 243)
28 vgl. u.a. Statistisches Bundesamt 2004, 599 oder Dietz 1997, 132f.
29 vgl. Beck 2003, 117f.
30 ebd., 118
31 vgl. ebd., 148f.
32 ebd., 148f.

Diese Individualisierungstendenzen machen sich folgerichtig in allen Bereichen sozialer Ungleichheit bemerkbar.

Und so erstaunt es nicht, wenn die private Überschuldung, als neues soziales Problem, von genau jener Individualisierung betroffen ist. So können auch die Mutmaßungen in der Öffentlichkeit oder ungenaue Angaben über das Ausmaß und die Auswirkungen dieser Problemlage aufgrund der zuvor genannten fehlenden systematischen, wissenschaftlich fundierten und kontinuierlichen thematischen Auseinandersetzung als sichtbares Zeichen solcher Tendenzen betrachtet werden.

Im Gegensatz zur Verschuldungsquote der öffentlichen Haushalte, die man als anerkannten ökonomischen Indikator betrachtet, wurde die Ver- und Überschuldung privater Haushalte nicht nur vernachlässigt, sondern sie zählt auch nicht zu den routinemäßig erhobenen sozialen Indikatoren.[33]

Stattdessen orientiert man sich in der öffentlichen Statistik an der Pfändungsfreigrenze als auch an den Konsumkreditverpflichtungen, klammert dabei aber die subjektive Situation der Betroffenen und insbesondere andere Schuldenarten gänzlich aus.[34] Und auch andere Studien, wie die der GP-Forschungsgruppe München, greifen hauptsächlich auf eine Datenbasis zurück, die auf Indikatorenmodellen[35] und Angaben der Schuldnerberatungsstellen[36] beruht,[37] nicht jedoch auf den Angaben der betroffenen Menschen.

Gleichsam wird über solche Statistiken aber das etwaige Erfordernis für einen politischen Handlungsbedarf abgeleitet. Wenn jedoch das quantitative Ausmaß statistisch „geglättet" und die subjektive Betroffenheit überhaupt nicht erfasst wird, hat das sowohl negative Konsequenzen für die politischen Postulate als auch für die öffentliche Wahrnehmung der Problemlage.

Obgleich immerhin 23% aller Haushalte allein über einen Konsumentenkredit verschuldet sind,[38] und das Eintreten einer Überschuldung nur aus diesen Kreditverpflichtungen für rund ein Viertel der Bevölkerung der Bundesrepublik zumindest latent jederzeit vorhanden ist, erfährt diese Problematik in der Öffentlichkeit eine weitgehende Tabuisierung.

Gerade aber die schleichende Erosion der so genannten Normalarbeitsverhältnisse, die Verschärfung der Arbeitsmarktsituation, die Zunahme der Arbeitslosigkeit oder die Pluralisierung von Lebensformen hat in den letzten

---

33 vgl. Zimmermann 2001, 5
34 siehe Statistisches Bundesamt 2004, 599f.
35 Die Entwicklung der Arbeitslosenzahlen, der Konsumkredite und deren Kündigungen, der Eidesstattlichen Versicherungen, der Mietschulden und der Klientenstatistik der Schuldnerberatungsstellen wird analysiert, um Rückschlüsse für die Überschuldung zu ziehen.
36 Hier können folgerichtig nur die überschuldeten Menschen erfasst werden, die in Beratung sind. Das sind aber lediglich 11,8% der Betroffenen.
37 siehe Bundesministerium für Familie, Senioren, Frauen und Jugend 2004a, 1
38 siehe Statistisches Bundesamt 2004, 598

Jahren zu einer dramatischen Anfälligkeit für sozioökonomische Existenzkrisen in breiten Schichten der Bevölkerung geführt.

In der Bundesrepublik wurde 2002 die Anzahl der überschuldeten Haushalte auf rund 3,13 Millionen geschätzt.[39]

Zur Auslösung der Überschuldung kommt es zumeist, wenn kritische Ereignisse mit der vorhandenen finanziellen Situation kollidieren und diese noch verschärfen.[40]

Zu nennen wären z.b. ein Einkommensrückgang infolge von Arbeitslosigkeit, Krankheit, Unfall oder familienrelevanter Ereignisse (Trennung, Elternschaft), die Notwendigkeit einer unvorhersehbaren Ausgabe bei schon vorhandener Armutssituation oder dauerhaftem Niedrigeinkommen, die Nichtinanspruchnahme sozialer Leistungen aufgrund von Informationsdefiziten wie auch die unzureichende Anpassung der Haushaltsführung, des Konsum- und Kreditverhaltens trotz Einkommensrückgang als Resultat mangelnder Handlungs- und Bewältigungskompetenz.

Die Ursachen wiederum lassen sich mit ökonomischen, gesellschaftlichen und sozialstaatlichen Strukturdefiziten erklären, aber ebenso mit subjektiven biografischen und sozialisatorischen Momenten.

So korreliert beispielsweise eine mangelnde Anpassungsfähigkeit auf kritische lebensgeschichtliche Ereignisse ursächlich mit der biografischen Konstitution bzw. den Sozialisationsbedingungen, die ihrerseits in Wechselwirkung mit den äußeren strukturellen Konstellationen stehen. Das heißt eine mangelnde Handlungs- und Bewältigungskompetenz ist nicht etwa die Ursache, sondern bereits das Resultat der individuell wie auch gesellschaftlich geprägten Sozialisationsbedingungen.

Die in der Literatur immer wieder anzutreffende Vermischung von auslösenden Momenten und Ursachen der Überschuldung,[41] kann eine undifferenzierte Herangehensweise bei der Prävention und Intervention zur Folge haben. Denn indem die Interventionen lediglich an den auslösenden Faktoren resp. Symptomen der Überschuldung ansetzen, erfahren die primären Ursachen keine Bearbeitung. Genau hierin liegt aber die Chance einer nachhaltigen Problembehandlung zur Vermeidung so genannter Drehtüreffekte. Es ist eindeutig zu differenzieren zwischen einem ursächlichen Bedingungspotenzial, in welches ein Individuum involviert ist, und auslösenden Entscheidungs- oder Auswahlprozessen des Individuums oder etwaiger Dritter.

In der Statistik zählt die Arbeitslosigkeit zu den kritischen Ereignissen, welche potenziell zur Auslösung einer Überschuldung führen können.[42]

---

39 vgl. Internet 1
40 siehe u.a. Groth 1990, 37
41 u.a. auch im „1. Armuts- und Reichtumsbericht" (vgl. Bundesregierung 2001, 72f.) oder in „Dynamik des Verbraucherinsolvenzverfahrens – Regionale Disparitäten und aktivierende Wirkungen." (vgl. Backert/ Lechner 2005, 4)
42 vgl. Internet 1

So verdeutlicht auch die Zahl von ca. 4,65 Millionen offiziell arbeitslosen Menschen[43] und den damit korrelierenden und kumulierenden Problemen die Brisanz.

Besonders die Langzeitarbeitslosigkeit trägt zur Verschärfung sozioökonomischer und sozialer Benachteiligung wie auch psychosozialer Beeinträchtigung bei, da mit der Erwerbsarbeit in der heutigen Gesellschaft eben jene sozialen, ökonomischen und psychosozialen Werte verbunden sind.[44] Der langanhaltende Verlust dieser Werte kann mitunter durch eine Orientierung an Materialitäten und Äußerlichkeiten kompensiert werden.

Unter Ausschöpfung diverser Finanzierungsmöglichkeiten kann das Bedürfnis, den Sozialstatus zumindest in materieller Hinsicht aufrecht zu erhalten und eingegangene Zahlungsverpflichtungen zu erfüllen, teilweise befriedigt werden.

Relevant ist in diesem Zusammenhang, dass die Individuen moderner Industrienationen in Gesellschaften leben, die von Kredit und Konsum geprägt sind, denn gesellschaftliches Sein wird wesentlich über Konsum definiert.[45] Die bislang für die Individuen maßgeblich bestimmenden Werte der Erwerbsarbeit werden um die des Konsums ergänzt oder gar ersetzt:

In Gesellschaften, die sich in zunehmendem Maße als „Konsumgesellschaften" verstehen, spielt die Höhe und die Qualität des dem Einzelnen erreichbaren Konsums eine größere Rolle als die Qualität der von ihm (und ihr) geleisteten Arbeit. [Herv. i. O.][46]

Im Zuge dessen bildet auch die Partizipation am Zahlungs- und Kreditsystem, neben der Teilhabe an der Erwerbsarbeit, eine wesentliche Voraussetzung für die gesellschaftliche Integration.[47]

Die Kreditbereitschaft der Bevölkerung hat wiederum massive Auswirkungen auf die Existenz und das Prosperieren der Wirtschaft in den Industriestaaten, da der Wert der produzierten Güter und Waren sowie angebotener Dienstleistungen und Produkte beträchtlich höher liegt als de facto Einkommen der Mehrzahl der potenziellen EndverbraucherInnen zur Verfügung steht.

So betrugen im Jahr 2004 die Konsumausgaben[48] privater Haushalte 1,2 Billionen Euro.[49] Dem stehen aber bei 38,9 Millionen Haushalten und einem jährlichen Durchschnittsnettoeinkommen von 32.100 Euro gerade einmal ca.

---

43 siehe Internet 2
44 siehe u.a. Geißler 2002, 259f., Statistisches Bundesamt 2004, 96 oder Beck 2003, 220, der Erwerbsarbeit und Beruf als „Achse der Lebensführung" bezeichnet
45 vgl. Groth/ Schulz/ Schulz-Rackoll 1994, 19
46 Fetscher 2002, 197
47 vgl. Meilwes 1996, 16
48 Hierzu zählen u.a. Ausgaben für das Wohnen, was den größten Betrag ausmacht, für Mobilität (Auto, Bus, Bahn), Ernährung, Freizeit, Kultur, Bekleidung, Gebrauchsgegenstände oder Bildung (vgl. Statistisches Bundesamt 2004, 129).
49 siehe Statistisches Bundesamt 2004, 259

1,24 Billionen Euro gegenüber. Berücksichtigt werden muss auch die Spar-quote von derzeit 10,6%,[50] sodass sich das verfügbare Nettohaushaltseinkom-men noch um diesen Betrag reduziert.

Wesentlich ist jedoch das Faktum, dass rund 60% aller bundesdeutschen Haushalte unter dem durchschnittlichen Nettoeinkommen von 2.675 Euro liegen.[51]

Orientiert an der Armutsdefinition von Townsend, wonach ein Haushalt als arm einzustufen ist, wenn er nicht über die notwendigen Grundlagen für die Art der Ernährung, für die Form der sozialen Teilnahme, für die Lebens-bedingungen und Lebensqualitäten verfügen kann, die in der entsprechenden Gesellschaft als anerkannt oder notwendig gelten,[52] sind in der Bundesrepu-blik mindestens 18% aller Haushalte von Armut[53] betroffen.[54]

Sie erzielen gerade einmal die Hälfte des durchschnittlichen Nettoein-kommens, womit sie in finanzieller Hinsicht unter der in internationalen Vergleichsstudien verwendeten Armutsgrenze liegen (50%-Grenze).[55]

Dahingegen wird im „2. Armuts- und Reichtumsbericht der Bundesregie-rung" ebenfalls mit Verweis auf internationale Standards eine Armutsrisiko-grenze von 938 Euro benannt, die sich an der 60%-Schwelle des Mittelwertes der bedarfsgewichteten Nettoäquivalenzeinkommen aller Personen orien-tiert.[56]

Im Interesse einer expandierenden Wirtschaft wird jedoch die Aufnahme von Konsumentenkrediten als legitime, zeitgemäße Finanzierungsmöglichkeit pro-pagiert und akzeptiert,[57] was aber viel zu oft im Kontrast zur wirtschaftlichen Situation der einzelnen Haushalte steht.

Bereits ab Mitte der 1950er-Jahre wurde das noch wenige Jahre zuvor verpönte Schuldenmachen in aller Öffentlichkeit umworben, denn der Klein-kredit zur Finanzierung von Gebrauchsgütern sollte einerseits der Anhebung des Lebensstandards und andererseits der Stärkung der Kaufkraft dienen.

Der private Konsum und die Kaufkraft der Bevölkerung entwickelten sich zusehends zu entscheidenden volkswirtschaftlichen Faktoren.[58] Im Laufe der Jahre wurde der Ratenkauf resp. die Kreditaufnahme somit zur Selbstver-ständlichkeit.

---

50 siehe Internet 3
51 siehe Statistisches Bundesamt 2004, 125
52 vgl. Townsend 1979, 31
53 Die Darstellung basiert auf dem Konzept der so genannten relativen Armut.
54 siehe Statistisches Bundesamt 2004, 123
55 siehe Geißler 2002, 247
56 siehe Bundesministerium für Gesundheit und Soziale Sicherung 2005, 2
57 vgl. u.a. Kuntz 1992, 28
58 vgl. Zimmermann 2001, 3

Nach Angaben der Deutschen Bundesbank im 2. Quartal 2005 belief sich der Wert der gesamten Kredite aller Bankengruppen, die an „inländische, unselbstständige und sonstige Privatpersonen" vergeben wurden, auf immerhin 999,262 Milliarden Euro.[59]

Die Verbraucher- bzw. Konsumeinstellung änderte sich auch nicht im Zuge der einsetzenden Rezession Ende der 1960er-Jahre. Biografische Diskontinuitäten, wie Arbeitslosigkeit, Scheidungen/ Trennungen, plurale Lebensentwürfe, nahmen tendenziell zu, sodass die ursprünglichen Rahmenbedingungen für das Konsumentenkreditgeschäft brüchiger wurden.

Das Interesse der Wirtschaft an der Kreditierung des Konsums nahm damit keinesfalls ab, jedoch das Bemühen der eigenen Risikominimierung wurde vehement verstärkt. Zu nennen sind beispielsweise die gängige Absicherung von Verträgen durch Ausfallbürgschaften, selbstschuldnerische Bürgschaften, Schufa-Eintragungen,[60] Lohnabtretungen oder Restschuldversicherungen sowie die höhere Zinsbelastung einkommensschwacher KreditnehmerInnen.[61]

Die aus Wirtschaftswunderzeiten resultierende Konsumeinstellung der Menschen bewegt sich ständig in einem Spannungsfeld von gesellschaftlichen und eigenen Ansprüchen als auch Möglichkeiten und aggressiver Werbung. Diese Einstellung kann jedoch zu dramatischen Einschnitten führen, wenn sich die finanzielle Situation unvorhergesehen verschlechtert und die Konsum- und Kreditgewohnheiten nicht angepasst werden.

Wird die Finanzierung der laufenden Lebenshaltungskosten und des zusätzlichen Konsumbedarfes dauerhaft kreditär abgewickelt, z.B. durch die Nutzung von Dispositionskrediten, tritt unweigerlich ein Eskalieren der Verschuldung ein, welches in eine Überschuldungssituation mündet. Überschuldung kann aber ebenso durch den abrupten und unvorsehbaren Wegfall eines Einkommens, welches zur Tilgung von Kreditraten notwendig war, eintreten.

Wenngleich die Betroffenen als ein Teil eines in sich fragwürdigen Kredit- und Zahlungssystems zu verstehen sind, so wird ihr Dilemma dennoch individualisiert und ihr Verhalten als normabweichend und intolerabel eingestuft und gesellschaftlich sanktioniert:

Trotz dieser volkswirtschaftlich erwünschten Verschuldung existiert jedoch noch immer das die allgemeinen Wertvorstellungen prägende Weltbild des sparsam und vernünftig wirtschaftenden Familienvaters, der Anschaffungen nur aus seinem Ersparten macht oder Kredite nur in solcher Höhe eingeht, dass die Rückzahlung keinerlei Schwierigkeiten aufwirft. Private Verschuldung wird daher solange es eben geht verborgen. Gerät die

---

59   vgl. Internet 4
60   Der personenbezogene Eintrag über laufende Kredite im Verzeichnis der Schufa (Schutzgemeinschaft für allgemeine Kreditsicherung) dient den Mitgliedern als Datenbasis, um über die Vergabe weiterer Kredite zu entscheiden.
61   siehe u.a. Seiterich 2005, 10f. oder Westerath 2003, 209f.

Verschuldung jedoch zur Überschuldung, weil die finanziellen Möglichkeiten zur Kreditrückzahlung überschätzt wurden, unvorhergesehene Ausgaben hinzukommen oder Teile des Einkommens wegfallen, lässt sich die Verschuldung nicht mehr verheimlichen. Der Betroffene, meist mit ihm die gesamte Familie, wird zum gesellschaftlichen Außenseiter. Die nur aufgrund der Verschuldung weiter Bevölkerungskreise funktionstüchtige, auf ständiges Wachstum gerichtete Volkswirtschaft wälzt das hierdurch prinzipiell vorausgesetzte Risiko auf die einzelnen Glieder der Gesellschaft ab.[62]

Die rasante Zunahme der Ver- und Überschuldung in den letzten Jahren ist vor allem auf Strukturveränderungen der Kreditanbieter zurückzuführen, denn die bundesdeutschen Kreditprinzipien nehmen bestehende soziale Ungleichheiten auf, verstärken sie und begünstigen damit Überschuldung.[63] Längst wird ein Kredit nicht mehr nur zur Befriedigung von Konsumbedürfnissen aufgenommen, sondern zur Tilgung alter Kreditverpflichtungen oder zur Sicherung des Lebensunterhalts.[64]

Gerade aber der davon betroffene Personenkreis verfügt i.d.R. nur über ein geringes Einkommen und ist damit oftmals auf Teilzahlungsbanken mit schlechten Zinskonditionen sowie Geschäftsbedingungen mit fragwürdigen Zusatzklauseln angewiesen sind. Einkommensstarke und vermögende KundInnen erhalten zumeist auch bessere Kreditkonditionen.[65]

Mehr noch, nicht nur die Kreditvergabe an einkommensschwache Personen ist hochgradig diskriminierend, sondern insbesondere die Weigerung der Kreditinstitute, diesen Menschen überhaupt ein Girokonto einzurichten. Trotz der freiwilligen Selbstverpflichtung der Banken[66] verfügen zunehmend mehr Menschen nicht über eine Bankverbindung, und von der Möglichkeit der Einrichtung eines Kontos auf Guthabenbasis (keine Überziehungsoption) wird kaum Gebrauch gemacht.[67] Daraus entstehen weitere Nachteile, weil einerseits sämtliche Bar-Überweisungen gebührenpflichtig sind (i.d.R. 5 Euro) und andererseits ohne ein Konto oftmals kein Arbeitsverhältnis begründet werden kann.

Mit der prinzipiellen Unterstellung, dass einkommensschwache Menschen problembehaftet sind, entledigen sich die Kreditinstitute der unlukrativen Geschäftsfelder.

Eine Zunahme der Anwendung und Spezifizierung so genannter Scoring-Systeme[68] in sämtlichen (Finanz)Dienstleistungsbereichen zur Bonitätsprü-

---

62   Westerath 2003, 168
63   vgl. Meilwes 1996, 16
64   siehe Korczak 1997, 240 oder Korczak/ Roller 2000, 27
65   siehe u.a. Seiterich 2005, 11 oder Meilwes 1996, 16
66   Empfehlung des Zentralen Kreditausschusses (ZKA) der Bankenverbände über die Bereitschaft zur Kontoführung unabhängig von der Art und Höhe der Einkünfte oder Schufa-Eintragungen, die auf schlechte wirtschaftliche Verhältnisse der KundInnen hindeuten (vgl. Internet 5).
67   siehe u.a. Internet 6 oder LAG-Infodienst 2001 sowie die aktuell laufende Umfrage im www.forum-schuldnerberatung.de
68   Mathematisch-statistische Prognose hinsichtlich des künftigen Zahlungsverhaltens von

fung potenzieller KundInnen und eine Expansion der Auskunfteien, verdeutlicht das Bestreben der Anbieter, ihre Aktivitäten auszuweiten bei gleichzeitiger Risikominimierung.[69]
In der Folge nehmen Kündigungen von Girokonten bzw. Verweigerungen zur Kontoeröffnung bei „kreditunwürdigen" Personen zu. Wohlgemerkt die Kriterien für die Kreditwürdigkeitsprüfung werden von den Banken diktiert und sind für die VerbraucherInnen oftmals nicht plausibel. So genügt mitunter schon die Wohnanschrift in einer sozialen Brennpunktgegend als ein negatives Merkmal, auch wenn keine Negativmerkmale zur Zahlungs(un)fähigkeit gespeichert sind.

Neben dem kredit- und konsumgesellschaftlichen Problem gibt es aber auch noch zu berücksichtigende Zusammenhänge zwischen der gesellschaftlichen und familialen Sozialisation und der jeweiligen Handlungsstruktur, die das soziale Umfeld meist nicht wahrnehmen will und sich damit zugleich der gesellschaftlichen Verantwortung für das Problem entledigt.

Die vor allem im Zuge der primären Sozialisation erworbenen Basiskompetenzen bestimmen nachhaltig die lebensgeschichtlich dominanten Handlungs- und Orientierungsmuster der Individuen. Bereits in der Kindheit und Jugend werden die wesentlichen Voraussetzungen geschaffen für das Handlungsrepertoire, welches den Menschen ermöglicht, in den unterschiedlichen künftigen Situationen angemessen zu (re)agieren.

Insbesondere das Erlernen einer kritischen, reflektierenden Auseinandersetzung mit der sozialen Umwelt, ihren Normen und Wertvorstellungen kann diesen Prozess unterstützen. Denn gerade Persönlichkeiten mit einer so genannten gelungenen Identität und der Fähigkeit zur Rollendistanz sowie zur Perspektivenübernahme sind in der Lage, äußere Erwartungen zu reflektieren und ggf. zu modifizieren.[70] Sie ordnen sich nicht einfach dem so genannten Mainstream unter, womit auch ihre Anfälligkeit gegenüber äußeren Einflussfaktoren relativiert wird.

Doch auch die heutzutage realisierte monetäre oder ökonomische Sozialisation, konkret die adäquate Entwicklung individueller wirtschaftlicher Handlungskompetenzen und eines geeigneten Umgangs mit Geld, sind als defizitär einzuschätzen und entsprechen nicht den aktuellen Erfordernissen. Auch eine wirksame institutionelle Kompensation dieser Problemlage, sei es durch curriculare Wissens- und Handlungsvermittlung gegenüber Eltern und Kindern oder primärpräventive Arbeitsformen der Schuldnerberatungsstellen, erfolgen oft nur fragmentarisch.

Personengruppen über die bislang noch *keine* Negativmerkmale gespeichert wurden. Es erfolgt ein Abgleich der Daten mit einer statistischen Vergleichsgruppe und darüber die Ermittlung des Scores.

69   siehe. u.a. Novak/ Zimmermann 2001, 39
70   siehe u.a. Krappmann 1993, 133f.

Auch die Einführung des Verbraucherinsolvenzverfahrens für überschuldete Privatpersonen stellt nur eine Option zur Problembehandlung dar, wenngleich sie häufig als das Instrument zur Problemlösung präsentiert wird. Es wird dabei allzu oft vergessen, dass das Verfahren primär zur Verbesserung der Massebefriedigung der GläubigerInnen konzipiert wurde, und nicht zur Verbesserung der finanziellen Situation der SchuldnerInnen. Letzteres ergab sich eher als positive Nebenerscheinung im Zuge des Gesetzgebungsverfahrens. Demzufolge kann von einem solchen Gesetz allein auch nicht die Bewältigung der Überschuldungproblematik erwartet werden.

Eine wesentliche Säule bei der Unterstützung überschuldeter Menschen sowie beim präventiven Verbraucherschutz bilden die Schuldnerberatungsstellen der Wohlfahrtsverbände und Verbraucherzentralen, die jedoch noch immer auf keine flächendeckende finanzielle Absicherung verweisen können.[71] Ihre personelle wie finanzielle Planungssicherheit unterliegt somit immer einer gewissen Vakanz und Fragilität, wodurch auch die Handlungsmöglichkeiten und die Etablierung der Arbeit massive Einschränkungen erfahren. Von 1999 bis Mitte 2004 reduzierte sich die Anzahl der Beratungsstellen von rund 1.200 auf nur noch 1.050.[72]

Wenn jedoch Verschuldung gesellschaftlich, ökonomisch und politisch erwünscht und forciert wird, so muss auch gesellschaftlich, ökonomisch wie politisch Verantwortung für die Folgen übernommen werden.

1.1.2. Frauen und Schulden im Kontext sozialer Ungleichheit

Ende der 1970er-Jahre wurde ein lange existierendes, aber auf politischer Ebene weitgehend ignoriertes Problem neu definiert. Insbesondere durch Heiner Geißlers Darstellungen über vermeintlich neuartige Armutserscheinungen wurde der Begriff der „neuen Armut" geprägt und zugleich eine erschreckend hohe Anzahl Betroffener konstatiert.[73]

Das scheinbar neue Phänomen war dabei lediglich eine logische Folgeerscheinung der Entwicklung der Jahre zuvor, denn durch die Marginalisierung von Armut lag der Fokus bis Ende der 1970er-Jahre auf so genannten Randgruppen, wie beispielsweise den obdach- oder wohnungslosen Menschen. Währenddessen wurden aber genau jene Gruppen ausgeblendet, die in großer Zahl von Armut betroffen waren, nämlich Frauen und alte Menschen, insbesondere ältere Frauen. Diese Feststellung eines vermeintlich gravierend „neuen" Phänomens muss den von Armut betroffenen Frauen äußerst zynisch erschienen sein, war es doch längst nicht mehr neu, dass eine Feminisierung der Armut lange Zeit hindurch existent war.

---

71   siehe Schruth 2003a, 27
72   vgl. Bundesministerium für Familie, Senioren, Frauen und Jugend 2004a, 3
73   siehe Geißler 1976

„Die Armut ist weiblich" stellte auch Ruth Köppen fest und kristallisierte die Hauptfaktoren wie Erwerbslosigkeit, geringere Entlohnung und materielle Abhängigkeit, infolge von „Reduzierung" der weiblichen Arbeitskraft auf häuslich-familiale Aufgaben heraus (Domestizierung).[74]

In der neueren Diskussion um die so genannte moderne Armut werden dahingegen Altersarmut und Frauenarmut verneint.[75] Für die Altersarmut mag dies im Augenblick noch zutreffend sein, wobei aufgrund des demografischen Wandels in den nächsten Jahren drastische Veränderungen zu erwarten sind. Jedoch Frauenarmut als veraltet oder überwunden zu bezeichnen, widerspricht den Fakten.

So wird zwar noch eingeräumt, dass bekanntermaßen allein erziehende Mütter einem hohen Armutsrisiko unterworfen sind, aber ansonsten kinderreiche Familien, Kinder und Jugendliche sowie Menschen in Arbeitslosigkeit, mit Migrationshintergrund, einer Behinderung oder mit Niedrigeinkommen zu den neuen Risikogruppen zählen.[76] Dabei findet offensichtlich keinerlei geschlechtsspezifische Differenzierung oder Interpretation mehr statt, denn auch in diesen Risikogruppen sind überproportional Frauen vertreten.

Prinzipiell ist zwar der Verweis auf sich neu konstituierende Problemlagen und ihre möglichen strukturellen Ursachen nachzuvollziehen, weshalb jedoch „alte", aber nach wie vor existente strukturelle Defizite ausgeblendet werden, ist nur mit einer politisch gewünschten Negierung kausaler Diskriminierungsformen zu begründen.

Nimmt man die Arbeitslosenzahlen, so sind in der Tat laut Statistik weniger Frauen zumindest von registrierter Arbeitslosigkeit betroffen. Im Jahr 2004 lag die Quote bei den Frauen bei 10,8% und bei den Männern 12,5%.

Dass jedoch aufgrund eines höheren Einkommens des Ehepartners, i.d.R. des Ehemannes, überproportional Frauen bei einer Bedürftigkeitsprüfung im Haushaltszusammenhang keinen Anspruch auf Arbeitslosenhilfe bzw. nunmehr Arbeitslosengeld II haben,[77] und deswegen auch aus der Statistik fallen, findet offenbar zuwenig Berücksichtigung.

Auch die Frauen, die aufgrund von Elternzeiten aus dem Leistungsbezug fallen, sind in der Arbeitslosenstatistik nicht erfasst, obgleich ggf. ein Erwerbswunsch besteht.

Gemessen an der Erwerbsquote der Frauen von ca. 43% ist ihr Anteil bei der Arbeitslosenquote mit 47% überproportional hoch, die Zeiten der Arbeitslosigkeit dauern im Vergleich zu Männern länger und Frauen finden seltener aus der Arbeitslosigkeit in den Arbeitsmarkt zurück.[78]

---

74 siehe dazu Köppen 1985
75 siehe dazu Geißler, R. 2002, 251
76 siehe ebd., 253f.
77 siehe Bundesministerium für Familie, Senioren, Frauen und Jugend 2001, 22
78 vgl. ebd., 4f.

Betrachtet man die Zahlen des bisherigen Sozialhilfebezuges, so verdeutlicht sich das Bild zunehmend. Im Jahr 2002 waren 56% der EmpfängerInnen von Sozialhilfe Frauen (vorwiegend allein erziehende Mütter), 37% waren Kinder und Jugendliche unter 18 Jahren und gerade einmal 7% waren Männer.[79]

Desgleichen gestaltet es sich bei den Niedrigeinkommen, da Frauen auch in diesem Bereich vergleichsweise häufig vertreten und damit eher von Armutsrisiken betroffen sind. Die typischen „Frauenbranchen", wie Hotel- und Gaststättengewerbe, Bekleidung und Nahrungsmittel sowie eine Vielzahl frauendominierter Tätigkeiten, wie Friseurin, Floristin, Verkäuferin, zählen zum Niedriglohnsektor.[80]

Gerade einmal 5% der Männer arbeiten in Teilzeit, während 42% der Frauen im Westen und 23% im Osten derart beschäftigt sind, somit i.d.R. auch über weniger Einkommen und künftige Sozialversicherungs- oder Rentenansprüche verfügen. Geringfügige Beschäftigungsverhältnisse mit ebensolcher Entlohnung werden zu 71% von Frauen wahrgenommen.[81]

Die Zahlen dokumentieren ansatzweise, dass auch ein Zusammenfassen vermeintlich geschlechtsneutraler Armutsrisikogruppen über die Problematik der sozialen Ungleichheit aufgrund der geschlechtsspezifischen Disposition nicht hinweg täuschen kann.

Ohne die im vorherigen Abschnitt erwähnte Absicht der differenzierten Betrachtung von Armut und Überschuldung aus dem Blick verlieren zu wollen, so lassen sich dennoch Parallelen zwischen der angeführten Armutsproblematik und den Überschuldungsfaktoren von Frauen ziehen. Sowohl Komponenten der Frauenarmut als auch der Überschuldung von Frauen korrelieren mit geschlechtsspezifischen Faktoren struktureller Diskriminierung.

So geraten Frauen, insbesondere allein erziehende Mütter, durch ihre strukturelle Benachteiligung am Arbeitsmarkt (geringere Entlohnung[82], Einschränkung durch Kinderbetreuungszeiten, Teilzeitarbeit, niedrigere Qualifikationen infolge familialer Einbindung, mangelnde Kinderbetreuungsangebote) eher in Armutssituationen und sind überdurchschnittlich von Arbeitslosigkeit betroffen.[83] Dabei werden die bestehenden gesellschaftlichen (männlichen) Machtstrukturen noch immer genutzt, um die geschlechtsspezifische Arbeitsverteilung (soziale Reproduktionsfunktion) als soziale Arbeitsverteilungsstruktur zu erklären.[84]

---

79 vgl. Statistisches Bundesamt 2004, 219
80 vgl. Bundesministerium für Familie, Senioren, Frauen und Jugend 2001, 5
81 vgl. ebd., 3f.
82 Der geschlechtsspezifische Einkommensunterschied steigt mit zunehmender Qualifikation. Westdeutsche Frauen mit einem Fachhochschulabschluss verdienen 69%, Frauen ohne Ausbildung 82% des Einkommens der Männer in vergleichbaren Positionen (vgl. Bundesministerium für Familie, Senioren, Frauen und Jugend 2001, 6).
83 siehe u.a. Bundesregierung 2001, 107f.
84 vgl. Bublitz 1992, 59 ff.

Die Analogie zwischen den Risiken, mit einer Armutssituation konfrontiert zu werden, und den auslösenden Momenten einer Überschuldung zeigt sich bei Frauen besonders deutlich.

Infolge der oftmals zuvor erzielten geringeren Einkünfte wirkt sich das Eintreten von Arbeitslosigkeit finanziell besonders drastisch aus. Etwaige Zahlungsverpflichtungen, die auf einem geregelten Erwerbseinkommen basierten, sind mitunter nicht mehr zu halten.

Wie zuvor erwähnt, ist es vor allem für Frauen mit Kindern wesentlich schwieriger, wieder Zugang zum Arbeitsmarkt zu bekommen, sodass diese finanziell prekären Phasen auch länger andauern. In dieser Zeit besteht kaum eine Möglichkeit, wirtschaftliche Rücklagen zu halten oder gar zu bilden. So können bei plötzlich auftretenden Zahlungsverpflichtungen, wie z.B. eine notwendige Reparatur der Waschmaschine oder sonstige Schadensereignisse, schnell akute Notlagen entstehen.

Auch eine Trennung oder Scheidung ist gerade bei Frauen als kritisches Ereignis zur Auslösung einer finanziell prekären Situation zu nennen. Das kann zum einen an der Verschlechterung der monetären Haushaltssituation aufgrund des Wegfalls eines Einkommens und zum anderen an der Tilgung von Schulden aus Bürgschaften für den Ehepartner liegen.

Die wirtschaftlichen Nachteile bei einer Trennung liegen deshalb primär bei den Frauen, weil sie zu 95% die Betreuung minderjähriger Kinder übernehmen.[85] Viele Frauen erhalten mangels Zahlungsfähigkeit oder -willigkeit der unterhaltspflichtigen Männer/ Väter oftmals keinen oder nur eingeschränkt Ehegatten- oder Kindesunterhalt.[86] Fast die Hälfte aller berechtigten Frauen erhalten nur unzureichende Unterhaltszahlungen, wobei die Mehrheit der unterhaltspflichtigen Männer aber prinzipiell leistungsfähig wäre.[87]

Während das Pro-Kopf-Einkommen der Frauen um ca. 44%, bei Haushalten mit Kindern um 37% sinkt, verringert sich das Pro-Kopf-Einkommen der Männer nur um 7%.[88] Immerhin nimmt der Anteil einkommensschwacher Frauen mit einer Trennung erheblich mehr zu, als der Anteil einkommensschwacher Männer.[89] Es verwundert daher auch nicht, wenn, neben der Erwerbssituation, die Scheidung/ Trennung als häufigster Grund genannt wurde, weshalb Menschen (in der Mehrzahl Frauen) Sozialhilfe in Anspruch nahmen.[90] Insbesondere der ausbleibende Kindesunterhalt trägt zur Verschärfung der wirtschaftlichen Situation bei, sodass laufende Lebenshaltungskosten bereits zur Belastung werden können und demzufolge zusätzliche Zahlungsverpflichtungen überhaupt nicht mehr zu bewältigen sind.

---

85 vgl. Andreß 2003, 474f.
86 siehe Andreß 2004, 475f. oder Andreß u.a. 2003
87 vgl. Andreß 2004, 479
88 vgl. Internet 7
89 vgl. Andreß 2004, 476
90 siehe Statistisches Bundesamt 2003, 16

Strukturelle Defizite im Hinblick auf die Vereinbarkeit von Kinderbetreuung und Erwerbsarbeit, aber auch Lücken im Unterhalts-, Sozial- oder Steuerrecht forcieren ökonomische Abhängigkeiten der Frauen und somit sozial wie materiell prekäre Entwicklungen.

Und auch staatliche Interventionen im Rahmen des Unterhaltsvorschussgesetzes (UVG) federn die Situation lediglich bis zum 12. Lebensjahr bzw. maximal 6 Jahre nur ansatzweise ab. Spätestens mit Erreichen des 12. Lebensjahres oder bei Ausschöpfung des 6-Jahreszeitraumes muss bei ausbleibender Unterhaltszahlung jedoch auf Leistungen nach dem SGB II oder XII zurückgegriffen werden. Hierbei wird das Einkommen der Person, bei der das Kind lebt, als Berechnungsgrundlage herangezogen. Dadurch findet nicht selten eine weitere Benachteiligung dieses Elternteils statt, denn auch ein geringfügiges Überschreiten der Bedarfssätze führt zum Versagen der Leistungen. Modelle, in denen das Kind als Antragsteller ohne eigenes Einkommen gewertet wird, konnten sich bislang nicht durchsetzen.

Frauenspezifische Schulden – Frauenspezifisches Verschuldungsverhalten?

Ein weiterer Aspekt bildet das frauenspezifische Phänomen der Verschuldung für andere, worin sich einerseits die Kreditvergabepraxis sowie das bestehende Bürgschaftsrecht und anderseits traditionelle geschlechtsspezifische Orientierungsmuster in der Gesellschaft widerspiegeln.

Nicht nur selbst gemachte Praxiserfahrungen bestätigen eine offensichtliche Neigung von Frauen, ihren Partnern oder Angehörigen Statussymbole, berufliche oder private Lebensentwürfe oder sonstige Wünsche zu finanzieren.[91] Dies geschieht zumeist durch die Übernahme von Bürgschaften, die selbstverständlich auch im Falle einer Trennung weiteren rechtlichen Bestand haben.

Zur Veranschaulichung der Tragweite sei exemplarisch die Bewilligung eines Existenzgründerdarlehens erwähnt, wozu die Bürgschaft des Ehepartners (in den meisten Fällen ist das die Ehefrau)[92] notwendig ist. Wenn jedoch 60% aller Unternehmensgründungen in den ersten drei Jahren scheitern,[93] dann kann hinter jeder gescheiterten Unternehmensgründung immer auch eine mitbetroffene Bürgin vermutet werden.[94]

Die mitbürgenden Frauen werden erfahrungsgemäß oftmals nur unzureichend über die etwaigen ökonomischen und juristischen Konsequenzen ihrer

---

91   siehe dazu u.a. die „Initiative für Bürgschaftsgeschädigte Frauen" und diesbezügliche Publikationen von Annette Schmedt z.B. 1999, 33-37 oder Schruth 2003b, 232f.

92   siehe Schmedt 2002, 72

93   Im Gesamtjahr 2005 ist mit 38.000 Unternehmensinsolvenzen (u. 92.000 Verbraucherinsolvenzen) zu rechnen (vgl. Internet 8).

94   vgl. Bergmann/ Schmedt 2000, 50

Vertragsunterzeichnung informiert, wenngleich doch vielfach eine jahrelange Haftung damit verbunden ist. Die jeweiligen Kreditgeber stellen auf eine beziehungsorientierte Verbundenheit der Frauen ab, womit eine partnerschaftsinterne Klärung der finanziellen Angelegenheiten der (Ehe-)Partner erwartet wird. Indem Banken vom Vertrauen der Frauen in ihre Lebenspartner die Kreditvergabe abhängig machen,[95] verweisen sie diese auf eine traditionelle geschlechtsspezifische Rolle in der Partnerschaft, die von der Vorstellung der familialen Fürsorge der Frau geprägt ist.

Besonders deutlich wird dieser Aspekt, wenn man die mangelnde Zahlungsfähigkeit der Bürginnen betrachtet.

Mehr als ein Drittel der betroffenen Frauen verfügte zum Zeitpunkt der Vertragsunterzeichnung über kein eigenes Einkommen oder Vermögen,[96] und stand damit wirtschaftlich zumeist in der Abhängigkeit des Kreditnehmers. Daraus leitet sich wiederum eine moralische Abhängigkeit oder ein normatives Pflichtgefühl der Frauen ab, die Pläne des Lebenspartners zu unterstützen.

Neben der Vermeidung der Vermögensverschiebung im Falle einer drohenden Insolvenz, holen sich Banken demzufolge routinemäßig ihre Sicherheiten auch bei den Partnerinnen. Die Solvenz der Frauen scheint offenbar nebensächlich, gefragt ist ihre persönliche Haftung und im wahrsten Sinn selbstlose Aufopferungsbereitschaft für die Familie, die Partnerschaft oder den Mann.

Auch wenn es kaum Untersuchungen und Vergleichsdaten zu den Ursachen von Ver- und Überschuldungsfaktoren von Frauen gibt, so deuten viele Anhaltspunkte auf ein fehlendes Problem- und Emanzipationsbewusstsein der Frauen als Potenzial dieser Bürgschaftskrisen hin.[97]

Mädchen und Frauen sehen sich noch immer der normativen Erwartungshaltung ausgesetzt, ihr Handeln in den Dienst der Familie stellen. Dieses traditionelle Rollenverständnis dürfte bei ihren Entscheidungen bewusst oder unbewusst ausschlaggebend sein:

Die Tatsache, dass insgesamt 59% der Befragten angeben, dass sie unter „Druck" unterschrieben haben, lässt darauf schließen, dass die Unterschrift zum einen von ihnen erwartet wurde und zum anderen aufgrund materieller oder immaterieller Zwänge geleistet wurde. Das lässt wiederum gewisse „Unstimmigkeiten" in der Partnerschaft, einen großen Anpassungsdruck, Informationsdefizite und mangelnde Sensibilisierung für das Problem vermuten. [...] Interessant ist demgegenüber, dass für 34% der Befragten „Druck" keine Rolle gespielt hat. Sie haben eher aus „Überzeugung" gehandelt, und eine innere Motivation war stark ausgeprägt. [Herv. i. O.][98]

---

95   siehe Schmedt 2002, 74f.
96   vgl. Schruth 2003b, 234
97   siehe dazu Bergmann 2000, 76f.
98   Schmedt 2002, 74

Auch bei der Bewältigung dieser finanziell prekären Situationen wird die aktive und dynamische Rolle der Frauen konstatiert, während bei den Männern oftmals eine unrealistische Einschätzung der Lage, ein Verharmlosen, Ignorieren und Verdrängen sowie die eigene Resignation zu beobachten ist.[99] Der Ursprung für diese unterschiedlichen Reaktionen dürfte ebenso in den traditionellen geschlechtsspezifischen Rollenprägungen vermutet werden, denn Haushaltsführung, Kinderbetreuung und die Erledigung alltäglicher finanzieller Angelegenheiten fällt größtenteils in den familialen Zuständigkeitsbereich der Frauen.[100]

Diese Erkenntnisse plausibilisieren sowohl die Forderungen nach geschlechtsspezifischen Beratungs- und Hilfekonzepten als auch nach Veränderungen des Bürgschaftsrechts oder der Kreditvergabemodalitäten.[101]

Insbesondere die Kumulation der Bürgschaftsproblematik mit einer Trennungssituation führt neben den materiellen Einschränkungen zu enormen psychischen und physischen Belastungssituationen der betroffenen Frauen, die mit adäquaten Strukturen auf politisch-rechtlicher wie auch auf sozialpädagogisch-beraterischer Ebene erfasst und aufgefangen werden müssten.

Die feststellbare Marginalisierung der privaten Überschuldung und Stigmatisierung der Betroffenen resultieren aus dem sehr begrenzten sozialen Interesse an der Problematik, aber auch aus der Betrachtung des Phänomens der Ver- und Überschuldung als reines Verhaltensproblem. Die bereits erwähnte Individualisierung resp. Privatisierung sozialer Risiken kommt hierbei klar zum Vorschein.

Das Ausmaß von Stigmatisierungen ist aber immer auch von den jeweils geltenden Gesellschaftsstrukturen abhängig, und ist besonders stark ausgeprägt in Gesellschaften, die auf den Prinzipien der individuellen Leistung und Konkurrenz beruhen und in denen starke Spannungen zwischen gesellschaftlichen Gruppen bestehen.[102] Die genannten Merkmale sind auf alle Industriegesellschaften mehr oder minder zutreffend.[103]

Ebenso spielt der systemstabilisierende und herrschaftsfunktionale Charakter von Stigmatisierung eine entscheidende Rolle, da durch das Schaffen von Kontrastgruppen die Normkonformität von Nicht-Stigmatisierten verstärkt wird und damit die Unterdrückung und Ausgrenzung der vermeintlich „anderen" Personengruppen forciert wird. Aggressionen werden kanalisiert auf schwache, mit wenig Macht ausgestattete „Sündenböcke", denen man die Generalschuld für jede Misere zuweisen kann.[104]

---

99   vgl. Just 1990, 31
100 vgl. ebd., 31
101 siehe Schmedt 1999, 33f.
102 vgl. Hohmeier 1975, 10
103 vgl. ebd., 10
104 vgl. ebd., 12

Möglicherweise auch aus einem zu unterstellenden Desinteresse an einer tatsächlichen Erfassung der Problematik oder gar der weitreichenden Reduzierung struktureller Defizite ist der Aspekt Frauen und Schulden kaum untersucht worden.

Infolge mangelnder empirisch gesicherter Daten bleiben auch Optimierungsversuche von Beratungs- und Hilfeangeboten im Hinblick auf geschlechtsspezifische Überschuldungskomponenten aus. In der Konsequenz finden Faktoren geschlechtsspezifischer Sozialisation als mögliche Überschuldungsursache erfahrungsgemäß kaum Eingang in die Beratungspraxis.

Und auch die psychosozialen Folgen der Überschuldung, u.U. in Verbindung mit Trennungserfahrungen, müssen die Frauen oftmals allein und isoliert bewältigen.

Es ist wohl vor allem der wiederholten lebensgeschichtlichen Erfahrung von Frauen im Umgang mit biografischen Diskontinuitäten geschuldet, weshalb sie trotz multifaktorieller Beeinträchtigung zumeist eine sehr konstruktive Auseinandersetzung mit Krisensituationen vornehmen können.[105]

1.2. Die aktuellen Strukturen im Handlungsfeld der Schuldnerberatung: Zur Konstitution des Forschungsinteresses

Die Möglichkeit zur Darstellung der strukturellen und gesellschaftlichen Konstellationen der Überschuldungsproblematik im Rahmen einer Forschungsarbeit, sowohl in theoretischer Hinsicht als auch im Ergebnis der Datenanalyse, zählt mit zu den wesentlichen Intentionen der Untersuchung.

Die Veranschaulichung der strukturellen Zusammenhänge und vor allem die Betonung nicht nur individueller Komponenten der Ver- und Überschuldung sollen zugleich die gesellschaftliche Relevanz der Thematik und damit die gesamtgesellschaftliche Verantwortlichkeit in diesem Kontext fokussieren. Diese gesellschaftlich-strukturellen Aspekte kontextualisieren das Forschungsvorhaben thematisch wie theoretisch, weshalb die diesbezügliche Abhandlung an den Anfang der Dissertation gestellt wurde.

Die entscheidende Motivation für die Studie basiert jedoch auf meiner mehrjährigen Berufstätigkeit im Arbeitsfeld der Schuldnerberatung und den dabei gemachten Erfahrungen, die im Rahmen dieser Arbeit kritisch reflektiert und zur Disposition gestellt werden.

Die folgenden Ausführungen greifen die Praxis der Sozialen Arbeit und der Schuldnerberatung im Besonderen auf. Durch die Kommentierung der

---

105 siehe dazu Becker-Schmidt 1994, 161 oder Andreß 2004, 476

existenten Bedingungen in diesem Aufgabengebiet sollen zum einen persönliche Erfahrungen plausibilisiert und zum anderen etwaige Ressourcen erhellt werden, die letztendlich als maßgeblich bei der Konstitution des Forschungsinteresses zu bezeichnen sind.

1.2.1. Potenziale biografischer Methoden und Forschung für die Sozialarbeit

In der sozialpädagogischen Beratung bzw. in der Sozialen Arbeit spielen biografische Aspekte bzw. Lebensverläufe der Ratsuchenden immer eine Rolle, da sie letztlich der Schlüssel zu den einzelnen Problemlagen sind und sich die Probleme ihrerseits auch wieder biografisch niederschlagen (Wechselwirkung).

Dieser Zusammenhang rückte schon frühzeitig in den Blickpunkt Sozialer Arbeit, denn die biografische Forschung korrespondiert mit der Entwicklung sozialpädagogischer Methoden und Theorien. Besonders die ab den 1920er-Jahren im Umfeld der Chicago School of Sociology entstandenen Ansätze der qualitativen Sozialforschung waren durch sozialpolitisch und explizit sozialarbeiterisch orientierte Forschungsperspektiven gekennzeichnet, die nachhaltige Wirkungen auf die Entwicklung der Methoden und der Theorie von Sozialarbeit und Sozialpädagogik hatten.[106] Das ganze Spektrum sozialarbeiterisch relevanter Problemlagen, wie beispielsweise Migration, Obdachlosigkeit, Prostitution, jugendliche Delinquenz und Bandenbildung, Armut, wurde durch diese empirischen Studien erfasst, und die daraus gewonnenen Erkenntnisse wurden zweifelsohne auch für die Sozialpädagogik in Deutschland rezipiert und fruchtbar gemacht.[107]

Gerade in der Gegenwart, scheint sich aber die Rückbindung der empirischen Forschungserkenntnisse an die sozialpädagogische Praxis und das sozialpädagogische Handeln als problematisch zu erweisen.[108] Als Ursache wird hierbei u.a. die zu unscharfe Unterscheidung von Wissenschaft und Praxis gesehen, weshalb die Forderung nach einer methodologischen Anerkennung der „Differenz zwischen Erkenntnisgewinnung und Problemlösung" innerhalb des Forschungsdesigns erhoben wird.[109]

Im Resultat dieser dilemmatischen Situation erfolgt die Einbindung aktueller Forschungsergebnisse in die sozialpädagogische Praxis eher zögerlich.

So fällt auch die Akzentuierung in den einzelnen Beratungsfeldern hinsichtlich biografischer Ansätze sehr unterschiedlich aus. Beispielsweise finden in

---

106 vgl. von Wensierski 1999, 437
107 vgl. ebd., 437
108 vgl. ebd., 448
109 Lüders 1997, 803

der sozialpädagogischen Lebensberatung biografische Momente im Rahmen von Fallanalysen weitaus mehr Beachtung als in der Schuldnerberatung, gleichwohl davon auszugehen ist, dass gerade eine Überschuldungssituation zumeist ein markantes und biografisch relevantes Ereignis für die Betroffenen kennzeichnet. Schlussfolgernd müsste auch der lebensgeschichtlichen Dimension der Überschuldung innerhalb der Schuldnerberatung wesentlich mehr Rechnung getragen werden.

Biografische Methoden finden in der Schuldnerberatung relativ wenig Anwendung. Lediglich die Schuldengenese, also die Erfassung des zeitlichen Abschnitts der Entstehung der Ver- und Überschuldung findet etwas mehr Berücksichtigung. Damit lassen sich aber bestenfalls auslösende strukturelle Momente der Ver- und Überschuldung abbilden, nicht jedoch biografisch relevante Ereignisse, die sich als (verdeckter) Beginn eines krisenhaften Verlaufs identifizieren lassen könnten. Das heißt die biografischen Ursachen des späteren Ver- und Überschuldungsprozesses bleiben unterbelichtet.

Gerade aber in den Details eines Lebensverlaufs lassen sich wichtige Hinweise finden, die für das Gelingen des Beratungsprozesses und die nachhaltige Bewältigung der Krisensituation ausschlaggebend sein könnten.

Auch Riemann kristallisierte die Optionen, die in einem biografischen Beratungsgespräch, insbesondere auch für die Ratsuchenden, liegen können, in seinen empirischen Untersuchungen heraus:

Für die Klientin selbst wirkt die Möglichkeit, hier biographisch zu sprechen, sicherlich entlastend, weil sie dazu beitragen kann, daß für die Sozialarbeiterin etwas verständlicher wird, was ihr zuvor hatte unverständlich erscheinen müssen.[110]

Eine Motivation für das qualitative Forschungsdesign und die Anwendung biografischer Untersuchungsmethoden ist u.a. auch die damit verbundene Möglichkeit, die potenziellen Ressourcen dieser Forschungsmethode für die praktische Beratungsarbeit andeuten zu können. Hierbei sind jedoch die unterschiedlichen Strukturlogiken zwischen sozialpädagogischer Forschung und sozialpädagogischer Praxis zu berücksichtigen,[111] weshalb eine direkte Übertragung von Forschungserkenntnissen auf die Praxis Sozialer Arbeit nicht in einem einfachen Wechselwirkungsverhältnis vorgenommen werden sollte.[112]

Dennoch kann allein mit der exemplarischen Rekonstruktion eines einzigen Falles gezeigt werden, welche Vielfalt an aufschlussreichen sowie relevanten biografischen Details sich ergibt.

Der Zusammenhang zwischen dem biografischen Gewordensein des jeweiligen Individuums innerhalb seiner sozialen Umwelt und der Ausbildung von Handlungs- und Orientierungsmustern kann über biografische Methoden verstanden werden, womit zugleich das Potenzial für die Beratungspraxis im

---

110 Riemann 2000, 72
111 vgl. von Wensierski 1999, 448
112 siehe dazu auch Krüger 1997, 197

Hinblick auf die Konzeption von Interventionsstrategien verdeutlicht wird. So hebt Marotzki hervor, die entscheidende Einsicht würde darin bestehen, „dass Problemlösungspotenziale nicht allein als kognitive Kapazität begriffen werden können. Es sind vor allem biographische Ressourcen, die im umfassenden Sinn Ordnungspotenziale darstellen."[113]

Ein weiterer wesentlicher Punkt, sich der Thematik zu widmen, ist die Unterrepräsentanz umfassender empirisch-qualitativer Forschungsarbeiten im Kontext der Überschuldungsproblematik.

Insbesondere die Perspektive der von Überschuldung betroffenen Menschen ist kaum erfasst. Wenn es jedoch keine dezidierten (qualitativen) Untersuchungen gibt, so bleiben viele Annahmen im Arbeitsfeld Schuldnerberatung rein hypothetisch bzw. basieren nur auf den unmittelbaren Erfahrungswerten der Beratungskräfte. Im Resultat werden z.B. die Entwicklung des beraterischen Methodeninstrumentariums, aber auch die Ausbildung der Fachkräfte sowie bedürfnis- und adressatenadäquate Präventionskonzepte nicht dezidiert genug verfolgt. Ein Anliegen der Arbeit ist somit auch, die bestehende Forschungslücke mit zu reduzieren und eventuell Anregungen für fortführende Untersuchungen zu liefern.

Hinzu kommt der besondere Aspekt der Überschuldung von Frauen. Vor dem Hintergrund der Beobachtung frauenspezifischer Ver- und Überschuldungsformen, bereits zuvor genannt wurde die Besonderheit, Schulden für andere zu machen, soll mittels biografischer Forschung möglichen Ursachen für dieses Handlungsmuster nachgegangen werden. Mit der vorliegenden Studie soll exemplarisch die Überschuldungthematik bei Frauen skizziert werden.

Im Folgenden werden nun die Rahmenbedingungen der Schuldnerberatung sowie methodische, konzeptionelle und organisatorische Ansätze vor dem Hintergrund einer Kontroverse um die Akzentuierung monetärer Aspekte der Überschuldung versus ganzheitliche Beratungsansätze als weitere Ausgangspunkte der Forschungsarbeit näher beleuchtet. Anhand der dabei zum Vorschein kommenden Ressourcen oder auch Defizite der Schuldnerberatungspraxis soll veranschaulicht werden, inwiefern eine systematische wissenschaftlich-theoretische Auseinandersetzung und kontinuierliche Erforschung des Tätigkeitsfeldes gerade im Hinblick auf eine Professionalisierung überaus sinnvoll und notwendig erscheinen.

---

113 Marotzki 2000, 186

1.2.2. Die Schuldnerberatung als Aufgabenbereich Sozialer Arbeit

In sozialarbeiterischen bzw. sozialpädagogischen Berufsvollzügen nahm die konkrete Befassung mit den materiellen Situationen ihrer Klientel bis Ende der 1970er-Jahre eine eher untergeordnete Rolle ein. Die Sicherung der materiellen Existenzgrundlage fiel in die Zuständigkeit administrativer Berufe, flankiert von punktuellen sozialarbeiterischen Tätigkeiten im Rahmen entsprechender Außendienste beispielsweise zur Bedarfsprüfung einmaliger Leistungen nach dem BSHG.[114]

Lediglich in der Sozialen Arbeit mit straffälligen, obdachlosen und nichtsesshaften Menschen war die Verzahnung sozialer und materieller Problemlagen traditionell integraler Bestandteil der Interventionen. Die Begrenzung auf diesen Personenkreis hatte zur Folge, dass Schuldnerberatung nicht nur in diesem Zusammenhang bis weit in die 1980er-Jahre als randständige Aufgabe wahrgenommen wurde und ein Schattendasein fristete.[115]

Im Zuge der anhaltenden Massenarbeitslosigkeit Ende der 1970er-/ Anfang der 1980er-Jahre gelangte man jedoch zu der Erkenntnis einer nicht nur kurzfristigen finanziell prekären Lebenslage einiger Bevölkerungsschichten. Große Bevölkerungsteile mussten zum Teil erhebliche Einkommensverluste hinnehmen, sei es durch Kürzungen staatlicher Transferleistungen oder die Absenkung der Löhne.

Gleichzeitig zielten Anbieter von Finanzdienstleistungen mit aggressiven Vermarktungsstrategien auf die sich scheinbar erschöpfenden finanziellen Mittel privater Haushalte. Mit der extremen Hochzinsphase Anfang der 1980er-Jahre kam es in vielen Haushalten zur Kumulation der Probleme und damit zum finanziellen Kollaps.[116]

Der Feststellung, dass Sozialberatung allein den sich entwickelnden gesellschaftlichen Herausforderungen nicht mehr genügen konnte, folgte die Konzeption und Einrichtung spezialisierter Beratungsformen resp. die Entdeckung eines neuen Handlungsfeldes.

Die ersten Schuldnerberatungsstellen entstanden Ende der 1970er-Jahre als Reaktion auf die zunehmende Überschuldung privater Haushalte. Die Initiierung der neuen Beratungsformen war jedoch nicht gleichlaufend mit einer gesellschaftlichen Anerkennung dieser spezialisierten Hilfeangebote verbunden. Selbst im Bereich der Sozialarbeit gab es Skepsis hinsichtlich der Verortung der Schuldnerberatung als Aufgabengebiet sozialpädagogischen Handelns und der Einbindung von Fachleuten juristischer, ökonomischer oder ähnlicher Herkunftsdisziplinen.[117]

---

114 vgl. Schruth 2003a, 19
115 siehe ebd., 20
116 vgl. Groth u.a. 1994, 21f.
117 vgl. ebd., 22

44

Diese Zurückhaltung zeigte sich auch in den Ausbildungsstätten künftiger SozialpädagogInnen, denn bis heute zählt das Grundlagenwissen aus der Schuldnerberatung nicht zu den integralen Lehrinhalten.[118] Bis auf wenige Ausnahmen[119] dominieren noch immer die Fortbildungsangebote bei der Qualifizierung künftiger Schuldnerberatungskräfte, woran auch die Diskussion um das Berufsbild und die Professionalisierung der Schuldnerberatung im Kontext der Ausübung von Tätigkeiten im Rahmen der Insolvenzordnung Ende der 1990er-Jahre nur wenig ändern konnte.[120]

Die sehr kontrovers geführte Debatte um das berufliche Selbstverständnis schuldnerberaterischen Handelns bildete zugleich die seit Jahren anhaltende Auseinandersetzung um die konzeptionelle Ausrichtung ab.[121]

Die eine Richtung fühlt sich der traditionellen Sozialarbeit resp. dem pädagogischen Grundverständnis von Beratung verpflichtet und behält dabei die Komplexität der Problemlage im Blick, wobei sie sowohl auf ein Repertoire verschiedener methodischer Ansätze zur Mobilisierung der Ressourcen der Klientel als auch zur sozialen und wirtschaftlichen Haushaltssanierung zurückgreift. Wohingegen sich die andere Richtung primär als vermittelnde (advokatorische) Institution zwischen Gläubigern und Schuldnern versteht, wobei die Arbeit auf ökonomisch-rechtlichen, administrativen Kompetenzen zur Regulierung der Schulden wie auch zur Abwicklung der Verbraucherinsolvenzverfahren basiert.[122]

Die unterschiedlichen Ausrichtungen korrelieren dabei keineswegs nur mit der beruflichen Qualifikation, denn erfahrungsgemäß identifizieren sich auch zahlreiche SozialarbeiterInnen mit der zuletzt genannten Schwerpunktsetzung.

Gerade in den konzeptionellen Divergenzen spiegelt sich jedoch die mangelnde Verankerung des Arbeitsfeldes in einer grundständigen Ausbildung wider, infolgedessen es an einer umfassenden theoretischen resp. wissenschaftlichen Reflexion sowie kontinuierlichen Erforschung des schuldnerberaterischen Handlungsfeldes fehlt.[123]

Gleichwohl die Fortbildungsangebote im Kern ähnliche Inhalte (rechtliche Grundlagen, Instrumente zur Haushaltssanierung) vermitteln und die Mehrzahl der Beratungskräfte über ein zum Teil sehr fundiertes Fachwissen verfügt, gibt es enorme Qualitätsunterschiede in der Beratung.[124]

---

118 vgl. ebd., 22
119 Zu nennen sind z.B. die Hochschule Magdeburg – Stendal oder die EFH Darmstadt, die ihre Studierenden bereits im Studium für die Schuldnerberatungspraxis qualifizieren.
120 siehe dazu u.a. Arbeitsgemeinschaft Schuldnerberatung der Verbände 2000 und 2002
121 siehe dazu u.a. Lindner/ Steinmann-Berns 1998, 23f. oder Ehlen 2003, 25f.
122 siehe hierzu beispielsweise Mesch 2003, 42f., der jedoch eine Drei-Teilung vornimmt in Helfer, Vermittler und InsO-Abwickler
123 ebenso auch Schwarze 2000, 71f. und 80f.
124 vgl. Groth 1990, 13 oder Groth 2003, 9

Ursache hierfür sind die strukturellen, konzeptionellen und organisatorischen Differenzen der Beratungsstellen und den sich daraus ergebenden mangelnden Vergleichsmöglichkeiten sowie defizitären Standardisierungen.[125] Gemessen daran sowie dem Fehlen formalisierter Studien- bzw. Ausbildungsgänge und berufsethischer Kodizes befindet sich der Professionalisierungsprozess noch in den Anfängen,[126] gleichwohl zumindest eine rechtliche Konsolidierung und damit auch partielle gesellschaftliche Anerkennung des Beratungsangebotes zwischenzeitlich verzeichnet werden konnte.

Zu konstatieren ist das Fehlen eines klar formulierten Berufsbildes mit eindeutig abgrenzbaren Funktionsbeschreibungen, welches u.a. auf den Druck im Zuge der Ökonomisierung der Sozialarbeit im Allgemeinen zurück zu führen ist.[127] Die unterschiedlichen Anforderungen der jeweiligen Fördermittelgeber haben eine Unterminierung konzeptioneller Ansätze der Beratungsstellen, die unzureichende Definition der Anspruchsberechtigten oder die mangelnde Abgrenzung des Tätigkeitsbereichs und der dazugehörigen Aufgaben bzw. Funktionen zur Folge.

Aufgrund der Pluralität der beruflichen Herkunftsdisziplinen (u.a. SozialarbeiterInnen, PädagogInnen, JuristInnen, ÖkonomInnen, ÖkotrophologInnen) in diesem Aufgabengebiet differieren die Grundvoraussetzungen sowie Ansprüche an die Tätigkeit teilweise erheblich.

Die konzept-, professions- und trägerbedingten Divergenzen rechtfertigen jedoch nicht die mitunter anzutreffende methodische Vernachlässigung sozialpädagogischer Ansätze, die sich beispielsweise in einer übermäßigen Akzentuierung des monetären Aspektes des Überschuldungsproblems bzw. einem „Primat der expertokratischen Schuldenregulierung" in der Beratungspraxis niederschlägt.

Insbesondere im Zuge der Implementation der Verbraucherinsolvenz in das Tätigkeitsfeld der Schuldnerberatung waren betont finanziell-juristische, administrative sowie expertokratische Konzeptorientierungen zu konstatieren.[128]

Wenn Schuldnerberatung einerseits als Sozialarbeit proklamiert wird, muss andererseits auch die konzeptionelle Ausrichtung mehrdimensional, insbesondere auch präventiv, und die Selbsthilfepotenziale der Betroffenen aktivierend gestaltet sein.

Vor dem Hintergrund einer Verortung der Schuldnerberatung in der Tradition der Sozialarbeit und unter Berücksichtigung aktueller Anforderungen formuliert Schruth folgende Definition:

---

125 siehe u.a. Schwarze 2000, 74f.
126 siehe dazu auch Korczak 2001, 51
127 siehe auch Schwarze 2000, 85 oder Schruth 2003, 68
128 siehe auch Kuntz 2003, 39

Schuldnerberatung versteht sich als Hilfsangebot für hochverschuldete Familien und Einzelpersonen mit dem Ziel, die verschiedenartigen – gerade sozialen – Folgeprobleme von Überschuldung zu beseitigen oder zu minimieren. Schuldnerberatung in der sozialen Arbeit ist damit Teil umfassender Lebensberatung, sie ist ebenso Beratung in sonstigen sozialen Angelegenheiten und damit persönliche Hilfe. Die Schwerpunkte des Beratungsangebotes der Schuldnerberatung in der sozialen Arbeit liegen – neben finanziellen, rechtlichen, hauswirtschaftlichen Fragen – vornehmlich in der erforderlichen psycho-sozialen Betreuung, in der persönlichen Beratung und in evtl. notwendigen pädagogisch-präventiven Hilfen. Damit ist Schuldnerberatung einem mehrdimensionalen Beratungsansatz verpflichtet – zugleich versucht sie, methodisch von einem ganzheitlichen Ansatz auszugehen.[129]

In der Praxis zeigt sich dahingegen, dass das „Vier-Säulen-Modell", welches die soeben genannten Beratungsschwerpunkte zu einem ganzheitlichen Ansatz vereint, kaum Anwendung findet.[130] Hieran wird die Ambivalenz zwischen Anspruch und Wirklichkeit der Schuldnerberatung offensichtlich, denn ohne eine ganzheitliche Betrachtung der Problematik können nur rudimentär sozialarbeiterische oder pädagogische Perspektiven verwirklicht werden:

Bei einer Schuldnerberatung, die einseitig auf der sachlichen Ebene „Schulden" ansetzt und ausschließlich einen Regulierungsprozeß anstrebt, ist es möglicherweise zwar einfacher, den Arbeitsanfall und die geleistete Arbeit statistisch nachzuweisen; eine solche Beratung ist aber für den Hilfesuchenden dann kein adäquates Hilfeangebot, wenn die ganzheitliche Sicht unbeachtet bleibt. Der Klient könnte sogar in seinen bisherigen Verhaltensmustern bestärkt werden und sich möglicherweise darauf verlassen, daß es immer jemanden gibt, der ihm aus den Schwierigkeiten heraus hilft, in die er sich gebracht hat, ohne sich selbst anstrengen und ändern zu müssen. [Herv. i. O.][131]

Die in der folgenden Abbildung[132] angeführten präventiven wie kurativen Maßnahmen dokumentieren demgegenüber das potenzielle Spektrum sozialpädagogischer Schuldnerberatung (Abb. 1):

---

129 Schruth 2003a, 21
130 vgl. Groth/ Schulz/ Schulz-Rackoll 1994, 25
131 Just 1990, 34
132 Die Abbildung basiert auf diversen Ausführungen zu den verschiedenen Aufgaben von Schuldnerberatung (siehe Groth 1990 sowie Groth/ Schulz/ Schulz-Rackoll 1994).

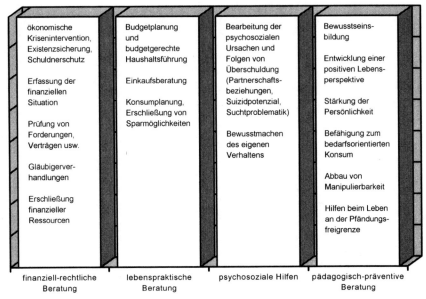

finanziell-rechtliche Beratung	lebenspraktische Beratung	psychosoziale Hilfen	pädagogisch-präventive Beratung
ökonomische Krisenintervention, Existenzsicherung, Schuldnerschutz	Budgetplanung und budgetgerechte Haushaltsführung	Bearbeitung der psychosozialen Ursachen und Folgen von Überschuldung (Partnerschaftsbeziehungen, Suizidpotenzial, Suchtproblematik)	Bewusstseinsbildung
Erfassung der finanziellen Situation	Einkaufsberatung		Entwicklung einer positiven Lebensperspektive
Prüfung von Forderungen, Verträgen usw.	Konsumplanung, Erschließung von Sparmöglichkeiten	Bewusstmachen des eigenen Verhaltens	Stärkung der Persönlichkeit
Gläubigerverhandlungen			Befähigung zum bedarfsorientierten Konsum
Erschließung finanzieller Ressourcen			Abbau von Manipulierbarkeit
			Hilfen beim Leben an der Pfändungsfreigrenze

Pädagogische Beratung befasst sich mit Sinn- und Orientierungskrisen von Individuen, deren Erzeugungszusammenhang in gesellschaftlichen Transformationsprozessen zu suchen ist, welche die materiellen und kulturellen Bedingungen einer individuellen Lebenspraxis in einer Weise verändern, die nicht durch einen Rückgriff auf tradierte Deutungs- und Handlungsmuster des sozialen Milieus bewältigt werden können.[133] Infolgedessen müssen auch beraterische Konzepte zum Einsatz kommen, die dieser Herausforderung Rechnung tragen.

Es stellt sich jedoch grundsätzlich die Frage, ob mit einer einseitigen und expertokratischen Ausrichtung von Schuldnerberatung dem Verständnis von professioneller sozialpädagogischer Beratung, welche auf eine Aktivierung der Selbstverantwortung in der Gestaltung und Bewältigung von Lebensaufgaben und -problemen abzielt, entsprochen wird:

Soziale Beratung ist entwickelt als Grundkonzept, in dem aus einer Theorie von Lebensverhältnissen jene Kommunikationsmuster akzentuiert werden, die – in Gemengelagen von Nöten, Hilflosigkeiten und vielleicht versteckten Ressourcen – geeignet erscheinen, den Menschen zur Selbsthilfe innerhalb seiner Verhältnisse zu aktivieren.[134]

---

133 vgl. Dewe 2000, 123
134 Thiersch 1997, 108

Auch Dewe sieht in pädagogisch orientierter Beratung die personenbezogene pädagogische Unterstützung bei der Entwicklung einer jeweils subjektiv erträglichen und sozial angemessenen Form der individuellen Auseinandersetzung mit sozial typischen Problemsituationen,[135] und unterstreicht somit modifizierende und aktivierende Aspekte beraterischen Handelns. Indem Beratung nicht als lineare Einflussnahme des pädagogischen Beraters auf die Ziel- und Handlungsorientierung des zu Beratenden verstanden wird, markiert die Herstellung einer partiellen Kongruenz zwischen den kognitiven Prozessen der an der Kommunikation partizipierenden Individuen eine Zielsetzung von Beratungskommunikation als Gemeinschaftshandlung.[136] Das heißt innerhalb dieser sozialen Beziehung wird ein dialogischer Aushandlungsprozess anstelle von Bevormundung angestrebt.

Dabei steht die (Wieder)gewinnung einer zur handlungspraktischen Problembewältigung befähigenden Wirklichkeitssicht, die subjektiv erträglich und der individuellen Biografie angemessen sein muss, im Zentrum pädagogischen Beratungshandelns:[137]

Beratung [...] zeigt den AdressatInnen unter Sachdominanz mögliche Variationen der Problemsicht und Handlungsalternativen auf, wobei die soziale und strukturelle Seite des je thematischen Problems expliziter Gegenstand der Beratungskommunikation ist. Bedingung der Möglichkeit einer so verstandenen Beratung ist, daß der Klient in der Lage ist, subjektiv wie auch sozial angemessene bzw. legitimierbare Entscheidungen über die Annahme von Deutungsangeboten und Handlungsalternativen zu treffen.[138]

Das Ziel professioneller Intervention ist eine durch sozial legitimierte und institutionalisierte Kompetenz herbeigeführte Verhaltensänderung bei den ratsuchenden Menschen.[139] Dabei versteht sich pädagogisches Handeln als Hilfe für aktiv mitbestimmte Gestaltung von Lebenspraxis und der prinzipiellen Achtung der lebenspraktischen Autonomie der Ratsuchenden.[140]

Um die hiermit postulierten Ansprüche in der Schuldnerberatungspraxis realisieren zu können, müsste konsequenterweise auch der Erwerb, die Anwendung und vor allem die Reflexion (sozial)pädagogischer Beratungstheorien und -methoden sowie deren regelmäßige Aktualisierung forciert werden.

Denn gerade in Bezug auf die oftmals fehlenden finanziellen Quellen überschuldeter Menschen, rückt die Stärkung sozialer und humaner Ressourcen in den Mittelpunkt, wozu es selbstredend eines geeigneten Methodeninstrumentariums der Fachkräfte bedarf. Und auch die Durchführung eines Verbraucherinsolvenzverfahrens stellt allein keine befriedigende Lösung dar,

---

135 vgl. Dewe 2000, 123
136 vgl. ebd., 120
137 vgl. ebd., 125
138 ebd., 125
139 vgl. Dewe/ Otto 1987, 788
140 vgl. Dewe 2000, 127

um auf lange Sicht soziale und humane Potenziale zu generieren. Insbesondere in Anbetracht der Dauer des Verfahrens und der sich anschließenden Wohlverhaltensperiode[141] offenbart sich die Notwendigkeit der Aktivierung derartiger Kompetenzen.

Im Hinblick auf die angedeuteten Differenzen in diesem Aufgabenfeld und die damit verbundene ambivalente Außendarstellung resp. Außenwahrnehmung erklärt sich teilweise auch das Legitimationsproblem, mit welchem sich die Beratungsstellen konfrontiert sehen und woraus zum Teil auch die mangelnde Rechts- und Finanzierungssicherheit resultiert.

Im Umkehrschluss muss natürlich zurecht behauptet werden, dass erst die rechtlichen und finanziellen Unsicherheiten negative Auswirkungen auf die Konsolidierung wie auch Profilierung der Arbeit hatten und haben.

Neben dieser strukturell-konzeptionell begründbaren Ursache für das Legitimationsproblem, ist des Weiteren die gesellschaftlich-historisch gewachsene Interpretation der Überschuldungsthematik zu benennen. Die damit korrelierende Tabuisierung, Marginalisierung und Individualisierung des Problems, welche ihre Wurzeln in den intergenerativen sozio-monetären Normvorstellungen und Verhaltensweisen[142] wie auch in der gesellschaftlichen Modernisierung haben, wurden in vorangehenden Abschnitten bereits thematisiert.

Beide Komponenten finden ihren Niederschlag in der gesellschaftlichen und sozialpolitischen Diskussion um die Relevanz der Schuldner- und Verbraucherinsolvenzberatungsstellen. Ohne diese Thematik erschöpfend behandeln zu wollen, so muss aber dennoch in diesem Zusammenhang die permanent prekäre Lage der rechtlichen und finanziellen Situation der Beratungsstellen, insbesondere mit ihren Konsequenzen für Planungssicherheit und Personalkontinuität, erwähnt werden.

Bis heute leitet sich aus der rechtlichen Verankerung im § 17 SGB I oder im § 11 SBG XII (vormals § 17 BSHG) keine gesicherte Finanzierung ab.[143] Mit der Einführung des SGB XII im Jahr 2005 erfuhr zugleich der anspruchsberechtigte Personenkreis eine drastische Begrenzung, da nur noch dauerhaft nicht erwerbsfähige Menschen (z.B. Rentner) in den originären Zuständigkeitsbereich dieses Gesetzes fallen. In der Folge bleibt offen, inwiefern sich aus dem SBG XII künftig noch ein Rechtsanspruch auf eine flächendeckende Finanzierung der Schuldnerberatung realisieren lässt.

Stattdessen erfahren Schuldnerberatungsstellen nunmehr eine Einbindung im Rahmen des SGB II zur Integration von überschuldeten LeistungsempfängerInnen in den Arbeitsmarkt, woraus sich zum einen die fallbezogene oder

---

141 Ab dem Tag der Eröffnung des Insolvenzverfahrens muss sich der Schuldner gegenüber seinen Gläubigern 6 Jahre wohl verhalten (u.a. Abführung pfändbarer Einkünfte).
142 siehe dazu Heisterhagen u.a. 2000, 469
143 siehe auch Schruth 2003c, 68 oder 71

pauschalierte Finanzierung und zum anderen der Arbeitsauftrag zur Regulierung des so genannten Vermittlungshemmnisses „Schulden" ableiten lässt. Schuldnerberatung soll demzufolge im Rahmen von Eingliederungsvereinbarungen gegenüber der Agentur für Arbeit eine Dienstleistung erbringen, welche die Sanierung der finanziellen Verhältnisse des Ratsuchenden vorsieht,[144] um beispielsweise Lohnpfändungen bei einem potenziellen Arbeitgeber ausschließen zu können. Das vorrangig finanzielle Verständnis von Überschuldung kommt deutlich zum Ausdruck.

Rechtliche Unklarheit hinsichtlich der Inanspruchnahme von Schuldnerberatung bzw. der Übernahme der Finanzierung besteht zudem für erwerbstätige überschuldete Menschen und LeistungsbezieherInnen gemäß SGB III.

Wenngleich die Auswirkungen des SGB XII und II bei dezidierter Betrachtung der defizitären Ausgangslage der Schuldnerberatungsstellen zumindest ansatzweise prognostizierbar gewesen wären, so wurde das Ausmaß in der Praxis verkannt.[145]

Die sozialrechtlichen Reformen stützten sich kontrafaktisch auf das Funktionieren der vorhandenen Schuldnerberatungsstrukturen einschließlich ihrer Finanzierungen. Das Dilemma zwischen vermeintlichem Rechtsanspruch und tatsächlicher Finanzierung hatten die Urheber der Reformvorschläge offensichtlich unterschätzt.

Die Bedeutung von Schuldner- und Verbraucherinsolvenzberatung zur Bewältigung von Überschuldungssituationen, zur Vermeidung von Armutslagen oder zur Überwindung von Arbeitslosigkeit ist in jüngster Zeit auch auf Regierungsebene immer wieder betont worden,[146] sodass auch eine konsequente Unterstützung der Ausweitung der unzureichenden Beratungskapazitäten beispielsweise durch die Herstellung von mehr Rechtssicherheit vermutet werden könnte. Die zu verzeichnende Kürzung der finanziellen Mittel auf Landes- und Kommunalebene und die damit einhergehende Reduzierung der Beratungsangebote konterkariert die sozialpolitische Relevanz der Schuldnerberatungstätigkeit jedoch massiv.

Im Gegenzug eröffnen sich ungeahnte Möglichkeiten für unseriöse kommerzielle Schuldenregulierer, die das Ausmaß der privaten Überschuldung keineswegs eindämmen, sondern sie durch die Erhebung horrender Bearbeitungs- und Vermittlungsgebühren für sich zu nutzen wissen.[147] Gleichzeitig unterminieren derartige Anbieter auch die Seriosität der Beratungsangebote der Wohlfahrtsverbände, weil für den Laien auf den ersten Blick nicht zu erkennen ist, worin sich die Arbeit unterscheidet.

---

144 siehe dazu Hodemacher 2004, 58f.
145 siehe ebd., 58 und 76f.
146 siehe Bundesregierung 2001, 22 oder Bundesministerium für Frauen, Senioren, Familie und Jugend 2004b
147 siehe dazu auch Internet 9

Die mangelnde Finanzierung seriöser Schuldnerberatung und damit Wegbahnung für kommerzielle Schuldenregulierer erschweren in der Folge wiederum die Bedingungen zur Etablierung und Profilierung sozialpädagogischer Beratungsansätze. Die Schuldnerberatung als klar definierter Aufgabenbereich Sozialer Arbeit steht somit erneut zur Disposition.

1.2.3. Methodische, konzeptionelle und organisatorische Ansätze in der Schuldnerberatung

In Abgrenzung zu den vorherigen Ausführungen, in welchen die Schuldnerberatung in ihrer historischen und gegenwärtigen Dimension einschließlich ihrer fachlichen Verortung im Überblick betrachtet wurde, sollen nunmehr die wesentlichen konzeptionellen, methodischen und organisatorischen Strukturen der praktischen Arbeit eingehender thematisiert werden.

In Anbetracht ungenügender flächendeckender Analysen zum Tätigkeitsfeld, können die Anmerkungen zur Praxis nur auf sporadisch gesammelten Erfahrungswerten einzelner „interner" ExpertInnen basieren.

Organisatorisch und in der Folge auch konzeptionell sind in der Bundesrepublik zwei grundlegende Formen von Schuldnerberatung zu unterscheiden. Das ist zum einen die spezialisierte Schuldnerberatung, welche sich originär der Arbeit mit überschuldeten Menschen widmet, und zum anderen die integrierte oder zielgruppenspezifische Schuldnerberatung, welche dieses Beratungsangebot neben anderen Hilfen vorhält (z.B. innerhalb der Suchthilfe).[148]

In der integrierten Beratung wird die Überschuldung ausschließlich im Kontext anderer Problemlagen betrachtet, deren Bearbeitung jedoch im Vordergrund steht. Der Umfang schuldnerberaterischer Tätigkeiten richtet sich nach dem Bedarf der AdressatInnen, den zu erreichenden Zielen und den institutionellen Bedingungen.[149]

Im Gegensatz zur spezialisierten Schuldnerberatung, welche in der Hauptsache die Überschuldung mit ihren Ursachen, Auslösern und Konsequenzen fokussiert.

Die folgenden Ausführungen beziehen sich daher auf Schuldnerberatung als spezialisierte personenbezogene soziale Dienstleistung[150] in Trägerschaft

---

148 siehe dazu z.B. Müller 2003, 54 oder Bundesministerium für Familie, Senioren, Frauen und Jugend 2005, 32
149 vgl. ebd., 59
150 Personenbezogene Dienstleistungen richten sich auf eine „Veränderung" von Personen und können nur mit deren innerer, aktiver Beteiligung erfolgen, wie z.B. Sozialarbeit, Bildung, Psychotherapie, im Gegensatz zu sachbezogenen Dienstleistungen, die dem Erhalt, der Verteilung, der Pflege oder der Beurteilung dinglicher Sachen dienen und ohne innere und aktive Beteiligung der Nutzer erfolgen können, wie z.B. Personentransport, Informieren, Verwalten, Verkaufen (vgl. Effinger 1996, 42). Wenngleich Schuldnerberatung auch sachbezogene Anteile aufweist, so flankieren diese doch lediglich die personenbezogene

von Wohlfahrtsverbänden, gemeinnützigen Vereinen oder Kommunen.

Die rechtlichen und vor allem finanziellen Grundlagen der Schuldnerberatung ergeben sich im Wesentlichen aus § 11 SGB XII, § 16 SGB II (Sozialgesetzbuch) sowie § 305 InsO (Insolvenzordnung) in Verbindung mit den jeweiligen Landesausführungsgesetzen, woraus sich zum Teil auch primäre Aufgaben ableiten lassen, die ihrerseits auch bei der konzeptionellen Gestaltung der Arbeit berücksichtigt werden (müssen).

So soll die Schuldnerberatung als so genannte geeignete Stelle auf der Grundlage der Insolvenzordnung überschuldeten Menschen im außergerichtlichen Einigungsverfahren unterstützen, das Scheitern außergerichtlicher Einigungsversuche bescheinigen, bei der Erstellung der für das gerichtliche Verfahren erforderlichen Antragsunterlagen helfen, im gerichtlichen Schuldenbereinigungsplanverfahren beraten und im vereinfachten Insolvenzverfahren sowie in der Wohlverhaltensperiode begleiten.[151] Für den zuständigen Fördermittelgeber hat demzufolge die Abwicklung der InsO-relevanten, administrativen Formalien Priorität.

Demgegenüber liegt der Schwerpunkt des SGB II auf der Unterstützung der LeistungsempfängerInnen bei der Aufnahme einer Erwerbsarbeit, sodass Schuldnerberatung vor dem Hintergrund dieser Finanzierungsgrundlage als Eingliederungsdienstleistung verstanden wird.[152] Mit der Aufnahme einer Erwerbsarbeit ist jedoch das vorrangige Ziel im Rahmen des SBG II erreicht, wodurch die weitere Finanzierung der Beratungstätigkeit nur noch als Kann-Leistung auf Darlehensbasis erfolgt.[153] Die Komplexität und Mehrdimensionalität der Überschuldungsproblematik sowie Bedeutsamkeit eines kontinuierlichen Beratungsprozesses erscheint wenig relevant.

Das SGB XII wiederum sieht die Stärkung der Selbsthilfepotenziale zur Überwindung von Notlagen vor. Die Inanspruchnahme von Schuldnerberatung soll hauptsächlich zum Zweck der Überwindung und Vermeidung der Hilfebedürftigkeit erfolgen. Ähnlich wie im SGB II wird im Sinne von Wirtschaftlichkeit und Sparsamkeit von Schuldnerberatung erwartet, Menschen möglichst schnell zu befähigen, ohne den Sozialleistungsbezug auszukommen. Dies bedeutet i.d.R., dass eine schnelle Regulierung der finanziellen Angelegenheiten zur Überwindung der Erwerbslosigkeit oder der materiellen Notlage gefordert ist.

Eine Problematisierung der neuen gesetzlichen Regelungen in Bezug auf die künftige Arbeit der Schuldnerberatung bzw. die professions- und beratungstheoretische Entwicklung haben u.a. auch Schruth und Ebli ausführlich vorgenommen.[154]

Dienstleistung, weshalb es sich im Kern um eine solche handelt.
151 vgl. Arbeitsgemeinschaft Schuldnerberatung der Verbände 2003, 7
152 vgl. dazu §§ 1 und 16 SGB II
153 vgl. § 16 SGB II
154 siehe Schruth 2004 und Ebli 2004

Die Postulate der Fördermittelgeber mögen sich zwar im Hinblick auf die inhaltliche Akzentuierung unterscheiden, in Bezug auf eine effiziente und kostengünstige Erfüllung der Aufträge im Rahmen der gesetzlichen Grundlagen stimmen sie jedoch überein, mit negativen Auswirkungen auf die Konzipierung bedürfnis- und adressatenadäquater Beratungskonzepte:

Gleichzeitig führen fiskalpolitisch geprägte Entscheidungen der Sozialpolitik, eine spezifische Rollenzuschreibung an die Schuldnerberatung in der Vorbereitung und Durchführung von Verbraucherinsolvenzverfahren, sowie neue Konzepte des Verwaltungsmanagements (Modell „Neue Steuerung") zu einem *zunehmenden Einfluss professions-externer Institutionen* auf die weitere Professionalisierung und auf die Entwicklung von Standards in der Schuldnerberatung. Die *Standards sozialer Beratung* werden mittelbar und unmittelbar *professions-extern* beeinflusst und *vordefiniert*. Die Aufgaben und Ziele beruflichen Handelns, orientiert an den Adressaten, ihren Lebenslagen und Lebensläufen drohen *professions-intern* als Ausgangspunkte für eine weitere Professionalisierung und für die Entwicklung adäquater Standards dabei zunehmend aus dem Blickfeld zu geraten. [Herv. i. O.][155]

In diesem Zusammenhang werden ganzheitliche sozialpädagogische Ansätze analog dem Vier-Säulen-Modell eher als Nebensächlichkeit oder „schmückendes Beiwerk" interpretiert, nicht jedoch als integraler Bestandteil des Beratungsprozesses.

Dieses Verständnis wird exemplarisch dokumentiert in der Informationsbroschüre „Was mache ich mit meinen Schulden?", herausgegeben vom Bundesministerium für Familie, Senioren, Frauen und Jugend. Schuldnerberatung wird darin in der Hauptsache als Unterstützungsinstanz zur Klärung und Regulierung der finanziell-rechtlichen Situation der Betroffenen dargestellt.[156]

Nicht zuletzt unter dem wachsenden Druck der Ökonomisierung der Schuldnerberatung werden eindeutige konzeptionelle Positionierungen aufgegeben oder gar nicht erst formuliert, was einem Unterlaufen der Profilierungs- oder Standardisierungsbemühungen entspricht und Professionalisierungsambitionen in weite Ferne rücken lässt.

Groth hielt bereits Anfang der 1980er-Jahre „Zwölf Grundsätze für die Schuldnerberatung" fest, in denen er insbesondere die „Komm-Struktur", das Prinzip der Freiwilligkeit, die Motivation des Schuldners zur intensiven Zusammenarbeit und das Erzielen von Verhaltensänderungen, neben praktischen Arbeitstechniken, betonte.[157] Und auch die Vertraulichkeit resp. Verschwiegenheit und Ergebnisoffenheit des Beratungsprozesses zählen zu den zentralen Begriffen der Fachlichkeit.[158]

Schon damals verwies Groth auf die bewusste Festlegung der Terminologie auf Schuldnerberatung, womit zugleich die Ganzheitlichkeit der konzeptionellen Ansätze und die Aktivierung der Ratsuchenden zur Selbsthilfe unter-

---

155 Schwarze 2000, 70f.
156 siehe Bundesministerium für Familie, Senioren, Frauen und Jugend 2005
157 siehe Groth 1984, 25f.
158 vgl. z.B. Arbeitsgemeinschaft Schuldnerberatung der Verbände 2002, 10

strichen wurde.[159] Gerade das Prinzip der Ganzheitlichkeit ist immer wieder in die Kritik geraten, weil es zu divergent interpretiert worden ist und meist nur in den theoretischen Konzepten der Beratungsstellen, nicht aber in der praktischen Arbeit verankert ist.[160]

Ursache dafür ist auch die mangelnde Klärung, was überhaupt unter einem ganzheitlichen Beratungsansatz zu verstehen ist.[161] Einigkeit besteht zwar darin, dass Schuldnerberatung nicht nur einseitig beschränkt werden sollte auf ökonomische oder rechtliche Fragestellungen. Die Integration von Ansätzen zur Bewältigung sozialer Problemlagen der Ratsuchenden wird jedoch sehr unterschiedlich bewertet.

Beispielsweise bettet das so genannte ganzheitlich-integrative Beratungsmodell Schuldnerberatung in regionale sozialpädagogische Hilfeangebote ein, und nimmt damit ein Splitting eines originär wirtschaftlich und sozial bedingten Problems vor.[162]

Dieser Ansatz widerspricht im Prinzip sogar der Ganzheitlichkeit, denn ausgehend von der Prämisse, dass sich soziale und wirtschaftliche Probleme einander bedingen, kann bei dieser Organisationsform zumeist keine sachgerechte Beratung und Lösungsstrategie entwickelt werden, die Fragestellungen beider Bereiche aufgreifen.[163] Die gelungene Verzahnung der unterschiedlichen Dienstleistungen ist aufgrund des Fehlens eines konsequenten Fallmanagements in der Praxis die Seltenheit.

Daher ist Schuldnerberatung selbst gehalten, einen ganzheitlichen Hilfeprozess zu initiieren, bei dem ökonomische wie auch soziale Facetten der Überschuldung berücksichtigt werden. Ausgehend von fundierten (sozial)-pädagogischen Kenntnissen und Fertigkeiten, müssten z.B. Aspekte wie Sozialisationsbedingungen, Partnerschaft/ soziale Beziehungen, Wohnumfeld, Arbeitswelt, Schulden oder häusliche Situation thematisiert werden:

Die Arbeit mit der Person, ihrer Sozialisation, ihren Einstellungen und Werthaltungen – und diese Arbeit betrifft auch die Gläubiger sowie die rechtlichen und sozialpolitischen Gegebenheiten – hat all diese Aspekte zu berücksichtigen. Denn sie haben in die Überschuldung geführt und hier kann auch der Ansatzpunkt dafür liegen, sich davon zu befreien.[164]

Angefangen vom Bewusstmachen der Überschuldungssituation und der Bearbeitung von Verdrängungsmechanismen wird ein Lernprozess aktiviert, in dessen Verlauf bei den Ratsuchenden eine systematische Auseinandersetzung mit den Ursachen ihrer Situation erfolgt. Hierbei sind persönliche und soziale Lebensbedingungen ebenso zu berücksichtigen wie die Aufarbeitung alltäg-

---

159 vgl. ebd., 28
160 vgl. u.a. Groth/ Schulz-Rackoll/ Schulz 1994, 25f. oder Kuntz 2003, 39f.
161 vgl. Kuntz 2003, 39
162 vgl. ebd., 39
163 vgl. ebd., 39
164 Just 1990, 9f.

lich anfallender Probleme.[165] Die Analyse und Bearbeitung der wirtschaftlichen Verhältnisse werden demzufolge stets im Kontext zu den sozialen und persönlichen Konditionen der KlientInnen betrachtet.

Die aktive Beteiligung der Ratsuchenden und damit Einbeziehung bzw. Respektierung ihrer eigenen Kompetenzen verhindert i.d.R. auch eine weitere Überschuldung, weil das bisherige Handlungsmuster in diesem Prozess kritisch reflektiert werden muss. Zugleich lassen sich darüber Minderwertigkeits- und Schuldgefühle reduzieren sowie die psychische Stabilität wiedererlangen.[166]

In der Praxis zeigt sich dahingegen, nicht zuletzt aufgrund des Missverhältnisses zwischen Beratungskapazitäten und Nachfrage, ein zumeist expertokratisches Vorgehen, bei dem die Mobilisierung der Selbsthilfepotenziale der Betroffenen oder eine Perspektiventwicklung verdrängt werden von einer Fokussierung des finanziell-rechtlichen oder haushaltsökonomischen Bereichs.[167] Es verwundert daher nicht, wenn erfahrungsgemäß ein Großteil der Arbeitszeit auf zeitintensive Gläubigerverhandlungen und administrative Tätigkeiten entfällt.

Das dialogische Aushandeln von Problemlösungen, das Erweitern der Perspektiven oder das pädagogische Vermitteln von lebenspraktischem Wissen und Fertigkeiten weicht einer schnellen Verordnung von „Rezepten", wie der Ratsuchende seine Schwierigkeiten bewältigen soll.[168] Die originären Kompetenzen der Sozialarbeit sowie die Ansprüche an sozialpädagogische Beratung werden somit sukzessiv unterminiert:

Bei der Beobachtung der Handlungsabläufe in der Schuldnerberatung lässt sich m.E. eine Tendenz erkennen hin zur Vernachlässigung jener Angebote, die den besonderen Kompetenzen und Stärken Sozialer Arbeit entsprechen und für jene Anfragegruppen, die immer wieder als typische Klientel der Sozialen Arbeit bezeichnet werden, von zentraler Bedeutung. Dazu gehören der besondere, weite Blick der Sozialen Arbeit sowohl hinsichtlich der Problemanalyse als auch hinsichtlich der Problembearbeitung und die dialogische Aushandlung von Problemdeutungen und Problembearbeitungsschritten. Dagegen werden zunehmend jene Angebote betont, die direkt und schnell auf Schuldenregulierung gerichtet sind.[169]

Vor diesem Hintergrund sieht sich Schuldnerberatung zurecht mit der Frage konfrontiert, warum dieses Tätigkeitsfeld dann noch in der Sozialen Arbeit verortet werden soll.

Gerade Kritiker finden hier reichlich Angriffspunkte hinsichtlich kostengünstigerer, rein administrativer Varianten der Aufgabenerledigung.

---

165 ebd., 31f.
166 ebd., 34
167 siehe dazu auch Ebli 2003, 7f.
168 vgl. auch ebd., 7f.
169 ebd., 8

Dabei gibt es eine Reihe von Versuchen, bei denen in Anlehnung an etablierte sozialpädagogische Beratungsmethoden systemische oder ressourcenorientierte Ansätze explizit für die Schuldnerberatung konzipiert wurden.[170] In der Umsetzung dieser Methoden wird zum einen die Komplexität der Überschuldungsproblematik offensichtlich und zum anderen können durch den Einsatz spezieller Techniken Ressourcen aktiviert sowie Perspektiven erweitert werden. Es kommt darüber hinaus zum Vorschein, dass Schulden „lediglich" ein Symptom für tiefgehendere Probleme sind, die jedoch durch ihr Aufspüren einer Bearbeitung zugeführt werden können. Eine nachhaltige Problembewältigung ist mit derartigen Methoden weitaus realistischer.

Die Entwicklung spezifischer Methoden für die Schuldnerberatung stellt jedoch die Ausnahme dar:

Immer noch ist eine Methodenvielfalt anzutreffen, nicht jedoch im Sinne einer bewussten Verwendung unterschiedlicher methodischer Vorgehensweisen, sondern eher im Sinne eines Eklektizismus, das heißt, aus den jeweiligen Teildisziplinen (Ökonomie, Recht, Haushaltsberatung) werden nach wenig reflektierten Kriterien dortige Vorgehensweisen zum Teil übernommen.[171]

Die Entwicklung eines geeigneten Methodeninstrumentariums setzt allerdings die Klärung konzeptioneller Erwartungen voraus, sodass die defizitäre methodische Situation als Resultat der konzeptionellen Diffusion zu werten ist.

Schütze betont gar die Exponiertheit von SozialarbeiterInnen bei der Anwendung wissenschaftlicher Theorien und Verfahren gegenüber den Paradoxien professionellen Handelns:

Die Fehlertendenzen, die der Anwendung wissenschaftlicher Theorien und Verfahren entstammen, sind in der Sozialarbeit besonders ausgeprägt – dies gerade weil Sozialarbeit nicht selbstverständlich und routiniert eigene auf das professionelle Handeln und seine Problemgegenstände bezogene „klinische" Forschung betreibt, sondern solche kontextgelöst und ohne innere Aneignung als fetischierte „Machtpakete" klinischer oder gar technischer Verfahren übernimmt. [Herv. I. O.][172]

Genau an diesen Punkten setzt die vorliegende Forschungsarbeit an. Mittels einer qualitativen Studie über Menschen, die in eine Überschuldung geraten sind, lassen sich überhaupt erst Rückschlüsse auf eine weitestgehend unerforschte Zielgruppe und den kontextuellen Rahmen ziehen. Erst über den notwendigen Erkenntnisgewinn systematischer Analysen, sowohl der AdressatInnen von Schuldnerberatung als auch des Tätigkeitsfeldes, lassen sich daraus resultierend auch praktikable und vor allem bedürfnis- und adressatenadäquate konzeptionelle Ansätze entwickeln.

Der Forschungsschwerpunkt liegt in dieser Arbeit jedoch bei den AdressatInnen, weil es m.E. vordringlicher erscheint zunächst die Zielgruppe der

---

170 siehe u.a. Conen 1992, 1994a, 1994b, Lindner/ Steinmann-Berns 1998 oder Gigler 2001
171 Schruth 2003, 26
172 Schütze 1992, 146

Beratung in all ihren Perspektiven zu erfassen, bevor Beratung selbst analysiert wird, was zweifelsohne auch ein berechtigter Anspruch ist.

Ähnlich den Sichtweisen, welche Schulden als ein Korrelat aus sozialen und ökonomischen Komponenten verstehen, möchte ich im Sinne der Mehrdimensionalität und Komplexität der Problematik die biografischen Dimensionen aufzeigen. Möglicherweise kann die Arbeit ein Beitrag sein, rein rechtlich-ökonomische Beratungsansätze zu hinterfragen und pädagogisch-präventive, lebenspraktische Hilfen vermittelnde sowie die Selbsthilfe der Ratsuchenden aktivierende sozialpädagogische Schuldnerberatung in ihren originären Kompetenzen zu bekräftigen.

Die Arbeit ist zudem ein Versuch, die Entwicklung des Umfanges und der Struktur des Problems der privaten Überschuldung inklusive defizitärer Beratungskapazitäten erneut öffentlich zu machen. Gleichzeitig sollen ungenügende gesetzliche Regelungen aufgezeigt werden, womit sich zumindest langfristig auch eine Chance zur Reduzierung sozialer Divergenzen ergeben könnte.

1.3.   Die Präzisierung des Erkenntnisinteresses und der Forschungsfrage

Den vorhergehenden Ausführungen sind eine Reihe von Intentionen und Fragestellungen inhärent, die letztlich die Grundlage für die Durchführung des Forschungsvorhabens bilden. Gleichzeitig werden damit das Vorverständnis, einschließlich meiner expliziten und impliziten Erwartungen, sowie die Forscherperspektive und das Gegenstandsverständnis dokumentiert.

Es sei darauf verwiesen, dass auch qualitative Forschung nicht ohne die Formulierung von Vorannahmen und theoretischen Konzepten arbeitet. Mit Hilfe sensibilisierender Konzepte („sensitizing concepts") wird das Untersuchungsfeld vorstrukturiert.[173] Dieses theoriegeleitete Vorgehen ist jedoch nicht gleichzusetzen mit einem hypothetiko-deduktiven Ansatz, bei welchem zu Beginn des Forschungsprozesses die Formulierung empirisch gehaltvoller, präziser Hypothesen steht.

Im theoriegeleiteten qualitativen Vorgehen kommen vielmehr die unterschiedlichen Dimensionen[174] des Vorwissens zum Tragen.

Beginnend mit allgemeinen und empirisch wenig gehaltvollen theoretischen Konzepten und alltagsnahem Vorwissen nähern sich die ForscherInnen über das alltagsnahe Verstehen der untersuchten Situationen und Hand-

---

173   siehe dazu auch Brüsemeister 2000, 27f. oder Meinefeld 2000, 265f.
174   Kelle/ Kluge 1999, 25f. unterscheiden: Explikation, Herkunft, Theoretisierung, empirischer Gehalt.

lungen der AkteurInnen einem Zugang zum empirisch gehaltvollen Alltags- und Theoriewissen der AkteurInnen im Feld:[175]

> Die Verwendung theoretischer heuristischer Konzepte hilft dabei, das im Forschungspro- zess langsam wachsende empirisch gehaltvolle Wissen auf eine theoretische Ebene zu heben, d.h. die untersuchten Situationen und Handlungen der Akteure auch *theoretisch* zu verstehen, einzuordnen und zu erklären. [Herv. I. O.][176]

Die Integration des theoretischen Vorwissens in den weiteren Forschungspro- zess steht demzufolge nicht im Widerspruch zu den Ansätzen qualitativer Sozialforschung. Die stete Verknüpfung empirischer wie theoretischer Daten kennzeichnen eine gelungene qualitative Untersuchung.[177]

Der Präzisierung der konkreten Fragestellung und des Erkenntnisinteresses widmet sich der folgende Abschnitt, der im Sinne einer transparenten Doku- mentation des Forschungsprozesses auch die Entwicklungsschritte abbildet.

Während die Präzisierung der Fragestellung einer konkretisierenden, de- taillierenden Fortsetzung des Forschungsinteresses entspricht, bei der nun- mehr auch methodische Entscheidungen offenbart werden, markiert die For- mulierung des Erkenntnisinteresses eine Erwartung resp. Zielsetzung an das Forschungsvorhaben. Das Erkenntnisinteresse wird im günstigsten Fall mit der Verfolgung der Forschungsfrage befriedigt.

Die Festlegung der Forschungsfrage resp. Fragestellung ist wesentlich für die Eingrenzung des interessierenden Ausschnittes innerhalb des komplexen Forschungsfeldes. Damit wird keineswegs der qualitativen Sozialforschung im Hinblick auf das Prinzip der Offenheit[178] widersprochen, sondern vielmehr eine Strukturierung und Reduktion vorgenommen, die für die spätere Daten- erhebung und Auswertung bedeutsam sind.[179] Mit der Formulierung der Fra- gestellung definiert sich zugleich der Untersuchungsgegenstand.

An dieser Stelle sei auf die enge Korrelation des skizzierten Prozesses mit der Entwicklung des Untersuchungsdesigns hingewiesen. In dem Maß, wie sich die konkrete Fragestellung und das Erkenntnisinteresse sukzessiv herauskristallisiert, verändert sich auch der Forschungsplan.

Beide Prozesse gestalten sich dabei durch stete Rückkopplungsschleifen eher zirkulär, wenngleich nunmehr aus Gründen der Darstellung ein fast line- ares Vorgehen vermutet werden könnte.[180]

Zunächst stand allgemein die Überschuldungsthematik jenseits statisti- scher und pauschalisierender Konzepte als potenzieller Untersuchungsge- genstand im Zentrum des Interesses. Insbesondere die immer wieder bemüh-

---

175 vgl. ebd., 35f.
176 ebd., 36
177 ebd., 37
178 Hoffmann-Riem, 1980, 343
179 vgl. Flick, 1991, 152
180 vgl. dazu auch Flick 1991, 148

ten vermeintlichen Auslöser von Überschuldung oder fälschlicherweise sogar als Ursache bezeichneten Aspekte, wie Arbeitslosigkeit, Bildungsdefizite oder krisenhafte Ereignisse, griffen m.e. zu kurz, um die Komplexität von Überschuldung hinreichend zu erklären.

Die in ganzheitlichen Beratungsansätzen zu findende Annahme, Schulden resp. Überschuldung seien lediglich ein Symptom für weiterreichende Probleme und kritische Konstellationen unterhalb der für Außenstehende unmittelbar wahrnehmbaren Oberfläche, entwickelte sich zu einer Art vorläufiger Arbeitshypothese.

Es galt, die Strukturen jenseits der offensichtlichen Symptomatik zu entdecken und damit auch zu zeigen, dass die Überschuldung kein ausschließlich monetäres Problem darstellt.

Daraus konkretisierte sich die Intention, die Perspektive der von Überschuldung Betroffenen aus deren Sichtweise erfassen zu wollen. Zweifelsohne sind die Betroffenen selbst die ExpertInnen in der Vermittlung ihrer Perspektive, sodass die Forschungsperspektive zugunsten des Nachvollzugs subjektiv gemeinten Sinns bzw. subjektiver Sichtweisen ausgerichtet wurde.

Bislang existieren zumeist Studien, die sich vorwiegend quantitativ-statistisch mit dem Phänomen der Ver- und Überschuldung befassen und nicht aus der Perspektive der betroffenen Menschen heraus. Dabei kommt es zur Ausblendung der Befindlichkeit der Betroffenen, zur Ausklammerung sozialisationsrelevanter und biografischer Komponenten sowie mitverursachender gesellschaftlicher und wirtschaftlicher Faktoren.

Es interessierte vor allem, wie die betroffenen Menschen, diesen Prozess hin zu einer Ver- und Überschuldung erlebt haben und aus heutiger Sicht retrospektiv darstellen. Das biografische Gewordensein der Betroffenen und die Interaktionen innerhalb des sozialen Umfeldes, die beteiligten InterakteurInnen und im Besonderen die Schuldnerberatung sollten in der Studie eine tragende Rolle spielen.

Bedeutsam erschien von Anbeginn die Datenerfassung innerhalb zeitlicher Dimensionen, die weit vor einer Überschuldung und der Determinierung des Schuldnerstatus lagen. Mit dieser temporalen Ausweitung sollte einer möglichen Überfokussierung der krisenhaften Ereignisse im Kontext der Überschuldung begegnet werden.

Dadurch eröffnete sich zugleich die Möglichkeit, genau diejenigen Momente in den Blickpunkt zu rücken, die zwar oftmals ausgeblendet werden, aber faktisch die Rahmenbedingungen einer Überschuldung bilden. Erst diese Momente kontextualisieren überhaupt die eigentliche Überschuldungsproblematik, weshalb ihnen das vorrangige Forschungsinteresse galt.

Das systematische Erfassen sozialisatorischer wie biografischer Bedingungen und Ereignisse in den Lebensverläufen von SchuldnerInnen entwickelte sich zu einer zentralen Zielsetzung, womit sich auch die Fragestellung und das Erkenntnisinteresse in die Richtung biografischer Methoden spezifizieren ließen.[181]

Die Eingrenzung der AdressatInnen folgte der nicht nur selbst gemachten Beobachtung, der geschlechtsspezifisch divergenten Handlungsmuster im Zusammenhang mit einer Überschuldungskrise. Einerseits gibt es das Phänomen, dass Frauen sich durch das häufigere Eingehen von Schuldverhältnissen für andere Personen von Männern unterscheiden. Andererseits lassen sich geschlechtsspezifische Unterschiede im Krisenmanagement beobachten. Obwohl Frauen multifaktoriell benachteiligt sind, gehen sie oftmals konstruktiver mit Krisensituationen um, als Männer mit vergleichbaren Problemen.[182]

Vor dem Hintergrund dieser Beobachtungen stellte sich grundsätzlich die Frage, ob Frauen einen geschlechtsspezifisch besonderen Umgang mit Überschuldungssituationen haben, und ob sich dieser aus biografischen Gegebenheiten erklären lässt. Es soll hierbei nicht primär die Differenzierung gegenüber männlichen Schuldnern vorgenommen werden, dazu fehlt es schlichtweg auch an Vergleichsdaten, sondern vielmehr innerhalb eines Geschlechts die Divergenz der Handlungsmuster und damit die Andersartigkeit der Individuen untereinander gezeigt werden.

Der Erklärungsansatz, dass möglicherweise fehlendes Problem- und Emanzipationsbewusstsein sowie traditionelle Rollenverständnisse als bewusster oder unbewusster Entscheidungsimpuls für eine Verschuldung gelten, zählte zumindest zum theoretischen Vorwissen.

Im Fokus der Studie sollen deshalb Frauen in Überschuldungssituationen und ihr individueller Lebensverlauf stehen. Die biografische Erzählung solcher Frauen aus ihrer eigenen Perspektive heraus steht forschungsmethodisch im Mittelpunkt. Die Frauen selbst sind die definierenden, aushandelnden Akteurinnen in der Befragungssituation.

Aus den unterschiedlichen Interessenlagen verdichtete sich das zentrale Erkenntnisinteresse sowie die konkrete Forschungsfrage. Das Ergebnis des Präzisierungsprozesses lässt sich folgendermaßen zusammenfassen:

Das Erkenntnisinteresse konzentrierte sich auf den Aspekt WIE Frauen innerhalb ihrer Lebensverläufe zu Schuldnerinnen werden. Dabei interessierten insbesondere die biografischen Bedingungen und Entwicklungen, die mit der Überschuldung in Zusammenhang gebracht werden können.
Die konkrete Fragestellung hinsichtlich des Materials musste also lauten: welche signifikanten Ereignisse und Merkmale im Leben von Schuldnerinnen gibt es, die sich als (verdeckter) Beginn krisenhafter Lebensverläufe mit späterer Ver- und Überschuldung identifizieren lassen.

---

181 Die methodische Umsetzung wird im 2. Kapitel beschrieben.
182 siehe dazu beispielsweise auch Andreß 2004, 476

Methodisch sollten hierbei insbesondere die Passagen im Datenmaterial zu analysieren sein, die weit vor einer Überschuldungskrise und der Determination des Status einer Schuldnerin liegen. Durch kontrastive Vergleiche sollten unterschiedliche Schuldnerinnenkarrieren in Bezug auf divergente Handlungs-/Erleidensmuster ausgemacht werden.

Wie bereits angedeutet, sind die Fragestellung und das Erkenntnisinteresse nicht losgelöst von der methodischen und methodologischen Umsetzung zu betrachten.

Während anfangs der Fokus auf der Präzisierung der Fragestellung liegt, um möglichst genau das methodische Vorgehen auf den Forschungsgegenstand abstimmen zu können, verlagert sich mit Beginn der Datenerhebung der Fokus auf die Präzisierung der Erhebungs- und Auswertungsmethoden. Dieses Vorgehen ist im 2. Kapitel abgebildet. Etwaige Modifizierungen der Erhebungs- und Auswertungsmethoden und erste Auswertungsergebnisse können ebenso zu weiteren Konkretisierungen, Fokussierungen, Eingrenzungen oder gar Revidierungen der ursprünglichen Fragestellung führen.

Mit Blick auf das Forschungsdesign kristallisierte sich im Zuge der Formulierung der Forschungsfrage eine Fokussierung von Prozessbeschreibungen heraus.

1.4. Der gegenwärtige Forschungsstand

Um die vorliegende Arbeit von anderen Studien im Kontext der privaten Überschuldung abgrenzen und zugleich die innovativen Potenziale dieser Forschungsarbeit aufzeigen zu können, wird in den folgenden Ausführungen eine Betrachtung der bisherigen Forschungsprojekte vorgenommen.

Die Überschuldung privater Haushalte und die daraus resultierenden Problemlagen der Betroffenen stellen ein Handlungsfeld Sozialer Arbeit dar, weshalb einleitend die sozialpädagogische Biografieforschung thematisiert wird. Daran anschließend werden einige Aspekte aus verschiedenen Studien vorgestellt, bei denen die Überschuldungsthematik als solche oder das Handlungsfeld der Schuldnerberatung, einschließlich der AdressatInnen, Gegenstand der Forschung waren.

1.4.1. Sozialpädagogische Biografieforschung

Bereits im Abschnitt 1.2.1. wurde auf die biografische Dimension sozialer Arbeit als auch auf den Zusammenhang zwischen der sozialpädagogischen Biografieforschung im Kontext der Chicago School of Sociology der 1920er-Jahre und der Entwicklung sozialpädagogischer Methoden sowie Theorien verwiesen. Doch ungeachtet dieser langen Tradition hat sich die Sozialpädagogik innerhalb der qualitativen erziehungswissenschaftlichen Forschung bis heute nicht als eigenständiges Forschungsfeld etablieren können.[183] Stattdessen scheint sich die Sozialpädagogik eher von den Nachbardisziplinen Psychologie, Psychoanalyse oder Soziologie inspirieren und definieren zu lassen, anstatt in der eigenen Disziplin eine Methodendiskussion zu führen.[184]

Diese Tendenz setzt sich in der Praxis der sozialen Arbeit fort, welche sogar als ein Resultat der fehlenden eigenständigen Forschung gewertet wird.[185]

Und so können zwar eine Reihe von interessanten Einzelergebnissen im Verlauf der Bemühungen um eine Konzeptualisierung sozialpädagogischer Forschung konstatiert werden, die Dominanz von Soziologie und Psychologie ist jedoch ungebrochen.[186]

Gerade aber die Etablierung eines eigenen Forschungsfeldes, insbesondere der rekonstruktiven - sinnverstehenden, qualitativen - sozialpädagogischen Forschung, erscheint in Bezug auf eine Rückbindung der wissenschaftlichen Erkenntnisse an die Praxis und das Handeln der Sozialpädagogik relevant.[187]

So könnten wesentliche Impulse für die Evaluation und Reflexion sozialpädagogischer Arbeit, aber ebenso für die konzeptionelle oder strukturelle Entwicklung, Planung und Innovation Sozialer Arbeit gegeben werden. Gleichzeitig ließen sich Forschungsarbeiten bedarfsorientierter und praxisbezogener gestalten:[188]

Gerade darin scheint mir ein Spezifikum verstehender sozialpädagogischer Forschung zu liegen – allerdings auch ihr spezifisches methodisches Dilemma. Die verschiedenen Versuche haben doch immer auch Grenzen einer solchen handlungsorientierten Forschung aufgezeigt und zwar in zwei Richtungen: entweder als Dominanz des Handlungs- und Praxisaspektes [...] oder als Dominanz des Wissenschaftsaspektes.[189]

Das Aufbrechen dieser ambivalenten Konstellation, sehr wohl unter Achtung der strukturellen Differenz zwischen Wissenschaft und beruflicher Praxis, könnte auf beiden Seiten eine enorme innovative Wirkung entfalten.

Besonders im Hinblick auf die Professionalisierung der Sozialarbeit erscheinen dezidierte Analysen der Lebenswelten und Problemlagen der AdressatInnen sowie der Auswirkungen sozialpädagogischen Handelns in Institutionen und Einrichtungen bedeutsam:

---

183 vgl. von Wensierski 1997, 77
184 vgl. ebd., 111
185 siehe dazu Schütze 1992, 146f.
186 vgl. von Wensierski 1997, 112
187 vgl. von Wensierski 1999, 448
188 vgl. ebd., 448
189 vgl. von Wensierski 1997, 113

Folgen sozialpädagogischer Interventionen für die Biographie der AdressatInnen und die Strukturierung der Lebenswelten Jugendlicher durch pädagogisches Handeln sind Themen, deren Bearbeitung aussteht und die zugleich Voraussetzung für eine Selbstvergewisserung der Fachkräfte und für eine Professionalisierung sind.[190]

Die Gemeinsamkeit der erkenntnislogischen Haltung des Fremdverstehens, die an einer Interpretation von fremden Sinnperspektiven orientiert ist und eine entsprechende hermeneutische Kompetenz erfordert, verbindet qualitative Forschung mit pädagogischem Handeln.[191] Die Strukturlogik sozialpädagogischen Handelns, wie beispielsweise die Fallförmigkeit des Vorgehens, die Analyse von Interaktionsstrukturen und die biografische Dimension Sozialer Arbeit, begründet die Affinität dieses Handlungsfeldes insbesondere zur qualitativen Biografieforschung.[192]

Doch auch innerhalb der sozialpädagogischen Biografieforschung ist eine Vernachlässigung einzelner Bereiche zu Gunsten der klassischen Zielgruppen und Felder Sozialer Arbeit zu konstatieren.[193] Die Schuldnerberatung und ihre AdressatInnen finden ebenso wenig Beachtung wie die sozialpädagogischen Beratungsfelder im Allgemeinen. Ebenso mangelt es an forschungsmethodisch fundierten Arbeiten über die Lebenszusammenhänge von Mädchen und Frauen in den verschiedenen Handlungsfeldern der Sozialarbeit.[194]

Die Forschungsdesiderate in einzelnen sozialpädagogischen Handlungsfeldern können u.U. zur Realisierung von Vorhaben führen, die nicht auf methodisch fundierten Verfahren der Auswertung der erhobenen Materialien basieren:

Zwar werden in den Untersuchungsberichten Auszüge aus Interviews und Beobachtungsprotokollen aufgenommen. Allerdings fehlt eine systematische Interpretation der empirischen Daten. In einem anderen Teil von Untersuchungen werden Ergebnisse präsentiert, ohne allerdings das Vorgehen bei der Auswertung transparent zu machen. Damit bleibt das Vorgehen bei der Auswertung für den Rezipienten undurchsichtig, und es entsteht der Eindruck, daß hier elaborierte Standards qualitativer Forschung unterlaufen werden.[195]

Derartige Untersuchungsansätze schaden aber nicht nur der wissenschaftlichen Reputation der qualitativen Forschung, sondern gleichzeitig den Professionalisierungsbemühungen Sozialer Arbeit. Die Sozialpädagogik oder Sozialarbeit könnte durchaus mit dem Vorwurf konfrontiert werden, ebenso willkürlich und intransparent zu arbeiten, wie sie ihre Forschungen realisiert.

---

190 Jakob 1997, 152
191 vgl. ebd., 126
192 siehe von Wensierski 1999, 434 oder Jakob 1997, 126
193 In den biografischen Studien dominieren die sozialpädagogische Jugendforschung, stationäre sozialpädagogische Betreuungsformen, die Armutsforschung sowie die Professionsforschung (vgl. von Wensierski 1999, 442).
194 vgl. Jakob 1997, 148
195 Jakob 1997, 151

1.4.2. Empirische Forschungsansätze im Umfeld der privaten Überschuldung

Der deutliche Mangel an eigenständigen Untersuchungen im Handlungsfeld der Schuldnerberatung bzw. im Bereich der privaten Überschuldung hat in der wissenschaftlich-theoretischen Behandlung der Thematik zu einem Rückgriff auf mögliche Analogien in anderen Forschungsfeldern geführt.[196]

Die in anderen Kontexten gewonnenen Erkenntnisse sind jedoch begrenzt in ihrer Aussagefähigkeit für die spezifischen Überschuldungszusammenhänge.

Unter dem gemeinsamen Aspekt der sozialen Ungleichheit lassen sich z.B. Ergebnisse der Armutsforschung in Bezug zur Überschuldung beleuchten, dennoch ist eine Unterscheidung zwischen Sozialhilfe- und Überschuldungskarrieren besonders hinsichtlich der konstitutiven Momente der jeweiligen sozialen Phänomene geboten.

Weitaus wichtiger für die Befassung mit Überschuldung erscheint dahingegen die impulsgebende Funktion qualitativer Armutsforschung mit dem so genannten dynamischen Ansatz, wie sie in der Bremer Langzeituntersuchung verfolgt wurde.[197] Durch die forschungsmethodische Verknüpfung statistischer Datensätze über SozialhilfeempfängerInnen mit einer Auswahl offener Interviews und der Fokussierung einer lebenslauftheoretisch begründeten Analyse wurde Armut als eine subjektive biografische Phase sichtbar gemacht.[198] Die Heterogenität der Verlaufsmuster einschließlich der sozialen Handlungskonzepte und Bewältigungsstrategien wurde hierbei evident.[199]

Der Ertrag dieser Studie ist u.a. darin zu sehen, Armut auch als einen zeitlich begrenzten und durch eigenes Handeln überwindbaren Zustand erkennbar gemacht zu haben, wodurch existierende Armutsbilder in Frage gestellt werden mussten: „Armut ist [...] ‚verzeitlicht', individualisiert, aber auch in erheblichem Maße sozial entgrenzt."[200]

Durch eine veränderte Perspektive auf Armut und Armutskarrieren sind wiederum zielgerechtere Konzipierungen sozialpolitischer und sozialpädagogischer Maßnahmen prinzipiell möglich.[201]

Der Erkenntnis folgend, mit einer qualitativen Analyse, Divergenzen in den lebensgeschichtlichen Verlaufsmustern sowie Bewältigungsstrategien erfassen und damit ggf. die Option zu einer effizienteren Gestaltung sozialpolitischer oder sozialarbeiterischer Interventionen eröffnen zu können, sollte eine

---

196 siehe dazu beispielsweise Schulz-Nieswandt 2005, 11
197 siehe dazu Buhr 1995, Leibfried/ Leisering u.a. 1995, Ludwig 1996
198 vgl. Jakob 1997, 140
199 siehe Leibfried/ Leisering u.a. 1995, 158f.
200 vgl. ebd., 9
201 siehe ebd., 298f.

Längsschnittuntersuchung auch von Überschuldungsprozessen und Schuldner-Innen angestrebt werden.

Demgegenüber wurden zur Überschuldung privater Haushalte und im Umkreis des Handlungsfeldes der Schuldnerberatung bislang kaum empirische Studien durchgeführt.

Es existieren zwar eine Reihe quantitativer Analysen, doch auch diese greifen zum Teil auf statistische Erhebungen anderer Forschungskontexte zurück.

So werden eventuelle Indikatoren für eine Überschuldung (z.B. jährliche Kreditaufnahmen, Entwicklung der Arbeitslosenzahlen, Abgabe Eidesstattlicher Versicherungen) extrahiert, die man danach dezidiert im Wissenskontext zur Überschuldung analysiert.[202] Indem derartig gewonnene Daten um Angaben aus der Schuldnerberatungspraxis ergänzt werden, erfolgt eine Verifizierung und Kontextualisierung.

Die Studien von Korczak u.a. zur privaten Überschuldung und Marktverhalten sind bisher die umfangreichsten in diesem Feld.[203] In mehrdimensional qualitativ-quantitativ konzipierten Forschungsprojekten wurden sowohl Primärerhebungen als auch Sekundärquellen integriert. Die qualitative Forschung konzentrierte sich jedoch auf Expertengespräche innerhalb von Schuldnerberatungsstellen und Gläubigerinstitutionen. Die dargestellten Fallbeispiele aus der Praxis der Schuldnerberatung haben illustrativen Charakter, und die methodische Aufbereitung dieser Daten wird nicht erhellt.[204] Ziel der Untersuchungen war es, einen Überblick über die Ver- und Überschuldungssituation sowie die Modalitäten der Schuldnerberatung in der Bundesrepublik Deutschland zu erhalten. Die Studie in Ostdeutschland diente zudem der Erfassung der Reaktionsweisen der Bevölkerung auf das Konsum- und Kreditangebot nach der „Wende".[205] Die theoretischen Annahmen hinsichtlich der Auslösungsereignisse einer Überschuldung, wie Arbeitslosigkeit und Informationsdefizite, wurden empirisch bestätigt.

Obgleich die Mehrdimensionalität und Multikausalität von Überschuldung explizit hervorgehoben und ein ebensolcher Forschungsansatz postuliert wird, weisen die Datenquellen eine deutliche Akzentuierung soziodemografischer statistischer Merkmale auf.[206]

So wird u.a. das Ausmaß einzelner Schuldenarten über Umfragen bei Amtsgerichten, Energieversorgungsunternehmen und Wohnungsbaugesellschaften eruiert oder Klientendaten (Alter, Geschlecht, Schuldenhöhe, Schuldenart usw.) über die Schuldnerberatungsstellen ermittelt.

---

202 u.a. GP-Forschungsgruppe München bzw. Korczak, vgl. Bundesministerium für Familie, Senioren, Frauen und Jugend 2004a, 1

203 siehe Korczak/ Pfefferkorn 1990, Korczak 1997, Korczak/ Roller 2000

204 vgl. Korczak 1997, 246f.

205 vgl. ebd., 45

206 siehe dazu Korczak/ Roller 2000, 24 oder Korczak 1997, 69f.

Es zeigt sich, wie eine primär quantitativ ausgerichtete Datengewinnung und –analyse nur begrenzt die Komplexität der Überschuldungsproblematik einfangen kann, da quantitativ ermittelte Variablen wenig über die inneren Strukturzusammenhänge und Ablaufmechanismen dieses sozialen Phänomens aussagen können.[207] Auch der vermeintliche Anspruch auf Repräsentativität aufgrund großer Datenmengen vermag hieran nichts zu ändern.

Allenfalls die Sichtweise von Beratungskräften oder die Strukturen von Schuldnerberatung erfahren in dieser Erhebungsform eine gewisse Berücksichtigung. Die Perspektive der von Überschuldung betroffenen Menschen, einschließlich ihrer spezifischen Erfahrungen mit dem Beratungsangebot, wird jedoch vernachlässigt.

In der Sozialarbeit markiert gerade die Anwendung professioneller Typenkategorien, verbunden mit der Konstruktion zu großer Fremdheit oder der Illusion von Vertrautheit, ein besonderes Problem.[208] So können die Versuche einer abstrakten Fixierung einer Klientenproblematik dazu führen, dass für den Ratsuchenden wesentliche lebensgeschichtliche Prozessstrukturen und Sinnquellen von den Beratungskräften gar nicht oder nur vage registriert und sie nicht mit analytischer Distanz begrifflich gefasst werden können.[209]

Und auch die Möglichkeit einer Defokussierung biografischer Prozesse ist damit nicht ausgeschlossen. Diese Kategorisierung durch die Beratungskräfte hat folgerichtig Auswirkungen auf die gewonnenen Daten und in der Konsequenz auf die Ergebnisse einer Studie.

Innerhalb der quantitativen Forschungsansätze ist auch die Erhebung im Rahmen des Beratungsprojektes „Initiative für Bürgschaftsgeschädigte Frauen" zu nennen.[210] Angesichts des Versuchs, ein nicht nur in der Überschuldungsforschung gänzlich unterrepräsentiertes Thema empirisch statistisch zu beleuchten, ist diese Studie bedeutsam.

Gegenstand der Untersuchung war die frauenspezifische Verschuldung in Form von Bürgschaften. Über die Erfassung soziodemografischer Merkmale in einer Fragebogenerhebung sollten die individuellen, sozialen und ökonomischen Faktoren ermittelt werden, die zur faktischen Überschuldung der Frauen geführt haben, und die zugleich Aussagen treffen über die Bewältigung dieser Situation.[211]

Neben der Thematisierung einer geschlechtsspezifisch differenzierten Betrachtung der Überschuldungsproblematik, wurden im Ergebnis insbesondere präventive sozialpädagogische, juristische und politische Maßnahmen postuliert.[212]

---

207 siehe u.a. Schulz-Nieswandt 2005, 62
208 vgl. Riemann 2000, 175-202
209 vgl. ebd., 197
210 siehe Schmedt 2002
211 vgl. ebd., 73
212 siehe dazu auch Schmedt 1999, Bergmann/ Schmedt 2000

Bezüglich der wenigen qualitativen Forschungsansätze, sind vor allem die Studien von Reiter und Reis zu nennen. Während sich Reiter auf die Erstellung einer Typologie überschuldeter Menschen konzentriert, bei der er zwischen Krisenschuldnern, Armutsschuldnern, Anspruchsschuldnern, Defizitschuldnern und zwanghaften Konsumenten differenziert, und ein Karrieremodell in Bezug auf die Schuldnerbiografie vorstellt,[213] widmet sich Reis der Konstruktion eines Phasenmodells, bei welchem die Prozesshaftigkeit der Überschuldung unterstrichen wird.[214] In beiden Untersuchungen zeichnet sich die wechselseitige Bedingung sozialer und wirtschaftlicher Einflussfaktoren der Überschuldungsproblematik ab.

Biografisch orientierte Ansätze zur Analyse des Überschuldungsprozesses greifen die Untersuchungen von Schwarze sowie von Loerbroks/ Schwarze auf.[215] Die Forschungen beider Studien setzen bei der Determinierung des Überschuldungsstatus an und haben handlungsorientiert stets die Konsequenzen für die Schuldnerberatung im Blick.

Die empirische Untersuchung von Schwarze ist im Bereich der Bremer Projekte zu Sozialhilfekarrieren angesiedelt, woraus sich methodische bzw. analytische Parallelen ableiten lassen. So stand auch die Erstellung einer Typologie zu Schuldnerkarrieren im Fokus der Auswertung. Die zentrale Fragestellung widmete sich dem Umgang überschuldeter Haushalte mit dem Schuldenproblem, den Faktoren für eine etwaige Überwindung der Problemlage sowie der Rolle schuldnerberaterischer Hilfen bei der Bewältigung der Überschuldung.[216] Die Datenerhebung wurde über problemzentrierte Interviews realisiert. Im Resultat der Analyse standen drei Haupttypen von Schuldnerkarrieren, die sich in der jeweiligen Handlungsorientierung in Bezug auf die Bewältigung der Schuldenprobleme unterscheiden: verfestigte Schuldnerkarrieren, kritische Schuldnerkarrieren (objektiv-kritische und subjektiv-kritische), stabilisierte bzw. bewältigte Schuldnerkarrieren.[217] Anhand dieser Typologie leitete Schwarze die jeweilige Rolle und Bedeutung der Schuldnerberatung ab, und eröffnet zugleich mögliche Perspektiven der Schuldnerkarrieren im Verbraucherinsolvenzverfahren. In allen Fällen kommt deutlich zum Ausdruck, dass ein ganzheitlicher Beratungsansatz entscheidend ist für eine erfolgreiche bedarfs- und ressourcenorientierte Bewältigung der Überschuldung.

In der Untersuchung von Loerbroks und Schwarze wird retrospektiv der Verlauf von Schuldnerberatung fallbezogen analysiert. Das sozialberufliche Erfahrungswissen der Schuldnerberatungspraxis wird verbunden mit empiri-

---

113 siehe Reiter 1991
114 siehe Reis 1992
115 siehe Schwarze 1999, Loerbroks/ Schwarze 2002
116 vgl. Schwarze 1999, 40
117 vgl. ebd., 41

schen Befunden, die biografieorientiert ermittelt wurden. Zielsetzung war, die dynamische Entwicklung im Lebensverlauf von KlientInnen für die Schuldnerberatung zu eröffnen und die Wirkungen resp. Wechselwirkungen der Beratung in einer Langzeitperspektive zu betrachten.[218]

Der forschungsmethodische Ansatz wird als Verlaufsanalyse bezeichnet, jedoch nicht expliziert. Den wenigen diesbezüglichen Ausführungen folgend, kann ein dokumentenanalytisches Vorgehen nur vermutet werden.[219]

Es wurden Thesen entwickelt, die eine Vernachlässigung einer lebenslaufbezogenen Perspektive in der Schuldnerberatungspraxis und der biografischen sowie lebenslagenbezogenen Wechselwirkungen in der Problemanalyse als auch in der institutionellen Problembearbeitung von Schuldnerkarrieren aufgreifen:[220]

In einem bisher noch stark bestimmenden „quantitativen Vorgehen" von Forschung und Praxis bleibt die Schuldnerberatung viel zu sehr einer statistischen und eindimensional auf „Schulden" und „materiellen Krisen" bezogenen professionalen Sichtweise verhaftet. Die komplexen Wechselwirkungen zwischen materiellen und immateriellen Variablen und die Zeit-/ Verlaufsperspektive werden in der „Ursachenanalyse" sowie in der Problembearbeitung und –bewältigung nur unzureichend berücksichtigt. [Herv. i. O.][221]

Mit illustrativen Fallbeschreibungen wird die Option vorgestellt, biografische Sichtweisen in die Beratungspraxis zu implementieren. Die aus der Verlaufsanalyse abgeleiteten Perspektiven hinsichtlich einer Stärkung der Qualität durch verlaufsbezogene und systemische soziale Schuldnerberatung erscheinen durchaus plausibel. Nicht reflektiert wurde der Zusammenhang, dass die Dokumente die Perspektive der Beratungskräfte widerspiegeln, einschließlich der bereits problematisierten professionellen Typenbildung. Die jeweilige Dokumentation richtet sich unvermeidlich nach der methodischen, thematischen o.ä. Schwerpunktsetzung der BeraterInnen innerhalb des Beratungsprozesses. Es bleibt offen, inwiefern eine „Schuldnerbiografie", welche ohne die dezidierte Sichtweise der SchuldnerInnen rekonstruiert wird, die für die Ratsuchenden lebensgeschichtlich relevanten Facetten erfasst.

Backert hingegen versucht die innerbiografische Verarbeitung der Überschuldung abzubilden, wozu Experteninterviews mit den professionellen AkteurInnen der Schuldnerberatungspraxis, der städtischen Wohlfahrtseinrichtungen und der Banken sowie problemzentrierte Interviews mit überschuldeten Menschen durchgeführt wurden.[222] Es werden in Anlehnung an die Sozialstrukturanalyse der Sinusstudie und eine Sozialmilieudifferenzierung milieutypische Formen der Lebensgestaltung im Kontext der Überschuldung aufgezeigt.

---

118 vgl. Loerbroks/ Schwarze 2002, 30
119 ebd., 32 oder 33
220 vgl. ebd., 30f.
221 ebd., 32
222 siehe Backert 2003

Neben der Feststellung, dass Überschuldung höchst heterogene, komplexe und dynamische Facetten aufweist, wird besonders die breite soziale Streuung und die indifferente Dauer dieser spezifischen Lebenslage betont.[223] Hierin zeigen sich überdies die Analogien zur bereits genannten Bremer Armutsforschung.

Die bisherigen Untersuchungen fokussieren mehrheitlich den Status der Überschuldung und kristallisieren aus soziodemografischen Querschnittsdaten Bedingungsfaktoren resp. kritische Ereignisse heraus.[224] Hinzu kommt die Verknüpfung mit anwendungs- oder handlungsorientierten Forschungsansätzen, wodurch gleichzeitig Konzepte für die Praxis der Schuldnerberatung präsentiert werden.

Die generierten Modelle oder Typologien weisen dadurch partiell eine verengte, teilweise auch statisch wirkende Sichtweise auf die Problematik auf. Die private Überschuldung und die Handlungsmuster sowie Lebenslagen der davon betroffenen Menschen werden maßgeblich im Kontext der Hilfeangebote analysiert. Entwicklungs- und Veränderungsprozesse der AdressatInnen, insbesondere deren Bewältigungsstrategien, die bereits vor einer Kontaktaufnahme zur Schuldnerberatung ergriffen wurden, sind somit nicht abzubilden.

Auch die Prinzipien sowie die Kritik an der (sozial)pädagogischen Handlungsforschung, scheinen nicht in jedem Fall hinreichend rezipiert worden zu sein. So ist u.a. zu beobachten, wie die kommunikative Beteiligung der zu untersuchenden Zielgruppe am Forschungsprozess vernachlässigt oder die Ebene des Wissenschaftssystems in einem einfachen Wechselwirkungsverhältnis zur Ebene des Praxissystems behandelt wird.[225]

Die vorhandene Dominanz quantitativer Ansätze in der gesamten Forschungslandschaft führt außerdem zu Erwartungen an qualitative Studien, die oft an quantitativen Maßstäben orientiert sind. Infolgedessen fühlt sich nicht jede qualitative Studie der Tradition verpflichtet, Erkenntnisse aus den Daten zu generieren.[226] Stattdessen werden theoretische Annahmen mit den Daten bestätigt, wodurch diesen nur eine illustrative Funktion zukommt.

Mit der Präzisierung der Forschungsfrage und des Erkenntnisinteresses im Abschnitt 1.3. und den hier dargebotenen Ausführungen sollte verdeutlicht werden, inwiefern sich die vorliegende Arbeit von den bisherigen Studien abhebt, und worin die innovativen Potenziale zu sehen sind. Den Recherchen zufolge liegt zurzeit keine vergleichbare Untersuchung vor.

Die Ergebnisse dieser Dissertation sollen die Überschuldungsgenese im Kontext lebensgeschichtlicher und sozialisatorischer Bedingungsgefüge veranschaulichen, die zeitlich weit vor einer Aktivierung der Überschuldung als

---

223 vgl. ebd., 39 und 51
224 vgl. Schulz-Nieswandt 2005, 48
225 siehe auch Krüger 1997, 191f. u. 196f.
226 siehe dazu auch Hildenbrand 2000, 42 oder Lüders 2000, 638f.

sozialem Prozess anzusiedeln sind. Es wird versucht, das prozessuale Geschehen, beginnend von der primären Sozialisation bis hin zur Manifestierung der Überschuldungssituation, einzufangen, wobei die Zielgruppe auf überschuldete Frauen eingegrenzt wird. Die Erfassung des Ver- und Überschuldungsverlaufs aus der Perspektive der Frauen ist forschungsrelevant. Die Forschungsarbeit konzentriert sich in der biografischen Analyse der Daten ausschließlich auf die Zielgruppe.

Darüber hinaus wurde die Arbeit nicht als Handlungsforschung konzipiert, wodurch auch keine Konzepte für die Praxis erwartbar sind. Vielmehr sollen die Ergebnisse eine wissenschaftlich fundierte Datenbasis bieten, auf deren Grundlage in einem weiteren Schritt bedürfnis- und adressatenadäquate Konzepte in der Praxis entwickelt werden könnten.

2. Biografieanalytische Studie zu Verlaufskurven der Überschuldung: Methodisches Vorgehen – Methodologische Grundlagen

Im 1. Kapitel wurde versucht, die Komplexität der Überschuldungsproblematik, die Konstitution des Forschungsinteresses, den daraus resultierenden Prozess der Präzisierung der Forschungsfrage und des Erkenntnisinteresses sowie den gegenwärtigen Stand der Forschung in diesem Feld abzubilden.

In der Fortsetzung einer transparenten Dokumentation des Forschungsprozesses knüpft nun die Darstellung der Erhebungsmethoden und des Erhebungskontextes, der Auswertungsmethoden sowie der jeweiligen methodischen Entscheidungsprozesse an. Sehr treffend charakterisiert Flick den qualitativen Forschungsprozess als Abfolge von Entscheidungen,[227] deren Nachvollziehbarkeit mit im Fokus des folgenden Kapitels steht. Sowohl theoretische Grundannahmen als auch die praktische Umsetzung einschließlich eingetretener Schwierigkeiten werden thematisiert.

Darüber hinaus soll die Indikation des Forschungsprozesses, im Besonderen hinsichtlich der Gegenstandsangemessenheit, erhellt werden.

2.1. Das Forschungsdesign im Kontext von Forschungsfrage und Erkenntnisinteresse – Methodologische Grundlagen der Studie

Wie bereits im 1. Kapitel erwähnt, steht das Vorverständnis als auch die Präzisierung der Fragestellung und des Erkenntnisinteresses in enger Korrelation zur Gestaltung des Forschungsdesigns. Wie dieses unter Berücksichtung der Besonderheiten der Thematik und des Erkenntnisinteresses abgeleitet wurde, soll im Fokus dieses Abschnittes stehen. Gleichzeitig wird der Bezug zu den methodologischen Grundlagen der Studie hergestellt, die allgemein im Bereich der qualitativen Forschung und im Besonderen in der erziehungswissenschaftlichen als auch sozialpädagogischen Biografieforschung, der Methodologie des autobiografisch-narrativen Interviews sowie der Frauen- und Geschlechterforschung zu finden sind.

Im Verlauf der Konstitution des Forschungsinteresses kristallisierte sich recht bald heraus, dass es erklärtes Anliegen dieser Arbeit sein sollte, gerade nicht

---

227 vgl. Flick 1991, 148

professionelle ExpertInnen zu Wort kommen zu lassen. Sie würden aus ihrer Sicht von Überschuldung betroffene Menschen charakterisieren, dabei aber ggf. zu Typisierung und Kategorisierung neigen, die der Perspektive der Betroffenen nicht gerecht werden würden. Auch Riemann verweist in diesem Zusammenhang auf die Problematik der Anwendung professioneller Typenkategorien in der Sozialarbeit, welche die Konstruktion einer zu großen Fremdheit und der Illusion von Vertrautheit nach sich ziehen können.[228]

Insbesondere Versuche einer abstrakten Fixierung einer Klientenproblematik können dazu führen, wichtige lebensgeschichtliche Prozessstrukturen und Sinnquellen der KlientInnen nicht oder nur vage zu registrieren und sie nicht mit analytischer Distanz begrifflich fassen zu können.[229] Die damit verbundene Defokussierung biografischer Prozesse hätte meinem Forschungsanliegen diametral entgegen gestanden.

Und auch Aspekte der gesellschaftlichen Tabuisierung, Etikettierung oder Pauschalisierung im Kontext der Überschuldungsthematik mussten im Untersuchungsdesign ausreichend Berücksichtigung finden. Gerade deshalb erschien es bedeutsam, die Betroffenen selbst an der Erhebung zu beteiligen und hypothesenbestätigende Verfahren mit ihren zum Teil normativen Tendenzen zu vernachlässigen.

Noch bevor die Fragestellung hinreichend spezifiziert und später präzisiert wurde, gingen, basierend auf dem Kontextwissen, der Entscheidung für das methodische Vorgehen im Wesentlichen folgende Überlegungen voraus:

1. Im Zentrum des Blickfeldes steht eine Thematik, die wie zahlreiche andere soziale Probleme, von den Betroffenen selbst, aber auch gesellschaftlich tabuisiert wird.
    Das heißt, die Schaffung einer offenen, emphatischen, vertrauenserweckenden Erhebungssituation ist erforderlich.
2. Das soziale Umfeld der Betroffenen interessiert sich erfahrungsgemäß nicht für die Ursachen und Einflussfaktoren, sondern begnügt sich mit etikettierenden, stigmatisierenden oder schematisierenden Erklärungsmustern.
    Das heißt, es muss Zeit, Raum und eine erzählgenerierende Gesprächsatmosphäre gewährt sein, um alltagskommunikativ und ausführlich die eigene Sichtweise wiedergeben zu können.
3. Das Erfassen von statistischen Angaben klammert individuelle sowie geschlechtsspezifische, aber auch gesellschaftsbedingte Strukturen des Einzelfalles sowie beschreibende und erklärende Elemente aus, was aber gerade in der Frauenforschung als entscheidender Aspekt gewertet wird[230]

---

228 vgl. Riemann 2000, 175 - 202
229 vgl. ebd., 197
230 siehe dazu u.a. Dausien 1994, 129f.

und darüber hinaus im Forschungsfeld der Überschuldungsthematik äußerst innovativ ist.

Das heißt, es müssen individuelle bzw. subjektive Erklärungen und Beschreibungen zugelassen, ja geradezu erwünscht sein.

Die damit postulierten methodischen und methodologischen Ansprüche werden von den qualitativen Methoden der Sozialforschung in ganz besonderer Weise erfüllt, da sie durch Naturalistizität, Interpretativität, Kommunikativität und Offenheit, Flexibilität, Prozesshaftigkeit sowie Reflexivität gekennzeichnet sind.[231]

Qualitative Forschung dem Grundverständnis des Interpretativen Paradigmas[232] folgend, geht der Frage nach, wie die Subjekte ihre Wirklichkeit konstruieren, weshalb sie konsequenterweise bei der Alltagswelt der Betroffenen ansetzt.[233] Dabei wird systematisch die im Sozialisationsprozess gebildete Fähigkeit der Subjekte, soziale und natürliche Zusammenhänge zu deuten, berücksichtigt.[234] Zudem zählt zum vornehmsten Ziel des Interpretativen Paradigmas die Genese von Theorien unter wissenschaftlicher Kontrolle,[235] das heißt die Verifizierung oder Falsifizierung bestehender Hypothesen steht nicht im Vordergrund.

Die Fragestellung[236] legt eine qualitative Ausrichtung auch deshalb nahe, weil der Untersuchungsgegenstand in der Forschungslandschaft bisher kaum berücksichtigt worden ist, sodass es keine theoretisch fundierte Vorstellung darüber gibt, die jedoch für die Konzipierung von Erhebungsinstrumenten mit standardisierten Methoden notwendig wäre. Wenig standardisierte und im Vorfeld kaum festgelegte methodische Designs sind gerade bei der Erforschung neuer Felder indiziert oder in Bereichen, wo die theoretischen Konstrukte und Begriffe relativ wenig entwickelt sind.[237]

Die Offenheit qualitativer Methoden für das Neue und Unbekannte diverser Erfahrungswelten prädestinieren sie für eine Untersuchung der Sichtweisen überschuldeter Menschen:

Qualitative Forschung hat den Anspruch, Lebenswelten „von innen heraus" aus der Sicht der handelnden Menschen zu beschreiben. Damit will sie zu einem besseren Verständnis sozialer Wirklichkeit(en) beitragen und auf Abläufe, Deutungsmuster und Strukturmerkmale aufmerksam machen. [Herv. i. O.][238]

---

231 vgl. Lamnek 1993a, 21ff.
232 Arbeitsgruppe Bielefelder Soziologen 1976
233 vgl. Marotzki 1999, 110
234 vgl. ebd., 110
235 vgl. Lamnek 1993b, 61 u. 112
236 Welche signifikanten Ereignisse und Merkmale im Leben von Schuldnerinnen gibt es, die sich als (verdeckter) Beginn krisenhafter Lebensverläufe mit späterer (Ver- und) Überschuldung identifizieren lassen?
237 vgl. Flick 2000, 261
238 Flick/ von Kardorff/ Steinke 2000, 14

In ihren Zugangsweisen zu den untersuchten Phänomenen ist die qualitative Forschung häufig offener als quantitative Forschungsstrategien, die durch ihre Arbeit mit größeren Kohorten und stärkere Standardisierung oftmals zu objektivistischen Methoden und normativen Konzepten neigen.[239] Wenngleich sich Schulz-Nieswandt auch skeptisch gegenüber dem Erkenntnisgehalt bisheriger qualitativer Methoden im Kontext von Ver- und Überschuldung äußert, so hält er fest, dass demgegenüber quantitative Methoden oftmals nur Variablenkorrelationen im statistischen Sinne aufdecken, ohne die inneren Ablaufmechanismen und Zusammenhänge der Variablen überhaupt aufzugreifen.[240]

Vor allem die Möglichkeit, mittels deskriptiver Verfahren genaue und dichte Beschreibungen sozialer Lebenswelten und –stile, unter Berücksichtigung der Sichtweise der beteiligten Subjekte, ihrer subjektiven und sozialen Konstruktionen, zu erhalten, ist ein wesentliches Entscheidungskriterium für qualitative Forschungsmethoden bezüglich des Untersuchungsgegenstandes. Mit der Beschreibung der jeweiligen Phänomene ist jedoch nicht der völlige Verzicht auf Erklärungen verbunden, sondern vielmehr das Bemühen, die Regeln des Vollzuges aus der Perspektive des Subjektes zu verstehen:

Nicht das *Warum* einer Handlung steht im Vordergrund, sondern das *Wie* des Vollzuges. [Herv. i. O.][241]

Die in qualitativen Forschungsprozessen vorzufindende Dialektik von Authentizität und Strukturierung macht deutlich, wie sensibel mit dem Forschungsgegenstand und den gewonnenen Daten verfahren wird. Bei der Annäherung der Forscherin an das Gesuchte bedeutet Authentizität, den Untersuchungsgegenstand möglichst weitgehend in dessen Strukturen, dessen Einzigartigkeit und Besonderheit zu verstehen und zu erfassen.[242] Strukturierung meint in diesem Zusammenhang „das Verstehen eines Geschehens, eines Feldes etc. unter einer theoretischen, d.h. auch vergleichenden, verallgemeinernden und damit auch abstrahierenden Perspektive".[243]

Trotz der Heterogenität im Bereich der qualitativen Forschung, gibt es doch verbindende methodologische Grundannahmen in allen Ansätzen. In Anlehnung an die Zusammenfassung von Flick, von Kardorff und Steinke ergibt sich folgendes Bild:[244]

1. Soziale Wirklichkeit als gemeinsame Herstellung und Zuschreibung von Bedeutungen über die Rekonstruktion der subjektiven Sichtweisen und Deutungsmuster der sozialen AkteurInnen

---

239 vgl. ebd., 17
240 vgl. Schulz-Nieswandt 2005, 62
241 Marotzki 1999, 110
242 vgl. Flick 1991, 149
243 ebd., 149
244 vgl. Flick/ von Kardorff/ Steinke 2000, 20f.

2. Prozesscharakter und Reflexivität sozialer Wirklichkeit über die Analyse von Kommunikations- und Interaktionssequenzen (u.a. mit offenen Interviewverfahren und anschließender sequenzieller Textanalyse)
3. „Objektive" Lebensbedingungen werden durch subjektive Bedeutungen für die Lebenswelt relevant, indem sie über hermeneutische Interpretationen subjektiv gemeinten Sinns für jede Gesellschaft individuelle und kollektive Einstellungen und Handlungen erklärbar macht
4. Der kommunikative Charakter sozialer Wirklichkeit lässt die Rekonstruktion von Konstruktionen sozialer Wirklichkeit zum Ansatzpunkt der Forschung werden, indem die Strategien der Datenerhebung selbst einen kommunikativen, dialogischen Charakter aufweisen

Diese methodologischen Gemeinsamkeiten finden folgerichtig ihre Reflexion bei der Umsetzung in die qualitative Forschungspraxis. So erlaubt das methodische Spektrum unterschiedlicher Ansätze eine Methodenauswahl sowie -anpassung orientiert an der Forschungsfrage, womit wiederum die Gegenstandsangemessenheit betont wird. Über die gezielte Methodenauswahl können genau jene Grauzonen der Überschuldungsthematik erfasst werden, die beispielsweise durch standardisierte Fragemodi in statistischen Verfahren gar keine Berücksichtigung finden können.

Durch die starke Orientierung am Alltagsgeschehen, aber auch am Alltagswissen der Befragten, und der Einbettung der Erhebungs-, Analyse- und Interpretationsverfahren in natürliche Kontexte, werden Barrieren für die ausgrenzungserfahrenen Informantinnen relativiert.

Das Prinzip der Offenheit[245] gibt der Diversität der Perspektiven der Beteiligten und dem *verstehenden* Erkenntnisprinzip (im Gegensatz zu *erklärenden* Ansätzen) größtmöglichen Raum durch eine flexibel gestaltete und situativ angemessene Datenerhebung. Die Sichtweisen, Weltdeutungen und Relevanzsetzungen der Akteurinnen im Feld sollen aus den Daten heraus verstanden werden, um darauf basierend theoretische Aussagen über den Untersuchungsgegenstand generieren zu können.

In Anbetracht der biografisch orientierten Forschungsfrage und der methodischen Ausrichtung auf die subjektive Sichtweise der Befragten, lässt sich die Forschungsperspektive in ihrer theoretischen Position dem Symbolischen Interaktionismus und der Phänomenologie zuordnen.

Eine Methode der Datenerhebung, die handlungstheoretisch und methodologisch von diesen Traditionen geprägt wurde, ist das narrative Interview in der von Fritz Schütze entwickelten Form.[246] Wohingegen die Biografieforschung ein Anwendungsfeld innerhalb dieses theoretischen Rahmens darstellt.

---

245 Hoffmann-Riem 1980, 343
246 vgl. Bohnsack 1993, 91

Narratives Interview und qualitative Biografieforschung sinnvoll miteinander verknüpft, scheinen, ausgehend von den theoretischen Grundannahmen, dem Untersuchungsgegenstand, der Fragestellung und dem Erkenntnisinteresse in besonderer Weise gerecht zu werden.

Während die Biografieforschung an Lebensbeschreibungen in unterschiedlicher Form (Primär- und Sekundärquellen) interessiert ist, können über das narrative Interview umfassende lebensgeschichtliche Erzählungen, also eben jene interessierenden Primärquellen, generiert werden.

Gleichwohl in der Praxis häufig eine Verbindung narrativer Interviews mit der biografischen Forschung zu konstatieren ist, und infolgedessen unter dem Kürzel teilstandardisierte bis offene biografische Interviews subsumiert werden, so war das Grundelement der ursprünglichen Interviewform nicht primär auf die Lebensgeschichte ausgerichtet, sondern vorrangig auf die erzählgenerierende Eingangsfrage, die eine Stegreiferzählung anregen soll.[247] Die damit korrelierende Offenheit und Autonomie in der erzählerischen Gestaltung bereitet indes den idealen Rahmen für biografische Selbstrepräsentationen, weshalb die methodische Verbindung auch so nahe liegt. Die offene Befragungssituation ermöglicht die jeweilige Bedeutungsstrukturierung durch die Befragten selbst.

Eine methodisch und theoretisch fundierte Verzahnung narrativer Interviews mit der Biografieanalyse lieferte Fritz Schütze mit der Entwicklung seines von der Grounded Theory beeinflussten Konzeptes sowie Instrumentariums.[248] Dabei sind explizit die Theorie des Erzählens und die Biografietheorie ausgearbeitet worden, die eine Unterscheidung der diversen Schichten biografisch relevanter Erfahrungen entsprechend ihrer Entfaltung im Zuge der Erzählung betonen.[249]

Dieses Konzept zählt durch seine kontinuierliche Weiterentwicklung und damit empirische Profundierung mittlerweile zu den kodifizierten Verfahren der qualitativen Sozialforschung.

Nicht zuletzt auch aus diesem Grund, wird sich die Studie im Kern auf die methodischen und methodologischen Grundannahmen des Konzeptes von Schütze stützen, das an anderer Stelle in diesem Kapitel noch eine weitere Detaillierung erfährt.

Im Rahmen dieser Forschungsarbeit erfolgt zudem eine Ausrichtung an der erziehungswissenschaftlichen Biografieforschung, welche die Biografie des Einzelnen sowohl als soziales Konstrukt begreift, aber auch individuelle Formen der Verarbeitung gesellschaftlicher und milieuspezifischer Erfahrungen studiert.[250]

---

247 vgl. Hopf 2000, 355
248 siehe dazu Schütze 1983 oder Marotzki 1999
249 vgl. Bohnsack 1993, 92
250 vgl. Marotzki 2000, 176

Eben jenes Interesse an den Wechselwirkungen von Individuum und Gesellschaft, macht es u.a. möglich, das biografische Gewordensein der Informantinnen dieser Studie innerhalb ihrer sozialen Strukturen verstehen zu können. Die Biografien sollen als Lern- und Bildungsgeschichte im Spannungsfeld individueller Voraussetzungen und gesellschaftlicher Determinanten begriffen werden.[251] Die in der öffentlichen Diskussion häufig vorzufindende Reduktion sozialer Probleme auf ausschließlich individuelle Konstellationen der Betroffenen,[252] lässt sich mit diesem Ansatz aufbrechen:

Ziel Qualitativer Forschung ist das Aufdecken von Strukturen des Verhältnisses des Subjektes zu sich und seiner Lebenswelt. Erziehungswissenschaftliche Biographieforschung als qualitative Bildungsforschung gewinnt ihren Ort, indem sie sich auf individuelle Lern- und Bildungsprozesse bezieht und versucht, den verschlungenen Pfaden biographischer Ordnungsbildung unter den Bedingungen einer sich rasant entwickelnden Moderne (bzw. Postmoderne) zu folgen. In einer Gesellschaft, die sich durch Pluralisierung von Sinnhorizonten und Lebensstilen auszeichnet, kann erziehungswissenschaftliche Biographieforschung ein Wissen über verschiedene individuelle Sinnwelten, Lebens- und Problemlösungsstile, Lern- und Orientierungsmuster bereitstellen und in diesem Sinne an einer modernen Morphologie des Lebens arbeiten. [Herv. i. O.][253]

Diese Forschungsperspektive folgt dem Verständnis, dass sich Biografiekonstruktionen immer in Auseinandersetzung mit objektiv oder heteronom gegebenen, standardisierten und normativ verankerten Lebenslaufmustern (Schütze spricht von institutionellen Ablaufmustern) oder der bloßen Übernahme derselben entfalten.[254] Es werden Subjektivität bzw. subjektive Sinngehalte demnach nicht nur als Resultat gesellschaftlicher Intersubjektivität verstanden, sondern auch als deren Bedingung.[255]

Marotzki nennt für die Konstitution von Biografien zwei entscheidende Aspekte: den Prozess der Bedeutungs- und Sinnherstellung und den Prozess der Erzeugung von Selbst- und Weltbildern.[256] Insbesondere die Auffassung, dass Selbst- und Weltinterpretationen als spezifische Arten von Lern- und Bildungsprozessen verstanden werden müssen, wenn sich einem das Verständnis von Lernen und Bildung erschließen soll,[257] wurde in das Forschungsdesign methodisch integriert. So wurde in der Datenauswertung das Erlernen und Ausbilden von Selbst- und Weltverständnissen fokussiert, die konstitutiv für eine spätere Überschuldung sind, um darüber das Typische des Einzelfalles herausarbeiten zu können.

---

251 vgl. Krüger 1999, 26
252 Siehe dazu auch Beck, der die Individualisierung sozialer Probleme wie Arbeitslosigkeit und Armut aufgreift (Beck 2003, 143f.).
253 Marotzki 1999, 111
254 vgl. Bohnsack 1993, 117
255 vgl. Marotzki 2000, 177
256 vgl. ebd., 177
257 vgl. ebd., 181

Auch der Aspekt, dass Krisen i.d.R. spezifische Biografisierungsprozesse hervorrufen können, die zu einer Umstrukturierung biografischer Relevanzsetzungen und damit zu einer Transformation des Selbst- und Weltverhaltens führen, ist im Hinblick auf die erlebte Überschuldungssituation der Informantinnen bedeutsam, weshalb diese Forschungsperspektive besonders berücksichtigt wurde.

Das bereits erwähnte Konzept von Schütze ermöglicht durch die Unterscheidung verschiedener Prozessstrukturen des Lebensablaufs,[258] individuelle Lern- und Bildungsprozesse und damit Formen von Selbst- und Welthaltungen bestimmen sowie entsprechende Verlaufsformen analysieren zu können.

Vor allem die mit den Ordnungsstrukturen resp. Prozessstrukturen des Lebensablaufs implizierten Wandlungsprozesse der Selbstidentität interessieren aus erziehungswissenschaftlicher Perspektive.

In Anbetracht der Krisenerfahrungen überschuldeter Menschen und des vermuteten zumindest zeitweiligen Verlustes lebensgeschichtlicher Orientierungen, scheint besonders die Umschichtung lebensgeschichtlich dominanter Ordnungsstrukturen und damit die Wandlung der biografischen Gesamtformung im Zuge des Zusammenbruchs biografischer Orientierungen innerhalb negativer Verlaufskurven relevant für die Untersuchung.

Schütze trägt mit seiner Differenzierung von intentionalen Handlungsmustern und konditional gesteuerten Erleidensmustern eben jenen Ereignis- und Aktivitätssequenzen im Lebensverlauf Rechnung, welche nicht mehr in Termini sozialen Handelns begriffen werden können.[259] Im Rahmen des Verlaufskurvenkonzeptes wird der Prozess des Zusammenbruchs biografisch relevanter Handlungsschemata und somit der Verlust intentionaler Aktivitäts- und Erfahrungsformen infolge unkontrolliert hereinbrechender Ereigniskaskaden beschrieben, weswegen die dementsprechenden methodologischen Bezüge in die Gestaltung des Forschungsdesigns eingeflossen sind.

Im Hinblick auf den Gegenstandsbereich der Forschung und die Basis des Forschungsinteresses bewegt sich die vorliegende Arbeit im Bereich der Sozialpädagogik bzw. Sozialarbeit, daher soll trotz der methodologischen und inhaltlichen Parallelen zur erziehungswissenschaftlichen Biografieforschung explizit die sozialpädagogische Ausrichtung hervorgehoben werden.

Die biografisch orientierte Sozialpädagogik hat gerade durch die biografische Dimension von Sozialarbeit, der Orientierung am Einzelfall und einer Verortung in der Lebenswelt der Klientel eine Affinität zur qualitativen Sozialforschung entwickelt.[260]

Vor dem Hintergrund eines Ungleichgewichtes im Rahmen (sozial)pädagogischer Biografieforschung in Bezug auf die Handlungsfelder und Bereiche

---

258 siehe ausführlich dazu Schütze 1981
259 vgl. dazu Schütze 1981, 88f.
260 vgl. ebd., 434

der Sozialen Arbeit,[261] erfolgt die besondere Betonung des sozialpädagogischen Kontextes der Arbeit. So ist ein solches Forschungsdefizit beispielsweise auch in den Beratungsfeldern zu konstatieren, welches die AdressatInnen in diesen Bereichen mit einschließt. Dieser Umstand verwundert insofern, als dass gerade die neueren Entwicklungstendenzen innerhalb der Sozialen Arbeit sich durch eine explizite lebenslauf- und biografietheoretische Perspektive auszeichnen:[262]

> Wenn sich aber aus gesellschaftlichen Individualisierungs- und Biographisierungsprozessen mit ihren neuartigen biographischen Gestaltungs- und Belastungspotentialen neue Aufgaben, Anforderungen und Konzepte für die soziale Arbeit ergeben, dann ist es Aufgabe biographischer Forschung, diese Prozesse und Handlungskonzepte kritisch zu begleiten und zu untersuchen.[263]

Betrachtet man die Forschungsschwerpunkte der sozialpädagogischen Biografieforschung,[264] so lassen sich im Kontext der biografischen Armutsforschung am ehesten thematische Überschneidungen zur Überschuldungsthematik aufweisen, wenngleich die Zielgruppen der Armutsforschung bislang primär im Bereich Obdachlosigkeit, Arbeitslosigkeit und Sozialhilfebezug rekrutiert wurden.[265] Die neueren handlungs- und biografietheoretischen Konzepte,[266] die sich von deterministischen Karrieremodellen distanzieren, und stattdessen eine Differenzierung der höchst heterogenen Verlaufsmuster von Armutskarrieren sowie die Rekonstruktion sozialer Handlungskonzepte und biografischer Bewältigungsstrategien vornehmen, erscheinen vor allem methodisch interessant für meine Untersuchung.

Mit der Eingrenzung der Adressatinnen im Rahmen dieser Forschungsarbeit lässt sich ein methodologischer Bezug auch zur Frauen- und Geschlechterforschung herstellen. Die Untersuchung bewegt sich dabei genau zwischen jenen Polen der Geschlechterforschung, welche Gildemeister thematisiert: „Geschlecht als *Strukturkategorie* und Geschlecht als *soziale Konstruktion*" [Herv. i. O.].[267]
Die Überschuldungsproblematik von Frauen bedarf strukturkategorisch im Kontext sozialer Ungleichheit einer mehrdimensionalen Betrachtung, zu nennen wären z.B. solche Faktoren wie schlechtere Zugangsbedingungen zum Arbeitsmarkt infolge fehlender Kinderbetreuungsangebote, geringere Entlohnung aufgrund ungleicher Lohnstrukturen oder die auf ökonomische Abhän-

---

261 siehe dazu auch von Wensierski 1999, 449
262 vgl. ebd., 449
263 ebd., 449
264 siehe dazu ggf. Abschnitt 1.4.
265 vgl. von Wensierski 1999, 446
266 siehe dazu u.a. Buhr 1995, Leibfried/ Leisering u.a. 1995, Ludwig 1996
267 Gildemeister 2000, 216

gigkeit zielenden Gesetze oder rechtlichen Regelungen,[268] deren sozialstrukturelles Potenzial insbesondere in Trennungssituationen zum Vorschein kommt. All jene strukturellen Komponenten bedingen sowohl das Zustandekommen als auch die Etablierung von finanziell prekären Situationen, in deren Konsequenz auch Überschuldungssituationen entstehen können.

Auf diese strukturellen Bedingungen wird vor allem im 1. Kapitel der Arbeit Bezug genommen, wobei deren explizite empirische Untersuchung in diesem Forschungsprozess nicht vorgesehen ist. Vielmehr dient dieses Kontextwissen auch der theoretischen Sensibilisierung.

In diesem Forschungszusammenhang rückt eher die soziale Konstruktion von Geschlecht in den Blickpunkt, denn vor allem die Analyse von Interaktionsprozessen, in denen u.a. auch die Geschlechtszugehörigkeit immer wieder neu hergestellt wird, findet methodische Beachtung. Geschlecht wird hierbei als „generatives Muster der Herstellung sozialer Ordnung"[269] verstanden, und der Fokus verlagert sich weg von der geschlechtsspezifischen Beschäftigung mit Einzelpersonen hin zu einer Analyse sozialer Muster.[270]

Der gewählte biografisch-narrative Zugang ist durch seine methodologische Basis und sein methodisches Verfahren prädestiniert, die unterschiedlichen Facetten der Lebenswelten von Frauen herauszukristallisieren.

Der aktive Anteil von Frauen im Prozess der Definition von Geschlechtlichkeit und damit die diskursive Entfaltung als auch soziale Konstruktion von Geschlecht bedeuten zugleich, dass Geschlecht nicht in den vorgegebenen Klassifikationen erfasst werden kann, sondern nur im alltäglichen Vollzug, in Lebenssituationen, wo es im biografischen Prozess immer wieder neu konstruiert wird.[271]

Auch daran wird der Stellenwert biografischer Methoden in diesem Forschungsdesign evident. Biografieforschung im Bereich der Frauenforschung hebt sich ab vom androzentrisch geprägten Wissenschafts- und Weltbild, und verweist u.a. auch auf die unzureichende Berücksichtigung der Realität von Frauenbiografien im Modell der „Normalbiografie"[272].

Die in weiblichen Lebensverläufen vorkommenden Verhinderungen und Verdrängungen, Ungleichzeitigkeiten und Ambivalenzen zwischen angestrebter Selbstfindung und vorgegebenen Rollenerwartungen[273] müssen hinreichend erfasst werden, ohne dabei die persönliche Betroffenheit als Kategorie in den Mittelpunkt zu stellen:

---

268 Hier kann u.a. auf den 2002 im Auftrag des Bundesministeriums für Familie, Senioren, Frauen und Jugend erstellten „Bericht zur Berufs- und Einkommenssituation von Männern und Frauen" verwiesen werden sowie auf das Gutachten „Die wirtschaftlichen Folgen von Trennung und Scheidung" (siehe Andreß u.a. 2003).
269 Gildemeister/ Wetterer 1992
270 vgl. Gildemeister 2000, 220
271 vgl. Kraul 1999, 459
272 siehe dazu u.a. Kohli 1985
273 vgl. Kraul 1999, 463

Biographien als Aneinanderreihung von Handlungssituationen sind konstitutiv für Geschlechterforschung, nicht mehr vorrangig mit dem Ziel, über biographische Vergewisserungen Betroffenheitslyrik zu produzieren, sondern in ihrer Orientierung an lebensweltlich einholbaren Differenzen zwischen Frauen und Männern und innerhalb eines Geschlechts.[274]

Die vorliegende Studie grenzt zwar die Zielgruppe geschlechtspezifisch ein, jedoch primär mit dem Ziel, innerhalb dieser Kohorte Unterschiede zu bestimmen.

Aufgrund der charakteristischen methodologischen und methodischen Merkmale qualitativer Sozialforschung, im Besonderen der erziehungswissenschaftlichen Biografieforschung, der Definition des Gegenstandsbereiches als auch des Erkenntnisinteresses und der besonderen Affinität der sozialpädagogischen Forschung sowie der Frauen- und Geschlechterforschung zu den qualitativen Methoden, orientiert sich das folgende Forschungsdesign an der Erhebung und Analyse autobiografisch-narrativer Interviews.

2.2. Das Forschungsdesign

Dieser Abschnitt leitet mit seinen grundlegenden methodischen Ausführungen zum Forschungsdesign hin zur daran anschließenden Dokumentation der praktischen Umsetzung und Auswertung der Untersuchung. Während zuvor maßgeblich die methodologischen Grundannahmen erörtert wurden, finden nunmehr die methodischen Aspekte der Forschungspraxis die Aufmerksamkeit.

In diesem Zusammenhang müssen auch die Gegebenheiten berücksichtigt werden, die aus den Begleitumständen einer Dissertation resultieren. Ein Großteil der gebräuchlichsten qualitativen Methoden ist, nicht zuletzt aufgrund des hohen Grades an Genauigkeit, mit einem ebenso hohen Zeitaufwand verbunden. Gerade narrative Interviews nehmen für die Datenerhebung, die anschließende Transkription und die Auswertung erhebliche Zeitressourcen des begrenzten zeitlichen Rahmens einer Dissertation in Anspruch. Hinzu kommt die Tatsache, dass innerhalb eines solchen Projektes die ForscherInnen größtenteils allein für die Realisierung ihrer Studien verantwortlich zeichnen. Dieser Umstand führt zu begründeten Abweichungen von Maximalforderungen einzelner qualitativer Methoden, gleichwohl damit die Kern-(güte)kriterien qualitativer Forschung keineswegs vernachlässigt werden sollten. Die mit Abkürzungsstrategien einhergehenden methodologischen Fragen haben sich bedauerlicherweise bisher der Methodologiediskussion verschlossen, weshalb auch kein bewährtes Set existiert.[275]

---

274 ebd., 459f.
275 vgl. Lüders 2000, 636

2.2.1. Das autobiografisch-narrative Interview und die Prozessstrukturen des Lebensablaufs

Die methodische Vorgehensweise der Studie basiert auf dem von Fritz Schütze konzipierten Instrumentarium des narrativen Interviews, welches zunächst in einer Interaktionsfeldstudie entwickelt und später zur Biografieanalyse weiter spezifiziert wurde.[276]

Im Zugang zu den unterschiedlichen Ebenen der Erfahrungsbildung im Alltag zeigt sich der handlungstheoretische, methodologische als auch forschungspraktische Bezugsrahmen narrativer Interviews, der maßgeblich durch die phänomenologisch-interaktionistische Soziologie in der Tradition der Chicagoer Schule geprägt ist.[277]

Das narrative Verfahren zählt in der qualitativen Sozialforschung zu den prominentesten Methoden, was u.a. auf die deutlich sichtbaren Ansätze zu einer Methodologie sowie die eigenen Forschungsergebnisse zurückzuführen ist, die eine klare Abgrenzung zu quantitativen Ansätzen ermöglichten.[278] Einen diesbezüglich wesentlichen Aspekt umfassen die im Vergleich zu anderen Verfahren strenger formulierten Regeln der Datenerhebung und –auswertung,[279] weswegen man auch von einem kodifizierten Verfahren[280] spricht.

Wenngleich sich die methodische Umsetzung aufgrund dieser Regeln aufwändiger gestaltet,[281] so muss demgegenüber nicht jeder Analyseschritt expliziert und detailliert dokumentiert werden, weil der Leserschaft bereits grundlegende Informationen zur Kontrolle bzw. zum Nachvollzug der Untersuchung vorliegen.[282]

Das Grundelement des narrativen Interviews als sozialwissenschaftliches Erhebungsverfahren ist die durch eine erzählgenerierende Eingangsfrage angeregte freie Erzählung der InformantInnen.[283] Man setzt demnach auf die narrative Kompetenz der Erzählenden, die eine sprachliche Rekonstruktion der Ereignisse und retrospektive Deutung aus der Sicht der AkteurInnen ermöglicht.[284]

Ausgehend von der Selbstläufigkeit des Erzählvorganges und dem darauf folgenden Wirksamwerden so genannter Zugzwänge des Erzählens (Kondensierung, Detaillierung, Gestaltschließung),[285] werden relativ unabhängig von

---

276 siehe dazu Schütze 1977 und 1983
277 vgl. Bohnsack 1993, 91
278 vgl. Brüsemeister 2000, 119
279 vgl. ebd., 119
280 vgl. Steinke 2000, 326
281 siehe dazu z.B. Brüsemeister 2000, 119
282 vgl. Steinke 2000, 326; Damit ist jedoch nicht etwa der Verzicht auf eine transparente Dokumentation gemeint, sondern lediglich die Begrenzung der Detaillierung.
283 siehe dazu Hermanns 1991, 183 oder Hopf 2000, 355
284 vgl. Schütze 1977, 51
285 vgl. Kallmeyer/ Schütze 1976, 188f.

situativen Selbstrepräsentationswünschen der Befragten Erfahrungsaufschichtungen und Identitätsformationen preisgegeben:[286]

Das Stegreiferzählen ist ein schöpferischer Akt, es gestaltet den Strom der gemachten Erfahrungen weit über die anfänglichen Erwartungen und Vorabbilder des Erzählers hinaus.[287]

Im Fall eines autobiografisch-narrativ orientierten Interviews erhalten die InformantInnen die Gelegenheit, eigene lebensgeschichtliche Erfahrungen und Ereignisse zu erzählen, wobei die Strukturierung des Interviews und damit die jeweilige Relevanzsetzung den Befragten obliegt. Bedeutsam ist dabei, dass eine autobiografische Stegreiferzählung keineswegs identisch ist mit der Biografie des Erzählenden. Sie ist geprägt aus dessen aktueller Situation allgemein und von der Erzählsituation im Besonderen:[288]

Nicht nur der „äußerliche" Ereignisablauf, sondern auch die „inneren Reaktionen", die Erfahrungen des Biographieträgers mit den Ereignissen und ihre interpretative Verarbeitung in Deutungsmustern, gelangen zur eingehenden Darstellung. Zudem werden durch den Raffungscharakter des Erzählvorgangs die großen Zusammenhänge des Lebensablaufs herausgearbeitet, markiert und mit besonderen Relevanzsetzungen versehen. Schließlich kommen auch Stümpfe der Erfahrung von Ereignissen und Entwicklungen zum Ausdruck, die dem Biographieträger selbst nicht voll bewußt werden, von ihm theoretisch ausgeblendet oder gar verdrängt sind oder doch zumindest hinter einer Schutzwand sekundärer Legitimationen verborgen bleiben sollen. Das Ergebnis ist ein Erzähltext, der den sozialen Prozeß der Entwicklung und Wandlung einer biographischen Identität kontinuierlich, d.h. ohne exmanente, aus dem Methodenzugriff oder den theoretischen Voraussetzungen des Forschers motivierte Interventionen und Ausblendungen, darstellt und expliziert.[289]

Es eröffnet sich für die interviewte Person die Möglichkeit, ihre Erlebnis- und Gestaltungsperspektive zu wählen und zu entfalten, wobei die Lebensgeschichte in jenen Aufschichtungen, Relevanzen und Fokussierungen reproduziert wird, wie sie erfahren wurde, das heißt für die Identität konstitutiv und demzufolge handlungsrelevant ist. Daraus entwickelt sich eine entsprechende Darstellungssymptomatik im Interview, die ebenso von Interesse ist wie die Erzählinhalte.

So weisen Erzählungen eine grundsätzliche Zweiteilung von erzähltem Leben und erfahrenem Leben, oder anders formuliert, von der Sequenzierung der Erzähldarstellung und der Sequenzierung der erlebten Ereignisse auf.[290] Zudem schildern die Befragten nicht nur ihre vergangenen Handlungskontexte und -muster, sondern sie entwerfen dazu auch Deutungsmuster. Ebenso zeigt sich der Einfluss der Ereignisse auf das Gewordensein sowie die Selbstkonzepte der BiografieträgerInnen, was sich wiederum auf die dazugehörigen Selbstdeutungen auswirkt.

---

286 vgl. dazu Hopf 2000, 357 oder Schütze 1983, 285f.
287 Schütze 1987, 184
288 vgl. Flick 1991, 156
289 Schütze 1983, 285f.
290 Dieser Zusammenhang wird auch als Homologie-These bezeichnet (vgl. Schütze 1984, 78).

Die Aufgabe der Analyse besteht deswegen darin, eben jene „Logik der Darstellung" mit der „Logik der Handlung" in Beziehung zu setzen.[291]

Empirisch klar zu unterscheiden sind Deutungen, die sich unmittelbar im vergangenen Handlungs- und Ereigniszusammenhang ergeben haben und später entwickelten reflektorisch-autobiografischen Haltungen. Während Darstellungen von vergangenen Handlungssituationen über Erzählungen oder auch Beschreibungen wiedergegeben werden, sind lebensgeschichtlich spätere reflexive Haltungen in Argumentationen und Bewertungen eingebettet.[292]

Diese Unterscheidung von Texttypen wird in der Analyse narrativer Interviews relevant, denn daran werden Veränderungen der Bedeutung lebensgeschichtlicher Ereignisse für die Biografieträgerinnen im Lebensverlauf explizit. Unterschiedliche Darstellungsprinzipien (z.B. Erzählen oder Argumentieren) entsprechen unterschiedlichen Ebenen der Erfahrungsaufschichtung, das heißt unterschiedlichen Graden persönlichkeitsrelevanter Ablagerung und Verankerung von Erfahrung.[293]

Das narrative Interview gliedert sich in drei Teile, die Haupterzählphase, die Nachfragephase und die Bilanzierungsphase:[294]

- Im ersten Teil gibt die Forscherin einen erzählgenerierenden Stimulus[295], woraufhin das Haupterzählpotenzial abgeschöpft wird. Die Informantin ist in der aktiven Erzählrolle, während der Forscherin die Aufgabe der aufmerksamen Zuhörerin zukommt, die ggf. zwischendurch zum Weitererzählen motivieren muss. Erst mit dem Setzen einer Koda durch die befragte Person, wird das Ende der Erzählung signalisiert.
  Im Vorfeld dieser Erhebung wurden zudem gedankenstützend einige Themenschwerpunkte[296] im Orientierungsleitfaden formuliert, auf denen, so sie von der jeweiligen Informantin zur Sprache kommen, das besondere Augenmerk liegen sollte. Diese Schwerpunktsetzung sollte der Forscherin vor allem helfen, die zweite Phase gedanklich zu strukturieren.

- Im Nachfrageteil werden abermals erzählgenerierend immanente Fragen durch die Forscherin platziert. Hier gilt es insbesondere Stellen mangelnder Plausibilität aus dem vorher Gesagten aufzugreifen. Diese Nachfragen haben zum Teil bereits die Funktion, vage Annahmen der Forscherin,

---

291 vgl. Brüsemeister 2000, 130
292 vgl. dazu Hermanns 1991, 183 oder Brüsemeister 2000,138
293 vgl. Bohnsack 1993, 106
294 vgl. Schütze 1983, 285
295 „Ich möchte Sie bitten, mir Ihre Lebensgeschichte zu erzählen, beginnend als Sie noch ganz klein waren, all die Erlebnisse, die für Sie wichtig waren. Sie können sich dazu so viel Zeit nehmen, wie Sie möchten. Ich werde Sie auch erst einmal nicht unterbrechen."
296 siehe Anhang, „Orientierungsleitfaden"; Hinweis S. 7

die sich aus der Erzählung ergeben, aber sich durch das Erzählte allein nicht klären lassen, zu „prüfen".[297]

- In der Bilanzierungsphase erfolgt die Aufforderung, sich zur eigenen Lebensgeschichte zusammenfassend resp. abstrahierend und auch argumentativ zu positionieren. Um sowohl retrospektive als auch gegenwärtige sowie perspektivische Sichtweisen zu erfassen, erweist sich die Kombination von einer bilanzierenden mit einer zukunftsorientierten Frage[298] als günstig.

In der Regel schließt sich noch ein exmanenter Nachfrageteil an, welcher theoretische Vorannahmen und Relevanzsetzungen der Interviewerin aufgreift. Gleichzeitig lässt sich über diesen Teil in Kernbereichen eine Vergleichbarkeit der Interviews herstellen.

In der vorliegenden Untersuchung wurden schwerpunktmäßig Themen integriert, die sich mit Aspekten von Sozialisation (Herkunft, Kindheit, Jugend), Interaktion (Beziehungen, Ehe, Familie), persönlicher Einstellung und Lebensgestaltung (Erziehung, Umgang mit Geld, politische Ereignisse) und Schuldnerberatung befassen. Evaluativ wurden auch Einstellungen zum Interview erfragt.

Die im exmanenten Nachfrageteil erfassten Daten können zudem triangulierend verwendet werden, so die Daten des offenen Erhebungsteils nicht hinreichend Aufschluss geben.

Hinsichtlich der Analyse autobiografisch-narrativer Interviews liegt der Fokus auf der Herausarbeitung charakteristischer Handlungsweisen und Selbstkonzepte, welche Schütze mit dem Konzept der Prozessstrukturen des Lebensablaufs berücksichtigt hat.[299] Es werden vier Prozessstrukturen des Lebensablaufs unterschieden:

- <u>Institutionelle Ablaufmuster und -erwartungen des Lebensablaufs</u>
  Das Individuum verzichtet zeitweise auf eigenmächtiges Handeln und überlässt Handlungsziele und –umsetzung einer Institution; Konsequenzen einer solchen Anpassung werden noch im Sinne biografischer Selbstkonzepte eingefangen.[300]

- <u>Handlungsschemata von biografischer Relevanz</u>
  Das Handeln des Individuums ist durch Intentionalität geprägt, weil Situationen reflektiert und mit biografischen Selbstkonzepten in Verbindung gebracht werden können.[301]

---

297 vgl. Fischer-Rosenthal/ Rosenthal 1997b, 416f.
298 siehe Anhang, „Interviewerhebung und Nachbereitung"; Hinweis S. 7
299 vgl. Schütze 1981
300 vgl. Brüsemeister 2000, 145 oder siehe Schütze 1981, 67f.
301 siehe dazu Schütze 1981, 70f.

- Verlaufskurven
  Die Handlungsautonomie und –kontrolle liegt nicht mehr beim Individuum, wobei ein Leiden an Situationen und ein ungewolltes Verstricken
  in die Folgen von Ereignissen und Handlungen zu konstatieren ist mit negativen Konsequenzen für Selbstkonzepte.[302]

- Wandlungsprozesse der Selbstidentität und biografische Gesamtformung
  Die Identität und Handlungsmöglichkeiten des Individuums werden erweitert oder verändert, was wiederum in neuen biografischen Selbstkonzepten festgehalten wird.[303]

Das Zusammenspiel der biografischen Prozessstrukturen bzw. Ordnungsstrukturen konstituiert wiederum die biografische Gesamtformung:

> Die biographische Gesamtformung ist die dominante Ordnungsgestalt, die der Lebenslauf
> im Verstreichen von Lebenszeit für den Biographieträger, seine signifikanten Interaktions-
> partner, aber auch dritte Beobachter allmählich annimmt.[304]

Im Rahmen dieser Studie sollen die autobiografisch-narrativen Interviews
Aufschluss geben über die dominanten Ordnungsstrukturen des Lebensab-
laufs, und wie diese mit dem Ver- und Überschuldungsprozess der befragten
Frauen im Einzelfall korrelieren. Es sollen diese Prozessstrukturen auch im
Kontext der Konstitution des Selbst- und Weltverständnisses der einzelnen
Frauen, und somit deren Lern- und Bildungsprozesse beleuchtet werden.
    Die Prozessstrukturen stellen demnach nur formale Erklärungsmuster
resp. Heuristiken der Erkenntnis dar, da sie nicht bloß extrahiert und bestätigt,
sondern für das biografische Handlungsmuster oder die Verlaufskurve des
jeweiligen Einzelfalles konkretisiert werden sollen. Das heißt die jeweils
verschiedenen Erklärungsmerkmale der Prozessstrukturen der Einzelfälle und
damit die Erschließung individueller Erfahrungsverarbeitungsräume sind von
Relevanz.
    Durch die Konzentration auf die Phase der Ver- und Überschuldung kann
zudem dieser spezielle soziale Prozess mit seinen Auswirkungen auf den Lebensablauf erfasst werden.
    Um die genannten Prozessstrukturen des Lebensablaufs und die biografi-
sche Gesamtformung im Datenmaterial aufspüren zu können, werden nach
Schütze folgende sechs Arbeitsschritte für die Auswertung der Interviewdaten
vorgeschlagen:[305]

1. Formale Textanalyse
   Ausklammerung aller Deutungsmuster, Bewertungen und Argumentationen sowie Segmentierung der formalen Abschnitte des Erzähltextes.

---

302 siehe ebd., 88f.
303 siehe ebd., 103f.
304 ebd. 1981, 104
305 vgl. dazu Schütze 1983, 286f.

2. Strukturelle inhaltliche Beschreibung

Die einzelnen, zeitlich begrenzten Prozessstrukturen des Lebensablaufs werden herausgearbeitet, wobei festgefügte institutionell bestimmte Lebensstationen, Höhepunktsituationen, Ereignisverstrickungen, dramatische Wendepunkte oder allmähliche Wandlungen, sowie durchgeführte biografische Handlungsabläufe besonders in den Blick geraten. Die sich abzeichnenden thematischen Bereiche der einzelnen Segmente werden mit anderen Segmenten verknüpft, wodurch sich Erzählketten herauskristallisieren.

3. Analytische Abstraktion

Das Ergebnis der strukturell inhaltlichen Beschreibung wird von den Details der einzelnen Lebensabschnitte mittels abstrahierender Strukturaussagen gelöst, die dann systematisch zueinander in Beziehung gesetzt werden (fallinterne Kontrastierung). Auf dieser Grundlage bildet sich die biografische Gesamtformung heraus, das heißt die lebensgeschichtliche Abfolge der erfahrungsdominanten Prozessstrukturen in den einzelnen Lebensanschnitten wird evident.

4. Wissensanalyse

Die zuvor eingeklammerten eigentheoretischen, argumentativen Einlassungen der befragten Person zu ihrer Lebensgeschichte und zu ihrem Gewordensein werden unter Ansehung des Ereignisablaufs, der Erfahrungsaufschichtung und des Wechsels zwischen dominanten Prozessstrukturen systematisch auf ihre Orientierungs-, Verarbeitungs-, Deutungs-, Selbstdefinitions-, Legitimations-, Ausblendungs- und Verdrängungsfunktion hin interpretiert.[306] Die Logik der Darstellung wird der Logik des Handelns gegenübergestellt.[307]

5. Kontrastive Fallvergleiche

Um ein theoretisches Muster für ein bestimmtes Phänomen herauszuarbeiten, ist die komparative kontrastive Analyse verschiedener Fälle notwendig. Die Auswahl wird von vorläufigen, im Datenmaterial entdeckten Kategorien, Konzepten und Prozessstrukturen theoretisch geleitet, die im Hinblick auf die Forschungsfrage und das Erkenntnisinteresse wichtig erscheinen. Während zunächst Fälle mit Übereinstimmungen und Ähnlichkeiten herangezogen werden (minimale Kontrastierung), stehen im weiteren Verlauf maximal kontrastierende Fälle im Mittelpunkt, sodass Gemeinsamkeiten nur noch auf einer sehr abstrakten, formalen oder ele-

---

306 „Ohne den lebensgeschichtlichen Ereignis- und Erfahrungsrahmen für die eigentheoretischen Wissensproduktionen des Biographieträgers zu kennen, ist es unmöglich, den Stellenwert autobiographischer Theorieproduktionen für den Lebenslauf zu bestimmen" (ebd., 287).

307 vgl. Brüsemeister 2000, 181

89

mentaren Ebene feststellbar sind (Elementarkategorien). Dadurch werden Variationen im Datenmaterial und die verschiedenen Ausprägungen des untersuchten Phänomens ermittelt.

6. Konstruktion eines theoretischen Modells
Die verschiedenen theoretischen Kategorien von Interesse werden systematisch aufeinander bezogen, um am Ende der Auswertung zu Prozessmodellen spezifischer Arten von Lebensabläufen, ihrer Phasen, Bedingungen und Problembereiche oder auch zu Prozessmodellen einzelner grundlegender Phasen und Bausteine von Lebensabläufen oder der Konstitutionsbedingungen und des Aufbaus der biografischen Gesamtformung zu gelangen.

Die Interviewanalyse dieser Studie orientiert sich im Wesentlichen an den soeben beschriebenen Arbeitsschritten und zielt auf die Konstruktion eines Prozessmodells, welches die Spezifik der biografischen Verlaufsmuster von Frauen in Überschuldungssituationen einschließlich der dazugehörigen charakteristischen Konstitutionsbedingungen erfasst.

Es ist davon auszugehen, dass einerseits elementare Formen von Prozessstrukturen existieren, die sich, wenn auch nur fragmentarisch, in allen Lebensabläufen aufspüren lassen, und andererseits systematische Kombinationen solcher elementarer Prozessstrukturen zu finden sind, die als Typen von Lebensschicksalen gesellschaftliche Relevanz besitzen.[308] Hierin zeigt sich vortrefflich die über den individuellen Lebensablauf hinausgehende Dimension dieses Forschungsansatzes.

Der Vorteil autobiografisch-narrativer Interviews im Vergleich zu problemzentrierten oder fokussierten Ansätzen liegt in der fehlenden Vorstrukturierung seitens der Forschenden, womit die Wahrscheinlichkeit tatsächlich neue, von theoretischen Vorannahmen weitgehend unabhängige Sichtweisen zu eröffnen, relativ hoch ist.

Mit einer offenen Stimulusform kann hinterfragt werden, welchen Stellenwert das Überschuldungsproblem im Kontext der gesamten Lebensgeschichte für die Befragten überhaupt hat. Eine Problemzentrierung auf die Überschuldungssituation würde eine Besonderheit dieses Umstandes für die Lebensgeschichte der Befragten unterstellen und damit die Optionen der Erzählung womöglich einschränken.

Wenngleich an die Befragten vorausgehende Informationen über den Kontext der Erhebung immer auch thematische Schwerpunktsetzungen und das „Zurechtlegen" eigentheoretischer Annahmen implizieren, so balanciert die entwickelte Erzähldynamik und Darstellungssymptomatik eines autobiografisch-narrativen Interviews diese inhaltlichen Steuerungsversuche der Befragten sowohl bei der Datenerhebung als auch bei der Analyse zumeist

---

308 vgl. Schütze 1983, 284

wieder aus. Wichtig dafür ist u.a. auch der Verzicht auf zeitliche Reglementierungen während der Erhebung.

Als Nachteil kann sich dahingegen u.U. eine zu ausschweifende, mäandernde Darstellung erweisen, welche vor allem die Analyse hinsichtlich der Suche nach Relevanzsetzungen erschweren könnte. Ebenso problematisch könnte sich die fehlende Strukturierung auswirken, wenn eigene biografische Strukturen seitens der Befragten nicht reflektiert werden können, und die Erzählung dadurch nur schwer zu generieren ist.

2.2.2. Die Bezugnahme auf Gütekriterien

Die Gestaltung des Forschungsdesigns beinhaltet immer auch die Frage nach der Berücksichtigung von Gütekriterien und auch deren Definition.

Während es für quantitative Verfahren die zentralen Kriterien Validität, Reliabilität und Objektivität gibt, gehen in der qualitativen Forschung die Positionen auseinander. Sie bewegen sich zwischen Übertragung der quantitativen Kriterien und der Entwicklung eigener qualitativer Kriterien bis hin zur postmodernen Ablehnung von Kriterien.

Ausgehend von der Kenntnis, dass quantitative Gütekriterien auch für ebensolche Verfahren entwickelt wurden und auf entsprechenden Methodologien, Wissenschafts- und Erkenntnistheorien basieren, können sie für qualitative Verfahren nicht geeignet erscheinen.[309]

Da sich die Grundannahmen der quantitativen Forschungsrichtung erheblich von den qualitativen Ansätzen unterscheiden, ist ihre Vereinbarkeit im Hinblick auf die Gütekriterien ebenso wenig erwartbar. Zweifelsohne haben sich aber gerade in der Auseinandersetzung mit den quantitativen Kriterien zahlreiche Anregungen für die Formulierung von qualitativen Bewertungskriterien ergeben.[310]

Dahingegen ist die Position der Zurückweisung von Gütekriterien mit der Gefahr der Beliebigkeit und Willkürlichkeit verbunden, die eine Etablierung qualitativer Methoden außerhalb der begrenzten Forschungsgemeinschaft eher behindert. Der Standpunkt, den wissenschaftstheoretischen und methodologischen Ausgangspunkten qualitativer Forschung folgend, eigene Bewertungskriterien zu formulieren, entspricht den Postulaten qualitativer Ansätze am ehesten.

So benennt Steinke folgende Kernkriterien, die im qualitativen Forschungsprozess beachtet werden sollten: intersubjektive Nachvollziehbarkeit, Indikation des Forschungsprozesses bezüglich der Gegenstandsangemessenheit, empirische Verankerung der Theoriengenese, Limitation hinsichtlich des

---

309 vgl. Steinke 2000, 322
310 vgl. ebd., 322

Geltungsbereiches und der Verallgemeinerbarkeit, Kohärenz der entwickelten Theorie, Relevanz der generierten Theorie, reflektierte Subjektivität der Forschenden.[311]

Wohingegen Krüger die Gütekriterien im Kontext der Verfahren der analytischen Induktion und der Triangulation beschreibt.[312]

Zum einen lassen sich mit der analytischen Induktion durch die systematische Suche nach neuen kontrastierenden und von der vorläufigen Theorie abweichenden Fällen, die theoretischen Forschungskonzepte komplexer, differenzierter und profunder gestalten.[313]

Zum anderen können mit der Triangulation komplementärer Daten, ForscherInnen, Theorien und Methoden zur Analyse desselben Untersuchungsgegenstandes herangezogen werden,[314] wodurch nicht nur eine Validierung der Ergebnisse möglich ist, sondern vor allem eine Erweiterung der Erkenntnis über den Forschungsgegenstand.[315]

Die Triangulation verschiedener methodischer Zugänge und Perspektiven sollte weniger das Ziel verfolgen, Konvergenz im Sinne von Bestätigung des Gefundenen zu erhalten. Für die Theorieentwicklung ist Triangulation aufschlussreich, wenn sie divergente Perspektiven verdeutlichen kann, weil gerade dann neue Perspektiven entstehen, die nach theoretischen Erklärungen verlangen.[316] Von solchem Verständnis lassen sich Bezüge zur Konzeption des auch in dieser Studie angewandten Theoretical Sampling[317] und der Theoretischen Sättigung herstellen. Wenn keine neuen Erkenntnisse erwartet werden, braucht auch kein weiterer Einsatz neuer Daten oder anderer Methoden erfolgen.

Insbesondere die Angemessenheit der Kriterien im Hinblick auf die Forschungsfrage, die gewählte Methode sowie die Spezifik des Forschungsfeldes und des Untersuchungsgegenstandes ist bedeutsam. Demnach sollten formulierte Kriterien für die Anwendung untersuchungsspezifisch konkretisiert, modifiziert und ggf. durch weitere Aspekte ergänzt werden:

> Deshalb weisen wir noch einmal darauf hin, daß die von uns vorgeschlagenen Methoden auf keinen Fall als starre Regeln zu verstehen sind, nach denen Datenmaterialien in eine effektive Theorie umgewandelt werden können. Sie sind lediglich Leitlinien, die den meisten Wissenschaftlern bei ihren Forschungen Orientierungshilfen geben können. Dafür muß man als Wissenschaftler [...] nicht nur die Eingeschränktheit und Herausforderungen von Forschungssituationen und –zielen klar erkennen können, sondern auch das Wesen des zu bearbeitenden Datenmaterials.[318]

---

311 vgl. ebd., 324f.
312 vgl. Krüger 1997, 205
313 vgl. Hermanns u.a. 1984, 150
314 siehe dazu Flick 2000, 309f. oder Marotzki 1999, 123f.
315 vgl. Flick 2000, 318
316 vgl. ebd., 318
317 siehe dazu u.a. Strauss 1998, 49 und 70f.
318 Strauss 1998, 32

In der vorliegenden Arbeit wird der Forschungsprozess, beginnend von seiner Konstitution sowie der Eingrenzung des Erkenntnisinteresses, den methodologischen und forschungspraktischen Entscheidungen als auch Umsetzungen bis hin zur Ergebnisdarstellung und der Eröffnung weiterführender Perspektiven, transparent abgebildet, womit insbesondere die intersubjektive Nachvollziehbarkeit gegeben ist. In den diesbezüglichen Ausführungen spiegelt sich ebenso die Indikation der gewählten Methode wie auch deren wissenschaftstheoretische Einbettung wider.

Bereits der Feldzugang orientierte sich an einheitlichen Kriterien, indem die Kontaktierung der Informantinnen über die Schuldnerberatungsstellen erfolgen sollte. Um auch den Prozess der Informationsweitergabe durch die Beratungsstellen, trotz meiner Abwesenheit, zumindest partiell steuern zu können, wurde ein Arbeitspapier[319] für die Beratungskräfte erstellt.

Mit der Aufzeichnung der Interviews, der Erfassung personenbezogener Angaben in einem Datenbogen, der Protokollierung der Interviewsituation und der anschließenden vollständigen Transkription des Interviews ist eine weitest gehende Rekonstruktion und damit Nachvollziehbarkeit der Erhebungssituation möglich. Ebenso können die hierbei gewonnenen komplementären Datensätze triangulierend verwendet werden.

Prozessbegleitend wurde ein Forschungstagebuch geführt, in dem sämtliche Anregungen, Ideen, Hinweise, Entscheidungsbegründungen, Modifikationen usw., welche die gesamte Untersuchung betrafen, notiert wurden. Daten, Anmerkungen, Interpretationen, Protokolle der Interpretationssitzungen, die sich auf ein bestimmtes Interview bezogen, wurden in einem diesbezüglichen separaten Ordner festgehalten. Diese Form der Dokumentation dient, neben der Intersubjektivierbarkeit und Explizierbarkeit, auch der Reflexion des Forschungsprozesses.

So es dem Wunsch der jeweiligen Informantin entsprach, wurde das Interviewtranskript oder die Tonbandaufzeichnung zur Verfügung gestellt.

Von einer kommunikativen Validierung der Ergebnisse durch die Informantinnen wurde aus Gründen der Verantwortlichkeit gegenüber den befragten Frauen im Hinblick auf ihre gegenwärtige Lebenslage und psychische Verfasstheit sowie gegenüber dem teilweise noch bestehenden Beratungsverhältnis abgesehen. Ausschlaggebend war die Erkenntnis, dass die Befragten sich zum Teil noch in krisenhaften Verlaufsmustern befinden und illusionäre Deutungsmechanismen greifen, deren Offenlegung aber in der Fallbeschreibung erfolgt. Solange jedoch keine neuen Sinnquellen zur Verfügung stehen, halten diese illusionären Sichtweisen für die Biografieträgerinnen, wenn auch verzerrten, lebensgeschichtlichen Sinn bereit:[320]

---

319 siehe Anhang, „Vorbereitung der Interviews"; Hinweis S. 7
320 vgl. Schütze 1981, 121

Die Demontage der illusionären thematisch-autobiographischen Gesamtsicht würde bedeuten, daß der Gegenwartszustand der Lebensführung und die historisch-faktisch aufgeschichtete biographische Gesamtformung ungeschminkt in den Blick gerieten.[321]

In Bezug auf den Umgang mit den erhobenen Daten, ist deren Interpretation im Kontext verschiedener Arbeitsgruppen festzuhalten. Die beteiligten WissenschaftlerInnen näherten sich in diskursiver Form dem Material, um die jeweilige Subjektivität wechselseitig zu kontrollieren und zu korrigieren. Darüber hinaus ließen sich in dieser Form der Forscher-Triangulation die eigenen Perspektiven erweitern. Dieser Arbeitszusammenhang dient aber ebenso der Forschungssupervision und aktiviert damit die Selbstreflexion der Forscherin in Bezug auf das methodische Vorgehen und den Untersuchungsprozess.

Durch die Wahl des methodischen Verfahrens nach Schütze ist auch eine Orientierung an den diesbezüglichen konzeptionellen Regeln und Forschungstechniken[322] inhärent, womit die Umsetzung der Methode in einem kodifizierten Modus abläuft. Der Zugriff auf ein solches kodifiziertes Verfahren gewährleistet zugleich auch dessen empirische Verankerung.[323]

In Bezug auf die Gütekriterien muss auch die Relevanz der Ergebnisse betreffs ihrer Verallgemeinerbarkeit thematisiert werden. Da es der qualitativen Sozialforschung nicht um elaboriert formulierte Generalisierungen (Existenzaussagen) geht, ist demnach nicht Verallgemeinerung, sondern Allgemeinheit gefragt.[324]

Im Hinblick auf die Generalisierbarkeit der Forschungsergebnisse ist zu konstatieren, dass sich die qualitative Sozialforschung vom herkömmlichen Verallgemeinerungsanspruch der quantitativen Sozialforschung distanziert. So ist zum einen zwischen numerischer und theoretischer Generalisierung zu unterscheiden, und zum anderen soll Generalisierung durch typische Fälle ermöglicht werden.

Es geht nicht um statistische Repräsentativität, vielmehr um Repräsentanz durch Aufstellung von Mustern bzw. Typenbildung und der „Abstraktion aufs Wesentliche":[325]

Die wenigsten Projekte erheben den Anspruch, von den untersuchten Fällen auf eine bestimmte Population schließen zu wollen bzw. zu können. Aufschlussreicher ist die Frage nach der theoretischen Generalisierbarkeit der gefundenen Ergebnisse.[326]

In diesem Sinn ist auch nicht die Anzahl der Interviews entscheidend, sondern die darin berücksichtigten Dimensionen[327], wie z.B. die maximale Variation

---

321 ebd., 122
322 siehe besonders Abschnitt 2.2.1.
323 vgl. dazu Steinke 2000, 328
324 vgl. Lamnek 1993b, 352
325 Kudera 1989, 12
326 Flick 2000, 260
327 vgl. Flick/ Bauer 2000, 604

oder die theoretische Reichweite der Fallinterpretationen, die zudem durch eine vergleichende Analyse verschiedener Interviews weiter abstrahiert und theoretisch profundiert werden können.

2.3. Die Erhebung der autobiografisch-narrativen Interviews

In den folgenden Ausführungen wird die konkrete forschungspraktische Umsetzung der Erhebung thematisiert.

Vorangestellt sei der Hinweis auf die umfassende theoretische Vorbereitung des späteren praktischen Vorgehens. Insbesondere weil die Datenproduktion im Zuge narrativer Interviews relativ einfach erscheint, wird vielfach deren kontinuierliche Planung und sorgfältige Konzipierung übersehen.[328] Um jedoch zu einer soliden Arbeitsgrundlage zu gelangen, ist eine ausführliche Auseinandersetzung mit den Gegebenheiten des Forschungsfeldes einerseits und das Studium forschungspraktischer Abhandlungen andererseits erforderlich.

So entstand unter dem Einfluss der Erfahrungswerte aus der Schuldnerberatungspraxis und insbesondere der Publikationen[329] von Girtler, Fuchs, Schütze, Lamnek, Mayring sowie Strauss/ Corbin das Konzept für das weitere Vorgehen, welches u.a. die Dokumente[330] zur Vorbereitung, Erhebung und Nachbereitung der Interviews beinhaltete.

2.3.1. Die Auswahl der Informantinnen und der Feldzugang

Es wurde aufgrund der definierten Fragesituation eine konkrete Eingrenzung der Zielgruppe vorgenommen. So sollten Frauen befragt werden, die sich in einer Überschuldungssituation befinden oder befanden. Demzufolge konnten die zu befragenden Frauen nicht per Zufallsprinzip, sondern nur über einen gezielten Feldzugang gewonnen werden.

Die Auswahl sollte auf der Basis des theoretischen Samplings erfolgen, indem zunächst die mit der Fragestellung definierten Eignungskriterien, wie weibliches Geschlecht und erlebte Überschuldung, zu erfüllen waren.

Eine biografisch begründete, subjektive „Überschuldungs-Ost-West-Spezifik" sollte nicht im Mittelpunkt stehen, weswegen eine Gleichverteilung der

---

328 siehe dazu z.B. Fuchs 1984, 192f.
329 siehe dazu Girtler 1988, Fuchs 1984 und 2000, Schütze 1983, Lamnek 1993b, Mayring 1996, Strauss/ Corbin 1996
330 siehe Anhang; Hinweis S. 7

Interviewpartnerinnen aus den alten und den neuen Bundesländern nicht explizit Berücksichtigung fand. Die offene Befragungssituation, verbunden mit der Relevanzsetzung durch die Befragten selbst, lieferte jedoch die Gewähr, ggf. spezifische ostdeutsche oder westdeutsche Perspektiven erfassen zu können. Zudem wurde die kulturelle Kontextgebundenheit[331] und damit die spezifischen Sichtweisen und Selbstverständlichkeiten der Befragten sowie der Forscherin durch eine Interpretationsgruppe mit ost- und westdeutschen Mitgliedern hinreichend reflektiert.[332]

In einem weiteren Schritt sollte die Erhebung anhand der sich entwickelnden theoretischen Annahmen gesteuert werden. Das heißt jedes weitere Interview wird bereits unter dem Eindruck von sich entwickelnden analytischen Fragen und Hypothesen zu Kategorien und deren Zusammenhängen durchgeführt. Dies entspricht dem zentralen Gedanken der Grounded Theory, Erhebung und Auswertung der Daten gleichzeitig zu betreiben, wobei gemäß den Strategien des minimalen oder maximalen Kontrastes die Auswahl der Fälle erfolgt.

Sind der Fallauswahl bei der Erhebung jedoch Grenzen gesetzt, insbesondere wenn auf keine große Gruppe von bereitwilligen InterviewpartnerInnen verwiesen werden kann, so lässt sich die theoriegeleitete Auswahl auch durch eine vorläufige Theoriehypothesen gesteuerte Auswahl der Auswertung von Fällen oder anderen Daten realisieren:

> Aus einer Vielzahl von Gründen verwenden die meisten Forscher Interviews, wobei sie oft nicht über einen Zugang zu genau den Personen verfügen, die aus theoretischen Gründen als nächste interviewt werden sollten. [...] Wir meinen, daß Forscher intensives theoretisches Sampling innerhalb ihrer tatsächlichen Daten durchführen können und sollten.[333]

Dieser Ansatz erschien in Anbetracht der beschränkten zeitlichen und personellen Ressourcen einer Dissertation durchaus praktikabel und wurde daher auch verfolgt.

Der Zugang zu den Befragten wurde über die Schuldnerberatungsstellen der Wohlfahrtsverbände und anerkannten gemeinnützigen Träger realisiert. Den Beratungsstellen sollte zum einen die Gatekeeper-Funktion zukommen, zum anderen sollten auch Daten über den Einfluss der beraterischen Interventionen auf den Überschuldungsprozess und ggf. auf das Handeln der Betroffenen ermittelt werden, sofern die Informantinnen selbst eine diesbezügliche Relevanzsetzung vornehmen wollten.

Die Kontakte zu den potenziellen kooperierenden BeraterInnen waren aufgrund meiner mehrjährigen Tätigkeit in diesem Arbeitsfeld schon vor Beginn der Untersuchung vorhanden. Im Rahmen eines der turnusmäßigen überregionalen Arbeitstreffen der Schuldnerberatungskräfte wurde das For-

---

331 siehe dazu die Ausführungen von Bast-Haider 1994, 201f.
332 siehe dazu auch die Bemerkungen von Grossmann/ Huth 1994, 229
333 Strauss/ Corbin 1996, 164

schungsvorhaben skizziert. Diese Vorstellung diente der vorläufigen Akquirierung von Beratungskräften, die zur Mitwirkung bereit sind.

Die Aufgabe der kooperierenden Beratungsstellen sollte es sein, anhand von Aktenbeständen Frauen zu ermitteln, die prinzipiell für das Forschungsvorhaben in Frage kommen. Die Frauen sollten in der Lage sein, ihr Leben reflektieren und rekonstruieren sowie zusammenhängend darüber erzählen zu können und auch in der psychischen Verfassung sein, interviewt zu werden. Die akute (Schulden)Krise sollte deshalb überwunden sein, sodass von einer weitgehenden Akzeptanz der Situation ausgegangen werden konnte. Diese Akzeptanz erschien notwendig, um eine thematische Überfokussierung in der Darstellung nicht schon im Vorfeld zu provozieren.[334]

Daher wurde im Sample definiert, Frauen zu befragen, deren Beratungsverhältnis abgeschlossen ist oder bei denen der Abschluss kurz bevorsteht, sodass von einer Bewältigung der kritischen Situation (nicht gleichzusetzen mit einem Freisein von Schulden) auszugehen ist.

Das abgeschlossene Beratungsverhältnis ist auch insofern indiziert, als dass damit Abhängigkeitsverhältnisse außer Kraft gesetzt sind.

Aus Gründen des Daten- und Vertrauensschutzes sollte die Kontaktaufnahme zu den Frauen über die kooperierenden Beratungsstellen mittels Weiterleitung eines von mir verfassten Anschreibens[335] erfolgen. Es oblag der Entscheidung der Frauen, ob sie den direkten Kontakt zu mir oder mittelbar über die Beratungsstelle aufnehmen wollten.

Bereits zu Beginn der Forschungsarbeit zeichnete sich ab, dass einige Beratungskräfte eher verhalten reagierten und ihre Mitwirkung offen hielten. Insgesamt wurden 35 Beratungsstellen in universaler Form[336] angeschrieben, weitere mündlich kontaktiert und via Internetforum bundesweit um Unterstützung ersucht. Von den angeschriebenen Stellen reagierten 12 positiv, obgleich auch nicht in jedem Fall die kontaktierten Frauen[337] einwilligten, 11 Beratungsstellen antworteten überhaupt nicht, 12 lehnten die Mitwirkung ab bzw. gaben an, momentan keine potenziellen Informantinnen vermitteln zu können, weil sich beispielsweise die Beratungsstelle erst im Aufbau befand.

Gründe für die ablehnende Haltung oder die gänzlich ausbleibenden Reaktionen können insbesondere in der permanenten Arbeitsüberlastung der Beratungsstellen zu finden sein, die zum Teil auf defizitäre übergeordnete

---

334 Maßgeblich war hierbei die berufliche Erfahrung, dass in einer akuten Überschuldungssituation befindliche Menschen oftmals fixiert sind auf diese Problematik, woraus sich auch die Handlungsunfähigkeit in vielen anderen Bereichen des täglichen Lebens ableiten lässt. Nicht zuletzt ist das auch mit ein Grund für die Inanspruchnahme professioneller Hilfe. Die Übermacht der Krisensituation lähmt die Betroffenen in ihren alltäglichen Aktivitäten.
335 siehe Anhang, „Vorbereitung der Interviews"; Hinweis S. 7
336 siehe Anhang, „Vorbereitung der Interviews"; Hinweis S. 7
337 Im Durchschnitt wurden 3 bis 4 Frauen pro Beratungsstelle angeschrieben.

Rahmenbedingungen, aber ebenso auf fehlende Standardisierungen in der Arbeit zurückzuführen sind. Das vorzufindende Bedingungsgefüge, allen voran die immer knapperen zeitlichen und finanziellen Ressourcen, lassen einen Zustand der Handlungsunfähigkeit im Bereich weiterführender Aufgaben erahnen.

Obgleich das Beratungshandeln nicht im Fokus der Untersuchung lag, ist der Aspekt der Vermeidung einer mittelbaren Evaluation der jeweiligen Beratungsstelle infolge der Aussagen der Informantinnen als Ablehnungsgrund auch durchaus vorstellbar.

Über einen Zeitraum von ca. 2 Jahren erstreckten sich die Bemühungen, weitere Informantinnen zu gewinnen. Mit Fortschreiten der Analyse der bereits erhobenen Daten und der zu konstatierenden Komplexität als auch des Umfanges der jeweiligen Einzelfallstudien, wurde die Erhebung weiterer Interviews bei einer Anzahl von 7 abgeschlossen. Die einbezogenen Fälle wiesen genügend Unterschiedlichkeiten und inhaltliche Tiefe auf, um von einer maximalen Variation sowie angemessenen theoretischen Reichweite der Fallinterpretationen ausgehen zu können.

Wenngleich es nicht Ziel der Untersuchung war, möglichst viele Interviews zu führen im Sinne von Gewährleistung einer größtmöglichen statistischen Repräsentativität[338], so verdeutlicht jedoch die Zurückhaltung der von Überschuldung betroffenen Frauen, mit welcher problematischen Brisanz dieser Themenbereich behaftet ist. Umso bemerkenswerter ist die Tatsache, dass die im Rahmen dieser Studie befragten Frauen diese Zurückhaltung überwunden haben.

Die Schuldnerberatungsstellen, die zur Mitwirkung bereit waren, wurden in einem nächsten Schritt sowohl fernmündlich als auch schriftlich über das weitere Vorgehen informiert. Dazu wurde für die Beratungskräfte ein Arbeitspapier[339] erstellt, welches das Forschungsvorgehen nochmals konkretisiert und das zugleich als Informationsgrundlage im Gespräch mit potenziellen Kandidatinnen dienen sollte.

Sofern die Übergabe meines Anschreiben durch die Beratungskräfte persönlich erfolgte, wurden zugleich weitere Informationen zum Forschungsvorhaben gegeben.

Der schriftlichen Zusage seitens der Frauen sowie der Mitteilung über die Kontaktmöglichkeiten folgte die telefonische Terminvereinbarung.

---

338 „Die Generalisierung der Ergebnisse soll über das Typische, über Repräsentanz und nicht über Repräsentativität erreicht werden" (Lamnek, 1993b, 118).
339 siehe Anhang, „Vorbereitung der Interviews"; Hinweis S. 7

Das Sample gestaltete sich wie folgt (Abb. 2):

Informantinnen ▶ Merkmale▼	Nancy Kramer	Doris Hinze	Dana Pfeifer	Michaela Hocke	Mona Clausen	Angela Gärtner	Daniela Krause
Alter	26	33	32	38	33	40	34
Eigene Kinder	keine	1 Tochter	2 Söhne, 1 Tochter	1 Sohn	1 Tochter	3 Töchter	2 Töchter
Familienstand	ledig	geschieden mit Partner	verheiratet	geschieden mit Partner	geschieden	getrennt lebend, mit Partner	ledig
Berufsabschluss	ja	ja	ja	nein	nein	ja	ja
Ehemals berufl. Selbständigkeit	ja	ja	nein	ja	nein	nein	nein
Häufige Wohnortwechsel	ja	ja	ja	nein	ja	nein	nein
▼ Merkmale bezogen auf die Herkunftsfamilie							
Anzahl der Kinder der Herkunftsfamilie	2	2	4 (+1)[*]	7	3	5	3
Position im Geschwistervergleich	1.	1.	2.	6.	1.	4.	1.
Räumliches Herkunftsmilieu	ländlich	städtisch	ländlich	städtisch	städtisch	städtisch	städtisch
Trennung der Eltern	nein	ja	ja	nein	nein	nein	ja
Elternteil bereits verstorben	nein	nein	nein	Vater	Mutter	nein	Vater
Körperl. Gewalterfahrungen im Elternhaus	nein	nein	ja	ja	nein	ja	ja
Suchtprobleme im Elternhaus	nein	nein	ja	ja	nein	nein	ja

Hinsichtlich des Samples ist mit Bezug auf die Ergebnisse rückblickend zu konstatieren, dass die Inanspruchnahme einer Beratungsstelle möglicherweise bereits als ein Indiz für den (zeitweiligen) Mangel an Orientierung und Kompetenz zur Alltagsbewältigung gewertet werden kann. Das heißt, die Wahrscheinlichkeit im Beratungskontext auf Verlaufskurvenstrukturen innerhalb der Lebensverläufe zu stoßen, ist ggf. relativ hoch. Diese spezifische Fallauswahl gilt es bei der Betrachtung der gegenstandsbezogenen theoretischen Ergebnisse zu berücksichtigen.

---

[*] der Sohn der ältesten Schwester wurde von den Eltern der Informantin adoptiert, das heißt ihr Neffe ist zugleich ihr Adoptivbruder

2.3.2. Die Interviewdurchführung

Um den Anforderungen qualitativer Sozialforschung und im Speziellen narrativer Interviews in Bezug auf die Wahrung einer vertrauten Gesprächsatmosphäre zu entsprechen, wurden alle Interviews im häuslichen Umfeld der Informantinnen durchgeführt.

Es ließ sich hierbei nicht immer vermeiden, dass auch andere Personen, wenn auch nicht beim Gespräch, aber zumindest in der Wohnung anwesend waren oder es zu anderweitigen Störungen (z.B. Telefonanrufe, Türklingeln) kam. Bis auf eine Ausnahme hielten sich die damit verbundenen Beeinträchtigungen aber in einem sehr moderaten Bereich und beeinflussten den Interviewverlauf kaum.

Jedem Interview ging zur Einstimmung auf das Gespräch eine Phase voraus, in welcher meine Person, die Forschungsmotivation, das Forschungsvorhaben und der Ablauf der Datenerhebung vorgestellt wurden.

Zur Unterlegung der Seriosität der Forschungsabsichten und der Zusicherung eines vertraulichen sowie ordnungsgemäßen Umgangs mit den Daten erhielten alle Frauen einen so genannten Grundvertrag[340].

Die Tonbandaufzeichnung des Interviews stellte für die meisten der Befragten eine ungewohnte Situation dar, worauf mit einer ausgedehnten Einstimmungsphase zum Abbau der Hemmungen gegenüber der Aufnahmetechnik reagiert wurde. Gleichzeitig wurde eingeräumt, dass eine Unterbrechung, so sie angezeigt erscheint, jederzeit möglich ist.

Ebenso wenig vertraut bzw. unbekannt war die gewünschte freie Erzählung im Rahmen eines Interviews. Die befragten Frauen hatten jedoch überwiegend keine Mühe, sich dem sehr offen gehaltenen Erzählstimulus folgend auf die monologische Darstellung einzulassen und ihren Lebensverlauf zu rekonstruieren als auch mit Deutungsmustern zu versehen.

Zur Unterstützung der Interviewführung wurde ein Manual entwickelt, welches aber lediglich der Forscherin als Orientierungsmuster diente.

Der exmanente Nachfrageteil bereitete die wenigsten Schwierigkeiten, und stieß vor allen bei den Informantinnen auf Zustimmung, die Probleme beim Strukturieren ihrer Darstellung hatten.

Nach Abschluss des Interviews sowie der Tonbandaufzeichnung wurde gemeinsam ein Datenbogen[341] ausgefüllt, der zur Unterstützung der Analyse herangezogen werden sollte.

Um den alltagskommunikativen und empathischen Charakter einer narrativen Erhebung zu wahren, wurde in einem abschließenden Nachgespräch den Befragten die Gelegenheit gegeben, sich zu dem geführten Interview zu äußern. Dieses Gespräch mit eher beraterischem Charakter diente vor allem der

---

340 siehe Anhang, „Vorbereitung der Interviews"; Hinweis S. 7
341 Vorlage siehe Anhang, „Interviewerhebung und Nachbereitung"; Hinweis S. 7

Abrundung der gesamten Zusammenkunft, indem offene Fragen beantwortet und Emotionen aufgefangen wurden.

Die Zusammenkünfte dauerten ungefähr zwischen 3 bis 5 Stunden, wobei die Interviews zwischen 1 bis 3 Stunden beanspruchten.

Nach dem Interview wurden schriftlich im Interviewprotokoll[342] (Post-skriptum) wesentliche Aspekte und Besonderheiten der Befragungssituation festgehalten, da diese für die Rekonstruktion der Erhebungssituation, und somit für die Interpretation der Daten von Bedeutung sind. Des Weiteren wurden die ersten Interpretationsansätze, Reflexionen zum Interview als auch zur Informantin sowie Selbstreflexionen zum eigenen Vorgehen protokolliert.

2.4. Die Auswertung der Daten

Orientiert an den Prämissen qualitativer Forschung, musste ein dem Projekt angepasstes Auswertungsverfahren verfolgt werden, das ggf. abweichend von den theoretischen Vorüberlegungen im Laufe der Forschungsphase entsprechend den empirischen Erkenntnissen modifizierbar war. Das Analyseverfahren nach Schütze erwies sich dabei als ein sehr kompatibles Konzept.

Nachdem bereits die theoretischen Grundannahmen zum Auswertungsvorgehen im Rahmen autobiografisch-narrativer Interviewverfahren eingehend erörtert wurden, widmet sich der folgende Abschnitt der forschungspraktischen Realisierung der Datenanalyse.

Wie im vorherigen Abschnitt schon thematisiert, sind die Verknüpfung von Datenerhebung und –auswertung bei diesem Verfahren methodisch intendiert. Der Prozess der Datenerhebung steuert damit nicht nur das Auswertungsvorgehen, sondern die unmittelbar einsetzende Analyse wirkt sich vielmehr zirkulär oder rückkoppelnd auf die weitere Erhebung aus. Diese prozessuale Wechselwirkung, die sich auch innerhalb der Analyse noch weiter fortsetzt, kann hier jedoch aus Darstellungsgründen nur unzureichend abgebildet werden. Das Auswertungsvorgehen soll zwar transparent, aber mit dem Fokus auf den Ergebnissen, nachgezeichnet werden.

2.4.1. Die Herausarbeitung von Prozessstrukturen des Lebensablaufs

Ausgehend von dem Erkenntnisinteresse *wie* Frauen zu Schuldnerinnen werden, fokussierte sich die Datenanalyse auf die Herausarbeitung charakteristischer biografischer Handlungs- und Verlaufsmuster wie auch Selbstkonzepte einschließlich deren Konstitutionsbedingungen.

---

342 Vorlage siehe Anhang, „Interviewerhebung und Nachbereitung"; Hinweis S. 7

Dazu sollten die Prozessstrukturen des Lebensablaufs als Heuristik der Erkenntnis Verwendung finden, indem sie zunächst im jeweiligen Lebensablauf extrahiert und für diesen Einzelfall fallcharakteristisch konkretisiert wurden. Über die hiermit zum Vorschein kommenden Ordnungsprinzipien der subjektiven biografischen Selbstorganisation ließen sich wiederum individuelle Erfahrungsverarbeitungsräume erschließen, die zugleich die Strukturen des Selbst- und Weltverständnisses als auch die Lern- und Bildungsprozesse der Informantinnen abbildeten, die das spätere Ver- und Überschuldungshandeln erst ermöglichten.

Um sich der Lebensgeschichte zu nähern, sollten vorab analytisch zwei grundlegende Dimensionen unterschieden werden:[343]

1. Die adäquate Beschreibung des jeweiligen Lebensablaufs
   Es wird eine Längsschnittperspektive eingenommen, indem der biografische Verlauf herausgearbeitet und der Versuch unternommen wird, im Vergleich mit anderen Fällen Regelmäßigkeiten aufzudecken. Im Mittelpunkt steht die Identifikation sozial determinierter Formen individuellen Lebens. Individualität wird regelhaft vermutet.

2. Die Identifikation sozialer Determinanten
   Es wird eine Querschnittperspektive eingenommen, indem hinterfragt wird, welche sozialen Einflussfaktoren und Determinanten an einer bestimmten Stelle im individuellen Leben zu einer spezifischen Veränderung führen.

Diese beiden Dimensionen strukturierten das Auswertungsvorgehen ebenso wie die schon erwähnten Arbeitsschritte nach Schütze.

Die Datenerfassung auf Tonband während der Erhebung diente in der Auswertungsphase der exakten Kontrolle des Interviewablaufs und der Interpretation. Die Interviews wurden hierfür vollständig und nach den Regeln mittlerer Genauigkeit transkribiert sowie anonymisiert.[344]

Im Zuge der Transkription wurden parallel die so genannten Ereignisdaten bzw. objektiven Daten des jeweiligen Einzelfalles zusammengestellt, die mit den Angaben des Datenbogens und der Aufzeichnungen des Interviewprotokolls ergänzt wurden. So ergab sich eine vorläufige temporale Abfolge jener biografischen Daten, die kaum an die Interpretation der Biografieträgerin bzw. deren Deutungsmuster gebunden sind. Zur Vorbereitung der Rekonstruktion der Fallgeschichte erfolgte eine sequenzielle Analyse dieser biografischen Daten und eine chronologische Zusammenfassung in einer Art tabella-

---

343 vgl. Lamnek 1993b, 353
344 Die angewandten Regeln orientieren sich im Wesentlichen an den von Kallmeyer/ Schütze 1976 formulierten Transkriptnotationen (siehe auch Anhang, „Interviewerhebung und Nachbereitung"; Hinweis S. 7).

rischen Lebenslauf,[345] um somit erste Hypothesen zur Struktur des erfahrenen/ gelebten Lebens aufstellen zu können. Die aus diesen Ereignisdaten gewonnenen datenbezogenen Annahmen wurden später mit den Daten der erzählten Lebensgeschichte kontrastiert.

Dieser von Rosenthal/ Fischer-Rosenthal formulierte Auswertungsschritt[346] bereitete eine konstruktive Zugangsebene zu den Daten, weshalb er dem Schützeschen Verfahren vorangestellt wurde.

Im Rahmen der formalen Textanalyse erfolgte sowohl die Trennung der unterschiedlichen Texttypen[347] voneinander als auch die Segmentierung des jeweiligen Interviews in seine einzelnen Sequenzen, wobei es an diesem Punkt primär um einen Überblick über Inhalt, Detaillierung und Reihenfolge der Erzählsegmente ging. Die Vornahme einer Feinsequenzierung ergab sich aus den Ergebnissen der folgenden Arbeitsschritte.

Mit der strukturell inhaltlichen Beschreibung wurden anhand der Interpretationen der Erzählsegmente die einzelnen Prozessstrukturen des Lebensablaufs identifiziert und für den Einzelfall spezifiziert. Hierfür wurden die thematischen Bereiche einzelner Textsegmente herausgearbeitet, die mit anderen thematisch ähnlichen Segmenten zu Erzählketten verknüpft wurden. Dadurch zeichneten sich Relevanzabstufungen bezüglich bestimmter Ereignisse, Situationen, Lebensphasen und biografischer Handlungsabläufe ab.

Bereits an dieser Stelle zeigte sich während der Analyse der ersten Interviews, dass nicht etwa der monetäre Aspekt der Überschuldungskrise fokussiert wurde. Vielmehr erfuhren Interaktionen, soziale Beziehungen und die daraus resultierenden Handlungs-/ Erleidensmuster in der Darstellung eine besondere Priorität.

Im Zuge der analytischen Abstraktion konkretisierte sich diese Feststellung, da sich über den fallinternen, kontrastiven Vergleich der einzelnen Lebensabschnitte die biografische Gesamtformung abbildete. Als erfahrungsdominante Prozessstrukturen in den Lebensabläufen ließen sich negative Verlaufskurven bestimmen, deren Bedingungspotenziale sich lange Zeit vor der späteren Ver- und Überschuldung determiniert hatten. Der Entfaltung der Verlaufskurve in den Bereich der Überschuldung war zumeist schon eine Transformation vorausgegangen.

Demgegenüber gab die Wissensanalyse durch die Einbindung der eigentheoretischen wie argumentativen Einlassungen der Informantinnen Aufschluss über die subjektiven Deutungsmuster und damit auch über die subjektive Verarbeitung der Verlaufskurvenerfahrungen. Durch die Gegenüberstellung von Handlungs-/Erleidensmustern und der entsprechenden Darstellungsmuster rundete sich das Gesamtbild des Einzelfalles ab.

---

345 siehe Anhang, „Ereignisdaten"; Hinweis S. 7
346 vgl. Rosenthal/ Fischer-Rosenthal 2000, 456 – 468 oder 1997a, 133 – 164
347 Erzählungen einerseits, Argumentation, Beschreibungen, Bewertungen andererseits

Ergänzt sei an dieser Stelle die Verwendung der exmanenten Nachfragen, die triangulierend zum offenen Interviewteil fungierten. Sofern sich beispielsweise thematische Konkretisierungen ergaben, flossen diese ergänzend in die Analyse der offenen Interviewphase ein.

Mit der Herausarbeitung negativer Verlaufskurven im Kontext der Überschuldung präzisierte sich das weitere Vorgehen. So rückte die Rekonstruktion einer spezifischen Verlaufskurve der Überschuldung in den Mittelpunkt der Analyse. Die weiteren Fälle wurden daraufhin gezielt nach Verlaufskurven untersucht und die Falldarstellung konzentrierte sich auf diesen lebensgeschichtlichen Ausschnitt einschließlich der Bedingungsfaktoren.

Um die Korrelation des Überschuldungshandelns mit dem Selbst- und Weltverständnis der Informantin nachvollziehen zu können, wurde in einem weiteren Schritt auf einer analytisch abstrakten Ebene die extrahierte erfahrungsdominante Prozessstruktur in Beziehung zu den subjektiven Lern- und Bildungsprozessen gesetzt.

Anhand dieses konkretisierten Vorgehens ließ sich die Spezifik des subjektiven Verlaufskurvenprozesses der Überschuldung bestimmen.

2.4.2. Das Verlaufskurvenkonzept im Kontext der rekonstruierten Lebensverläufe

Damit die Ausrichtung des Auswertungsvorgehens am Konzept der Verlaufskurve einschließlich der immanenten Strukturen und Mechanismen plausibel wird, erfolgen an dieser Stelle einige grundlegende konzeptionelle Erläuterungen.

Mit Verlaufskurven[348] oder Erleidensprozessen wird eine Klasse jener sozialen Prozesse bedacht, die für gewöhnlich nicht im Blickpunkt soziologischer Biografieforschung steht. In der Regel konzentriert sie sich auf biografisch relevante Phänomene sozialen Handelns und handlungsbedingter Identitätswandlung.[349] Diese Einschränkung klammert aber lebensgeschichtliche Ereignis- und Aktivitätssequenzen aus, die nicht mehr mit den Termini sozialen Handelns beschrieben werden können und damit nicht zu den nomischen wie auch ordnungsstiftenden Aspekten der sozialen Realität zählen. Wenn jedoch anomische und ungeordnete Aspekte sozialer Realität kontinuierlich ausgeblendet werden, resultieren daraus sehr einfache Rationalitätsannahmen für menschliches Verhalten und Handeln als auch eine Haltung prinzipieller Erwartungssicherheit gegenüber der sozialen Realität.[350] Gerade solche Sicht-

---

348 Hierbei ist noch einmal zu differenzieren in negative (Fallkurven) und positive (Steigkurven) Verlaufskurven (siehe dazu Schütze 1981, 91).
349 vgl. ebd., 88
350 vgl. Schütze 1999, 200

weisen sind jedoch im Kontext sozialpädagogischer Themenfelder, insbesondere im Hinblick auf die Überschuldungsproblematik, aber auch in Bezug auf zumeist diskontinuierlich verlaufende Frauenbiografien unangemessen. Die soziale Realität gesellschaftlicher und subjektiver Destrukturierungsprozesse wird mit dem Konzept des Erleidens bzw. im Rahmen von Verlaufskurven erfassbar. Die interaktiven und biografischen Entfaltungsmechanismen des Erleidens und seiner Veränderungswirkungen auf die Identität der betroffenen Person führen zum Verlust oder Zusammenbruch intentionaler Handlungsmuster. Die Betroffenen erleben die Ereignisse als übermächtig, und sie werden von deren Rahmenbedingungen getrieben, die sie zugleich zu rein reaktiven Verhaltensweisen zwingen.[351]

Die grundlagentheoretische Kategorie der Verlaufskurve bildet demzufolge das Prinzip des Getriebenwerdens durch sozialstrukturelle und äußerlich-schicksalhafte Bedingungen der Existenz ab, im Gegensatz zur grundlagentheoretischen Kategorie des biografischen Handlungsschemas, womit das intentionale Prinzip des Lebensablaufs repräsentiert wird:[352]

Die zentrale Wirksamkeit des Erleidens beinhaltet also in jedem Fall einen dramatischen Übergang von der intentionalen Erfahrungs- und Aktivitätsform, die für soziales Handeln konstitutiv ist, zu der Erfahrungs- und Aktivitätsform konditionaler Gesteuertheit, die für individuelles und soziales Erleiden kennzeichnend ist.[353]

Wenngleich soziale Prozesse konditionaler Gesteuertheit für den betroffenen Menschen selbst zum Teil hochgradig konfus wirken, so weisen sie dennoch eine allgemeine sequenzielle Ordnung auf, die folgendes Ablaufmodell für Verlaufskurvenprozesse veranschaulichen soll:[354]

- Aufschichtung des Verlaufskurvenpotenzials
  Handlungsschematisch oder ereigniserzwungener Aufbau eines Bedingungsrahmens für das Wirksamwerden der Verlaufskurve (das Verlaufskurvenpotenzial); i.d.R. wirken Komponenten biografischer Verletzungsdispositionen und Komponenten der Konstellation von zentralen Widrigkeiten in der aktuellen Lebenssituation mit Fallentendenz ineinander; obwohl ausdeutbare Vorzeichen für eine drohende Verlaufskurve durchaus auffindbar sind, bleiben sie den Betroffenen i.d.R. mehr oder weniger verborgen

- Auslösung der Verlaufskurve
  Über ein herausgehobenes Ereignis (handlungsschematisch oder ereigniserzwungen) kommt es zur Auslösung der Verlaufskurve als sozialem Prozess infolge der Eskalation des Verlaufskurvenpotenzials; der betroffene

---

351 vgl. Schütze 1999, 199
352 vgl. Schütze 1983, 288
353 Schütze 1981, 90
354 vgl. Schütze 1999, 201f. oder 1981, 98

Mensch kann seinen Lebensalltag nicht mehr aktiv-handlungsschematisch gestalten, stattdessen dynamisiert und konkretisiert sich das zuvor latente Verlaufskurvenpotenzial zu einer übermächtigen Verkettung äußerer Ereignisse, auf die zunächst nur noch konditionell reagiert werden kann; Erfahrungen des Schocks und der Desorientierung herrschen vor

- Versuch des Aufbaus eines labilen Gleichgewichts
  Die typische Kaskade konditioneller Verkettungen „äußerer Ereignisse" ist zeitweilig aufgeschoben, wodurch die ersten Schockerfahrungen und Verwirrungszustände überwunden sind; dies gelingt, weil die Aufmerksamkeit und Organisationsanstrengungen auf das Management derjenigen Wirkungen fokussiert wird, welche die Verlaufskurve auf die Alltagsbewältigung ausübt; der dominante Wirksamkeitsdruck des Verlaufskurvenpotenzials schwächt aber das neue Lebensarrangement, weil die eigentlichen Determinanten des Verlaufskurvenpotenzials nicht bearbeitet und unter Kontrolle gebracht werden

- Entstabilisierung des labilen Gleichgewichts der Alltagsbewältigung („Trudeln")
  Die Überfokussierung von Aufmerksamkeit und Organisationsanstrengung auf *einen* Aspekt der Problemlage führt zur Erschöpfung und Reduktion der Handlungskapazitäten und zur Vernachlässigung anderer Problemaspekte, die sich dadurch unkontrolliert weiterentfalten können; die schockartigen Erfahrungen der Eskalation des Verlaufskurvenpotenzials und die Anstrengungen zur Bewältigung des labilen Gleichgewichts zehren die Ressourcen des betroffenen Menschen auf, weil er mit seiner inneren Entwicklung hinter den Anforderungen der sich wandelnden äußeren Situation zurückbleibt; im Versuch, diese Diskrepanzen aufzuarbeiten, wird er sich selbst immer fremder; ein zusätzliches Belastungsereignis löst einen neuen, beschleunigten Schub konditioneller Ereignisverkettungen aus, der das Orientierungs- und Bewältigungssystem zum „Trudeln" bringt

- Zusammenbruch der Alltagsorganisation und der Selbstorientierung (Höhepunktskrise)
  Durch die dramatischen Umstrukturierungen im Orientierungssystem des betroffenen Menschen werden die disparaten Versatzstücke der Alltagsexistenz (bisher mühsam durch spezielle Organisationstechniken und Orientierungsleistungen zusammengehalten) nun als unvereinbar erfahren; die plötzliche Massierung der Alltagsprobleme führt zur Fokussierung der Aktivitätsorientierung auf nicht mehr behandlungsfähige Erleidensausschnitte; die Kompetenz zur Alltagsorganisation geht endgültig verloren, zugleich erfährt die betroffene Person eine moralische Selbstdegradation, indem sie sich unfähig zu jedweder Handlung, sozialer Beziehung, Selbstbeziehung erlebt und sich deshalb selber mit Misstrauen,

krasser Ablehnung, Hoffnungslosigkeit begegnet;
die Krise kann durch ein beliebiges Ereignis beschleunigt werden, ist
aber grundlagentheoretisch das notwendige Endstadium eines endogenen
Wandlungsprozesses der Kompetenzdegradation

- Versuche der theoretischen Verarbeitung des Orientierungszusammenbruchs und der Verlaufskurve
Die Erfahrung der totalen Handlungsunfähigkeit, Fremdheit sich selbst
gegenüber und ggf. partiellen Verlustes der Basisregelkompetenz zur
Weltaufordnung zwingt den betroffenen Menschen zu radikal neuen Definitionen der Lebenssituation; diese Definitionen weisen Dimensionen
der Erklärung der Bedingungen des Erleidensprozesses (z.b. durch Erkennen des Verlaufskurvenpotenzials), der moralischen Einschätzung
(z.b. Ablehnung, Anklage, Annahme, Rechtfertigung des Erleidens) sowie der Ausbuchstabierung der Auswirkungen des Verlaufskurvenprozesses für die bisherige, gegenwärtige und zukünftige Lebensführung auf;
die theoretische Verarbeitung kann authentisch resp. von der betroffenen
Person selbstgeleitet sein oder sie kann aus einer schablonenhaften
Übernahme fremder Erklärungen bestehen, ohne dass eine tatsächlich er-
lebensspezifische biografische Verarbeitung der Verlaufskurvenprobleme
stattgefunden hätte

- Praktische Versuche der Bearbeitung und Kontrolle der Verlaufskurve
Es sind zu differenzieren:
  a) Haltungsformen der Flucht aus der verlaufskurvenförmigen Lebens-
     situation, ohne eine wirksame Kontrolle des Verlaufskurvenpoten-
     zials,
  b) die systematische Organisation des Lebens mit der Verlaufskurve in
     Fällen, in denen das Verlaufskurvenpotenzial nicht mehr zerstörbar
     ist und
  c) die systematische Eliminierung des Verlaufskurvenpotenzials;
eine authentische theoretische Verarbeitung bildet die Grundlage für die
Änderung der reflektorischen Situations- oder Selbstdefinition, um gezielte handlungsschematische Behandlungs- und Kontrollstrategien zur
Beherrschung oder Überwindung der Verlaufskurve einsetzen zu können

Die Entfaltung der Verlaufskurve ist nicht zwangsläufig an diese Reihenfolge
und das Ausmaß der jeweiligen Phase gebunden,[355] insbesondere dann nicht,
wenn signifikant andere InteraktionspartnerInnen intervenierend eingreifen.
    Es lassen sich darüber hinaus spezifische Mechanismen der Abweichung
vom Verlaufskurvenmodell benennen: Bremsmechanismen, unerwartete Er-
weiterungen der Verlaufskurve, Transformationen der Verlaufskurven in
einen anderen Problembereich (z.B. durch die Ausbildung von Selbsttäu-

---

355 vgl. Schütze 1999, 202

schungsmechanismen oder die systematische Beschädigung der sozialen Reziprozität), Re-Interpretationen der Höhepunktsereignisse der Verlaufskurvenerfahrung.[356]

Das Verlaufskurvenkonzept wurde als ordnendes Schema für die Analyse der Interviews verwendet und konkret in Bezug gesetzt zu den Erfahrungsdarstellungen im Kontext von Überschuldungssituationen, wie sich anhand der Ergebnispräsentationen im 3. Kapitel ersehen lässt.

Wenngleich davon auszugehen ist, dass sich innerhalb eines Lebensablaufs durchaus verschiedene Verlaufskurven und/ oder einzelne Stränge einer primären Verlaufskurve sowie weitere Transformationen nachzeichnen lassen können, so lag der Fokus auf dem Ausschnitt, der mit der Überschuldung in einen Zusammenhang gebracht werden konnte. Dabei wurden auch jene biografischen Momente betrachtet, die zur Konstitution der dominanten Prozessstruktur geführt haben.

Es stand jedoch nicht die Rekonstruktion der dezidierten Entstehung von subjektiven Bedingungsfaktoren (z.B. traditionelles Rollenverständnis) im Vordergrund, sondern vielmehr deren Auswirkungen auf das aktuelle Handlungs-/ Erleidensmuster und damit auf die Ausbildung des jeweiligen Selbst- und Weltverständnisses.

2.4.3. Die komparative kontrastive Analyse der Verlaufskurven

Um eine Spezifik oder Typik der biografischen Verlaufsmuster von Frauen in Überschuldungssituationen und die dazugehörigen charakteristischen Konstitutionsbedingungen im Rahmen eines Prozessmodells konstruieren zu können, war die vergleichende und kontrastierende Analyse verschiedener Fälle unabdingbar. Erst auf diese Weise war die Divergenz von Verlaufskurvenmustern der Überschuldung zu ermitteln, woraus wiederum die theoretische Systematisierung dieser Variation resultieren konnte. Diese Ordnung divergenter Verlaufskurvenmuster sollte letztlich die Grundlage für die Beantwortung der erkenntnisleitenden Frage über das prozessuale Geschehen einer Überschuldung bei Frauen bilden.

Die im Zuge der Einzelfallanalyse extrahierten Verlaufskurvenstrukturen bildeten die kategoriale und konstante Grundlage für den Fallvergleich.[357] Das theoretische Sampling der Fälle orientierte sich dabei an den fallspezifischen Merkmalen des Verlaufskurvenprozesses, wobei keine Kodierung der Daten im Sinne der Grounded Theory beabsichtigt war.

---

356 vgl. ebd., 202f.
357 Beim theoretischen Sampling werden bestimmte Eigenschaften eines sozialen Phänomens konstant gehalten, während andere systematisch nach bestimmten Kriterien variiert werden (vgl. Kelle/ Kluge 1999, 45).

Das Kodierparadigma,[358] angelehnt an die Grounded Theory, wurde jedoch als Matrix für die Vergleiche herangezogen, wie in der folgenden Abbildung exemplarisch zu sehen ist (Abb. 3):

	Bedingungen (Situation)	Strategien (Selektion)	Konsequenzen (Aggregation)
Fall 2	- Ausbildung einer strengen Normorientierung auf der Basis von negativen Sanktionen (keine Internalisierung, sondern als äußerlich erfahrene Regeln) - Starre intra- und interpersonelle Begrenzung aus Angst vor Reglementierung - Frühe Verantwortungsübernahme - Fehlen stabiler familialer Strukturen - Ausrichtung an normativem Erwartungsrahmen und äußerer Ordnung steht über der Selbstentfaltung - Verhinderung des biografischen Entwurfes und Übernahme einer lebensu. familienzyklischen Ablauffolie - Hohe Anpassungsfähigkeit und Belastbarkeit in krisenhaften Situationen - Selbst- u. Weltbild: es immer allen recht machen, ohne auf sich selbst zu achten	- Begibt sich zur Überwindung normativer Abweichungen (Obdachlosigkeit, Arbeitslosigkeit) in Beziehungen, die sich als problematisch erweisen - Beziehungen gestalten sich verlaufskurvenförmig (Konditionalität) - Angst vor Trennung und dem Alleinleben (Unfähigkeit zur Trennung) - Erwartung/ Hoffnung, den Partnern helfen zu können - Realität wird ausgeblendet und nach außen der Schein gewahrt (Selbstbetrug und Selbstverschleierung) - Konzentration darauf, nicht gegen die normativen Erwartungen zu verstoßen (hält Beziehung wegen dem möglichen Gerede der Leute aus) - Verstrickt sich durch ihre Hilfe in die Überschuldung des Partners - Selbsttäuschung führt zu Transformation der Verlaufskurve der Beziehung in VK der Überschuldung	- Verschwinden des Partners, fehlendes Einkommen und damit zu hohe Mietkosten setzen VK der Überschuldung in Gang - Mit Überschuldung verbundenen Einschränkungen und die Tatsache, dass Schulden ein gesellschaftliches Stigma bergen und den normativen Erwartungen zuwiderlaufen, führen zu massiven Anstrengungen, das Problem in den Griff zu kriegen - Das stark normorientierte Handeln führt zur immensen Vernachlässigung eigener Bedürfnisse und damit zur Selbstdegradation - weiteres Auslösungsereignis verstärkt das Ohnmachtgefühl und provoziert die Zusammenbruchskrise - Die theoretische Verarbeitung der Krisensituation lässt einen positiven Lernprozess und biografischen Wandlungsprozess erkennen

In dieser Matrix wurden alle Fälle erfasst, sodass Übereinstimmungen und Ähnlichkeiten, aber auch maximal kontrastierende Fälle sichtbar hervortraten.

Die minimale und die maximale Kontrastierung der Fälle waren somit übersichtlich koordinierbar.

Über die Kontrastierung gelangte man sukzessiv zu neuen Vergleichsdimensionen und schließlich zu Elementarkategorien, welche die Gemeinsamkeiten der Verlaufskurvenmuster nur noch auf einer sehr abstrakten, formalen Ebene beschreiben. Dadurch wurden Variationen im Datenmaterial und die verschiedenen Ausprägungen des untersuchten Phänomens ermittelt.

Indes die Kategorie der Verlaufskurve im Sinne ihres allgemeinen Konzeptes während der Einzelfallanalyse und im Fallvergleich bereits zentraler

---

358 vgl. Strauss 1998, 57

Bezugspunkt war, generierte sich nunmehr unter Einbeziehung der Fallcharakteristika und Vergleichsdimensionen eine spezifische Kategorie der Verlaufskurve der Überschuldung. In allen Fällen ließen sich im Kontext des Ver- und Überschuldungsgeschehens die einzelnen Verlaufskurvenphasen aufspüren. Insbesondere der Verlust der Handlungs- und Orientierungsfähigkeit bzw. des intentionalen Steuerungsvermögens im Zuge der Überschuldungsereignisse erwies sich als relevanter Aspekt.

Aber auch die vorzufindenden Transformationen primärer negativer Verlaufskurven in den Problembereich der Überschuldung erschienen überaus bedeutsam, zumal hierüber die Komplexität und vor allem Kausalität der Problematik auf besondere Weise dokumentiert wurde. Hierbei ließ sich eindeutig nachvollziehen, dass die Überschuldung hauptsächlich eine handlungsschematische oder biografisch bedingte Folgeerscheinung darstellt, weshalb ihre Reduktion auf monetäre oder situative Aspekte immer zu kurz greifen würde. Maßgebliche Bedeutung bei der Transformation von primären Verlaufskurven kam der Ausbildung von autobiografischen Deutungssystemen der Selbstverschleierung (z.B. Defokussierung, Verdrängung) zu, stellten sie doch zumeist die Basis für den Transformationsprozess dar.

Über die Kategorie der Verlaufskurve der Überschuldung war es möglich, den Überschuldungsprozess im Bezugsrahmen von Verlaufskurvenstrukturen metatheoretisch oder formal kategorial zu differenzieren und zu beschreiben. Dadurch ließ sich wiederum die Verbindung zwischen den gegenstandsbezogenen empirischen Ergebnissen und dem biografietheoretischen Rahmen formalsoziologischer Art herstellen.

Neben der komparativen Verwendung der bekannten Verlaufskurvenstrukturen, wurden zudem Vergleichsdimensionen entwickelt, die der Spezifizierung der Elementarkategorie dienen sollten. Dabei wurden einerseits Kriterien integriert, welche die lebensgeschichtlichen Prozessstrukturen widerspiegeln, wie beispielsweise „Entwicklung eigener biografischer Entwürfe", „Wirksamkeit einer primären Verlaufskurve", „Existenz und Wirksamkeit institutioneller Ablaufmuster" oder „Biografische Entfaltung versus Verhinderung". Andererseits wurden Aspekte berücksichtigt, die allein aus den gegenstandsbezogenen empirisch gewonnenen Daten ermittelt wurden, wie z.B. „Gestaltung des Erwerbs sozialer Normen", „Antizipationsfähigkeit, Perspektivenübernahme, Empathie", „Anpassungsfähigkeit", „Reflexivität, Bilanzierungsvermögen, Biografisierungsfähigkeit", „Rollenverhalten, Rollenübernahme, Rollenverständnis" oder „Aktiver Zugriff auf fremde Ressourcen versus passive Erwartung fremder Ressourcen".

Über die Systematisierung der verschiedenen Verlaufskurven der Überschuldung kristallisierte sich ein Prozessmodell der biografischen Verlaufsmuster von Frauen in Überschuldungssituationen einschließlich der Konstitutionsbedingungen heraus.

2.5. Die Ergebnisdarstellung

Auch bei der Darstellung resp. Vermittlung der Erkenntnisse findet die Dialektik von Authentizität und Strukturierung Anwendung, da sie auf der Ebene der Transparenz und Reflexivität im Sichtbarmachen des Gefundenen gegenüber Außenstehenden relevant wird:

Authentizität in diesem Sinne meint, daß der Forscher seine Erkenntnisse in einer Weise darstellt, daß ‚der Leser', der das Untersuchte nicht aus eigener Erfahrung kennt, sich ein Bild auch von dessen eigenen Strukturen, seiner Einzigartigkeit und Besonderheit machen kann bzw. diese in den vom Forscher gefundenen oder entwickelten Strukturen erkennen und nachvollziehen kann.[359]

Ein Ziel der Ergebnisdarstellung ist demzufolge, eine systematisierende Aufbereitung der Variation in den untersuchten Fällen vorzustellen, womit die theoretische wie biografische Breite vermittelt werden kann. Gleichzeitig soll über eine entsprechende Detaillierung der Falldarstellung die notwendige biografische Tiefe abgebildet werden.

Die Auswahl der Referenzfälle richtete sich daher auch danach, inwiefern einerseits die fallspezifischen Besonderheiten gut erkennbar sind, damit andererseits auch die Divergenz der Verlaufsmuster zum Vorschein kommt.

Entscheidungsrelevant für die Präsentationsauswahl waren aber auch solch klassische Kriterien wie Nachvollziehbarkeit, Glaubwürdigkeit, Wirklichkeitsnähe und Leserverständnis. Mit anderen Worten, jene Fallrekonstruktionen, welche die Generierung des Prozessmodells und die Beantwortung der Forschungsfrage am anschaulichsten und aussagekräftigsten dokumentieren konnten, rückten in die engere Wahl. Das Verstehen, dessen was untersucht wird, stand bei der Auswahl im Vordergrund. In diesem Fall also das Verstehen des Prozesses der Ver- und Überschuldung sowie der Entwicklung von Verlaufskurvenmechanismen anhand von Textstellen und Textoder Erzählstrukturen. Die 3 ausgewählten Fälle entsprechen diesen Kriterien am ehesten.

Die Konzentration auf den Ausschnitt der Verlaufskurve während der Auswertung ist auch mit Konsequenzen für die Falldarstellung verbunden.

So geraten im Rahmen der Fallrekonstruktion primär die biografischen Bedingungen und Prozesse in den Blick, welche die spezifische These zu der Verlaufskurvenstruktur stützen und damit der Beantwortung der Fragestellung dienen. Dazu zählen auch diejenigen Faktoren, die das Selbst- und Weltverständnis der Informantinnen widerspiegeln.

Um die biografischen Besonderheiten des Einzelfalles zu repräsentieren, sollen zunächst fallspezifische Charakteristika in der Darstellung Berücksichtigung finden, die zugleich das Bedingungsgefüge plausibilisieren, welches

---

359 Flick 1991, 149

111

mit der Konstitution des Selbst- und Weltverständnisses korreliert. Dazu sollen explizit auch jene Lern- und Bildungsprozesse dargestellt werden, welche die Ausbildung von Selbst- und Weltsichten abbilden, die eine spätere Überschuldung bedingen. Durch die analytische Abstraktion der Selbst- und Weltverständnisse ist deren Betrachtung auf einer abstrakteren Ebene sowie die weitere Verdichtung der Daten zu Fallprofilen möglich. Diese wiederum dienen, neben der Möglichkeit, den Fall im komprimierten Überblick erfassen zu können, auch dem abschließenden komparativen Fallvergleich.

Da sich die Datenanalyse an den Arbeitsschritten zur Auswertung autobiografisch-narrativer Interviews orientierte, bot sich eine Anlehnung an die formalen Strukturen der Gliederung auch für die Falldarstellung an.[360] Die Falldarstellungen gliedern sich einheitlich wie folgt:

1. <u>Chronologische Rekonstruktion der Verlaufskurve der Überschuldung</u>

a) Interviewsetting
    Während die Ereignisdaten[361] den Zugang zur Lebensgeschichte der Informantin einleiten sollen, vermittelt die Darstellung der Interviewsituation einen Eindruck vom Kontext der Erhebung.

b) Analyse der formalen Erzähl- und Interviewstruktur
    Dieser Teil ist separat vorangestellt, um die Logik der Darstellung resp. Selbstpräsentation darstellen zu können. Formale Strukturen wie Erzählabbrüche, thematische Fokussierungen, Probleme beim Erzählen, Argumentationsneigung usw. sind Gegenstand dieses Abschnittes. Es lassen sich daraus schon erste Thesen zu den Fallcharakteristika formulieren, die dann in die inhaltliche Analyse einfließen, das heißt mit der Logik des Handelns kontrastiert werden. So es dem besseren Fallverständnis dient, gibt es stellenweise auch inhaltliche Bezugnahmen.

c) Inhaltliche Analyse: Rekonstruktion der Verlaufskurve der Überschuldung
    Es erfolgt die chronologische Falldarstellung orientiert an der Struktur der Verlaufskurve. Um mögliche Bedingungsfaktoren zu erfassen, werden einleitend die charakteristischen Sozialisationsbedingungen thematisiert.[362] Die weiteren Ausführungen geben inhaltlich Aufschluss über den

---

360 Die Falldarstellung stützt sich zudem auf die von Tiefel konzipierte Darstellungsstruktur (vgl. Tiefel 2002).

361 Fischer-Rosenthal/ Rosenthal verwenden diesen Begriff (vgl. Fischer-Rosenthal/ Rosenthal 2000, 461), während andernorts von objektiven Daten gesprochen wird. Gemeint sind die biografischen Daten, die relativ unabhängig von den Interpretationen der Befragten bestimmt werden können.

362 „Systematisch in Rechnung gestellt wird die im Prozeß der Sozialisation gebildete Fähigkeit der Subjekte, soziale und natürliche Zusammenhänge zu deuten. Die prinzipielle Ge-

Verlauf der Überschuldung und die Handlungs- und Orientierungsmuster der Informantin. Über die Darstellung der biografischen Gesamtformung werden die biografisch relevanten Ereignisse und Merkmale im Leben der Informantin sichtbar, die sich als Auslöser einer Überschuldung identifizieren lassen. Damit erfolgt die Bezugnahme auf die Forschungsfrage.

2. Analytische Abstraktion des Selbst- und Weltverständnisses

Die Charakteristika der formalen Erzähl- und Interviewanalyse sowie der inhaltlichen Analyse (Verlaufskurvenrekonstruktion) werden unter Berücksichtigung signifikanter sozialisatorischer Bedingungen zusammengeführt. Die dabei sichtbar hervortretenden Lern- und Bildungsprozesse, die das Konstituieren von Selbst- und Weltverständnissen beeinflussen, werden in zusammengefasster und theoretisch abstrahierter Form in Beziehung gesetzt zum subjektiven krisenhaften Verlauf der Überschuldung. Das Aufzeigen der Lern- und Bildungsprozesse im Lebensverlauf dient methodisch zugleich der Darstellung des Typischen der Verlaufskurve der Überschuldung.

3. Das Fallprofil

Auch im Hinblick auf den kontrastiven Fallvergleich werden abschließend die fallspezifischen Charakteristika der Überschuldung in komprimierter und abstrahierter Form zusammengestellt.

Dem jeweiligen Fall entsprechend fiel die Gewichtung der einzelnen Darstellungsabschnitte unterschiedlich aus, wobei maßgeblich die Interviewstruktur als auch der Detaillierungsgrad diese Entscheidung beeinflussten. Auch hiermit wird der Besonderheit des Einzelfalles sowie der Bedeutung der empirischen Daten Rechnung getragen.

Im anschließenden Kapitel werden drei Fallporträts vorgestellt, die sehr unterschiedliche individuelle Erfahrungsverarbeitungsräume zum offenbar gleichen sozialen Phänomen der Überschuldung zum Vorschein bringen.

Die Referenzfälle repräsentieren dabei keinen spezifischen Typus, der verschiedene Dimensionen eines klar definierten Merkmalsraums abbildet. Dieses Vorgehen hätte eine Typisierung der Fälle resp. Kategorisierung der Daten vorausgesetzt, wodurch aber die umfassende Deskription in ihrer Vielfalt und der Fallzusammenhang in den Hintergrund getreten und damit die Frage nach dem *Wie* des Prozesses möglicherweise in einer Abstraktion verblasst wäre:

---

gebenheit dieser Fähigkeit zur Deutung, die ja in Abhängigkeit von sozialstrukturellen, institutionellen wie auch lebensgeschichtlichen Zusammenhängen aufgebaut wird, kann als *Deutungs- oder Interpretationsapriori* bezeichnet werden" [Herv . i. O.] Marotzki 1999, 110.

Schlichte Deskription gilt demgegenüber eher als schnöde, bestenfalls als zu überwindende Vorstufe. Zwar erweist sich diese Orientierung schon für die meisten universitären Projekte als schlichte Lebenslüge, weil der Großteil der Projekte diesem Anspruch in keiner Weise gerecht wird; wichtiger ist jedoch vielleicht, dass es sowohl für die wissenschaftliche Arbeit und die Theoriebildung, als auch für die Politik, Verwaltung und Fachpraxis in den meisten Fällen äußerst hilfreich wäre zu erfahren, *wie* etwas ist, *warum* sich etwas wie entwickelt und *was* unter bestimmten Bedingungen *wo* herauskommt. Gefragt wäre also vorrangig gültiges *deskriptives Wissen...* [Herv. i. O.][363]

Infolgedessen wurde die deskriptive Darstellung biografischer Verlaufsmuster favorisiert, die spezifische Merkmale und Charakteristika des Samples exemplarisch widerspiegeln.

Daran anschließend erfolgt die Systematisierung der Verlaufsmuster, auf deren Grundlage die Konstruktion eines gegenstandsbezogenen theoretischen Prozessmodells über den biografischen Verlauf, wie Frauen zu Schuldnerinnen werden, vorgestellt wird.

---

363 Lüders 2000, 639

3. Die empirischen Ergebnisse: Der Überschuldungsprozess im Kontext von Verlaufskurvenstrukturen

Das folgende Kapitel widmet sich der Präsentation der Ergebnisse, wobei der Vorstellung der drei ausgewählten Fallporträts eine zentrale Bedeutung innerhalb dieser Arbeit zukommt.

Von einer Kategorisierung der Daten sowie Typologisierung der Fälle wurde zu Gunsten eines deskriptiven Vorgehens abgesehen.

Diese Entscheidung korrelierte mit der Einsicht, dass eine zuverlässige und umfassende Beschreibung der prozessualen Abläufe von Überschuldung im Rahmen von Verlaufskurven der Beantwortung der Forschungsfrage und des Erkenntnisinteresses eher Rechnung trägt, als eine auf wenige zentrale Kategorien dimensionalisierte und verdichtete Typologie. Insbesondere der Aspekt, sich ggf. mit einer zu starken Zuspitzung eines Idealtypus vom Großteil der Merkmale einer Gruppe zu entfernen, die eigentlich repräsentiert werden soll, war hierbei ausschlaggebend. Auch im Hinblick auf die Anzahl der Fälle wurde die Zweckmäßigkeit einer Typologisierung kritisch hinterfragt.

Bei Lebenslaufstudien stellen gerade der Erhalt des Fallzusammenhanges bzw. die Erfassung der Komplexität die analytische Besonderheit und somit auch die Herausforderung für die Präsentation dar. Demzufolge sollten dem empirischen Datenmaterial nicht bloß illustrative, die Theorie untermalende Funktionen zukommen. Die theoretischen und inneren Sinnzusammenhänge sowie die Auseinandersetzung mit allgemeinen gesellschaftlichen Regeln sollten sich vielmehr aus der Betrachtung des Datenmaterials heraus erschließen.

Die Entscheidung fiel aus diesen Gründen auf die Darstellung in Form von 3 Fallporträts, bei der sowohl die Varianz innerhalb des Einzelfalles als auch die Divergenz der Fälle untereinander eine Ausdrucksmöglichkeit finden, ohne sich dabei zu sehr von den Charakteristika der Einzelfälle zu lösen.

Die Auswahl der Referenzfälle orientierte sich folglich an der Ausprägung der fallspezifischen Merkmale, um darüber einerseits Kriterien der Übereinstimmung bzw. Ähnlichkeit und andererseits Kriterien der Divergenz zu den anderen Fällen betonen zu können.

Der Aufbau der Fallporträts folgt einer einheitlichen Grundstruktur, die im vorhergehenden Kapitel skizziert wurde.

Während die erste Falldarstellung offensichtlich im Kontrast zur bekannten Annahme steht, dass Frauen sich für andere verschulden, scheinen die zweite und dritte Falldarstellung diese These auf den ersten Blick zu bestätigen. Im Detail offenbart sich jedoch, dass diese vereinfachte „Verschuldungsformel" der Kausalität und Komplexität der Problematik nur unzureichend gerecht wird. Denn indem sich Frauen für andere verschulden, verfolgen sie damit auch einen Zweck, der zwar selten eindeutig reflektiert wird, aber durchaus ihrem Handlungs- und Orientierungsschema entspricht. So hat auch die Verschuldung für andere Menschen einen funktionalen Charakter, nämlich u.a. das Selbst- und Weltverständnis der betroffenen Frauen zu bewahren oder zu stabilisieren. Das Selbst- und Weltverständnis wiederum korreliert mit dem biografischen Handlungs- und Orientierungsmuster.

Entwickeln die Frauen beispielsweise keine eigenen biografischen Entwürfe, und übernehmen stattdessen im Zuge des Sozialisations- und Interaktionsprozesses normativ-institutionelle Ablaufmuster (u.a. Ehe, Kinder, Status, Beruf), ohne diese kritisch zu reflektieren und um eigene Vorstellungen zu ergänzen, besteht die Gefahr, dass die Frauen mangels alternativer biografischer Konzepte um jeden Preis an der normativen Ablauffolie festhalten, obwohl die Fakten der sozialen Realität längst mit dieser Ordnungsstruktur kollidieren. Dies ist z.B. dann der Fall, wenn die normativen Vorstellungen und Erwartungen der betroffenen Person an eine Partnerschaft diametral der gelebten oder erfahrenen Partnerschaft gegenüberstehen.

Der Mangel an Alternativen und ggf. die Feststellung, intensive Lebenszeit und Lebensenergie in dieses biografische Modell investiert zu haben, veranlassen die betroffenen Menschen zu einem unbedingten Festhalten an diesem Lebensmuster.

Hält die biografische Ordnungsstruktur der normativen Ablauffolie zudem keine Sinnquellen mehr bereit, greifen Selbsttäuschungsmechanismen resp. Defokussierungsstrategien, die sich auch in einer Orientierung an Äußerlichkeiten (Materialitäten) niederschlagen kann.

Verstärkt werden derartige Mechanismen durch das Wirksamwerden von Verlaufskurven, markieren sie doch den endgültigen Zusammenbruch der Alltagsorganisation und der Selbstorientierung.

Zugleich ist zu betonen, dass nicht jeder überschuldete Mensch professionelle Hilfe beansprucht und zwangsläufig in eine Verlaufskurve geraten muss. Entscheidend sind hierbei die zur Verfügung stehenden biografischen Ressourcen sowie Handlungs- und Bewältigungsstrategien, aber ebenso die Konstellation der äußeren Ereignisse.

Die folgenden Fallporträts sollen diese Zusammenhänge widerspiegeln, um die Basis für die anschließende Konstruktion eines Prozessmodells zu bereiten.

3.1. Das Fallporträt der Frau Doris Hinze: Der aktive Schritt in die Verlaufskurve

3.1.1. Chronologische Rekonstruktion der Verlaufskurve der Überschuldung

> Also ich hätte mal <u>nie</u> geglaubt,
> <u>dass mir</u>, grade mir so was passiert
> wie halt passiert ist... (DH:203f.)

a) Interviewsetting

Ereignisdaten

Doris Hinze wird 1968 in einer Kleinstadt in der damaligen DDR geboren. Kurz nach Doris' Geburt zieht die Großmutter (väterlicherseits) mit in die elterliche Wohnung. Doris Hinze hat eine vier Jahre jüngere Schwester.

Im Alter von 14 Jahren erlebt Doris die Scheidung ihrer Eltern mit. In dieser Zeit übernimmt vorwiegend die Großmutter die Betreuung der Kinder.

Nach dem Besuch der Schule absolviert Doris Hinze von 1985-87 eine Bäckerausbildung. Im Frühjahr 1987 bekommt Frau Hinze ihre Tochter. Nach dem Abschluss der Lehre tritt sie ihr „Babyjahr" an und heiratet noch im selben Jahr den Vater ihres Kindes. Aufgrund von Alkoholproblemen des Partners kommt es 1990 zur Scheidung. Schon 1988 begründet sie eine neue Beziehung, die acht Jahre währt. 1989 beginnt sie eine Ausbildung zur Frisörin, die sie wegen ihrer „Flucht in den Westen" im gleichen Jahr abbricht.

Zusammen mit der Tochter, der Großmutter und einer Freundin versucht sie einen Neubeginn in Westdeutschland. Informationen über diese Zeit werden gänzlich ausgespart. Frau Hinze kehrt 1991 in ihre Herkunftsstadt zurück. Bis 1995 lebt sie dort und arbeitet in der Firma des selbstständigen Freundes.

Sie geht 1995 mit einem neuen Lebenspartner in die Altbundesländer, wo beide gemeinsam in eine berufliche Selbstständigkeit (Motorradgeschäft) einsteigen. Aus dem gemeinsamen Geschäft steigt sie wenig später aus und geht ungefähr 1996/97 einer eigenen Selbstständigkeit (Imbiss-Kiosk) nach. In der Zeit kommt es auch zur Trennung vom Lebenspartner. Im Geschäftsbetrieb wird sie von ihrer Mutter, ihrer Schwester und der Großmutter unterstützt.

1997 kommt es zu geschäftlichen und familialen Problemen, woraufhin Doris Hinze abermals in ihre Herkunftsstadt zurückkehrt. In der gleichen Zeit kommt es zur Überschuldung. Der Kontakt zur Mutter wird aufgrund von Streitigkeiten abgebrochen.

Frau Hinze nimmt 1997 Kontakt zur Schuldnerberatung auf. 1999 begründet sie eine neue Partnerschaft. Frau Hinze lebt heute gemeinsam mit ihrer Tochter und ihrem Lebensgefährten in ihrer Herkunftsstadt. Sie ist seit 1997 arbeitslos. Die Beziehung zur Mutter hat sich wieder etwas normalisiert. Die Schulden sind weitest gehend reguliert und die Schuldenfreiheit ist in Kürze absehbar.

Interviewsituation

Die Interviewanbahnung mit Frau Doris Hinze entsprach im Wesentlichen einer vereinheitlichten Form: Der Kontaktierung der Schuldnerberatungsstelle verbunden mit der Informationsweitergabe zum Forschungsvorhaben, folgte die Vermittlung meines Anschreibens, die schriftliche Rückantwort der Informantin und die telefonische Terminvereinbarung.

Bereits während des Telefonates machte Frau Hinze einen sehr aufgeschlossenen, freundlichen Eindruck.

Zum vereinbarten Interviewtermin erschien ich etwas früher als verabredet, womit Frau Hinze sehr souverän umging, indem sie mich in das Wohnzimmer bat und ihre Tätigkeiten fortsetzte. Während ich die Technik aufbaute und Frau Hinze nebenher in der Wohnung beschäftigt war, kamen wir ins Gespräch. Frau Hinze erschien gut gelaunt, kommunikativ und lebhaft. Die Gesprächsatmosphäre wirkte von Anfang an sehr vertraut, was die Informantin wohl dazu bewog, mir unverzüglich das „Du" anzubieten. Um das Interview von der vorherigen Alltagssituation abzugrenzen wurde vorgeschlagen, während der Aufzeichnung wieder zum distanzierteren „Sie" überzugehen.

Nachdem Frau Hinze ihre Arbeit erledigt hatte, begann ich mit der Vorstellung meiner Person, des Forschungsvorhabens und des Interviewablaufs, welches als Einstimmungsphase zu verstehen ist. Fragen zum weiteren Vorgehen konnten somit vorab geklärt werden.

Entgegen ihrem souveränen Erscheinungsbild im Vorgespräch, wirkte Frau Hinze mit Beginn der Tonbandaufzeichnung stark gehemmt. Auffällig war die Veränderung der Stimmlage, die plötzlich sehr kindlich klang. Im weiteren Gesprächsverlauf verwendete sie in Bezug auf sich und ihr Handeln teilweise kindliche Begriffe, wie Eimerchen, Bettchen, meine Mama, mein Papa.

Nach ca. einer Minute (Zeile 16) brach Frau Hinze überraschenderweise die Erzählung ab. Ich versuchte, Frau Hinze zur Fortführung ihrer Erzählung zu ermutigen und signalisierte, mich für ‚alles' zu interessieren, was sie mir zu ihrer Lebensgeschichte zu sagen hätte. Sie stieg erneut in die Erzählung ein, setzte aber nach kurzer Zeit die erste Koda (Zeile 60). Verlegenheit, Aufregung und Unsicherheit waren deutlich spürbar. Es trat häufig Verlegenheitslachen (Übersprungshandlung) auf, Endungen wurden verschluckt und ein Vibrieren in der Stimme war bemerkbar.

Es bereitete Frau Hinze Mühe, ihr Leben zusammenhängend zu biografisieren, woraufhin ich sie wiederholt mit erzählgenerierenden Fragen oder Erzählimpulsen unterstützte. Die Fragen wurden aufgegriffen und beantwortet, eine umfassende Erzählung generierte sich aber erst mit Beginn des Themas „berufliche Selbstständigkeit".

Es kam während der Erzählung zu drei kleineren Störungen, die sich aber nicht wesentlich auf den Verlauf auswirkten. Nach Beendigung des Interviews wurde ein Datenbogen aufgenommen, der die wichtigsten personenbezogenen Angaben erfasste. Im Anschluss daran erfolgte ohne Tonbandaufzeichnung eine gemeinsame Betrachtung des Interviews, welche vor allem dazu dienen sollte, die geschilderten Ereignisse und Emotionen wieder aufzufangen und damit einen gelungenen Gesprächsabschluss zu finden.

Die Zusammenkunft dauerte 3 h 45 min, wovon 45 min auf die Vorbereitung, 1 h 45 min auf das Interview, ca. 5 min auf eine Unterbrechung und 1 h 10 min auf die Nachbereitung entfallen.

b) Analyse der formalen Erzähl- und Interviewstruktur

Die dreiteilige Grundstruktur des narrativen Interviews kann hinsichtlich der offenen Erzählphase nicht gehalten werden, da es meiner wiederholten Motivation bedarf und damit eine Erzählstrukturierung von außen inhärent ist. Von der Informantin selbst aufgeworfene Themenbereiche werden von mir zur Formulierung neuer Erzählimpulse aufgegriffen. Dabei orientiere ich mich zunächst an einem institutionellen Ablaufmuster von Lebensverläufen. Mit dieser „Biografisierungshilfe" gelingt es Frau Hinze, schrittweise ihren Lebensverlauf darzustellen.

Ergänzt wurden diese Ausführungen mit den Antworten des Leitfadenteils sowie des Datenbogens, womit eine Rekonstruktion des Lebensverlaufs inklusive der Verlaufskurve der Überschuldung realisierbar war. Das Datenmaterial lieferte Anhaltspunkte für einen Kontrastfall zu bisherigen Untersuchungen zum Überschuldungsverhalten von Frauen und fließt nicht zuletzt deshalb in das Sample der Ergebnisdarstellungen ein.

Mit Beginn der Tonbandaufzeichnung wirkt Frau Hinze sehr verunsichert und aufgeregt. Der Erzählaufforderung folgend kommt eine verbale Ankündigung, die nicht wirklich narrativ eingelöst wird, zumal ein hoher Kondensierungsgrad der Erzählung festzustellen ist:

Ja. Also fangen wir an. Ich bin am 19.07.68 {Datum verändert} geboren. Meine Eltern, also äh ich hatte ne sehr liebevolle Jugend. Äh es war . eigentlich so, wie man sich das vorstellen kann. (DH:6f.)

So wie in der Eingangssequenz Kindheit und Jugend keine Detaillierung erfahren und eine schematische Bilanzierung erfolgt, lässt sich dieser Duktus in der gesamten Erzählung immer wieder beobachten.

Demgegenüber wird der Kernerzählbereich (Haupternignislinie), der sich um die Themen „berufliche Selbstständigkeit", „Überschuldungssituation", „Konflikt mit der Mutter" gruppiert, detaillierter dargestellt und ein rasantes erzählerisches Vorarbeiten dorthin ist deutlich spürbar.

Wiederholt kommt es zu schablonenhaften Aussagen, wie: „Aber so, wie gesagt, meine Kindheit war super" (DH:88f.), der die Schilderung einer kritischen Situation am offenen Fenster vorausgegangen ist (vgl. DH:84f.). Im Erzählkontext von dramatischen Ereignissen haben diese Zusammenfassungen zum Teil konterkarierenden Charakter:

Im Nachhinein, wenn ich's noch mal könnte, würde ich's nicht tun. . (leiser werdend) Aber nichtsdestotrotz war irgendwo jede Zeit super. (DH:168f.)

Eine Reflexion der entsprechend schematisch bilanzierten Lebensabschnitte bleibt damit ebenso aus.

Ihr Aufwachsen sieht Frau Hinze als ‚normal', ‚wie das halt so ist', und betrachtet damit auch ihre Kindheit und Jugend gänzlich unspektakulär im Vergleich zu anderen:

Und ja habe, denke mal, (schmunzelnd) alles das durch, was Kinder so im normalen Leben durchmachen. Und . (verlegen) emh (lacht). . Kann eigentlich nur sagen meine Jugend selber war super. (leise) War o.k. Eigentlich. Ja. Zur Schule gegangen wie normal. War nicht gerade die Beste, die Schlechteste auch nicht unbedingt (lacht). Aber so na ja. (schnell) Wie das halt so ist. (DH:11f.)

Wohl auch deswegen überwiegt gerade zu Beginn der Erzählung das Anliegen, eine nicht alltägliche Lebensgeschichte bzw. eine spannende Überschuldungsgeschichte zu präsentieren. Die Erfüllung einer Aufgabenstellung scheint ihr dabei wichtiger zu sein, als das Bedürfnis der eigenen biografischen Erzählung. Hinzu kommen jedoch die Schwierigkeiten zu biografisieren. Schon kurz nach dem Einstieg in die Erzählung bedarf es meiner ersten Bestätigung zum Weitererzählen, die neben der Selbstvergewisserung während des Interviews häufig notwendig ist, um Sicherheit bei der Darstellung zu erlangen.

Das erneute Erzählen währt jedoch nur ca. 4 Minuten und Frau Hinze setzt die erste Koda nach 60 Zeilen. Inspiriert von der bisherigen Erzählung, formuliere ich eine erzählgenerierende Frage, die entsprechend beantwortet wird, aber nicht generierend wirkt. Vielmehr scheint sich die Informantin fortan auf Fragen einzustellen:

Jetzt fällt mir nichts mehr ein. . (leise, verlegen) Vielleicht noch irgendwie ne Frage? (lacht). (DH:108f.)

Erst durch diese Hilfestellungen beim Strukturieren des Lebensverlaufs entsteht eine lebensgeschichtliche Erzählung.

Obgleich eine Grundstruktur gelegt ist, setzt Frau Hinze die mit den Fragen angerissenen biografischen Teilbereiche nicht zueinander in Beziehung, sondern beendet diese Abschnitte mit Worten, wie: „Das fiel mir bis dahin . ein. Mhm." (DH:145), „Aber mehr fällt mir eigentlich im Moment . dazu . (sehr leise) nicht (Händeklatschen)" (DH:245f.), und erwartet eine neue Aufgabenstellung.

Interessanterweise schließen diese biografischen Teilbereiche, obwohl vom Erzählimpuls nicht intendiert, häufig mit Elementen der Hauptereignislinie ab:

Und hab dann 4 Jahre auch hier wieder gewohnt in A-Stadt, aber wie gesagt Arbeit war ja überhaupt nix . und bin dann in die Selbstständigkeit gegangen. ... (unverständliches Geflüster) Ja das bis dahin. (lachend) Mir fällt jetzt aber auch so nix weiter ein. (DH:174f.)

oder

Also ich hätte mal <u>nie</u> geglaubt, <u>dass</u> <u>mir</u>, grade mir so was passiert wie halt passiert ist mit den . ganzen . Geschäften und mit den Schulden letztendlich. Also hätte ich nie, <u>nie</u> gedacht, dass mir das passiert. . Nie. Na ja. .. Ja. .. (schaut fragend) Da warn se wieder die drei Probleme. (lachend) Also im Moment . wüsst nicht weiter. (DH:203f.)

Frau Hinze nimmt die Lücken in der Erzählung wahr: „War das (lachend) war en blöder Übergang, glaub ich eben. Ne?" (DH:244f.), ändert jedoch nichts an ihrer Darstellungsform. So greift die Informantin die Erzählimpulse zwar auf, bleibt aber augenscheinlich auf ihre Ereignislinie bzw. kognitive Figur[364] „berufliche Selbstständigkeit" in Korrelation mit anderen Themen (Überschuldung, vermeintlicher Betrug der Mutter) fokussiert. Es zeichnet sich frühzeitig ab, dass die „berufliche Selbstständigkeit" nur der Rahmung resp. thematischen Gesamtgestalt dient.

Die eigentliche Kettenfigur deutet sich an durch die mehrfache sprachliche Verquickung von Familie und ‚Misere', wodurch sich schon zu Beginn die Vermutung nach einer realen Verbindung dieser beiden Fakten aufdrängt:

Hab dann, ich hab allerdings auch, muss ich sagen, selber schuld. Es hätte nicht so weit kommen müssen, wie's gekommen ist. Ich hätte's einfach unter Kontrolle halten sollen, aber man vertraut irgendwo der Familie. Man geht davon aus, die Mama ist da und die Schwester und das wird schon alles o.k. sein, aber Kontrolle, also Vertrauen ist gut, Kontrolle ist besser. Hab ich versäumt, hab ich nicht gemacht und dadurch bin ich dann in diese Misere gerutscht [...]. (DH:49f.)

Die biografische Einbettung der Erzählung ist aus Sicht der Informantin nebensächlich in Bezug auf die berufliche Selbstständigkeit, das geschäftliche Scheitern und den Konflikt mit der Mutter.

Neben dieser klaren inhaltlichen Schwerpunktsetzung (Fokussierung), orientiert sich die Erzählstruktur des Lebensverlaufs zudem am institutionalisierten Ablaufmuster der Ausbildungs- und Berufskarrieren. Dabei werden Partnerschaften oder die Tochter nur dergestalt erwähnt, so sie der Gestaltschließung entsprechend dem Ablaufmuster dienen.

---

364 Kette, Situation, Ereignisträger und thematische Gesamtgestalt sind kognitive Figuren, welche die Binnenstruktur von Erzählungen bilden, wohingegen biografische Handlungsschemata, Verlaufskurven, Wandlungsprozesse und fokussierte institutionelle Erwartungsmuster grundsätzliche, komplexere höherprädikative Realisierungsformen der Kettenfigur sind (vgl. Schütze 1981, 154).

Während die sonstige lebensgeschichtliche Erzählung fortlaufend motiviert werden muss, folgt meiner expliziten Aufforderung, über die Selbstständigkeit zu berichten, eine umfangreiche, stellenweise sehr detaillierte, über 15 Minuten währende Erzählung (ab Zeile 249 beginnend).

Frau Hinze beginnt zunächst mit einer Hintergrundkonstruktion, um die Zusammenhänge und die Entwicklung der beruflichen Selbstständigkeit zu plausibilisieren. Zuvor angedeutete Aktivitäten in klarer Ich-Perspektive, wie: „Und irgendwann kam ich dann auf die Idee, mich selbstständig zu machen" (DH:24f.), „Ja und 95 bin ich dann in Richtung B-Stadt {in alten Bundesländern}, hab da mein Motorradgeschäft eröffnet" (DH:29f.), werden nun relativiert:

> Und äh die hatten en Motorradgeschäft, das war ne Familie. Und der Mann hatte en Motorradunfall vorher, konnte halt nicht mehr alleine und bat uns oder fragte uns, ob wir denn nicht Interesse hätten, da äh mit einzusteigen, [...]. (DH:251f.)

Die konkretisierende Darstellungsweise dürfte auch mit dem anfänglichen hohen Kondensierungsgrad der Erzählung zusammenhängen, den die Informantin im Zuge des Gestaltschließungszwanges nicht mehr halten kann.

Frau Hinze erzählt von der Mitteilung an ihre Familienmitglieder, das Geschäft zu verkleinern und sieht in eben dieser Bekanntgabe den Auslöser für die darauf folgende persönliche und berufliche Krise verbunden mit einer Eskalation der Verschuldung:

> Irgendwann hat man dann angefangen rumzustreiten und es war mir dann auch zu viel. Und hab dann gesagt, nee ich hör jetzt auf mit einem Kiosk. Und, also einen behalt ich und zweie geb ich auf. Und damit war eigentlich, also mit diesem Satz war eigentlich mehr oder weniger . ist das ins Rollen gekommen, was dann halt passiert ist. (DH:278f.)

Die Textstelle ist als ein suprasegmentaler Markierer[365] zu verstehen, setzt nun doch die umfassende Darstellung der Ereignisse rund um die Krise ein.

Es bleibt dahingegen unklar, ob die am Rande erwähnten innerfamilialen Streitigkeiten in diffuser Akteursperspektive und die konstatierte Überlastungssituation der eigentliche Grund für die geplante Geschäftsverkleinerung sind, denn sie werden in der folgenden Erzählung nicht weiter detailliert und weitest gehend ausgeblendet.

Die zu unterstellende Ablenkung von diesem Themenbereich, ist durchaus ein probates Mittel zum Selbstschutz der Informantin (Defokussierung).

Direkt im Anschluss an die o.g. Bekanntgabe wird die Intervention der Mutter angefügt und somit kontrafaktisch als unmittelbares Folgeereignis erzählt, womit die Darstellung an Dramatik gewinnt, da die Mutter als Person abgebildet wird, die keinerlei Gesprächsbereitschaft zeigt und sofort agiert:

---

365 In der Erzählanalyse wird ein Gliederungssignal, welches in seiner Wirksamkeit mehrere Erzählsegmente überspannt und somit i.d.R. herausragende Ereignisse der Lebensgeschichte ankündigt oder bilanziert und/oder die biografischen Prozessstrukturen markiert, als suprasegmentaler Markierer bezeichnet (vgl. Schütze 1984, 91f.).

Meine Mutti dachte dann, oh Gott jetzt nimmt se mir den Kiosk hier weg, weil hier steh ich drin, hier arbeite ich und das geht überhaupt nicht. Und ist dann zu der Firma, wo wir die Kioske gepachtet haben und hat dann gesagt, also so und so, die will das halt nicht mehr machen und das möchten wir alle eigentlich gar nicht. Und . na ja. Sie hat dann das so weit hingekriegt, dass ich die Kioske nicht abgeben konnte, sondern ich musste se, also ich durfte se nicht verkaufen, so wie ich se gekauft hab, sondern ich musste se abgeben, weil ich bei dieser Firma halt Schulden hatte, [...]. (DH:282f.)

Die Erzählung konzentriert sich sehr stark auf das Zustandekommen der Krisensituation basierend auf dem vermeintlichen Betrug und Handeln der Mutter:

Und die ham dann praktisch eingekauft, ham aber die Sachen nicht in den Kiosk äh Kiosken gebracht, wo se eigentlich eingekauft ham, sondern immer in den, wo sie selber standen. Das ham wir dann aber erst später rausgekriegt, dass . halt da, also wir ham (leise) ich glaub um die 40.000 Mark hatten se praktisch aus den Kiosken raus gezogen. (DH:313f.)

Es werden Fehler eingeräumt, die in der Darstellung jedoch umgehend gerechtfertigt werden:

Hab allerdings den Fehler gemacht, ich hätt's wirklich gleich abgeben sollen. Ich hätte nicht sagen sollen, ja o.k., ach ich mach das jetzt hier mal weiter, ihr werdet das schon alle machen da oben, Hauptsache ihr habt eure Arbeit. (DH:297f.)

oder auch DH:49f.

Frau Hinze rechtfertigt ihre zögernde Haltung und damit ihr eigenes Weggehen in die Herkunftsstadt als durchdachte Entscheidung, nämlich vorrangig den Familienmitgliedern die Arbeitsplätze sichern zu wollen. Ihren Fehler sieht sie darin, dass sie es lediglich bei der Bekanntgabe der Geschäftsverkleinerung lässt (vgl. DH:278f., siehe oben) und mit ihrem Zögern die vermeintlichen Betrugshandlungen von Mutter und Schwester erst ermöglicht.

Die Eskalation der Situation wird kontrafaktisch als Folgeereignis des Betruges und der Intervention der Mutter dargestellt. Sie versucht mit der Betonung, es schließlich erst ‚im Nachhinein' herausgefunden zu haben, ihren Fehler zu entschuldigen:

War en Fehler von mir. Dadurch, aber das ham wir auch alles erst im Nachhinein äh mh eigentlich rausgefunden. (DH:301f.)

Ohne es zu bemerken entzieht Frau Hinze damit ihrer Behauptung von der primären krisenverursachenden Wirkung der Betrugsangelegenheit die Grundlage.

Hinzu kommt, dass an keiner Stelle finanzielle Schwierigkeiten als Grund für die Geschäftsaufgabe genannt werden. Das eigene berufliche Scheitern wird umdefiniert in eine Intervention von außen, wodurch wiederum die Grundlage für die umfassende Konfliktdarstellung gelegt ist, bei der sie die Mutter als Schuldige herausstellt. Sie kann sich damit als ein Opfer von Unwägbarkeiten betrachten, ohne dezidiert das eigene Handeln reflektieren zu müssen. Die vorgenommenen Detaillierungen dienen letztlich nicht der Erhärtung der Betrugsthese, sondern erhellen vielmehr deren Funktion für die Informantin in der Gesamtdarstellung.

Neben dem erzählerisch vernachlässigten Familienkonflikt und den Überlastungserscheinungen, lassen gerade aber auch die betriebswirtschaftlichen Schilderungen der Informantin die Schwachstellen im betrieblichen Handeln erkennen (Defokussierung).

Und dennoch stellt Frau Hinze die Intervention der Mutter und den Betrug in den Mittelpunkt ihrer Erzählung. Sie führt Deutungsmuster bezüglich des Handelns der Mutter und der Schwester an:

> Vielleicht en bisschen Neid, Eifersucht oder wie auch immer, weil . nachdem meine Eltern sich haben damals scheiden lassen, meine, es ging uns gut, also ist nicht so, dass wir hungern mussten oder keine vernünftigen Klamotten hatten oder Sachen so, das war alles schon o.k., aber . es war jetzt nicht so, dass man hätte mit Geld rumschmeißen können oder so, jeden (Dietz?) hier in Urlaub oder so, das konnten wir nicht. Aber . mussten man ja auch gar nicht, also musste man ja auch damals gar nicht. . Also, ist mir en Rätsel, wie das da alles passieren konnte. (DH:551f.)

Vermutlich wählt sie gerade Neid und Eifersucht als Motive, weil diese dem gängigen Klischee einer Intrige entsprechen, welche sie Mutter und Schwester unterstellt.

Die zu konstatierende Fokussierung auf das Handeln der Mutter lässt eine noch nicht abgeschlossene Auseinandersetzung mit der gesamten Situation vermuten.

Auch die Perspektivenbeschränkung und damit eingeschlossen das Nichtverstehen (können) der Frau Hinze in Bezug auf das Handeln der Mutter, verdeutlichen diese Annahme. Der Erzählduktus verdeutlicht die kaum vorhandene emotionale Distanz der Informantin zu den Geschehnissen und die unzureichende biografische Verarbeitung der Ereignisse, es erfolgt eine Identifikation anstatt Distanzierung.

Bereits zu Beginn der Erzählung tauchen zeitliche Vagheiten auf: „Und irgendwann kam ich dann auf die Idee" (DH:24f.), „Und bin dann auch irgendwann wieder gekommen" (DH:28f.), „Außer dass dann im 2. Lehrjahr irgendwann mal mein Kind kam" (DH:154f.), „Und . irgendwann. ja, gab´s dann so was wie Haftbefehle oder so was" (DH:362f.), denen besonders zwei relevante Bedeutungen zugeschrieben werden können. Einerseits können sie auf eine Erzählstruktur deuten, die sich an Ereignissen und nicht an einer Chronologie festhält.

Andererseits können sie auf zeitliche Desorientierungen verweisen, die wiederum als Hinweis auf eine Verlaufskurve betrachtet werden können.

Ebenso sind Dichotomisierungen der Ereignisse bzw. des Lebensverlaufs beobachtbar. Die Informantin selbst nimmt einen Schnitt in ihrem Lebensablauf vor, der entlang der Linie „berufliche Selbstständigkeit" verläuft. Mit derartigen sprachlichen Vorher-Nachher-Schemata gibt die Informantin emotionale Abspaltungen von biografischen Ereignissen preis, die nicht dem eigenen Aktivitätsimpuls entstammen und fremd anmuten analog der konditionalen Gesteuertheit im Rahmen von Verlaufskurven.

Die Existenz von Verlaufskurvenstrukturen im Lebensverlauf der Frau Hinze ist über die darstellerischen Formen der Desorientierung, Selbstentfremdung[366] (vgl. emotionale Abspaltung) und Selbsttäuschung (vgl. Fokussierung versus Defokussierung)[367] feststellbar.

Die Phase nach der Eskalation des Verlaufskurvenpotenzials wird mit Figuren eines moralischen Diskurses, wie ‚Angst' und ‚Peinlichkeit' wiedergegeben:

Dummerweise tat ich das nicht. Aus welchem Grund auch immer, Angst oder wie auch immer. Peinlich?. Blödsinn im Nachhinein. (DH:356f.)

Die Sorge vor Stigmatisierung durch die soziale Umwelt wird thematisiert. Das kann als Ausdrucksform gestörter Reziprozitätskonstitution oder gar behinderter Sozialitätskonstitution interpretiert werden, womit sich die Entfaltung der Verlaufskurve und deren Wirkungsmacht auf die Alltagsgestaltung der Frau Hinze textlich widerspiegelt.

Die Modalität der biografischen Selbstreflexion der Informantin wird vor allem dann deutlich, wenn so genannte Aha-Erlebnisse nicht hinterfragt werden.

So wird beispielsweise Doris Hinzes „plötzlicher" Sinneswandel in Bezug auf die Ernsthaftigkeit einer Ausbildung mit der Bemerkung: „Ich denke mal, da kam dann klick jetzt musste, ansonsten geht's daneben" (DH:153f.), kommentiert. Derartige Formulierungen deuten auf eine punktuelle (plötzliche) Einwirkung von außen hin, da keine Entwicklung zu dieser Erkenntnis hin oder eigeninitiative Wandlungsprozesse sichtbar werden.

Frau Hinze verwendet diese Erzählform häufiger, und versucht damit, fremdes Handeln als eigenes herauszustellen, also ihren aktiven, initiierenden Part bei Veränderungsprozessen hervorzuheben, ohne zu bemerken, dass es sich um keinen eigenintendierten Prozess handelt.

Ähnlich verhält es sich mit der umfassenden Darstellung ihrer Bemühungen nach der akuten Krisensituation, in welcher Frau Hinze zunächst vom Vater und später vom Schuldnerberater Unterstützung erfährt.

Die Akteursperspektiven verwischen in diesen Zusammenhängen, und die Leistungen signifikant anderer Interaktionspartner bei der Schuldenbearbeitung vermischen sich mit dem eigenen Handeln.

---

366 Die Entfremdung des „inneren Territoriums" kündigt Prozesse des Erleidens an, die wiederum durch außengeleitete Aktivitätssteuerung bzw. fehlende Intentionalität der Handlungen gekennzeichnet sind. Diese konditionelle Gesteuertheit verweist auf das Vorhandensein einer negativen Verlaufskurve resp. entspricht dem Verlaufskurvenmodell (vgl. Schütze 1981, 89).

367 vgl. ebd., 117f.

Zum Beispiel wird das Eintreffen von Haftbefehlen[368] als Auslöser für den eigenen Entschluss zur Veränderung genannt:

Und . irgendwann, ja, gab´s dann so was wie Haftbefehle oder so was. ... Und hab mich dann aber entschlossen, also da musste raus, weil das, so geht das nicht. (DH:361f.)

Die entscheidende Einwirkung des Vaters, professionelle Hilfe in Anspruch zu nehmen, wird jedoch erst auf Nachfrage im Leitfadenteil erwähnt (vgl. DH:1228f.).

Demgegenüber werden eigenverantwortete Ereignisse mit negativem Verlauf als Fremdverschulden beschrieben, gut zu erkennen an der Externalisierung der Verantwortlichkeit für die Überschuldungskrise.

Frau Hinze erzählt zum Teil mit stark kontrastierenden Bildern: „Also ich denke mal, ich war ganz ganz unten. Also kurz vorm, weiß ich nicht, vielleicht hätte ich mir wirklich ne Brücke aussuchen können, bald" (DH:497f.), welche die Dramatik ihrer ausweglosen Lage auf besondere Weise unterstreichen.

Umso erstaunlicher wirkt demgegenüber Frau Hinzes Darstellung der Interaktionen nach Veränderung der lebensgeschichtlichen Situation. Obwohl die Informantin ihrer Mutter für die ‚Misere' die Schuld gibt, dokumentieren die Ausführungen zum Verhältnis zur Mutter nach der Krisensituation die zwar noch skeptische, aber unveränderte Perspektive der Frau Hinze:

Na ja muss man das Beste draus machen. Na meine, wie gesagt, wird nie wieder so wie es früher war, aber irgendwo es ist ja auch meine Mutti, ne, die Oma meiner, also meines Kindes. Ne? Und dadurch . und zu wissen, dass sie viel Schulden hat, . geht es. Hat sich's wieder normalisiert. (leise) Bisschen. (DH:637)

Mit der familialen Konstellation und der Genugtuung über die zwischenzeitliche Verschuldung der Mutter wird die Rehabilitierung des Mutter-Tochter-Verhältnisses argumentativ begründet.

Mit einem „Diskurs der Rätselhaftigkeit" resümiert sie das Geschehene, denn immer wieder folgen der Darstellung Äußerungen wie „ist mir bis heute ein Rätsel, keine Ahnung" (DH:550), „es ist mir unbegreiflich, wie das wie das kommen konnte. Keine Ahnung..." (DH:663f.) oder sie projiziert ihre Annahme auf andere: „ist es für die sicherlich en Rätsel" (DH:569f.). Zum Teil begnügt sich Frau Hinze mit dieser Feststellung, die Vagheit sowie Unbestimmtheit vermittelt und somit Raum für ihre eigenen Interpretationen lässt und Operationalisierungsspielräume für Defokussierungs- und Verdrängungsmechanismen stabilisiert.[369]

---

368 Haftbefehle (für Erzwingungs- oder Beugehaft) werden von Gläubigern beantragt, wenn sich ein Schuldner weigert, die Eidesstattliche Versicherung (Offenbarungseid) abzugeben. Ein Termin- oder Fristversäumnis infolge der Ignorierung der gerichtlichen Schreiben wird als Verweigerung gewertet.
369 siehe dazu auch Schütze 1981, 120f.

Verstärkt wird diese Annahme durch die mehrmalige Betonung, ein klärendes Gespräch mit der Mutter nicht herbei führen zu wollen. Möglicherweise wird die Klärung auch deshalb abgelehnt, weil sie zur Demontage der illusionären autobiografischen Gesamtsicht der Frau Hinze führen könnte, ohne dass neue Sinnquellen zur Verfügung stünden.

Keine Erklärung für etwas zu finden, kann aber zugleich bedeuten, damit nicht gerechnet oder es mit einer Zufälligkeit zu tun zu haben:

Also ich hätte mal nie geglaubt, dass mir, grade mir so was passiert wie halt passiert ist [...]. (DH:203f.),

Also, ist mir en Rätsel, wie das da alles passieren konnte. Wie meine Mutti so umschwenken konnte. (DH:557f.)

Andererseits markieren diese Stellen auch ein einsetzendes Hinterfragen der Situation, welches aber noch nicht einer abschließenden Beantwortung zugeführt werden kann.

Augenscheinlich im Kontext des moralischen Diskurses ist die wiederholte Verwendung des Begriffes ‚peinlich' (versus schämen[370]). Die Informantin spricht von Peinlichkeit, welches im Sinne von Pein oder Peinigung eher einem Erdulden oder Ertragen einer schwierigen Situation gleicht, und wo die Verantwortung dafür anderen Menschen zugeschrieben werden kann, folglich auch die Initiative zur Veränderung von anderen Personen erwartet wird.

Es wird deutlich, dass die erzählerisch vernachlässigten Überforderungserfahrungen im Lebensverlauf der Frau Hinze, das gehäufte Auftreten von so genannten Aha-Erlebnissen und Dichotomisierungen, die kontrafaktisch dargestellte Akteursperspektive in diversen Situationen, die Konzentration auf die Schuld der Mutter und das teilweise Widersprechen[371] von rekonstruktiver Binnenperspektive der Informantin mit der Faktizität die Schlüsselmomente der Erzähl- und Interviewstruktur sind.

Bereits die formale Analyse der Darstellungs- und Sichtweise der Informantin spiegelt Frau Hinzes Handlungs- und Deutungsmuster wider, woraus wiederum erste Annahmen zu ihrem Selbst- und Weltverständnis formuliert werden können:

---

370 Peinlichkeit könnte vom Sinn her mit Scham assoziiert werden, dennoch unterscheiden sich die Begriffe in ihrer Verwendung. Zu sagen „das ist mir peinlich" vermittelt eine gewisse Distanz zu der Sache, auf die sich die Aussage bezieht. Wohingegen Scham resp. Schamgefühl u.a. erklärt wird mit Schuldgefühl, Schuldbewusstsein, Reue, Schlechtes Gewissen. Sich für etwas zu schämen setzt demzufolge die Übernahme von Verantwortlichkeit für eigenes, retrospektiv als beschämend empfundenes Handeln voraus. Die Initiative zur Veränderung sieht der Betreffende bei sich selbst.

371 Sichtbar vor allem durch erzählerische Inkonsistenzen, Darstellungen mangelnder Plausibilität und die Triangulation mit den zusätzlich erhobenen Daten.

- Es gibt hinreichend erzählerische Anzeichen für die Aufschichtung eines Verlaufskurvenpotenzials und schließlich die Ingangsetzung einer Verlaufskurve der Überschuldung. Die fehlende Distanz zu den Ereignissen dokumentiert, dass sich Frau Hinze noch immer in der Verlaufskurve befindet und Lernprozesse zur wirksamen Kontrolle oder Beseitigung des Verlaufskurvenpotenzials noch nicht initiiert oder gar abgeschlossen sind, und demzufolge etwaige Veränderungen des Selbst- und Weltverständnisses noch abzuwarten sind. Die systematische Konzentration auf das Zustandekommen der Überschuldungssituation auf der Basis des vermeintlichen Betruges der Mutter bei gleichzeitiger Verdrängung oder Bagatellisierung anderer Ereignisse bestimmen die Erzählstruktur und sind im Hinblick auf die formale Interviewanalyse als bedeutsamster Indikator für eine Verlaufskurve zu bewerten.

- Erkennbar ist Frau Hinzes Internalisierung von nützlichem Handeln ihrer InteraktionspartnerInnen, wodurch sich die Informantin als Akteurin mit schier unbeschränkten Handlungsoptionen sieht, die jede Situation zu bewältigen vermag. Frau Hinze reagiert hochflexibel auf veränderte Situationen, indem sie sich sehr schnell mit helfenden Netzwerken bzw. Strukturen umgibt. Die fortwährende Unterstützung ihrer Umwelt setzt sie wie selbstverständlich voraus, indem sie auf soziale Bindungen vertraut. Durch die Externalisierung negativer Dinge, wie beispielsweise die Verantwortung für die Krisensituation, werden lebensgeschichtliche Herausforderungen oder Entscheidungen delegiert. Kritische Situationen können somit ausgeblendet und die Grenzen der eigenen Handlungsressourcen nicht wahr genommen werden.

- Frau Hinze orientiert sich an einem nicht konkretisierten Normalitätsanspruch, der sich abbildet an schematischen und teilweise idealisierenden Darstellungen von Lebensphasen oder von der Familie. Eigene Lebensphasen, so sie der normativen Vorstellung der Informantin entsprechen, erfahren keine Detaillierung und auch keine Reflexion. So werden auch Familienstrukturen, einer normativen Maxime entsprechend, als funktionierend angenommen, ohne die Idealisierungstendenz zu bemerken.

Die Darstellungsweise der Informantin ist nur in der Gesamtheit der Analyseschritte gänzlich nachvollziehbar. Denn erst mit der analytischen Herausarbeitung einer negativen Verlaufskurve und der Annahme von Verlaufskurventraumata, lassen sich die Hinweise auf autobiografische Deutungssysteme der Selbstverschleierung auch inhaltlich begründen.

c) Inhaltliche Analyse: Rekonstruktion der Verlaufskurve der Überschuldung

Charakteristische Sozialisationsbedingungen

Die Kindheit wird von der Informantin wegen der erfahrenen ‚Freiheiten' als ‚super' bilanziert. Es gibt wenig verbindliche Regeln und familiale Aufgaben für die heranwachsende Doris Hinze:

> Viel tun brauchte ich zu Hause nicht, weil meine Omi war da, die hat alles für mich getan. Also ich konnte wirklich mein Leben leben, so wie ich das halt meinte. Meine Eltern haben mir auch sehr viel Freiheiten gegeben, muss ich dazu sagen. Also es war nicht so, dass es hieß, so um 7 musst du unbedingt drinne sein. Also wenn ich um halb 8 kam, war das auch o.k. Es gab bestimmte Richtlinien und solange ich die eingehalten hab, war auch o.k., konnte ich auch mehr oder weniger tun und lassen, was ich wollte. (schmunzelnd) (DH:99f.)

Ab welchem Alter die Informantin bereits über diese Freiräume eigenständig verfügen kann, und ob sie dazu altersgemäß schon in der Lage ist, bleibt ungewiss. Die einzuhaltenden Richtlinien beziehen sich insbesondere auf feste Essenszeiten, geringfügiges Helfen im Haushalt, passable schulische Leistungen und nicht mit dem Gesetz in Konflikt geraten:

> Dass wir halt wie gesagt . doch en bisschen was im Haushalt machen mussten, (schmunzelnd, schnell sprechend) aber wirklich nur en bisschen, und halt abends pünktlich drinne sein mussten und halt zu den Essenszeiten da sein mussten. Mehr Richtlinien gab's bei uns eigentlich nicht. Und solange wie wir uns daran gehalten haben und was auch äh war . also ich glaube wenn ich jetzt, sagen wir mal äh . (sehr schnell sprechend) irgendwelchen Mist gemacht hätte, so was jetzt, dass die Polizei bei mir vor der Tür gestanden hätte oder so was, also das sollte auch nicht passieren dürfen, weil dann wäre glaub ich auch Ende gewesen. Dann wären die Freiheiten, die ich bis daher also hin hatte, wären weg gewesen. Das wusste ich auch, also da waren wir uns eigentlich . einig, also . wie gesagt solange wie ich ordentlich und vernünftig bin, durfte ich so gut wie alles machen, aber wie gesagt ich durfte nie mit dem Gesetz in Konflikt kommen, was ich auch nie äh also gemacht habe, also . auch meine Schwester nicht und wie gesagt unsere Zeiten. Ansonsten gab's nichts, kann ich Ihnen nicht mit dienen weiter, . (leise) daran mussten wir uns halten. (schmunzelnd) Und schulisch musste es natürlich auch so halbwegs, ne? (DH:754f.)

Nicht mit dem ‚Gesetz in Konflikt' geraten meint aber hauptsächlich, nicht erwischt zu werden, denn Fahren ohne Fahrschein oder Diebstahl sind eindeutige Regelverstöße, die sie begeht.

Reflektierte Unterstützung durch die Familie, die mit Ermutigung, bewusstem Erlauben und kommunikativem Verhandeln, was erlaubt ist, gleichgesetzt werden kann, lässt sich nicht beobachten. Dagegen aber Unterstützung im Sinne von gewähren lassen, alle Freiheiten haben, was wiederum bedeutet, dass jede Art von Verhalten ohne Konsequenzen bleibt. Man könnte von einem Klima normativer Gleichgültigkeit sprechen.

Doris Hinzes Erziehung gestaltet sich zu einem gemeinsamen Projekt der Eltern und der Großmutter, wobei lediglich die Mutter auch als grenzensetzende Interaktionspartnerin in Erscheinung tritt. Die Großmutter genießt das uneingeschränkte Vertrauen der Informantin, was durch das kontinuierliche Sich-Anvertrauen können unterstrichen wird. Prekäre Situationen, die aus Sicht der Informantin sanktionierbar wären bespricht sie mit der Großmutter und nicht mit der Mutter. Die Informantin ist sich dabei durchaus der potenziellen Sanktionen durch die Mutter bewusst:

Und meine Omi die hat mich auch immer gerettet vor sämtlichen Sachen. Also meine Mami war en bisschen streng. Mit meinem Papi konnt ich auch über alles reden, aber meine Mami war doch en bisschen strenger. Und meine Omi hat mich dann immer gerettet vor meiner Mami. (lacht) Die hat mich dann aus sämtlichen Sachen, wie zum Beispiel (schmunzelnd) schwarz Straßenbahn gefahren, hat man mich erwischt, wie das so ist, mit'm Zug schwarz gefahren, man hat mich erwischt. Wenn das meine Mami damals raus gekriegt hätte, ich weiß nicht, ich glaube, na die wäre bestimmt en bisschen ausgerastet. Und meine Oma hat mich da raus geholt. (lacht) Ja. Also, wie gesagt, ich habe super Kindheit gehabt. (DH:91f.)

Durch die unablässige moralische (später auch finanzielle) und vor allem bedingungslose Unterstützung der Großmutter werden Möglichkeiten zur Selbsterkenntnis und auch Selbstbegrenzung bei Frau Hinze behindert. Die Oma wirkt als „Reflexionsbremse", da sie normativ abweichendes Handeln der Enkelin deckt und damit gleichzeitig auch die Autorität der Mutter unterminiert. Die über Sanktionen sichtbar werdenden Regelsysteme bleiben Doris Hinze verborgen. Es entwickelt sich bei ihr ein Gefühl von Grenzenlosigkeit.

Trotz der Betonung der Großmutter als Bezugsperson, wird ebenso die frühere Beziehung zur Mutter als ‚super' beschrieben:

Also früher, wie gesagt, ich hatte ne super Kindheit, ne super Jugend. Meine Mutti war für uns Kinder da. Ich hatte ein super Verhältnis zu meiner Mutti. Und meine Mutti war für mich wie ne Freundin. Muss ich sagen. Ich konnte mit allen Problemen, . (lachend) mehr oder weniger, also eigentlich zu meiner Mutti kommen. Wir konnten, wie gesagt, über alles reden und wie soll ich sagen . ich war irgendwo, na nicht ihr Liebling, aber doch so'n bisschen, (überlegend) so, so, also . sie hat mehr zu mir und zu Nadine halt äh den Kontakt gehabt als zu ihrer kleinen Tochter, wobei meine Schwester, also Marion, bei meiner Mutti gewohnt hat. Aber meine Mutti hatte zu mir trotzdem en anderes Verhältnis als zu meiner Schwester, irgendwo. Vielleicht weil ich 4 Jahre älter war oder weil man doch schon erwachsener war oder vielleicht auch durch das Enkelkind, aber wir hatten eigentlich en Superverhältnis Zeit unseres Lebens. (DH:653f.)

Im häufigeren Kontakt der Mutter zu Doris Hinze und deren Tochter sieht die Informantin Anzeichen dafür, sogar die Lieblingstochter zu sein. Die Begründung dafür schwankt zwischen ihrer erwachseneren Art im Vergleich zur Schwester und der bloßen Existenz des Enkelkindes.

Das Mutter-Tochter-Verhältnis wird jedoch in der Scheidungsphase der Eltern auf eine harte Probe gestellt.

Die Mutter geht ein Jahr lang ihre eigenen Wege, während die Kinder in der Obhut der Großmutter verbleiben und sie als beständige Bezugsperson zur Verfügung steht:

Also das war ne ganz schön harte Zeit mit der Scheidung. Muss ich sagen, so. Aber da war dann wieder meine Omi, die mich wieder aufgebaut hat [...]. (DH:855f.)

In der Konsequenz möchte Doris Hinze nach der Scheidung zum Vater, der das Bindeglied zur Großmutter symbolisiert:

Und äh . meine Mutti ist damals dann auch . ne ganze Weile, (schnell) was was heißt ne Weile, es war eigentlich, solange war das nicht, vielleicht en Jahr, wo sie dann . äh uns Kinder praktisch zu unserer Oma überlassen hat und unserem Papa und sie ist ihre eigenen Wege irgendwo gegangen. Und . demzufolge wollte ich, (sehr schnell) also ich wollte zu meinem Papa. (DH:823f.)

Obwohl vom Vater anders versprochen, muss Doris Hinze dann aber doch bei der Mutter leben, worüber sie maßlos enttäuscht ist:

Aber das traf mich richtig als mein Papa dann sagte (nachahmend (verneinend)) ehem, du musst bei deiner Mutti bleiben oder ich will, dass du bei deiner Mutti bleibst. (DH:836f.)

oder auch DH:847f.

Erst nachdem eine intrafamiliale Beruhigung infolge von wieder einkehrender Alltagsroutine eintritt, scheint sich Doris Hinze mit der neuen Familiensituation zu arrangieren.

Zur Schwester verspürt Doris Hinze schon in der Kindheit keine große Verbundenheit und das Verhältnis entspricht nicht dem, was sie sich unter einer Geschwisterbeziehung vorstellt:

[...] wir sind zwar zusammen aufgewachsen, aber wir waren nie ein Herz und eine Seele. Also meine Schwester ist da lang gegangen und ich bin halt da lang gegangen, also es war nie so, dass wir . meine wenn es jetzt hart auf hart kam, waren wir schon für einander da als Kinder oder als Jugendliche, aber eigentlich ist jeder . seine eigenen Wege gegangen. Wir hatten nie so das Verhältnis zueinander wie's normalerweise unter Geschwistern sein sollte . und daher denke ich mal . ist auch nicht so . . (pustet) weiß ich nicht, der Draht zu meiner Schwester auch nicht so. (DH:719f.)

Über weitere soziale Beziehungen in ihrem Umfeld erzählt die Informantin sehr wenig. In der Erzählung wird jedoch deutlich, dass nicht zuletzt auch die Interaktionsmuster der Doris Hinze den Umgang mit Gleichaltrigen erschweren. Um ihren Willen gegenüber anderen Kindern durch zu setzen, bedient sie sich zunächst emotionaler Druckmittel:

[...] ich bin manchmal ziemlich zornig und ich hab auch gern, wenn ich meinen Willen durchsetzen kann . oder auch konnte. Und wenn das nicht ging, dann hab ich halt rumgequäkt, dann solang bis ich's halt entweder geschafft habe oder (schmunzelnd) halt nicht geschafft habe. Und auch äh jetzt Kinder mit denen ich gespielt habe, denen wollte ich natürlich genauso meinen Willen aufdrängeln. Ne? Und manchmal haben sie gesagt (nachahmend) ja o.k. und manchmal haben sie gesagt (nachahmend; verneinend) ehmehm. Und wenn sie (verneinend) ehmehm gesagt haben, dann war ich quäkig, dann musste ich heulen oder weinen oder solang bis ich meinen Willen durchgesetzt hab. (DH:776f.)

Doris Hinze zeigt gegenüber anderen Kindern keine Kompromissbereitschaft. Während sie im Kindergartenalter noch ‚rumquäkt', wird sie mit Schulbeginn handgreiflich. Mit Hilfe eines Freundes werden systematisch andere Kinder verhauen:

Da wurde dann, alle die, die mich bis dahin geärgert ham, meine warn nicht viele, aber einige doch, die ham das dann wieder gekriegt. [...] Und nach 16 Uhr hab ich dann mit meinem Freund gewartet (schmunzelnd) und jeden Tag hab ich mir einen rausgesucht, der mich geärgert hat und da gab's dann . Revanche. (DH:121f.)

Doris Hinze geht von einer plötzlichen Verhaltensänderung bei sich aus, denn scheinbar von heute auf morgen ändert sich ihr Handlungsmuster:

Ansonsten nach Kindergarten . war vorbei, da wurde nie wieder geweint, auch nie wieder irgendwie gejault oder so was, (lachend) weil da hab ich meinen Kopf durchgesetzt, warum auch immer. Irgendwie hatten sie dann doch Respekt vor mir. (DH:788f.)

Doris Hinze kann sich auch in der Retrospektive nicht erklären, warum die anderen fortan ‚Respekt' vor ihr haben und sie damit keine Kompromisse mehr eingehen muss:

Ich kann's nicht mal sagen, weil das ist eigentlich, sagen wir mal, ich habe eigentlich schon meinen Willen immer gekriegt, immer, bis heute. (schmunzelnd) Mehr oder weniger. Doch. Weiß nicht, also irgendwo, weiß ich nicht, warum das so ist. . Keine Ahnung. (schmunzelnd) Ich weiß es wirklich nicht. (DH:792f.)

Ebenso gegenüber ihren Lehrern überschreitet sie Grenzen:

Also erst mal, war ich das einzigste Mädchen bei uns in der Klasse, was Betragen 4 hatte, also ich war immer sehr vorlaut, (schmunzelnd) ich hab gern dazwischen gequatscht, wenn ich was wusste, hab ich's auch gleich gesagt, ohne zu melden. Also es war schon manchmal . war schon finster, muss ich sagen. (DH:798f.)

Die Freiheiten der Kindheit und Jugend setzen sich selbst dann fort, als Frau Hinze bereits ein Kind sowie eine eigene Wohnung hat und verheiratet ist. Besonders die familiale Unterstützung bei der Betreuung ihres Kindes ermöglicht Doris Hinze die Beibehaltung ihrer Lebensgewohnheiten. Selbstständigkeit resp. elterliche Unabhängigkeit assoziiert Doris Hinze lediglich mit einer räumlichen Abgrenzung vom Elternhaus:

Und von da an war ich selbstständig. (schmunzelt) Auf mich gestellt, also auf mich gerichtet. Meine Mami und meine Oma die ham zwar in der Nähe gewohnt, warn auch immer da, also . wie gesagt, ich hatte wirklich auch trotz Kind alle Freiräume . und trotz (leicht stockend) Mann. So. (DH:199f.)

Da die Herkunftsfamilie auch während der Ehe der Frau Hinze der Hauptbezugspunkt bleibt, erstaunt es auch nicht, wenn auftretenden Schwierigkeiten, wie beispielsweise den Alkoholproblemen des Ehemannes, kurzerhand mit der Trennung begegnet wird:

Normalerweise ist es eigentlich ne Ehe gewesen, wie man sie sich vorstellt, wenn der Alkohol nicht gewesen wäre, . aber es ging dann halt nicht. Und wie gesagt, ich hatte nicht vor, mit dem Vater meines Kindes mein Leben zu verbringen, wenn es halt ständig Streiterein gibt (..). Das wollt ich nicht. Dann lieber mit meinem Kind allein und in Ruhe. War ja auch gut so. (DH:893f.)

Durch das unbekümmerte Leben mit allen Freiräumen und Unterstützungsleistungen manifestiert sich eine signifikante, handlungsleitende Grundhaltung:

Nee also äh bis dahin war mein Leben völlig in Ordnung. Also ich hätte mal nie geglaubt, dass mir, grade mir so was passiert wie halt passiert ist mit den . ganzen . Geschäften und mit den Schulden letztendlich. Also hätte ich nie, nie gedacht, dass mir das passiert. . Nie. (DH:203f.)

Der Weg in die berufliche Selbstständigkeit

Frau Hinze arbeitet bis zur Trennung 1995 im Geschäft des beruflich selbstständigen Lebensgefährten in ihrer Herkunftsstadt. Auch wenn es für die Informantin keine akute Bedrohung von Arbeitslosigkeit gibt, so scheint eine Fortsetzung des Arbeitsverhältnisses im Betrieb des ehemaligen Lebenspartners inakzeptabel, wodurch die Begründung, die prekäre Arbeitsmarktlage in der Region war ausschlaggebend zur beruflichen Umorientierung, schlüssiger wird.

Sie greift eine sich bietende berufliche Gelegenheit auf und entscheidet sich situativ dafür, um der Korrelation der Problematiken Trennung und Arbeitslosigkeit aktiv zu begegnen. Es scheint sich demzufolge weniger um die Umsetzung einer lange gehegten Idee zu handeln, als vielmehr um die Abwendung von Arbeitslosigkeit:

Also blieb mir nichts weiter übrig, als wieder nach drüben zu gehen und mir halt da ne Zukunft aufzubauen. (DH:33f.)

Mit dem neuen Freund geht sie in die Altbundesländer, nachdem er ein Angebot von Freunden bekam, mit in das bereits existierende Motorradgeschäft einzusteigen:

Also wir . also ich lernte dann, wie gesagt, äh jemanden kennen, (stockend) nachdem wir uns damals dann da getrennt hatten und die äh der hatte Kontakt also oben zu den B-Städtern, die ich dann auch irgendwann kennen lernte. Ist klar, ne? Und äh die hatten en Motorradgeschäft, das war ne Familie. Und der Mann hatte en Motorradunfall vorher, konnte halt nicht mehr alleine und bat uns oder fragte uns, ob wir denn nicht Interesse hätten, da äh mit einzusteigen, na ja (haspelnd) we wi also eigentlich, das kam wie gerufen, weil wie gesagt, hier unten war nix und Perspektiven hier unten war auch irgendwo mehr oder weniger gar nicht. Ne ? (DH :249f.)

Da von keiner Planungsphase gesprochen wird, kann von einer kurzfristigen Entscheidung zur beruflichen Selbstständigkeit ausgegangen werden. Das Weggehen in die Altbundesländer ist zunächst das größte zu tragende Risiko, da keine vollständige geschäftliche Neueröffnung ansteht. Idee und Umsetzung scheinen zeitlich eng beieinander zu liegen, sodass ein umfangreicher Vorbereitungsprozess ausgeschlossen werden kann, und aus Sicht der Informantin u.U. auch nicht erforderlich scheint, in Anbetracht der abschätzbaren geschäftlichen Risiken.

Auch wenn es sich um eine nachhaltige biografische Entscheidung für Frau Hinze handelt, so ist die ureigene Initiative für den Schritt in die Selbstständigkeit nicht belegbar. Der Freund übernimmt sowohl den initiierenden als auch ausführenden Part bezüglich der beruflichen Selbstständigkeit. Frau Hinze scheint sich zunächst sogar mit ihrem Dasein als Hausfrau und Mutter zu arrangieren. Aufkommende Langeweile und Unterforderung lassen in ihr jedoch den Entschluss zur Veränderung reifen:

Und es war aber mehr oder weniger so, dass das Motorradgeschäft die beiden Männer gemacht haben. Und wir beiden Frauen waren dann für zu Hause, also Wohnungen und Kind und was halt dazu gehört. Aber irgendwann war mir das zu langweilig und en bisschen was wollte ich ja auch tun, außer nur ab und zu mal im Büro sitzen, Telefondienst. (DH:257f.)

Es sind jedoch keine Bemühungen erkennbar, sich stärker in das bestehende Geschäft zu integrieren. Stattdessen ist eine zunehmende Distanz der Informantin zum Geschäft feststellbar und das Bestreben nach einem eigenen selbstständigen beruflichen Betätigungsfeld:

Und wir ham uns dann entschlossen, noch en Kiosk mit zu äh übernehmen. Und das ham wir dann auch gemacht. (DH:261f.)

Mit Unterstützung des Freundes übernimmt sie einen kombinierten Imbiss-Kiosk, der in gemeinsamer Zusammenarbeit umgebaut und für den Geschäftsbetrieb hergerichtet wird.

Die Verquickung geschäftlicher und familialer Strukturen

Während die Großmutter Frau Hinze sofort begleitet, als diese erneut in die Altbundesländer geht, folgen ihr die Mutter und die Schwester nebst Freund später:

Und äh ich holte dann auch meine Mutti nach B-Stadt bzw. D-Stadt {beide in Altbundesländern}. Und die arbeitete dann auch mit im Kiosk mit meiner Schwester und ihrem Freund. (DH:266f.)

Mit Ausnahme des Vaters, der weiterhin in der Herkunftsstadt bleibt, helfen sämtliche Angehörigen aus Frau Hinzes Herkunftsfamilie im Kiosk mit.

Frau Hinze setzt bei der Führung ihres Betriebes vor allem auf bewährte Familienstrukturen und das Vertrauen in die Familie:

Man geht davon aus, die Mama ist da und die Schwester und das wird schon alles o.k. sein, [...]. (DH:51f.)

134

Anfangs scheinen die Geschäfte auch zu florieren. Sie lässt die Familie eigenverantwortlich arbeiten und Frau Hinze sieht ihre Aufgabe zuallererst darin, die einzelnen Objekte, Motorradgeschäft und Kiosk, abzufahren und nach dem Rechten zu schauen (vgl. DH:268f.). Sie verlässt sich dabei auf das „Funktionieren" der Familienmitglieder und der familialen Strukturen. Die Familienmitglieder organisieren sich offenbar recht gut selbst und Arbeitsanweisungen von Seiten der Informantin sind nicht erforderlich, wodurch sich ihre Aufgaben im Rahmen der Geschäftsführung in Grenzen halten.

Und auch die im Motorradgeschäft zu erledigenden Aufgaben bewegen sich lediglich im Bereich des gelegentlichen Telefondienstes (vgl. DH:260f.), wodurch sich die Informantin abermals nicht ausgelastet fühlt:

Und irgendwann war das dann auch zu wenig, weil ich war ja dann auch noch da und immer rumfahren und gucken, ob alles o.k., ist war nix. Also ham wir dann noch en Kiosk mit übernommen, [...]. (DH:268f.)

Erneut unternimmt Frau Hinze keinen Versuch, sich in das existierende Geschäft zu integrieren, obwohl sie doch gerade diesen Kiosk zur eigenen Betätigung angeschafft hat.

Stattdessen werden gleich zwei weitere Kioske übernommen und es wird somit klarer, dass seitens der Informantin eine Verkaufstätigkeit nie geplant gewesen schien, denn dafür würde im Prinzip ein Kiosk genügen. Frau Hinze sieht sich hauptsächlich als Unternehmerin resp. Geschäftsführerin, die mehrere Objekte betreut. Die Angaben zur Ausübung ihrer Geschäftsführungsfunktion beschränken sich auf die Durchführung von Stippvisiten.

Insbesondere die Mutter der Frau Hinze übernimmt zu großen Teilen die Verantwortung für die Führung der Geschäfte. Neben der Verkaufstätigkeit, obliegt der Mutter die Buchführung und der Wareneinkauf, was zwar von der Informantin nicht explizit in der Form genannt wird, sich aber anhand der Ausführungen zum vermeintlichen Betrug der Mutter rekonstruieren lässt (vgl. DH:308-328.), denn nicht Frau Hinze selbst, sondern erst der Vater stößt bei der Durchsicht der Bücher auf Unzulänglichkeiten:

Und . mein Papa hat dann, wie gesagt, das, meine ganze Buchhaltung alles drum und dran kontrolliert und dem fiel dann eigentlich mehr oder weniger auch auf, was denn da oben wirklich abging. Das die halt, wie gesagt, über den Kiosk eingekauft ham, die Sachen da aber nie angekommen sind. (DH:325f.)

Vor allem auch die sprachlichen Unklarheiten, die Unbeholfenheit der Informantin in betriebswirtschaftlichen Sachen dokumentieren ihr unternehmerisches Verständnis und verdeutlichen, von welcher Wichtigkeit die Unterstützung der Mutter während der beruflichen Selbstständigkeit der Frau Hinze ist:

Sie hat dann das so weit hingekriegt, dass ich die Kioske nicht abgeben konnte, sondern ich musste se, also ich durfte se nicht verkaufen, so wie ich se gekauft hab, sondern ich musste se abgeben, weil ich bei dieser Firma halt Schulden hatte, weil durch das Einkaufen und allem drum und dran, also das warn Überziehungs, nee wie sagt man Überziehungskredite, na ja jedenfalls dass man da einkaufen konnte und man hatte dann gewisse Zeit, um dann später zu bezahlen. (DH:286f.),

[...] und mein Papa ist auch selbstständig hier unten und hat auch so'n bisschen mit Steuern und so allem drum und dran en bisschen Ahnung. (DH:306f.)

oder

Wir haben <u>alles</u> eingegeben, wir haben alles analysiert, jedenfalls mein Papa, ich nicht, ich hab da . nicht so viel mit am Hut gehabt. Der hat mit seiner Kollegin damals oder Freundin oder was es auch immer war, keine Ahnung, die haben beide alles, was an diesem Geschäft war, aufgearbeitet, analysiert. (DH:948f.)

Unmittelbar nach der Anschaffung der Kioske stellt sich bei der Informantin das Gefühl der Überforderung ein:

Und auf einmal warn's <u>drei</u> Kioske, ein Imbiss und ein Motorradgeschäft und <u>das</u> war dann eindeutig zu viel. (DH:272f.)

Der betriebswirtschaftliche Weitblick und entsprechendes Abschätzungsvermögen sind zu vermissen, anders lässt sich die überraschende Feststellung von Überlastung nicht erklären.

Um die Situation wieder unter Kontrolle zu bringen, entscheidet sich Frau Hinze für den Ausstieg beim Motorradgeschäft:

Irgendwann äh hab ich mich dann von dem Motorradgeschäft getrennt. Hab mich dann auch <u>auszahlen</u> lassen und hab auch das ganze Geld, <u>dummerweise,</u> in die Kioske gesteckt. (DH:273f.)

Auch die Trennung vom Freund fällt in diese Zeit. Unter Umständen diente der Schritt in die eigene Selbstständigkeit und die Auszahlung beim Motorradgeschäft der Vorbereitung der Trennung vom Partner. Mit der eigenen helfenden Familie im Rücken ist sich Frau Hinze sicher, es auch ohne ihn zu schaffen. Sowohl die erzählerische Einführung des Freundes als auch der Ausstieg laufen jeweils auf der geschäftlichen Ebene ab. Er wird ausschließlich als Geschäftspartner dargestellt und eine emotionale Ebene wird nicht eröffnet. Als Teil der beruflichen Selbstständigkeit, geradezu verdinglicht, wird er erwähnt, nicht jedoch als Bezugsperson während einer Lebensphase, obwohl er maßgeblich den Schritt in Richtung beruflicher Veränderung initiiert, begleitet und unterstützt.

Die Trennung vom Freund wird in der Darstellung direkt mit der Krise in Verbindung gebracht und kann als zeitlicher Markierer betrachtet werden:

Na ja und ham dann alle da oben zusammen <u>gearbeitet</u> und irgendwann <u>trennte</u> ich mich dann von meinem Freund und dann ging die Misere los. Dann ging's richtig gegen'n Baum. (DH:47f.)

Eine unmittelbar krisenauslösende Funktion hat sie nicht, wenngleich die Trennung in sach- und personenbezogener Hinsicht Auswirkungen auf das Leben der Informantin gehabt haben wird. Dennoch werden weder die sachbezogene oder materielle Seite, wie beispielsweise der eventuelle Verlust der Wohnung, der Wegfall eines Einkommens oder das mögliche Auftreten vertraglicher Unstimmigkeiten (u.a. bei gemeinsam abgeschlossenen Verbindlichkeiten), noch die personenbezogene oder ideelle Komponente, wie zum Beispiel das Entstehen von Status- oder Rollenproblemen, der Wegfall eines kompetenten (Ansprech-)Partners oder das Ausbleiben partnerschaftlicher, motivierender („moralischer") Unterstützung, erwähnt.

Es ist nichts über die Partnerschaft und die Umstände der Trennung bekannt. Aber insbesondere die nach der Trennung folgende Konzentration auf die Angehörigen der Herkunftsfamilie und die sich anschließende ‚Misere' sprechen für eine Bedeutung des Partners, die in seiner Person liegt.

Offensichtlich stellte er für Frau Hinze die Balance zwischen Geschäft und Familie her, weil er weder Teil der Familie noch des Kioskgeschäftes war und somit kritischer, distanzierter und wertneutraler agieren konnte. Auch sein geschäftliches Wissen stand fortan nicht mehr uneingeschränkt zur Verfügung und Frau Hinze musste sich nun ausnahmslos auf ihre Mutter verlassen.

Diese Aspekte nimmt die Informantin jedoch nicht wahr, weil sie überzeugt ist vom Gelingen ihrer eigenen beruflichen Existenz. Die Familienangehörigen helfen Frau Hinze in jedweder Weise, sodass die Trennung vom Partner vermutlich kompensiert werden kann. Ihren ausgezahlten Anteil aus dem Motorradgeschäft investiert sie in die anderen Objekte, wobei nicht bekannt wird, in welcher Größenordnung und wofür exakt das Geld zum Einsatz kommt (Neuinvestition oder Kredittilgung).

Die Aufschichtung des Verlaufkurvenpotenzials

Die Informantin erwähnt, zusammen mit ihrer Familie in den Kiosken zu arbeiten. Dabei bleiben das Aufgabengebiet der Frau Hinze und die Rollenverteilung innerhalb des Betriebes weiterhin unklar.

Es kommt allerdings schon nach relativ kurzer Zeit zu Streitigkeiten, die nicht weiter detailliert werden:

Irgendwann hat man dann angefangen rumzustreiten und es war mir dann auch zu viel. (DH:278f.)

Eine Überforderung ist zu konstatieren, ob nun bezüglich der Streitigkeiten oder des Geschäftes sei dahingestellt.

Durch die Verquickung der familialen und betrieblichen Strukturen scheint sich ein Konflikt angebahnt zu haben, der sich nun folgerichtig auch in beiden Bereichen niederschlägt und sowohl die geschäftliche als auch die private Unterstützungsleistung für Frau Hinze gefährdet.

Die nahtlose Übertragung der familialen Strukturen auf die betriebliche Ebene durch die Informantin lässt sich nun nicht mehr auflösen, wodurch sich eine Ausweglosigkeit abzeichnet.

137

Aufgrund der erzählerischen Vernachlässigung des vorhandenen Konflikt- und des sich allmählich aufschichtenden Verlaufskurvenpotenzials muss anhand verschiedener Indikatoren eine Kumulation der Potenziale rekonstruiert werden.

Da ist zum einen Frau Hinze selbst, die sich in der Rolle der Geschäftsführerin sieht und darunter versteht, in den Geschäften von Zeit zu Zeit nach dem Rechten zu schauen (vgl. DH:268f., siehe oben). Ihre Darstellung hinsichtlich der Schwere dieser Aufgabe ist widersprüchlich. Mal spricht sie von leicht verdientem, dann wieder von entsprechend erarbeitetem Geld spricht:

Ich hab dann auch durch das Motorradgeschäft gleich viel Geld verdient, . obwohl ich selber da ja nicht viel gearbeitet hab, war ja nur en bisschen im Büro nebenbei . oder hab Telefonate geführt. Aber ich hab immer gut Geld verdient. Und demzufolge ging's mir auch gut. (DH:583f.),

Ich hatte entweder en Kerl, der ne gute Arbeit hatte, wo ich mitarbeiten konnte, wo ich auch gut Geld verdient hab oder die Selbstständigkeit mit dem Motorradgeschäft, sehr gut Geld verdient. (DH:1014f.),

Und ich hatte's halt alles, irgendwo hab ich's mir erarbeitet. Ne? (DH :561f.)

Die obligatorischen und verantwortungsvollen Aufgaben der Geschäftsführung in diesem Tätigkeitsbereich, wie Buchhaltung, Inventur sowie Warenbestellung und –einkauf, übernimmt Frau Hinzes Mutter. Zusammen mit den anderen Familienmitgliedern arbeitet sie vollkommen eigenständig. Ob auch alle eine dementsprechende Entlohnung erhalten, bleibt unklar.

Frau Hinze ihrerseits gibt das erwirtschaftete Einkommen mit vollen Händen aus, was durchaus ein Streitpunkt gewesen sein könnte, da ihre Vergütung im Verhältnis zu den erbrachten Leistungen aus Sicht der Angehörigen womöglich nicht angemessen erscheint:

Ich konnte dreimal im Jahr in also in Urlaub sein, wir sind . viel verreist, wir sind Wochenende oft weg gewesen. Das konnten die alles nicht. Ich denke mal, das war ganz einfach auch der Neid. (DH:586f.),

Ja. Aber wie gesagt, also ich denke mal, das war einfach nur, weil es ging mir gut. Und denen ging es nicht gut, die hatten halt . keine schöne Wohnung oder keine schöne Einrichtung. (DH:559f.),

Ich war irgendwo schon im 7. Himmel, also es war so, ich brauchte auf keine Mark mehr gucken, ich habe nicht nur ein Auto gehabt, ich hatte zwei Autos, ich hatte zusätzlich auch noch ein Motorrad, also mir ging es finanziell richtig gut. Und im Nachhinein sag ich mir, es mussten sicherlich einige gedacht haben, mein Gott, was ist denn mit der los, hat sie Höhenflüge. Und . da sag ich mir, kam das eigentlich, . es es musste kommen. Wenn das nicht gekommen wäre, (sehr schnell) ich weiß nicht, was jetzt, ich weiß nicht, weil normalerweise war ich immer normal. Ne? Aber irgendwo, wenn man dann doch Geld verdient und sich wirklich einiges leisten kann, dann wird man anders. Ich weiß es jetzt im Nachhinein, haben ja auch einige gesagt, (nachahmend) du hast dich total verändert gehabt damals. (DH:1016f.)

Infolge des gesteigerten Konsumverhaltens kommen bei Frau Hinze wohl auch Persönlichkeitsveränderungen hinzu, die den Umgang mit den Menschen ihres sozialen Umfeldes zusätzlich erschweren.

So erfahren beispielsweise auch die Unterstützungsleistungen der Familie keine Wertschätzung. Sie misst die Menschen an den Dingen, die sie besitzen und unterstellt ihnen Neidgefühle, sofern sie über weniger verfügen, als sie selbst besitzt:

> Und die hatten's halt nicht, vielleicht war's auch einfach nur, dass se neidisch waren. Wie kann's mir gut gehen und denen geht's halt nicht so gut? (DH:562f.)

Neben dieser materiellen Seite des Konfliktpotenzials gibt es einen weiteren zu berücksichtigenden Aspekt, nämlich die bereits erwähnte Verquickung familialer und geschäftlicher Strukturen. Frau Hinze überträgt die Familienstrukturen auf den Geschäftsbetrieb, womit eine Gleichsetzung von beruflichem und privatem Rollenhandeln durch die Informantin erfolgt.

Gemäß ihrer traditionellen familialen Rolle trägt Frau Hinzes Mutter auch innerhalb des Geschäftes die Hauptverantwortung. Ob gewollt oder nicht, sei dahin gestellt.

Frau Hinze dagegen scheint eine eindeutige Rollenübernahme verbunden mit Verantwortlichkeit für die berufliche Selbstständigkeit, und somit eine Differenzierung zwischen familialer und beruflicher Rolle, nicht für notwendig zu erachten. Möglicherweise würde sie eine derartige Unterscheidung sogar als familiale Ausgrenzung ihrer Person verstehen.

Bedingt durch die Vorgesetztenfunktion der Frau Hinze kommt es aber zu einer Verschiebung der Rollen und es wird von ihr ein neues Rollenhandeln erwartet, wodurch die Fortsetzung der gewohnten familialen Muster scheitert. Das persistente Verharren in der „Tochterposition" mit einer entsprechenden Erwartungshaltung gegenüber der Familie, scheint nicht mehr aufzugehen. Das biografisch relevante Handlungsmuster[372], alles zu wagen und sich dabei jederzeit auf das rettende Intervenieren der Familie verlassen zu können, funktioniert nicht mehr.

Es entsteht eine Situation der äußeren Erwartung eines Rollenwechsels, die nicht intendiert ist von der Informantin. Sie verweigert offenbar die dementsprechende Rollenübernahme, wodurch es zu einem Rollenkonflikt kommt, der sich im Interview insbesondere in der Erwartung eines klärenden Gespräches zur Abwendung der Krise widerspiegelt.

Entweder in unbestimmter Man-Form oder in Wir-Perspektive wird die verpasste Chance von der Informantin thematisiert:

---

372 Durch die fehlende Differenzierung zwischen Berufs- und Persönlichkeitssphäre kommt es auch zu keiner Ausprägung eines dezidierten professionellen Handlungsmusters. Eine explizite Unterscheidung biografischer und professioneller Handlungsmuster erscheint mir daher nicht sinnvoll.

Man hätte sich nur vernünftig zusammensetzen brauchen und normal drüber reden müssen. Dann hätte man halt einen Kiosk behalten und die anderen abgegeben und dann hätten se ihre Arbeit gehabt und dann wär o.k. gewesen. (DH:577f.),

[...] wir hätten ja sprechen können. Ich hätte dann gesagt (nachahmend) ja okay übernimm das was ist und dann . mach dein Ding. (DH:696f.)

Warum Frau Hinze selbst die Initiative zu diesem Gespräch nicht ergreift, lässt sie unbeantwortet.

Die Zuspitzung der beiden soeben skizzierten Konfliktbereiche lässt sich als Aufschichtung des Verlaufskurvenpotenzials der Überschuldung betrachten. Die Ausklammerung dieser Bereiche durch Frau Hinze muss insoweit nicht verwundern, als dass in autobiografischen Erzählungen Verlaufskurvenpotenziale häufig nicht theoretisch erfasst und explizit formuliert werden, selbst dann nicht, wenn die Verlaufskurve als solche auf hohem Detaillierungsniveau dargestellt wird.[373]

Die Rückkehr in die Herkunftsstadt als situatives Bearbeitungs- und Kontrollschema zur Stabilisierung der kritischen Situation

Der Feststellung von Überlastung lässt Frau Hinze die Bekanntgabe des Entschlusses zur Geschäftsverkleinerung folgen und sieht in eben dieser Mitteilung den Auslöser für die Eskalation der beruflichen und persönlichen Situation sowie der Verschuldung:

Und hab dann gesagt, nee ich hör jetzt auf mit einem Kiosk. Und, also einen behalt ich und zweie geb ich auf. Und damit war eigentlich, also mit diesem Satz war eigentlich mehr oder weniger . ist das ins Rollen gekommen, was dann halt passiert ist. (DH:279f.)

Die Informantin ist aber nicht in der Lage, sich der Situation zu stellen oder sich mit den von ihr geschaffenen Tatsachen auseinander zu setzen, denn sie geht zurück in ihre Herkunftsstadt. Sie stellt keine Klarheit her und lässt die Familienmitglieder nebst Tochter, ihr Geschäft sowie ihre Probleme kurzerhand zurück. Frau Hinze überträgt den anderen die Zuständigkeit und entzieht sich der Situation.

Es wirkt ein situatives Bearbeitungs- und Kontrollschema von biografischer Relevanz, welches sich in Form einer aktiven Flucht gestaltet, um der möglichen Konfrontation mit der eigenen Familie und der problematischen Situation zu entgehen:

Und . wir ham aber äh dann, also . ich muss dazu sagen, ich bin dann irgendwann, nachdem, das war mir alles zu viel da oben, hab ich meine Sieben-Sachen gepackt und bin nach A-Stadt erst mal zurück. (DH:291f.)

Es ist der Informantin durch diese aktive Handlung möglich, einen drohenden Kontrollverlust infolge fehlender Handlungs- und Konfliktbewältigungskom-

---

373 vgl. Schütze 1981, 149

petenz gerade noch abzuwenden. Sie setzt ein Handlungsschema zur Bearbeitung der verworrenen Lage in Gang.

Durch die gewonnene Zeit und Distanz erlangt sie die Handlungskontrolle zurück und wendet eine konditional gesteuerte Ereignisverkettung vorerst ab. Zudem sucht sich Doris Hinze neue Bündnispartner. Der Vater erhält, neben der allgegenwärtigen Bezugsperson der Großmutter, eine zentrale Bedeutung bei der späteren Schuldenaufarbeitung.

Die Großmutter betreut die Tochter der Informantin während ihrer Abwesenheit, sodass sich Frau Hinze ausschließlich um ihre persönlichen und beruflichen Belange kümmern kann. Einmal mehr unterstreicht aber die Einbeziehung der Großmutter deren wichtige Rolle für die Informantin. Die Großmutter wird zur zentralen Figur, wenn es um das Ordnen von Verhältnissen, um Harmonisierung und Konsolidierung geht. Sie bahnt den Weg für Neuanfänge und ist Wegbegleiterin, ohne jemals Reziprozität einzufordern.

Frau Hinze zieht sich ein halbes Jahr zurück und lässt den geschäftlichen Dingen ihren Lauf:

Und ich hatte erst mal . ne gewisse Zeit für mich, weil wie gesagt, das war (schnell) war mir einfach zu viel. Das ganze Drum und Dran und dieses Gestreite und Geärgere da oben. (DH:295f.),

Und dummerweise wie gesagt, da ich mich dann so dumm gekümmert hab, . en halbes Jahr zu spät, dann wär das sicherlich nicht so böse ausgegangen. (DH:323f.)

Diese Lebensphase wird in der Erzählung komplett ausgespart. Eher aus einem unguten Gefühl[374] heraus reift bei der Informantin in diesem Zeitraum der endgültige Entschluss zur Geschäftsaufgabe. Ausschlaggebend dürfte dabei das Gefühl von Überforderung und Überlastung gewesen sein, welches wiederum dem mangelnden ‚Durchblick' geschuldet ist.

Die überraschende Geschäftsaufgabe als Auslösungsereignis der Verlaufskurve

In einer konzertierten Aktion und ohne vorherige Absprache mit ihren MitarbeiterInnen resp. Familienangehörigen kommt es zur Schließung der Geschäfte:

Und . bin dann irgendwann hoch, von heut auf morgen. Hab mir hier en paar Leute geholt, also en paar Freunde von mir, hab gesagt so und so, das hab ich vor, ich möchte die Kioske aufgeben, ich weiß, dass da oben irgendwas faul ist. Bin dann auch hoch. Hab sofort, also es wusste keiner, dass ich komme, die drei Kioske zu gemacht. Hab gesagt, raus, alle die hier drinne sind raus. Sind, meine, sind auch raus, mussten sie ja, ist ja mein also mein Laden gewesen. (DH:328f.)

---

374 Es gibt zu diesem Zeitpunkt noch keine Hinweise auf Betrügerein oder dezidiertes Einschreiten der Familienmitglieder gegen die Pläne der Informantin.

Diese Aktion kann als Schlüsselereignis für die darauf einsetzende Ereignisverkettung betrachtet werden, denn während Frau Hinze ungeachtet jeglicher
Arbeitnehmerinteressen auf ihre Eigentumsrechte an den Kiosken plädiert
und damit die Rechtmäßigkeit des Rauswurfes der Familienmitglieder begründet, setzt sich Frau Hinzes Mutter gegen dieses Vorgehen zur Wehr.

Die Mutter interveniert sowohl beim Kioskverpächter als auch beim Ge-
richt gegen die Schließung der Geschäfte und damit den Verlust ihres Arbeitsplatzes. Auch wenn Frau Hinze die Verhandlung mit der Kiosk verpach-
tenden Firma als Intrige der Mutter gegen sich versteht, so zeigt sich bei genauer Betrachtung, dass auch ohne Intervention der Mutter, kein Verkauf der
Immobilie möglich gewesen wäre, da die Verrechnung der Objektwerte mit
ihren Schulden rechtmäßig ist.

Mehr noch, sie wird durch dieses Handeln der Mutter sogar vor weiteren
Verbindlichkeiten bewahrt. Aus Unkenntnis vertraglicher Auswirkungen ihrer
Geschäftsbeziehungen sowie mangelnder betrieblicher Übersicht erkennt Frau
Hinze das nicht, und lastet diese Gläubigermaßnahme der Mutter an. Interes-
santerweise benennt sie exakt die gleiche Maßnahme später als glücklichen
Umstand einer zügigen Schuldenregulierung (vgl. DH:393f.).

Frau Hinze nimmt den Ausverkauf der Waren vor und gibt alle Geschäfte
endgültig auf. Auch in dieser Zeit sucht sie mit keinem der mithelfenden
Familienmitglieder das Gespräch, sondern stellt sie vor vollendete Tatsachen.

Die Einwände der beteiligten AkteurInnen lassen die Informantin in Anbetracht der schon bestehenden Schulden unberührt. Sie sieht in erster Linie
in dem Ausverkauf und der schnellen Schließung eine Minderung ihres eigenen Schadens, da sich durch den Warenumsatz die Schulden regulieren lassen
und keine weiteren Defizite hinzu kommen.

Die gesamte Aktion unterstreicht die oftmals notwendige, aber ausbleibende Kommunikation und Problemthematisierung in der Familie. Die Informantin bemerkt nicht ihre Verantwortung gegenüber den MitarbeiterInnen
und unterscheidet nicht zwischen einem intrafamilialen und einem Interaktionsmuster im außerfamilialen Verhältnis.

Der „Überraschungsangriff" zur Auflösung der Kioske stellt eine deutliche
Grenzüberschreitung dar und führt zur Eskalation des Verlaufskurvenpotenzials, woraufhin es zum Bruch mit der Mutter sowie der Schwester kommt:

[...] das Verhältnis zu meiner Mutter damals is oder zu meiner Schwester auch, war von
heut auf morgen beendet. Ich wollte mit denen überhaupt nix mehr zu tun haben. Weil das
war für mich keine Familie mehr. Thema war gegessen. (DH:404f.)

Besonders die Unterbrechung der sozialen Bindung zur Mutter und in der
Folge deren fehlende Unterstützung schwächt das biografische Handlungsschema massiv und setzt für die Informantin eine konditionelle Ereigniskas-
kade in Gang. Das ohnehin schon labile intentionale Handeln der Frau Hinze
schlägt um in konditionale Gesteuertheit:

Also erst mal hab ich's überhaupt nicht begreifen können. Also wie soll ich's jetzt erklären? Ich stand irgendwo auf weiter Flur ganz allein. (gesamte Passage mal mehr mal weniger zornig erregt) Ich war . irgendwo, dacht ich, ganz allein und ich konnt's ich konnt's nicht verstehen, dass meine eigene Mutti, so was mit mir gemacht hat. Das das ging bei mir überhaupt nicht in den Kopf rein. Also ewig nicht. Also ich hab da ewig drüber nachgedacht oder ich hab auch, muss ich ganz ehrlich sagen, viel geweint, was normalerweise (schmunzelnd) nicht in meiner also Natur liegt, gar nicht. Aber . ich weiß nicht, also es war wie . ein kleines Sterben irgendwo. Da war ne Mama, die hat dich groß gezogen, du hattest ne Super-Kindheit, konntest machen was, du wolltest, sie hat Verständnis für alles gehabt, aber dann irgendwo von heute auf morgen, mich da in was rein zu zu äh manövrieren, das war für mich unverständlich. Das ist für mich heute noch unverständlich. (DH:924f.)

Eine völlige alltagspraktische Handlungsunfähigkeit ist Frau Hinze nicht zu unterstellen, sehr wohl aber eine Beeinträchtigung ihres Alltagshandelns infolge der schmerzlichen Erfahrung der familialen Ausweglosigkeit. Während sie aus einer rein beruflichen Konstellation ausbrechen kann, ist das auf die Familie nicht ohne weiteres übertragbar.

Der Versuch des Aufbaus eines labilen Gleichgewichts

Nachdem die geschäftlichen Angelegenheiten geregelt sind, geht die Informantin mit der Absicht, ihr Leben zu ordnen, vorerst endgültig und allein zurück in ihre Herkunftsstadt. Die Tochter bleibt weiterhin bei der Großmutter der Frau Hinze. Die Großmutter bekräftigt die Informantin sogar darin, die Zeit für sich zu nutzen, um wieder Klarheit zu finden:

[...] äh hat meine Oma gesagt, pass auf, ich lass das Kind erst mal hier, war ja auch mitten im Schuljahr, ich lass, also lass das Kind hier . und sieh zu, dass du erst mal alleine mit dir klar äh klar kommst. (DH:350f.)

Auch der Vater tritt fortan als helfende Figur auf, die das Bild von Familie, welches die Informantin in sich trägt, aufrecht erhält und ihr Unterstützung gibt.

Wie schon in der Kindheit, sind es wieder Großmutter und Vater, die sie durch ihre Hilfe vor weit reichenden Konsequenzen bewahren. Sie geht sogar soweit, an deren Anwesenheit ihr eigenes weiteres Schicksal fest zu machen:

Und wenn ich meine Oma und mein Papa nicht gehabt hätte, . ich weiß nicht, was . was da also überhaupt mit mit mir geworden wäre. (DH:347f.)

Bereits mit dem Ausverkauf und der damit verbundenen Eindämmung der betrieblichen Schwierigkeiten, lässt sich auch der Überblick über die eigene Lage wieder verbessern. Diese Erkenntnis ist aus Sicht der Informantin prinzipiell richtig und ein wichtiger Schritt zur Konsolidierung der eigenen Verhältnisse. Dennoch fehlt es an intentionalen Handlungsperspektiven und neuen Handlungskonzepten, wie auch die Beibehaltung der Einbindung von Familienangehörigen dokumentiert.

Frau Hinze nimmt sich eine kleine Wohnung und konzentriert sich auf die Schaffung einer neuen materiellen Basis. Durch die Konzentration auf diesen materiellen Aspekt, aber auch auf die Bewältigung des Alltages, verblassen die vorangegangenen Ereignisse kurzzeitig. Die typische Kaskade weiterer konditioneller Ereignisverkettungen ist dadurch zeitweilig aufgeschoben.

Gerade aber die immensen Anstrengungen zur Organisation alltäglicher Abläufe und die Bewältigung kleinerer Probleme verdeutlichen die Auswirkungen der Verlaufskurve:

[...] wenn ich, wie gesagt, meine Oma und mein Papa damals nicht gehabt hätte, zum Anfang, dann weiß ich nicht was passiert wäre. Wie gesagt, ich allein mit dem Kind wäre überhaupt nicht gegangen, weil wie gesagt, war ja zu feige zum Arbeitsamt zu gehen oder zum Sozialamt. (DH:426f.),

Weil die ersten (überlegend) zwei Jahre, also da war überhaupt kein, also an ein normales Leben war überhaupt nicht zu denken. Also es gab sicherlich keine Nacht, wo ich da nicht drüber nachgedacht hab, was kannste machen, oder wie machste's, du schaffst es nie, weil das ist viel zu viel, egal wo du gehst oder was du verdienst, du kannst du kannst diese Schulden nicht wieder abarbeiten, das geht gar nicht. (DH:524f.)

Selbst die Betreuung und Versorgung ihres Kindes werden zur Herausforderung, der sie sich nicht gewachsen fühlt. Die Aufmerksamkeit der Aktivitätsorientierung reduziert sich zunehmend auf die scheinbar irreparablen Erleidensausschnitte.

Als wesentlicher Bremsmechanismus bei der Entfaltung der Verlaufskurve kann der Umstand gewertet werden, dass sich Frau Hinze über anderthalb Jahre[375] nirgendwo meldet und daher auch keine belastende Post erhält.[376] Lediglich die Großmutter und die Tochter der Informantin sind über ihren Verbleib informiert. Durch das bewusste Ignorieren der Umstände, ist zwar eine vorübergehende Entlastungssituation herbeizuführen, die dann aber umso geballter von der Realität eingeholt wird. Das Verdrängen ermöglicht zunächst die Verrichtung alltäglicher Dinge, jedoch unter wachsendem psychischen Druck, wodurch immer größere Anstrengungen zur Bewältigung von Alltäglichkeiten unternommen werden müssen.

Die Entstabilisierung des labilen Gleichgewichts

Anfangs jobbt Frau Hinze bei Freunden, um wenigstens die Miete bezahlen und sich schrittweise neue Einrichtungsgegenstände kaufen zu können. Die Informantin, die nie materielle Not kannte und die Jahre zuvor sogar in teilweise luxuriösem Wohlstand lebte, erfährt nun den krassen Gegensatz.

Die finanzielle Lage spitzt sich weiter zu, da Frau Hinze aus Angst und Peinlichkeit keine staatlichen finanziellen Hilfen in Anspruch nimmt:

---

375 Es ist bereits die Zeit seit ihrem ersten Fortgehen in die Herkunftsstadt mit eingeschlossen.

376 Diese praktizierte so genannte „Vogel-Strauß-Mentalität" ist keine Seltenheit bei überschuldeten Menschen, sondern ein übliches Handlungsmuster.

Also zum Anfang . war's wirklich, es war ganz schlimm. Also . teilweise hab ich gedacht, wenn du irgendwo hingehst, (schnell) oh Gott, die gucken mich an, die wissen genau, das und das ist passiert, du hast Schulden oder. Oder wenn du dann zum Arbeitsamt gehst, um Gottes Willen, musst hier erzählen, was haste die letzten drei Jahre gemacht oder warum ist das passiert. Nee das ist dir peinlich. Das sind fremde Leute für dich. Und mit denen möchtest du da nicht drüber reden. Also innerlich war's manchmal, war's richtig schlimm manchmal. Also meine Oma, die hat immer gesagt, (nachahmend) oh Mädel irgendwie es geht. Und äh die hat mir auch, muss ich sagen, immer Geld zu gesteckt, dass es irgendwo dann doch so die äh die Kurve kriegte. Ne? Aber . also ich möchte's keinem, nicht mal meinem ärgsten Feind, möchte ich's wünschen, dass das, also dass so was passiert. Also manchmal, doch also war's ganz schön hart. Auch schlimm zu wissen, was isst du eigentlich heute Abend. Ne. Also manchmal war's wirklich so, dass ich dann zu meinem Papa gegangen bin und der gesagt hat, (nachahmend) Mensch komm lass, hier haste, hol dir en Brot oder. Also ich denke mal, ich war ganz ganz unten. Also kurz vorm, weiß ich nicht, vielleicht hätte ich mir wirklich ne Brücke aussuchen können, bald. Aber auch nur, weil ich feige war. Weil ich mich einfach nicht getraut habe irgendwo hin zu gehen. (DH:483f.)

Dabei gibt es für sie eine erkennbare Differenzierung zwischen der Arbeitslosmeldung aus einem Angestelltenverhältnis und einer gescheiterten Selbstständigkeit heraus:

Also dann, das war für mich dann, weiß ich nicht, was anderes. Von der Arbeit aus halt arbeitslos werden und dann zum Arbeitsamt ist o.k., aber von der Selbstständigkeit. (schnell) Es war mir halt, es war mir peinlich. Warum auch immer, keine Ahnung. (DH:437f.)

Unter der Vorgabe von Ahnungslosigkeit werden die maßgeblichen emotionalen wie normativen Motive von der Informantin verdrängt.

Eine Arbeitslosigkeit aufgrund der Kündigung des Angestelltenverhältnisses impliziert eine Außeneinwirkung, nämlich die des Arbeitgebers.

Demgegenüber ist die Arbeitslosigkeit infolge des Scheiterns der beruflichen Selbstständigkeit, nicht ohne weiteres von Frau Hinze als Fremdeinwirkung darzustellen, zumal für das Arbeitsamt die Version von der Generalschuld der Mutter irrelevant sein dürfte.

All dieser Umstände ist sich Frau Hinze durchaus bewusst, denn immerhin konzentriert sie ihre gesamten Aufmerksamkeitsleistungen, resultierend aus dem dominanten Wirksamkeitsdruck des Verlaufskurvenpotenzials, darauf.

Es verwundert deshalb auch nicht, wenn sie ihrer sozialen Umwelt negative Gedanken in Bezug auf ihre Person unterstellt, was als Zeichen moralischer Selbstdegradation im Zuge der fortschreitenden Verlaufskurvenentfaltung zu werten ist.

Auf die Verschleierung der Verlaufskurvenereignisse fokussiert, vernachlässigt sie ihre eigene aktuelle materielle Lebensgrundlage und bringt sich damit in eine erneute Notlage.

Das Gefühl, sich zu blamieren, bloß gestellt und als Versagerin stigmatisiert zu werden, ist handlungsleitend. Sie isoliert sich und verdrängt auch zunehmend das eigentliche Schuldenproblem bis irgendwann die ersten Besuche vom Gerichtsvollzieher und Haftbefehle kommen:

[...] hab alles dolle schleifen lassen, und hab aber auch, außer meinem Papa und meiner Oma, hab mir auch nicht getraut, zu irgendjemand zu gehen. Oder zu sagen, so sieht's aus oder es ging ja irgendwas schief oder was kann ich machen? Es war einfach, es . war irgendwo, die Schotte war dicht. Also war . pfh also ich war's ja nicht, also mich betrifft's ja nicht, war ja nicht ich. Na ja, bis es dann, wie gesagt, so schlimm wurde, dass dann doch irgendwann mal die Gerichtsvollzieher da warn . oder dann halt schon . einmal en Haftbefehl, weil se mich halt nicht gefunden haben. (DH:371f.)

In den Verwirrungen der Ereignisse sieht Frau Hinze nur diffuse Perspektiven. Einen Ausweg hält sie sich zumindest gedanklich offen:

Also ich muss ganz ehrlich sagen, manchmal hab ich so, wenn ich so drüber nachgedacht hab über die ganze Misere, hab ich immer so gedacht, irgendwie wenn's gar nicht weiter geht, einen Ausweg gibt's immer. Ich meine . aber . nja. Also das hatte ich mehrmals, dass ich gesagt hab, also wenn's hier nicht bald irgendwo vorangeht oder irgendwas passiert, dann, ja dann können sie mich eigentlich nur irgendwo einbuddeln. (DH:477f.)

Sie zieht einen Suizid nicht ernsthaft in Betracht, denn zu schnell verwirft sie in der Erzählung die Gedanken und begründet mit dem Versorgen der Tochter die Unmöglichkeit der Ausführung. Paradoxerweise richtet sich Frau Hinze aber an der Vorstellung, wenigstens diese Entscheidung über ihr Leben in der Hand zu haben, auf.

Das Abwenden des endgültigen Orientierungszusammenbruchs

Zu einem endgültigen Zusammenbruch der Alltagsorganisation und der Selbstorientierung kommt es offensichtlich nicht, da eine akute Zusammenbruchskrise in ihrem ganzen dramatischen Ausmaß abgefedert wird durch gezielte Gegenmaßnahmen von signifikanten InteraktionspartnerInnen und professionellen Akteuren. Es ist schließlich Doris Hinzes Vater, der ihr anbietet in seinem Geschäft zu arbeiten, damit sie sich aus diesem Beschäftigungsverhältnis heraus arbeitslos melden kann:

Und irgendwann hat dann mein Papa gesagt, (nachahmend) o.k. kommste zu mir, arbeiteste bei mir. Und dann . kann also, weil äh das ist en kleines Geschäft. Der hat ja nur Briefmarken, Münzen, Antiquitäten so'n bisschen. Also für ihn selber war's o.k., ist er also halt gut mit durch, also kann er gut mit leben, aber zu zweit wär's nicht gegangen. Aber . ich hab dann da praktisch 3 Monate gearbeitet und konnte dann zum Arbeitsamt. (DH:432f.)

Durch den Bezug von Arbeitslosengeld ergibt sich eine sichere finanzielle Basis, die Frau Hinze zuversichtlich stimmt:

Und bin dann zum Arbeitsamt und hab dann auch Arbeitslosengeld wieder bekommen. Und von da an hat sich mein Leben eigentlich . wieder zum Vorteil, also . irgendwo war wieder doch so ne kleine . Perspektive. Ich wusste jetzt haste irgendwo . doch en bisschen Geld, dann hatte ich ja, wie gesagt, die Wohnung. (DH:440f.)

146

Nach einem halben Jahr betrachtet sie die Haushaltssituation als gefestigt und sieht sich wieder in der Lage, ihre Tochter bei sich aufzunehmen:

Und dass hab ich eigentlich relativ in kurzer Zeit also in nem halben Jahr hab ich's wirklich so weit auf der Reihe gehabt, dass ich gesagt hab, so jetzt kann mein Kind kommen. Jetzt hat's wieder ne vernünftige äh also ich hab ne vernünftige Wohnung, sie hat ihr eigenes Zimmer. Ihr Zimmer hatte sie ja bei ihrer Oma oben die ganzen Möbel und das alles. Also . sie konnte praktisch wieder zu mir kommen und es war wieder wie es normalerweise sein sollte. (DH:981f.)

Parallel dazu wird Frau Hinze bei der Aufarbeitung ihrer Schulden von ihrem Vater unterstützt:

Und . irgendwann, ja, gab's dann so was wie Haftbefehle oder so was. (schnell) Wusst ich nicht, dass das alles so passieren kann. Und hab mich dann aber entschlossen, also da musste raus, weil dass, so geht das nicht. Ich hatte selber ja nicht mal en Durchblick, was hast du überhaupt oder wo ist, bei wem hast du Schulden. Und ich hatte absolut keinen Durchblick. Und das ham wir dann zusammen aufgearbeitet, noch mal mein Papa und ich. (DH:361f.)

Später konkretisiert sie, wer die Aufarbeitung leistet:

Der hat mit seiner Kollegin damals oder Freundin oder was es auch immer war, keine Ahnung, die haben beide alles, was an diesem Geschäft war, aufgearbeitet, analysiert. (DH:949ff.).

In diesem Zusammenhang werden Unzulänglichkeiten in den Büchern und Abrechnungen gefunden, woraus Frau Hinze ihrer Mutter betrügerisches Handeln nachweisen will, und in dem Betrug nunmehr den Grund für das Scheitern der Selbstständigkeit sieht:

Das ham wir dann aber erst später rausgekriegt, dass . halt da, also wir ham (leise) ich glaub um die 40.000 Mark hatten se praktisch aus den Kiosken raus gezogen. Was ich auch nachweisen kann. (DH:315f.)

Wenngleich die Informantin selbst anmerkt, es ,erst später rausgekriegt' zu haben, so hält sie an dieser Verursachungsthese fest, gleichwohl im Kontext der Geschäftsverkleinerung der fehlende Überblick sowie Streiterein und eben kein Finanzproblem genannt werden. Dementsprechend gestaltet sich die theoretische Verarbeitung des Orientierungszusammenbruchs.

Der Vater schätzt irgendwann ein, dass zur Schuldenbewältigung professionelle Hilfe notwendig ist. Seine Unterstützung ist wahrscheinlich auch hauptsächlich als Anschubhilfe gedacht gewesen.

Mit dieser neuerlichen Intervention nimmt er jedoch im Lebensverlauf der Doris Hinze eine biografische Sachwalterrolle bezüglich der Schuldenproblembewältigung ein:

Also mein Papa, der damals ja, wie gesagt, mein ganzes Schreibkram machte, hat dann irgendwann gesagt, (nachahmend) Mädel du kannst nicht davonlaufen, irgendwann musst du dich stellen und dann musst du deine Post auch aufmachen bzw. musst sie erst mal kriegen und äh . ich weiß, also wusste dann damals schon, dass es, wie gesagt, auch Gerichtsvollzieher gab und so was, weil es war dann auch schon mal einer da und wie gesagt, irgendwann sagte dann mein Papa, (nachahmend) du da musst du irgendwas tun und allein schaffst du es bestimmt nicht und äh geh zur Schuldnerberatung. (DH:1228f.)

Es kostet Frau Hinze zwar Überwindung, aber sie macht irgendwann den ersten Schritt:

Ich hab in der B-Straße gewohnt und gegenüber war die Schuldnerberatung. Aber da hinzugehen, da mit irgend nem fremden Menschen zu sprechen. Ja, was (stotternd) mag der dann von dir denken. (DH:502f.),

[...] hab ich dann auch irgendwann den ersten Schritt gemacht und bin dann zur . Schuldnerberatung. (DH:379f.)

Der Kontakt zur Schuldnerberatung markiert neben dem Bezug des Arbeitslosengeldes die Wende innerhalb der Verlaufskurve, denn die konstruktive Bearbeitung der Schulden führt zu einer merklichen Normalisierung der Situation:

Und eigentlich von dem Tage an, wo ich dann den Herrn Schulze kennen lernte und der dann auch mit mir (seufzend) da alles durchging und auch mit mir . die Firmen anschrieb und das man dann, ich hatte gar, wie gesagt, gar keinen Überblick im Großen und Ganzen. Und mit dem Herrn Schulze haben wir dann alle Firmen angeschrieben und. Viele waren auch sehr äh, dass die gesagt haben, ja o.k. gib mir en bisschen Geld und dann ist die Sache erledigt. So also irgendwo . hab ich dann da, also, wie soll ich das jetzt, das kann man vielleicht blöd erklären. Aber es war irgendwo als wenn . mich ne Last . so befrei (haspelnd) also ich wurde so von ner Last befreit irgendwo. (DH:507f.)

sowie

Und . ja . aber von da an fühlte ich mich auf jeden Fall wesentlich leichter. Also es ist schon, dass ich dann auch mal nachts durchschlafen konnte wieder. Weil die ersten (überlegend) zwei Jahre, also da war überhaupt kein, also an ein normales Leben war überhaupt nicht zu denken. (DH:522f.)

In dem Berater findet sie einen Partner, der ihr Problem überschaubar macht, indem er sich um die Schuldenregulierung kümmert. Im Wesentlichen delegiert Frau Hinze damit ihr Überschuldungsproblem, spricht aber heute hinsichtlich der Bewältigung in der Wir-Form. Die alte Handlungsorientierung, basierend auf der Sichtweise, mit Unterstützung anderer, alles zu können, ist weiterhin aktiv.

Die Normalisierung der Verhältnisse wird in direkter Abhängigkeit zur Stabilisierung der materiellen Lage dargestellt, womit eine Reduzierung der Krise auf den finanziellen Aspekt und die Ausblendung der Existenz eines manifesten Familienkonfliktes sichtbar wird.

Die theoretische Verarbeitung des Orientierungsverlustes

Durch die professionelle Hilfe und die Konzentration auf die monetäre Seite der Überschuldung setzen Routinehandlungsschemata ein (vgl. DH:507f., siehe oben), die den Blick auf die faktische Verursachung und Auslösung verstellen.[377] Frau Hinze geht zum Alltagshandeln über, ohne eine kritisch reflektorische Sichtweise einzunehmen. Sie verdrängt die auslösenden Geschehnisse und unternimmt den Versuch, die Schuldenkrise als überschau- und handhabbar darzustellen:

Und ich hatte zum Anfang 60.000 Mark Schulden, meine . wenn man bedenkt, es ist jetzt nicht so, dass man's nicht abarbeiten kann oder dass man's zurück zahlen hätten können. Ne? Also irgendwo überschaubar. (DH:382f.)

Der massive psychische Druck, die Auswirkungen auf den Alltag und ebenso die enormen Bemühungen, insbesondere die der Schuldnerberatung, werden geradezu bagatellisiert.

Wenn Frau Hinze allerdings die Verantwortung der Mutter für die Krise herausstellt, wird die gleiche Ausgangslage folgendermaßen präsentiert:

Also es gab sicherlich keine Nacht, wo ich da nicht drüber nachgedacht hab, was kannste machen, oder wie machste's, du schaffst es nie, weil das ist viel zu viel, egal wo du gehst oder was du verdienst, du kannst du kannst diese Schulden nicht wieder abarbeiten, das geht gar nicht. (DH:525f.)

Dadurch entsteht ein Eindruck, in welch ambivalenter Gefühlslage sich Doris Hinze befindet, wenngleich sie anderenorts darüber hinweggeht.

Nicht unerheblich wirken sich die aus der Entfaltung der negativen Verlaufskurve resultierenden Selbsttäuschungsmechanismen aus. Exemplarisch dafür sind u.a. die Fokussierung auf den Betrugsfall als vermeintlichem Hauptgrund für das berufliche Scheitern sowie die Reduktion der Krise auf monetäre Aspekte zu nennen. Durch die damit einhergehende Verlagerung der Prioritäten findet auch der von Frau Hinze eingangs kurz erwähnte Krisenauslöser, nämlich der Familienkonflikt, hinsichtlich der Bewältigung der kritischen Situation keinerlei Erwähnung mehr. Einerseits stellt Frau Hinze triumphierend die Bewältigung ihrer Krise dar, andererseits reflektiert sie nicht, wodurch dieser Prozess initiiert wurde.

Es genügt ihr momentan die Befriedigung der materiellen Bedürfnisse, denn an der Auflösung des familialen Konfliktes zeigt sie wenig Interesse, welches die mangelnde Gesprächsbereitschaft in Richtung Mutter dokumentiert:

Aber ich hab mich auch nie mit ihr drüber unterhalten, weil wenn wir uns sehen, das Thema ist tabu. Möchte ich eigentlich auch gar nicht mit ihr drüber reden, weil ich weiß ihr geht's nicht gut, so wie's mir damals nicht gut ging, ich musste mich durchbeißen und jetzt ist sie dran. (DH:546f.)

---

377 vgl. Schütze 1981, 103

Das vermeintliche Desinteresse basiert aber auf Angst:

> Muss ich ganz ehrlich . sagen, also möchte ich's eigentlich auch gar nicht, weil irgendwo doch auch immer die Angst hinter stecken würde, ja was ist das Nächste, was kommt. Ne? Weil, wer einmal so verraten hat, der verrät immer wieder. . Also denk ich mir mal. Ich weiß es nicht. Und wie gesagt, es ist auch immer diese Kälte zwischen uns. Was vielleicht nicht mal von ihr ausgeht. Ne? Also sie bemüht sich schon, aber es es geht nicht, . geht absolut nicht. Bis zu nem bestimmten Punkt und dann ist nix geht nix. (DH:711f.)

Die Option, aus der Thematisierung des Konfliktes eine grundlegende Krisenbewältigung herbeiführen zu können, greift sie im Augenblick noch nicht auf. Sie selbst spürt eine imaginäre Barriere, die die Kommunikation verhindert:

> [...] ich hab zu meiner Mutti . nicht mehr den den den Draht. Also so wie früher da bin ich dann hin (nachahmend) ah Mutti, das und das ist passiert und was kann ich machen oder. Es es ist kein Draht mehr da. (schnell) Ich weiß es ist meine Mutti und sie weiß auch ich bin ihre Tochter und Nadine, und alles gut und schön aber wir haben nicht den Draht zueinander. Weiß nicht, ob man sagen kann, man geht sich gesprächsmäßig aus dem Weg. Irgendwo. (DH:680f.)

Zumindest jedoch die explizite Wahrnehmung dieser Barriere kann das latente Bedürfnis nach einem klärenden Gespräch vermuten lassen, auch wenn es in der Erzählung verneint wird. Die Informantin ist offensichtlich noch nicht in der Lage, sich mit dem Konflikt in seiner ganzen Tragweite auseinander zu setzen.

Es kommt im Hinblick zur Überschuldungssituation zu einer systematischen Verdrängung des primären Verlaufskurvenpotenzials und zu einer Umdeutung der Höhepunktsereignisse, sodass von einer Transformation der Verlaufskurve auszugehen ist.

Frau Hinze thematisiert sogar, welche Bemühungen sie unternimmt, damit niemand aus ihrer Familie die Schwierigkeiten bemerkt, mit denen sie zu kämpfen hat:

> Weil nach außen hin hätte ich . jetzt nie mit irgendjemanden drüber geredet, die jetzt mit meinen, mit meiner Mutti oder mit meiner Schwester Kontakt hat. Hätte ich nie gesagt, oh mir geht's ja so schlecht und ich kann das nicht und jenes nicht, hätte ich nie gemacht, nie. Also eigentlich . ist es für die sicherlich en Rätsel, wie ich das überhaupt bis hierher geschafft habe. Dass es mir gut geht, dass ich ne vernünftige Wohnung habe, vernünftige Einrichtung und und und. Das ist für die en Rätsel. Das geht normalerweise nicht. (DH:564f.)

Dennoch spaltet sie im Resümee der Krise den Familienkonflikt systematisch von der Überschuldungssituation ab. Während sie die Schuldenbearbeitung aktiv angeht, wird der familiale Disput ausgeklammert.

Trotz nachhaltiger Verletzungsdispositionen wird nach dreijähriger Unterbrechung der Kontakt zur Mutter, ohne ein klärendes Gespräch im Vorfeld, wieder aufgenommen. Die Kenntnis von der Überschuldung der Mutter legitimiert für Frau Hinze die Kontaktaufnahme:

Der liebe Gott hat gesagt, die Frau hat da en Fehler gemacht und jetzt müssen wir se genauso bestrafen. Und von da an war eigentlich mehr oder weniger, dass wir wieder Kontakt zueinander hatten. (DH:621f.)

Obgleich Frau Hinze Einschränkungen bezüglich des Verhältnisses zur Mutter vornimmt, so wird fast nahtlos an die lebensgeschichtliche Ordnungsstruktur vor der Krisensituation angeknüpft. Wiederum stützt sich die Informantin auf die Wirksamkeit familialer Strukturen. Es finden wechselseitig Besuche statt und die Mutter betreut in den Ferien die Tochter der Frau Hinze:

Also das Verhältnis zu meiner Mutter wird nie wieder so sein, wie's früher war, aber im Moment oder jetzt sagen wir nach nach einem Jahr also seit einem Jahr ist es wieder, dass wir doch miteinander telefonieren, dass wir uns ab und zu mal besuchen kommen, dass die Kleene, also mein Kind hat in jetzt letztes Jahr auch Ferien oben gemacht, 14 Tage. Ich war eine Woche oben. Also is wieder normalisiert, aber es ist immer im Hinterkopf, was gewesen ist, komischerweise. (DH:590f.)

Es werden zwar Vorbehalte gegen die Mutter verbalisiert, wie beispielsweise „also ich würde meiner Mutti nie wieder was anvertrauen" (DH:666f.), diese Aussagen scheinen sich aber nur auf materielle Belange zu beziehen, und nicht auf ihre Tochter.

Im Umgang mit der Mutter sind keine grundlegenden interaktiven Veränderungen erkennbar, wodurch der Widerspruch zwischen der illusionären autobiografischen Gesamtthematisierung und der Gesamtformung der Biografieträgerin sichtbar wird. Ebenso verhält es sich in Bezug auf die berufliche Selbstständigkeit, denn Frau Hinze hat trotz der dramatischen Ereignisse durchaus Pläne, sich erneut selbstständig zu machen:

Und ich hatte schon mal mittlerweile wieder den Spleen mich doch wieder selbstständig zu machen, obwohl ich eigentlich gesagt habe, nie wieder und hab auch mit ihm gesprochen, weil es gibt ja da doch einiges, was man wissen sollte, zum Beispiel mit Pfändungen und was da alles zu äh zukommt oder halt ist [...]. (DH:1264f.)

Die von der Informantin selbst konstatierten Überlastungs- und Überforderungserscheinungen sind durch die Umdeutung der Krisenereignisse, der Krisenreduktion auf finanzielle Aspekte und der Schuldzuweisung an die Mutter offenbar vergessen.

Eine Reflexion der Situation, aber auch des eigenen Handelns (reflektorische Situations- und Selbstdefinition) bleiben bei Frau Hinze aus. Die Chance, gezielte handlungsschematische Behandlungs- und Kontrollstrategien zu entwickeln, die die Kontrolle bzw. Überwindung der Verlaufskurve mit sich bringen könnten, bleibt ungenutzt.

Praktische Versuche der Bearbeitung und Kontrolle der
Verlaufskurve

Die Modalität der theoretischen Verarbeitung des Orientierungszusammenbruchs ist entscheidend, inwiefern Frau Hinze sich aus der verlaufskurvenförmigen Lebenssituation befreien kann. Die zu beobachtende Verdrängung
des Verlaufskurvenpotenzials kann letztlich zu keiner wirksamen Kontrolle
desselben führen. Ebenso wird eine systematische Beseitigung des Verlaufskurvenpotenzials dadurch verhindert.

Die Informantin bearbeitet mit Hilfe der Schuldnerberatung konstruktiv
das monetäre Problem und kann somit ihre materielle Lage stabilisieren.
Gleichzeitig wird damit eine Transformation der Verlaufskurve begünstigt.

Das bei Frau Hinze einsetzende Wohlbefinden steht in direktem Zusammenhang zur Konsolidierung der Haushaltssituation und vermittelt ihr den
Eindruck, sämtliche Schwierigkeiten gemeistert zu haben und wieder selbst-
bestimmt agieren zu können. Diese enge Verknüpfung von Materialität, Emotionalität und auch Lebenssinnstiftung verdeutlichen die Grundhaltung der
Informantin.

Frau Hinzes Lebensinhalte sind bestimmt vom Erreichen materieller Zielsetzungen, womit wiederum emotionale Befriedigung herbeigeführt wird. Ein
hinreichendes materielles Niveau ist wieder hergestellt und die Notwendigkeit
zur Bearbeitung des familialen Problems sowie zur kritischen Selbstreflexion
ihres Handlungsschemas wird nicht mehr wahrgenommen.

Es kommt zu einem Arrangement mit der gegenwärtigen Lebenssituation,
bei der die Informantin die Potenz des immer noch wirksamen Verlaufskurvenpotenzials unterschätzt.

3.1.2. *Analytische Abstraktion des Selbst- und Weltverständnisses der Frau Hinze*

Doris Hinzes Aufwachsen ist von der Erfahrung geprägt, ,alle Freiheiten zu
haben', die nur von wenigen ,Richtlinien' eingeschränkt werden.

Die elterlichen Vorgaben haben hauptsächlich formalen Charakter, um
familiale Minimalbedürfnisse, wie z.B. die gemeinsame Mahlzeiteneinnahme,
zu regeln oder um schlicht ein äußeres Zeichen (äußerstes Limit) zu setzen,
welches jedoch zu abstrakt erscheint, als dass es für die Informantin reale
Relevanz hätte, wie beispielsweise die Regel ,nicht mit dem Gesetz in Konflikt zu geraten'.

Durch die Abstraktheit weicht auch der normative Gehalt auf und die Informantin praktiziert *ihre* Auslegungsmöglichkeiten. So wird die eben genannte Regel dergestalt verstanden, sich nicht erwischen zu lassen, oder wie es
die Informantin formuliert: „dass die Polizei bei mir vor der Tür gestanden

hätte oder so was" (DH:759f.), denn der begangene Diebstahl oder das Schwarzfahren markieren eindeutige Gesetzesverstöße.

Es kommt immer wieder zu Grenzüberschreitungen, die von der Informantin aber gar nicht als solche wahrgenommen werden, da es die Eltern und die Großmutter oftmals versäumen auf Grenzen und Regeln, also soziale Normen[378], hinzuweisen. Da sie im Sozialisationsprozess und in Prozessen der Institutionalisierung internalisiert werden, wirkt sich der allzu offene Erziehungsstil der Eltern und der Großmutter dementsprechend auf die Ausbildung eines sozialen Normenverständnisses bei der Informantin aus. Die mangelnde Verbindlichkeit sozialer Normen im Sozialisationsprozess der Doris Hinze beeinträchtigt wiederum deren Funktionsfähigkeit innerhalb sozialer Beziehungen.

Bereits in der Kindheit der Doris Hinze fehlen die biografischen SachwalterInnen. Die Eltern lassen ihre Tochter gewähren, anstatt ihr bewusst und reflektiert Unterstützung widerfahren zu lassen. Und werden infolge normabweichender Handlungen erzieherische Maßnahmen der Eltern zumindest theoretisch erwartet, verhindert die Großmutter durch ihr Eingreifen Sanktionen der Eltern. Durch die Interventionen der Großmutter werden wichtige Lernmomente sozialen Handelns abgenommen.

Da grundsätzliche Regeln nur bedingt aufgestellt sowie Grenzen kaum gesetzt werden, und auch mittels Sanktionen[379] keine Regelverstöße oder Grenzüberschreitungen sichtbar gemacht werden, erlernt und beherrscht die Informantin nur vage, welches Verhalten in bestimmten Situationen und in welchem Alter respektive welcher Entwicklungsphase angemessen wäre.

Das prinzipielle Wahrnehmen von Grenzen und Normen, um ein Gefühl für sich selbst und die Optionen entwickeln zu können, wird bei der Informantin hierdurch negativ beeinflusst. Für Doris Hinze bleiben diese Grenzen weitest gehend unsichtbar.

Es wird für die Informantin demgemäß unterbunden, eigene und Grenzen anderer Menschen bewusst wahrzunehmen und sich damit selbst verorten zu können.

---

378 Soziale Normen sind gemeinsam gekannte und akzeptierte Regeln oder Standards des Zusammenlebens, die für eine Mehrzahl von Individuen gelten, und die grundlegend sind zum Aufbau sozialer Beziehungen und der wechselseitigen Orientierung des Handelns mehrerer Individuen. Damit solche Normen als Kernstück sozialen Lebens funktionieren, müssen sie verbindlich gemacht werden und ihre Befolgung muss als wertvoll in einem ethischen Sinn angestrebt werden (vgl. Schäfers 1992a, 31).

379 Sanktion ist hier als Instrument sozialer Kontrolle zu verstehen, damit das Gefüge sozialer Rollen und Normen, innerhalb dessen sich menschliches Verhalten abspielt, funktioniert. Die mit Sanktionen verbundenen Erfahrungen sind hinsichtlich der Persönlichkeitsentfaltung besonders relevant und sie haben außerdem eine wichtige Erziehungs- und Systemstabilisierungsfunktion. Gerade im Kindesalter werden aufgrund entwicklungsbedingter Sprachbarrieren über Sanktionen (Lob, Tadel, Strafe) soziale Normen und Grenzen substantiiert.

In der Folge werden nicht nur die eigenen (intrapersonellen) Grenzen überschritten, sondern auch die gegenüber InteraktionspartnerInnen (interpersonell). Ohne kompromissbereites Verhandeln versucht Doris Hinze, den eigenen Willen durchzusetzen bzw. diesen anderen aufzudrängen. Sie selbst bezeichnet das als eine Form des Respektierens durch andere:

D.: (lachend) weil da hab ich meinen Kopf durchgesetzt, warum auch immer. Irgendwie hatten sie dann doch Respekt vor mir. I.: Wie kam das? D.: Ja (pustend) das ist ne gute Frage. Ich kann's nicht mal sagen, weil das ist eigentlich, sagen wir mal, ich habe eigentlich schon meinen Willen immer gekriegt, immer, bis heute. (schmunzelnd) Mehr oder weniger. Doch. Weiß nicht, also irgendwo, weiß ich nicht, warum das so ist. . Keine Ahnung. (schmunzelnd) Ich weiß es wirklich nicht. (DH:789f.)

Dabei wird nicht reflektiert, inwiefern ihr die InteraktionspartnerInnen freiwillig Respekt zollen oder aus einer Notlage heraus agieren. Ein sensibles Gespür für die Bedürfnisse und Perspektiven anderer Menschen ist zu vermissen. Das Missachten klarer Regeln und Grenzen behindert den Umgang mit anderen Menschen und das Erlernen eines akzeptablen Konfliktverhaltens.

Ihre Beziehungsmuster lassen sich im Wesentlichen in zwei Gruppen differenzieren: a) das Muster, welches charakterisiert ist durch die fast bedingungslose Unterordnung der anderen und die fehlende Reziprozität (siehe Großmutter) und b) das Muster, welches geprägt ist durch eine materielle, geschäftliche Orientierung (siehe Lebenspartner).

In einer Atmosphäre von Grenzenlosigkeit entwickelt sich das individuelle Bewusstsein der Informantin für soziale Normen und das dementsprechende individuelle Grundverständnis sozialer Strukturbildung, welches wiederum Auswirkungen auf die Qualität der sozialen Bindungsfähigkeit und der sozialen Handlungsfähigkeit hat.

Auf der Annahme, unbegrenzte Handlungsressourcen zu haben und sich auf das helfende Agieren signifikanter InteraktionspartnerInnen verlassen zu können, konstituiert sich die biografisch relevante Handlungsorientierung. Diese Handlungsorientierung bildet die Grundlage für das Selbst- und Weltverständnis der Informantin.

Hinsichtlich ihrer sozialen Umwelt bildet die Informantin eine Erwartungshaltung aus, die sich an normativen, teils idealisierten Vorstellungen über soziale Institutionen orientiert.

So setzt sie auf die uneingeschränkte Unterstützung ihrer Familie oder Lebenspartner allein aufgrund der familialen oder partnerschaftlichen Konstellation. Es wird auf eine innere Verbundenheit resultierend aus äußeren strukturellen Gegebenheiten vertraut, ohne zu prüfen, ob dieses Vertrauen real basiert ist. Zudem wird in diesem Kontext auf die Hilfe von den InteraktionspartnerInnen nicht nur vertraut, sondern sie wird regelrecht erwartet. Am Verhältnis zur Schwester lässt sich die Feststellung, über das Vertrauen auf nicht basierte Beziehungen, besonders gut nachvollziehen, denn obwohl Frau

Hinze zu ihrer Schwester keine große Affinität entwickelt, wird sie dennoch mit in die geschäftliche Selbstständigkeit integriert. Frau Hinze hält an Familienstrukturen fest, deren Brüchigkeit sie selbst schon verspüren musste, aber zur Aufrechterhaltung ihres internalisierten Familienbildes darüber hinweg geht.

So wird auch die Scheidung der Eltern erst auf Nachfrage detailliert. Das Verhältnis zur Mutter erleidet während der Scheidungsphase einen empfindlichen Bruch als die Mutter zeitweilig die Familie verlässt. Denn trotz des ansonsten als ‚super' charakterisierten Mutter-Tochter-Verhältnisses, will Doris Hinze nach der Scheidung nicht bei der Mutter leben. Sie selbst weiß für diesen Wunsch keine Erklärung, was wiederum auf das Verdrängen der Ereignisse zurückzuführen sein könnte.

Die Erfahrung, von der Mutter physisch und vermutlich auch psychisch verlassen zu werden, ggf. Deprivation erlebt zu haben, dürfte nicht folgenlos geblieben sein. Die Informantin ist zum damaligen Zeitpunkt 14 Jahre, das heißt in einer Phase, in welcher die Bindung zur Mutter eine andere Qualität gewinnt, die Identifikation mit gleichgeschlechtlichen Elternteilen stattfindet und soziale Orientierungen neu definiert werden. In eben dieser bedeutsamen Entwicklungsphase ist Doris Hinze ohne Mutter.

Die Informantin ist damals altersmäßig und kognitiv in der Lage, das Geschehen rund um die Scheidung und die Beziehung der Eltern zu erfassen. Sie wird jedoch nicht vollends eingeweiht und die vom Vater zugestandene Entscheidungsautonomie bleibt uneingelöst, wodurch sich massive Enttäuschung bei ihr ausbreitet, die sich dann in emotionalen Ausbrüchen entlädt.

Die vorhandene Gegenwärtigkeit der Situation in der Darstellung markiert die einschneidende Bedeutung und lässt Verletzungsdispositionen sowohl als Resultat der Abwesenheit der Mutter, aber auch der Nichteinhaltung des Versprechens des Vaters erahnen.

Und trotz dieser markanten Erfahrungen relativiert sie ihr idealisiertes Familienbild nicht und vertraut weiter auf die Familienstrukturen.

Der Grund dafür liegt ebenso im individuellen Erwerb sozialer Normen, da durch das beobachtbare Nichteinhalten sozialer Normen die soziale Bindungsfähigkeit der Informantin beeinträchtigt ist. Das heißt Frau Hinze ist auf diese Bindung qua Familienkonstellation existenziell angewiesen, denn der Aufbau balancierter sozialer Beziehungen außerhalb der Familie ist erschwert.

Diese Feststellung erklärt die in der formalen Erzählanalyse konstatierte starke Orientierung der Informantin an einem Normalitäts- und Normativitätsanspruch bezogen auf soziale Institutionen. Allein die verwandtschaftliche Bindung wird als Legitimation für eine funktionierende und jederzeit zu beanspruchende soziale Beziehung verstanden. Außerhalb der Familie fehlt eine derart legitimierte Beziehungsgrundlage, wodurch dieses Einfordern sozialer Bindungen und Unterstützungsleistungen eine Einschränkung erfährt.

Das heißt, die Konzentration, wenn nicht gar Fixierung, auf die eigene Herkunftsfamilie und auch deren Idealisierung ist eine folgelogische Erscheinung der mangelnden Integration in (andere) soziale Bezugsgruppen. Über das soziale Bindeglied „Familie" kann die beeinträchtigte soziale Handlungs- und Bindungsfähigkeit ausbalanciert werden.

Frau Hinze erfährt dadurch einerseits eine Stärkung ihrer Handlungskompetenz, andererseits führt die Einseitigkeit ihrer sozialen Beziehungen in eine strukturelle Abhängigkeit, da Alternativen nicht zur Verfügung stehen. Unter störenden äußeren Einflüssen ist nicht nur die Stabilität und Existenz der Beziehung einer gewissen Fragilität unterworfen, sondern vor allem die Handlungskompetenz gefährdet, da die in Abhängigkeit stehende Person existenziell auf die InteraktionspartnerInnen angewiesen ist.

Ein Mangel an tiefgreifender emotionaler Verbundenheit entzieht einer solchen Beziehung zusätzlich die Substanz. Und tatsächlich integriert sich die Informantin in ihrer Familie auch eher auf einer zweckrationalen Ebene. Es ist augenscheinlich, dass Doris Hinze auf äußere Strukturen setzt und die Wahrnehmung ihrer Umwelt über Äußerlichkeiten erfolgt. Selbst die zentrale Bezugsperson Großmutter wird wiederholt auf den materiellen Aspekt reduziert, welches in der Assoziation ihres Todes mit einer versiegenden Finanzquelle gipfelt.

Es zeigt sich, wie der Konflikt zwischen der Informantin und ihrer Mutter nicht nur die Destabilisierung der Mutter-Tochter-Bindung systematisch nach sich zieht, sondern ebenso die Reduktion der gesamten Handlungskompetenz der Informantin, wodurch die Verlaufskurvenentfaltung und damit der Überschuldungsprozess in Gang gesetzt werden.

Ebenso als Resultat der biografisch relevanten Handlungsorientierung richtet sich die Informantin an Menschen und Statussymbolen aus, die gemessen an der Ausgangsposition und den Handlungspotenzialen der Frau Hinze unrealistisch erscheinen. Dadurch entsteht eine starke Erfolgsorientierung, die Doris Hinze u.a. auch dazu veranlasst, positive Entwicklungen dem eigenen Handeln zuzuschreiben und negative Dinge zu externalisieren.

Sie lernt, sehr flexibel zu reagieren und sich mit helfenden Netzwerken zu umgeben, wodurch situativ ihre Handlungskompetenz gestärkt wird. Dabei achtet sie darauf, die Umwelt ihren Bedürfnissen entsprechend anzupassen, das heißt die Adaptation wird von den anderen erwartet.[380] Die eigene Perspektive nimmt somit nahezu statische Formen an und das Erlernen von Perspektivenübernahme, sich also in das Denken und Fühlen des Gegenübers, aber auch in eigene künftige Situationen zu versetzen, ist blockiert.

Verstärkt wird die Perspektivenbeschränkung durch die Verlaufskurvenentfaltung und die noch nicht verarbeiteten Situationsumstände. Sie führen zu

---

380 Diese Form nennt sich auch alloplastische Anpassung (siehe dazu Brunner/ Zeltner 1980, 17).

spezifischen Perspektivierungsfiguren (z.B. die Konstruktion der Betrugs-these), mit denen sich die Akteurin Freiräume für selbstbestimmte weitere Entwicklungen sichern kann.[381] Dies ist besonders dann notwendig, wenn neue Handlungskonzepte nicht zur Verfügung stehen.

Das übergeordnete Handlungsschema der Frau Hinze, welches auf dem steten Vertrauen in immerwährende familiale Hilfe beruht, leitet sie erfolg-reich durch verschiedene Lebensphasen. So meistert sie ihre Ausbildung trotz Kind und schafft sich Freiräume während der Ehe.

Da die intentionale Ordnungsstruktur der Informantin auf dieser Hilfe von außen basiert und sie überzeugt ist, alle Handlungsoptionen zu haben, gewinnt sie die Überzeugung, nahezu jedes Vorhaben in Angriff nehmen und zum Gelingen bringen zu können. Das erklärt auch die erhebliche Verwunde-rung und das Gefühl der Rätselhaftigkeit bei der Informantin, als wider Er-warten das übergeordnete Handlungsschema destabilisiert wird:

Also ich hätte mal nie geglaubt, dass mir, grade mir so was passiert wie halt passiert ist mit den . ganzen . Geschäften und mit den Schulden letztendlich. Also hätte ich nie, nie ge-dacht, dass mir das passiert. . Nie. (DH:203f.)

Die plötzliche Geschäftsauflösung, die im Übrigen hinsichtlich des Überra-schungseffektes und der Willkür Analogien zu den „Revancheakten" der Doris Hinze in der Schulzeit aufweist, markiert insbesondere für die Mutter eine deutliche Grenzüberschreitung, die sie zur Gegenwehr veranlasst. Wie in der Kindheit, sucht Doris Hinze nicht das Gespräch mit den anderen Interak-tionspartnerInnen, sondern konfrontiert sie direkt mit der Umsetzung ihres Entschlusses.

Die soziale Bindung zwischen Mutter und Tochter wird brüchiger, wo-raufhin die bis dahin gekannte intensive Unterstützung seitens einzelner Fa-milienangehöriger fortan versagt bleibt. Gleichzeitig scheint Doris Hinze aber auch etwaige Hilfen der bisherigen InteraktionspartnerInnen abzulehnen, da sie den Stellenwert der helfenden Strukturen für den Erfolg ihrer Handlungen verkennt und ihre ganz persönlichen Handlungsressourcen überschätzt. Diese spezifische Problemkonstellation in Verbindung mit der Handlungsorientie-rung der Informantin ist als Determinante für die Verlaufskurve der Über-schuldung zu betrachten. Gerade für die Ankündigung, Ratifizierung, Durch-führung und auch Evaluation des biografisch relevanten Handlungsschemas im Zusammenhang mit der beruflichen Selbstständigkeit der Frau Hinze sind biografisch markierte und stabile Beziehungsschemata oder zumindest imaginäre BeziehungspartnerInnen neben der Selbstidentität[382] bedeutend.

---

381 vgl. Kallmeyer 2000, 245
382 Gemeint ist hiermit die Zusammensetzung von Merkmalskomponenten in den Dimensio-nen: begrenzte lebensgeschichtliche Ressourcen, Basisbefähigungen, Basisdispositionen, Basispositionen, Basisstrategien, Arten des Bezugs zum lebensgeschichtlichen Ursprung, Arten der Verknüpfung mit dem kollektiven geschichtlichen Prozess. Diese Merkmals-komponenten integrieren sich zur jeweils einmaligen Merkmalskonfiguration einer unter-

Vor allem aber die Evaluation und Ergebnissicherung ist in vitaler Weise auf biografisch signifikante InteraktionspartnerInnen und Beziehungsschemata angewiesen, um das Resultat des handlungsschematischen Prozesses sozial bestätigen und deuten zu lassen.[383]

Dieser für die Handlungsorientierung der Informantin und schließlich für das Selbst- und Weltverständnis außerordentlich wichtige Lernprozess findet aufgrund des Kontaktabbruches zur Mutter und der Suche nach anderen InteraktionspartnerInnen nicht statt. Handlungsschematisch konform orientiert sich Frau Hinze auch nach der Verlaufskurvenauslösung an familialer Hilfe und findet Unterstützung bei der Großmutter und dem Vater. Durch die frühzeitige Abwendung des völligen Orientierungszusammenbruchs innerhalb der Verlaufskurve mithilfe signifikant anderer InteraktionspartnerInnen und professioneller Helfer wird die Chance zur Selbstreflexion und Selbstdefinition sowie der grundlegenden Neukonzipierung der Handlungsorientierung und damit die Umschichtung der lebensgeschichtlich-gegenwärtig dominanten Ordnungsstruktur behindert.

Stattdessen flüchtet sich Frau Hinze in eine autobiografisch illusionäre Deutung der Ereignisse. Die für Doris Hinze spürbare Kompetenzreduktion und Einschränkung im Handeln, aufgrund des Ausbleibens fremder Hilfe, und schließlich die Entfaltung einer Verlaufskurve werden in Form der Externalisierung der Verantwortung für die Krise theoretisch verarbeitet.

Die gesamte Darstellung bewegt sich in einem Spannungsfeld von Fokussierung und Defokussierung als Bestandteile eines autobiografischen Deutungssystems der Selbstverschleierung. Es werden auf der einen Seite systematische Anstrengungen unternommen, das Zustandekommen der Überschuldungssituation auf der Basis des vermeintlichen Betruges der Mutter zu plausibilisieren (Fokussierung), um gleichzeitig von eigenen traumatischen Verlaufskurvenereignissen abzulenken (Defokussierung). Zum Selbstschutz konzentriert sich die Informantin in der Erzählung auf Ersatzkonstruktionen.

Mittels einer solchen illusionären autobiografischen Gesamtthematisierung vermag die Biografieträgerin nicht zu ignorierende traumatische Erlebnisse als irrelevante und handlungsschematisch kontrollierte Elemente in eine kontrafaktische Theorie über den eigenen Lebensverlauf einzufügen.[384]

Die Ausführungen zum Verhältnis zur Mutter nach der Krisensituation, also der Veränderung der lebensgeschichtlichen Situation, dokumentieren die unveränderte thematisch-autobiografische Gesamtsicht der Frau Hinze, womit die einfachste Form des Widerspruchs zwischen illusionärer biografischer Gesamtthematisierung und der biografischen Gesamtformung sichtbar wird.[385]

---

scheidbaren, als Selbstidentität erfahrbaren Personenstruktur (vgl. Schütze 1981, 110).
383 vgl. Schütze 1981, 86
384 vgl. ebd., 120f.
385 vgl. ebd., 123

Neben den traumatischen Verlaufskurvenerfahrungen, kann für das Entstehen der illusionären autobiografischen Gesamtsicht das Festhalten an einer alten Ordnungsstruktur des Lebensablaufs verantwortlich sein, die zwar von der faktischen Lebenssituation der Biografieträgerin überholt, aber in die von Frau Hinze intensive Lebensenergie und –zeit verzehrende Orientierungs- und Aktivitätsleistungen investiert worden ist.[386]

Eine realistische Neukonzeption der autobiografischen Gesamtthematisierung wäre für die Informantin mit dem Infragestellen des realitätsdiskrepanten Biografiemodells und dem Eingestehen von Selbstbetrug und Fehlinvestition von Energien bis hin zur Anzweiflung der Selbstidentität verbunden. Das heißt, nur wenn neue Sinnquellen existieren und eine der vergangenen Lebensgeschichte systematisch entgegengesetzte biografische Gesamtformung steuerungswirksam ist, sowie akzeptable, praktikable handlungsschematische Zukunftskonstruktionen zur Verfügung stehen, ist ein Aufgeben der illusionären autobiografischen Gesamtthematisierung für die Informantin rational wie emotional vertretbar.

Mit dem Versuch einer renormalisierenden Hinwegerklärung wird die Zusammenbruchskrise von Frau Hinze aus den Zufälligkeiten einer harmlosen Episode abgeleitet. Indes die Verquickung biografischer und professioneller handlungsschematischer Strukturen im vorliegenden Fall, lässt die tatsächlichen Anstrengungen erahnen, die zur Überwindung der Verlaufskurve erbracht werden müssten.[387]

Eine Reflexion der Situation, aber auch des eigenen Handelns, also eine reflektorische Situations- und Selbstdefinition bleiben bei Frau Hinze aus, wodurch die Chance, gezielte handlungsschematische Behandlungs- und Kontrollstrategien zu entwickeln, die die Kontrolle bzw. Überwindung der Verlaufskurve mit sich bringen könnten, ungenutzt bleibt.

Die fehlende Distanz zu den Ereignissen erschwert zum gegenwärtigen Zeitpunkt die Initiierung wirksamer Lern- und Bildungsprozesse zur Kontrolle oder gar Eliminierung des Verlaufskurvenpotenzials. Es ist eine Distanz nicht zu den Ereignissen, wohl aber zur biografischen Gesamtformung zu konstatieren.[388] Zu ersehen an der illusionären autobiografischen Gesamtthematisierung.

Auch die Beziehungs- und Handlungsschemata sind nach der Krise die gleichen, denn Frau Hinze setzt weiterhin auf die eigenen Handlungsressour-

---

386 vgl. ebd., 117
387 Verlaufskurven, als Resultat professioneller Handlungsschemata, wie etwa berufliches Versagen, werden als relativ harmlos anmutend gewertet im Vergleich zu solchen Verlaufskurven, die auf das Scheitern biografischer Handlungsschemata oder überwältigender äußerer Ereignisse zurückzuführen sind (vgl. ebd., 102).
388 Die Aneignung der biografischen Gesamtformung bildet eine wesentliche Grundlage für deren Umschichtung, welche wiederum korreliert mit Wandlungsprozessen der Selbstidentität, einschließlich Reifungsprozessen der Persönlichkeit (vgl. ebd., 103f.).

cen und die ihrer Umwelt, ohne zu differenzieren, welche Kompetenzen ihr selbst oder anderen zuzuordnen sind. Auch die damit verbundene allgegenwärtige Abhängigkeit wird von ihr nicht reflektiert.

Im Hinblick auf mögliche Wandlungsprozesse ist jedoch die Tatsache am wesentlichsten, dass Frau Hinze noch nicht die Erfahrung des völligen Orientierungszusammenbruches durchlebt und damit die Entwicklung eines Handlungsschemas zur Bearbeitung der Verlaufkurvenproblematik hin zu einer intentionalen Ordnungsstruktur noch nicht statt gefunden hat, womit die Basis für eine kritisch-distanzierte Selbstreflexion fehlt.

Das aktuell wirksame Orientierungselement der gegenwärtigen biografischen Gesamtformung, nämlich die negative Verlaufskurve, weist stets eine handlungsschematische Superstruktur auf, welche sich am Erzählduktus resp. der selbstverschleiernden autobiografischen Deutung der Frau Hinze klar erkennen lässt.

Das Selbstverständnis der Frau Hinze ist geprägt von der Grundmotivation, über sämtliche Handlungsoptionen verfügen zu können, während das Weltverständnis gekennzeichnet ist von der Orientierung, jederzeit von der sozialen Umwelt unterstützt zu werden.

Im Laufe des Lern- und Bildungsprozesses hat sich ein Vertrauen auf eigene und fremde Handlungsressourcen entwickelt, die der Informantin nicht unbegrenzt zur Verfügung stehen. Hinsichtlich der potenziellen Handlungsoptionen (eigene und fremde) findet keine ausreichende Abwägung, Abschätzung und Relativierung statt. Die damit verbundene Selbstüberschätzung und –überforderung korrelierend mit nicht ausreichender Reflexion setzt im vorliegenden Fall den Verlaufskurvenprozess in Gang, der zur Überschuldung führt.

3.1.3. Das Fallprofil der Frau Doris Hinze

Der aktive Schritt in die Verlaufskurve

Die Verlaufskurve der Überschuldung setzt ein, weil auf personale und soziale Bedingungen, Ressourcen und Handlungsmöglichkeiten vertraut wird, die nicht immer basiert sind.

Die Informantin begibt sich aktiv in die Verlaufskurve, denn mit der Anwendung situativer Kontroll- und Bearbeitungsstrategien zur Bewältigung der problematischen Situation mit Mutter und Schwester liegt ein intentionales Handlungsschema vor. Die Intentionalität kommt jedoch mit der Grenzüberschreitung gegenüber signifikanten InteraktionspartnerInnen im Zuge der abrupten Geschäftsschließung sukzessiv zum Erliegen und schlägt in konditionale Gesteuertheit um. Die Ereignisse waren nicht von der Informantin intendiert, womit ihre Tendenz zur Nichtabschätzung der Folgen und Neigung

160

zur Selbstüberschätzung dokumentiert wird. Die Krise passt in keiner Weise in die biografischen Erwartungen der Informantin. Und auch die Verarbeitung der Verlaufskurvenereignisse in Form von Verdrängung, Selbsttäuschung und Bagatellisierung spiegelt das Bemühen der Informantin um lebensgeschichtliche Konkordanz gemäß den eigenen biografischen Erwartungen wider.

Die signifikanten biografischen Momente

Das Erfahren von Grenzenlosigkeit, der unzureichende Erwerb sozialer Normen und die dementsprechende Qualität der sozialen Bindungs- und Handlungsfähigkeit können als die markantesten biografischen Kindheitsmomente gesehen werden, die zur Ausbildung der charakteristischen Handlungsorientierung führen.

Sie sind als Determinanten für die Selbstüberschätzung, die einseitige Konzentration auf die Herkunftsfamilie, das Bagatellisieren der familialen Differenzen und das Orientieren an Äußerlichkeiten sowie materiellen Dingen zu werten, die wiederum zur Aufschichtung des Verlaufskurvenpotenzials und zur Verlaufskurvenentfaltung führen.

Das biografische Handlungsschema orientiert sich an der Erfüllung materieller Erwartungen, des idealisierten Familienbildes und der Verwirklichung eigener Wünsche unter Zuhilfenahme von Unterstützungsleistungen anderer Menschen. Entscheidungen in Handlungssituationen werden hauptsächlich nutzenorientiert getroffen.

Das Handlungsmuster lässt sich zusammenfassend mit selbstüberschätzend und nutzenorientiert charakterisieren.

3.2. Das Fallporträt der Frau Dana Pfeifer: Die Transformation der Verlaufskurve - Die Überschuldung als Resultat der Normorientierung

3.2.1. Chronologische Rekonstruktion der Verlaufskurve der Überschuldung

> Immer wenn ich kurz vor so nem
> Abgrund stand, dann ging's wieder hoch,
> wo man eigentlich gedacht hat,
> da geht's nicht weiter. (DP:1088f.)

a) Interviewsetting

Ereignisdaten

Als zweites von vier Kindern wird Dana Pfeifer 1969 in einer Kleinstadt in der damaligen DDR geboren. Die Mutter adoptiert später den Sohn der ältesten Tochter, sodass fortan fünf Geschwister zur Kernfamilie gehören. Trotz häufiger Wohnungs- und Wohnortwechsel im ländlich-dörflichen Raum, wächst die Informantin überwiegend in <u>einem</u> Dorf in der Nähe ihrer Geburtsstadt auf.

Die Eltern sind anfangs beide erwerbstätig, aber aufgrund einer depressiven Erkrankung bleibt die Mutter immer häufiger zu Hause. Der Vater hat Alkoholprobleme. Es kommt im Elternhaus immer wieder zu gewalttätigen Auseinandersetzungen und das Verhältnis zu Mutter und Vater ist sehr distanziert. Die Eltern lassen sich unbestimmte Zeit nach dem Auszug der Kinder scheiden.

Nach dem Besuch der 10-klassigen Schule beginnt Dana Pfeifer 1986 eine Ausbildung zur Facharbeiterin für Medizintechnik, die sie jedoch nach einem Jahr wegen ihrer Flucht aus dem Elternhaus abbricht.[389]

Sie geht in eine Großstadt, wo sie zwar eine Arbeitsstelle, aber keine Wohnung findet. Fast ein ¾ Jahr lebt sie in verdeckter Obdachlosigkeit.

Sie lernt in der Zeit ihren späteren Ehemann kennen, den sie alsbald heiratet. Die Beziehung ist von Alkoholexzessen und Gewaltattacken des Partners geprägt. 1988 bekommt sie ihren ersten Sohn.

Ohne Ausbildungsabschluss muss sich Frau Pfeifer mit der „Wende" 1989 beruflich neu orientieren. Sie jobbt als Verkäuferin und realisiert von 1990 bis 1992 eine Ausbildung zur Kauffrau im Einzelhandel.

---

389 Ursprünglich wollte die Informantin, u.a. in Anbetracht ihrer römisch-katholischen Konfessionalität, kirchliche Kindergärtnerin werden, wogegen die Eltern aufgrund der etwaigen damit verbundenen staatlichen Repressalien intervenierten.

Parallel dazu steigert sich die Brutalität in der Ehe massiv und Frau Pfeifer entschließt sich 1991 nach einem Nervenzusammenbruch, die Beziehung zu beenden. Die Umsetzung gelingt ihr aber erst 1993, als sie nach einer erneuten Schlägerei kurzerhand in ihre Herkunftsstadt zurückgeht. Die Scheidung erfolgt daraufhin.

Sie lernt ihren neuen Partner kennen, der aus den Altbundesländern kommt, und sie geht 1994 mit ihm dorthin. Sie arbeitet in ihrem neuen Wohnort als Filialleiterin einer Drogerie und hat ein geregeltes Einkommen. Zusätzlich übt sie Nebenjobs aus.

Der Lebenswandel des Partners und dessen bereits seit längerer Zeit existierenden Zahlungsverpflichtungen verschlingen beträchtliche finanzielle Summen und sie gerät selbst in die Verschuldung, weil sie sich mit in die vertragliche Haftung nehmen lässt bzw. als alleinige Vertragspartnerin fungiert aufgrund seiner Kreditunwürdigkeit. Hinzu kommen ihr dazumal unbekannte Betrügerein des Partners auf ihren Namen.

1995 wird der gemeinsame Sohn geboren. 1997 plant Dana Pfeifer ursprünglich allein mit ihren Kindern zurück zu gehen in die Herkunftsstadt, der Partner kommt jedoch mit.

Wenig später kommt es dennoch zur Trennung und damit zur Eskalation der Verschuldung, weil der Partner nicht auffindbar ist und sie vor allem als Gesamtschuldnerin[390] in die Haftung genommen wird.

Ungefähr 1998 nimmt sie Kontakt zur Schuldnerberatung auf. 1998/99 lernt sie ihren späteren Partner kennen, den sie 2000 heiratet. Im gleichen Jahr kommt die gemeinsame Tochter zur Welt.

Seit 2001 macht Dana Pfeifer eine Umschulung zur Altenpflegerin mit dem Ziel, später einmal Heilerziehungspflegerin werden zu können. Zur aktiven Bearbeitung der psychosomatischen Probleme nimmt die Informantin derzeit an einer Therapie teil. Die Schulden sind mittlerweile weitest gehend reguliert.

Interviewsituation

Die Interviewanbahnung realisierte sich anfangs per standardisiertem Anschreiben und entsprechendem Rückantwortschreiben, dem die individuelle telefonische Absprache folgte.

Da sich die Interviewpartnerin zum Zeitpunkt des Gesprächstermins in einer Umschulungsmaßnahme befindet, wird auf den späten Nachmittag terminiert. Das erscheint mir zunächst auch sehr passend, da ich erst am Morgen

---

390 Eine gesamtschuldnerische Haftung hat die Heranziehung derjenigen Schuldnerin/ desjenigen Schuldners zur Folge, die/der gerade auffindbar ist und pfändbare Einkünfte erzielt bzw. freiwillig Zahlungen leistet (die betroffenen Schuldner haften wie Alleinschuldner). Im Extremfall kann das bedeuten, dass auch bei der Existenz mehrerer SchuldnerInnen lediglich eine Person bis zur Tilgung der Gesamtforderung aufkommen muss.

des Termins mit dem Nachtzug wieder zu Hause eintreffe. Als der nachmittägliche Termin jedoch herangerückt ist, macht sich die Übernächtigung bemerkbar, sodass das Interview unter Aufbietung aller Konzentration geführt wird.

Des Weiteren verlief der Beginn unserer Zusammenkunft insofern etwas merkwürdig, weil die Türklingel, vermutlich wegen des anwesenden Kleinkindes, abgestellt war.[391] Einem zufällig auftauchenden Familienangehörigen wurde dann die Tür geöffnet, wodurch ich mich bemerkbar machen konnte.

Das Interview fand in der Wohnung (Küche) der Informantin statt. Die Einstimmungsphase gestaltete sich etwas schwierig und verkrampft, da Frau Pfeifer ausgesprochen skeptisch wirkte. Es schien sogar, als wollte sie von der telefonisch zugestandenen Option, jederzeit vom Interview Abstand nehmen zu können, Gebrauch machen. Missverständnisse oder Unklarheiten konnten schrittweise durch meine methodischen und methodologischen Erklärungen ausgeräumt werden. Es herrschte trotz der anfänglichen Schwierigkeiten eine entspannte Atmosphäre.

Die üblichen Hemmungen mit beginnender Tonbandaufzeichnung hatte Frau Pfeifer binnen kürzester Zeit im Griff. Die Erzählung war von Anfang an gut strukturiert und der Effekt des Sich-frei-redens machte sich bemerkbar. Auch zahlreiche Detaillierungen und Hintergrundkonstruktionen vermochten es nicht, die Informantin von ihrem „roten Faden" abzulenken. Mit sehr überlegten und reflektierten Aussagen prägte die Informantin den Gesprächsverlauf, was sie selbst auf die laufende Psychotherapie zurückführte.

Da weitere Familienmitglieder im Haus anwesend waren, kam es zu zwei kurzen Störungen, die allerdings nicht zur Erzählunterbrechung führten.

Nach Beendigung der Tonbandaufzeichnung wurde der Datenbogen aufgenommen, was für Frau Pfeifer hinsichtlich der Angaben zu den Eltern, aber auch zu den Geschwistern mit einigen Schwierigkeiten verbunden war.

Im daran anschließenden Nachgespräch mit teilweise (schuldner)beraterischer Kontextualisierung fand die gemeinsame Betrachtung des Interviews statt, insbesondere auch um den dialogischen Charakter einer Alltagskonversation wieder herzustellen und damit das rein wissenschaftliche Interesse allmählich in den Hintergrund rücken zu lassen.

Die Zusammenkunft dauerte 3 h 20 min, wovon 40 min auf die Vorbereitung, ca. 2 h auf das Interview und 50 min auf die Nachbereitung entfallen.

b)   Analyse der formalen Erzähl- und Interviewstruktur

Die Erzählaufforderung wird von der Informantin sofort aufgegriffen und hinsichtlich der Kindheitserinnerungen eingeschränkt:

---

391 Eine eventuelle Angst vorm Gerichtsvollzieher kann faktisch ausgeschlossen werden, da die Informantin in den zurückliegenden Jahren nur ein einziges Mal Kontakt zu ihm hatte.

[...] Kindheit kann ich Ihnen gar nicht viel erzählen, das weiß ich nämlich nicht so richtig, da bin ich gerade beim Psychologen, um . das erst mal aufzuarbeiten. (DP:6f.)

Frau Pfeifer signalisiert damit klar ihre prinzipielle Bereitschaft zum Erzählen unter bewusster Auslassung von Kindheitserfahrungen. Später konkretisiert sie den zeitlichen Rahmen ihres Erinnerungsvermögens:

Und mir ist nur mal aufgefallen, da jetzt, äh beim Psychologen, dass ich mich zum Beispiel nicht dran erinnern kann, äh Kindergartenzeit. Also bei mir fängt das an 8. Klasse oder so, wo ich so'n bisschen was weiß. (DP:529f.)

Dennoch kommt es in der Erzählung wiederholt zur Einflechtung von Ereignissen, die vor dieser Zeit liegen.

Der narrative Teil wird interessanterweise mit dem Verweis auf den Psychologen begonnen und auch geschlossen. Die immer wieder auftauchende Anspielung auf den Psychologen symbolisiert einerseits ihr Bemühen, die eigene Vergangenheit derzeit aufarbeiten zu wollen, andererseits ist sie auch als Signal zu verstehen, diesen Prozess noch nicht abgeschlossen zu haben. Die rationale Erfassung der lebensgeschichtlichen Zusammenhänge ist ihr zwar möglich, wohingegen die emotionale Verarbeitung noch längst nicht beendet ist.

Die Erzähleinstiegssequenz markiert Zustimmung und Einschränkung gleichermaßen. Frau Pfeifer ist geneigt, eine schlüssige Darstellung ihres Lebensablaufs geben zu wollen, sie weiß aber um ihre Erinnerungslücken hinsichtlich ihrer Kindheit. Sie versucht deswegen zunächst, von gezielten Ausführungen abzusehen.

Später in der Erzählung wird sich zeigen, dass durch die Auslassung handlungstheoretischer Darstellungsglieder, welche den Verlauf des Handelns in der damaligen Situation verständlich machen, umfangreiche Hintergrundkonstruktionen notwendig werden. Der immanente Nachfrageteil gestaltet sich dadurch relativ umfangreich.

Beispielsweise werden innerhalb der Beantwortung der ersten immanenten Nachfrage, die hauptsächlich zur Konkretisierung der laufenden psychotherapeutischen Beratung gedacht war, umfassende detaillierende Informationen zu den Geschwistern und zum Vater zur Plausibilisierung erforderlich.

Während Frau Pfeifer anfangs auch nur auf die psychischen Belastungssituationen im Erwachsenalter Bezug nimmt, führt sie dann doch ihre Kindheitserfahrungen als weiteren Grund für die psychische Überlastung an.

Systematisch erzählt die Informantin zum einen den Werdegang der einzelnen Geschwister und fügt zum anderen theoretisch-argumentative Kommentare an (vgl. DP:402-520).

Die ausführliche Darstellung der einzelnen Familienmitglieder gleicht einer Analyse der inneren Strukturen und Zustände ihrer Herkunftsfamilie:

So das gleiche Problem habe ich jetzt mit'm Bruder. Das ist auch so. Der wurde damals .
von meiner Mutter, wo die dann zu dem Freund zog, auch vor die Tür gesetzt mit drei
Müllbeuteln. Der kam, der sollte dann zu meinem Vater ziehen, . der war nicht da. Der hat
damals noch gearbeitet, war auf einem Lehrgang. Ist dann wieder zu mir gekommen, dann
habe ich meinen Bruder noch mit aufgenommen. Wo ich <u>hier</u> wohnte, kam er oft vorbei,
hat mir seine Wäsche gebracht und alles. Und hab dann die Wäsche gemacht. Hatte sich da
auch probiert, selbstständig zu machen. Aber sag mal, das ist wieder das gleiche. Ich denk
mal, wer das nicht schafft, so ohne Hilfe, das sich da so auf die, das schafft nicht jeder, ich
hab das bei meinem Bruder gesehen, wenn der ein bisschen Unterstützung oder irgendwas
gehabt hätte oder so, mal so'n <u>Halt</u>, der hat's eben nicht gepackt. Der ist dann auch <u>wieder</u>
in so was reingekommen. Typen hier, Alkohol, dies, . Sozialhilfe. Also richtig so das, wo
du eigentlich nur noch Blödsinn machst. (DP:442f.)

oder

[...] ne Schwester hab ich noch hier. (schmunzelnd) Die ist, nu ja, die ist so en bisschen das
Gegenteil von mir. Die ist sehr kalt, . sehr ehrgeizig so. Die kann damit besser abschließen.
Die hat damals dann zu mir gesagt, mit ihrem Sohn ja eigentlich, (nachahmend) das ist für
mich en Verbrecher, da kann ich mit ab . schalten. Ich seh's eben anders, äh dass das eben .
durch die vielen Sachen kommt, weil er nur hin und hergeschuppt wird. (DP:474f.)

Mit Ausnahme der Mutter werden in dieser Textpassage alle Familienmitglieder explizit erwähnt. Die Mutter taucht lediglich als Störfaktor in den Lebensabläufen der Geschwister auf. Möglicherweise verwendet Frau Pfeifer
diesen Erzählkontext, also die sozialisatorischen Einflüsse, um die Geschwister und auch den Vater als Leidtragende des Handelns der Mutter darzustellen.

Die Frage nach der Scheidung der Eltern wiederum wird vorrangig als
Folie genutzt, um die Mutter zu charakterisieren, denn jegliche Detaillierung
zur konkreten Trennungssituation der Eltern bleibt aus. Vielmehr wird das
Scheidungspotenzial von der Informantin als lange vorhandener Faktor bzw.
logische Folgeerscheinung benannt, welches im Wesentlichen auf dem Handeln der Mutter basiert:

Die haben sich scheiden lassen, ja. Aber das war schon immer da bei uns da, weil die
haben sich auch, meine Mutter ist auch so'n bisschen so ne <u>Jähzornige</u>, geprü haben sich
da geprügelt und und ach. Das dadurch da fing das damals an, dass mein Vater dann auch
viel, er hat viel gearbeitet, auch nebenbei. Wir hatten so ne Autolackiererei. [Telefonklin-
geln im Hintergrund] Zu DDR-Zeiten haste da schön Geld noch nebenbei mit gemacht. Der
hat viel gearbeitet. Und sie hat eben auch immer nur, Geld. Geld, Geld, Geld. (DP:569f.)

und

Meine Mutter ist mehr so auf sich bedacht. Und irgendwann haben die sich dann eben auch
scheiden lassen. Wir waren ja alle weg. (DP:582f.)

Die letzte Textstelle markiert zugleich die Einstellung der Informantin hinsichtlich des Stellenwertes von Kindern in dieser Beziehung, aber auch darüber hinaus. Mit dem Verschwinden der Kinder verliert auch die Ehe an Bedeutung bzw. Kinder symbolisieren Familie.

Die Charakterisierung der Mutter erfolgt im Kontext des eigenen Handelns der Informantin, sodass die biografische Abarbeitung an der Figur der Mutter deutlich zum Vorschein kommt:

> Aber meine, ich denk mal grade, ich hab so en Problem denk ich mal damit damals gehabt, ich bin so anfällig gewesen dann von meiner Mutter mit so Krankheiten, immer Angst haben vor Krankheiten. Ich weiß nur, dass meine Mutter hatte immer, die hatte immer, wenn wir was machen wollten, (nachahmend) ich bin krank, ich bin krank, ich bin krank, mir geht's nicht gut, ich kann nicht arbeiten, ich kann nicht arbeiten. Und ich bin mal da dran, mein ganzes Leben nie so zu werden wie sie. (DP:599f.)

Eigenschaften oder Handlungen, die Frau Pfeifer an sich nicht mag, setzt sie in Bezug zur Mutter und grenzt sich damit ab:

> Aber auf jeden Fall total anders wie zu Hause, denk ich schon. Obwohl man auch Fehler macht. Ich merke das. Also im Nachhinein merkt man öfters mal, dass man sagt, Mensch na, jetzt erkennste dich, als ob du fast schon so wie deine Mutter mal. (DP:1404f.)

Durch die zum Teil sehr detaillierten Darstellungen anderer InteraktionspartnerInnen und die dazugehörigen Interaktionen, erschließt sich das Gesamtbild der Dana Pfeifer. So nutzt sie diese Darstellungsform, um ihre Positionen zu vermitteln und das Gewordensein anderer Menschen zu reflektieren, die ein ähnliches Schicksal haben wie sie. Dieser Duktus bietet ihr vor allem emotional Schutz. Zudem verdeutlicht sich damit Frau Pfeifers Fähigkeit zur Perspektivenübernahme. Mitunter wird die gedankliche Verbindung zwischen dem Ereignisträger und der Biografieträgerin auch erzählerisch eindeutig sichtbar, weil die Übergänge fließend sind (vgl. DP:845f.).

Anhand der Erzählung werden aber ebenso Hinweise auf traumatische Erfahrungen infolge von Gewalteinwirkungen in Kindheit und Erwachsenenalter deutlich, die den Verlust des Erinnerungsvermögens als Resultat von Verdrängung begründen, und wodurch sich das Ausbleiben entsprechender Darstellungen erklärt:

> Also auch wenn sie nur nervös waren oder so, gab's eben Prügel. (überlegend) Ja und mit was noch . ach mit'm Messer geschmissen, mit'm Hocker, drauf und draufgetreten mit Blumentöpfen, in die Haare gezogen, durch'n Flur geschmissen, alles was es gibt, . durch die Scheibe, durch ne Glasscheibe. Also die haben da nicht drauf geachtet, wie sie hauen, wo sie hauen, alles. (DP:1301f.)

Im exmanenten Nachfrageteil werden die dramatischen Schilderungen im Kontext von Erziehung und Bestrafung im Elterhaus von auffällig häufigem Husten begleitet, welcher vorher überhaupt nicht auftritt.

Die klare Differenzierung der Informantin, welcher Person sie was und wie erzählt, muss ebenso Berücksichtigung finden. Einerseits wird diese Unterscheidung mit der Existenz von Vertrautheit erklärt:

> [...] nur ich finde das trotzdem immer en bisschen komisch, dann einfach irgendjemand Fremdes jetzt, wenn man so will, ist es so, ähm das alles so rüberzubringen, so zu erzählen und. Man kann's ja sowieso nicht mehr so rüberbringen, wie's mal alles war, mit den

ganzen Gefühlen, wie man das, man erzählt das jetzt hier eigentlich, wenn man so will, en bisschen Lachen im Gesicht, schön trocken runter, als ob, das war alles so, das kann man so, den man nicht kennt, nicht so rüberbringen, wie es eigentlich wirklich ist. Also das würde ich nie so machen. [...] Ich brauche schon meine vertrauten Leute. (DP:1566f.)

Andererseits mit der Erfahrung, dass nicht jeder Mensch zum Zuhören und Verstehen qualifiziert ist:

Ja weil man nicht rausgeht und jedem so was gleich alles erzählt. Denn ich hab das mal probiert bei jemandem vor kurzem, so ansatzweise mal was zu sagen. Das war eine, die hatte da überhaupt kein Verständnis, die wollte da gar nicht so was (nachahmend) gibt's alles nicht, so was kann nicht passieren, grad mit meiner Geschichte da. Und da hab ich gleich wieder aufgehört, und hab gesagt, es ist sinnlos, dass ich da irgendwo weiter erzähle. (DP:558f.)

Ausgehend von der Konstatierung des gegenwärtigen Zustandes der Herkunftsfamilie beginnt die Informantin die retrospektive Erzählung:

Und (sehr leise) ja (viele Jahre später?). Unsere Familie die sind alles . das ist heute alles zerbrochen. Sagen wir's mal so. Denn . (tief durchatmend) damals dann, meine Geschwister, viere, die sind alle nacheinander jeder von zu Hause weggelaufen. Ich war dann die Letzte, die zu Hause war immer. Hab dann hier auch ne Lehre angefangen, ein Jahr. (DP:7f.)

Der Zerfall der Herkunftsfamilie wird an den Anfang der Erzählung gestellt und darauf basierend die weiteren Ereignisse geschildert. Im Zuge der anfänglichen Erzählkondensierung wählt Frau Pfeifer bezüglich der Umstände im Elternhaus an dieser Stelle noch sehr viel verhaltenere, weniger schockierende Formulierungen:

Durch zu Hause dann aber, weil das alles so extrem alles war. Also man durfte nicht weg, man durfte dies nicht, man durfte das nicht. Und es wurde dann so schlimm, dass ich dann später eben auch . weggegangen bin, einfach so. (DP:12f.)

Mit Wirksamwerden des Detaillierungszwanges wird die gleiche Begebenheit folgendermaßen erzählt:

Sag ja, es sind ja alle von zu Hause abgehauen. Ich war dann die Letzte, die das gemacht hat. Ich hab das lange mitgemacht, bis dann mal so'n Auslöser war, dass sie mir in den Bauch getreten hat, sodass ich dann geblutet habe und da bin ich weg. (leise) Da war ich dann . weg und bin auch nie wieder zurück. (DP:583f.)

Das Wort „Blut" tritt im Kontext der Fluchthandlungen mehrfach auf und ist als eine Art Fluchtauslöser zu betrachten:

Und irgendwann war das eben auch der Auslöser dann. . War eben auch wieder Gewalt und Blut. Und ich hab nur Blut gesehen, das war für mich dann irgendwo der Auslöser, das ist jetzt assi, du musst hier raus. (DP:48f.)

Auch wenn der Satzbau teilweise diffus wirkt, weil die Erzählsegmente durch eingefügte Kommentare ausgeweitet werden, so ist der Erzählduktus dennoch fließend, wodurch auch der Lebensverlauf dementsprechend wahrgenommen wird.

168

Der immerwährende Fluss der Ereignisse im Leben der Informantin und die inhärente Rastlosigkeit sowie fehlende Zeit zum Innehalten resp. zur Besinnung[392] sind charakteristisch für die zurückliegenden Jahre. Zusätzlich wird dies hervorgehoben durch Formulierungen wie: „hier hat's dann seinen Lauf genommen" (DP:117) oder „Und . ja da fing das dann eigentlich auch schon weiter" (DP:20f.).

Letztere Aussage ist im Übrigen ein charakteristischer Versprecher, der sich an die Darstellung der Ereignisse im Elternhaus anschließt und die Erlebnisse in der ersten Partnerschaft einleitet. Der Anfang impliziert gleichsam die Fortsetzung des Bisherigen. Dadurch erlauben die Schilderungen zur ersten Partnerschaft durchaus Rückgriffe auf die Kindheitserfahrungen. Im Leitfadenteil führt sie den Vergleich sogar explizit an:

Also die haben da nicht drauf geachtet, wie sie hauen, wo sie hauen, alles. (husten) Und so war's ja dann später bei meinem Ex-Mann genauso, wenn er getrunken hatte. War ja dann auch alles. . (husten). (DP:1305f.)

Die Informantin führt zu Beginn ihrer Lebensgeschichte darstellerisch hin zu einer Reihe von Ereignisverkettungen, wobei eine eigene gezielte Aktivitätssteuerung nicht evident wird. Erzählerisch findet sie sich in Ereigniskonstellationen wieder, in denen sie situativ reagiert und versucht, die Situation unter Kontrolle zu bringen bzw. sie zu optimieren. Die Darstellung gibt Grund zu der Annahme, im überwiegenden Teil des Lebensablaufs ein situatives Bearbeitungs- und Kontrollschema von biografischer Relevanz mit Tendenz zur Auflösung der Handlungskontrolle vorliegen zu haben.

Gerade weil die Informantin ihre Lebensgeschichte ansonsten fließend und sicher wiedergibt, fallen die seltenen erzählerischen Abbrüche resp. Konfusionen besonders auf:

Dann haben wir eben auch ne eigene Wohnung gehabt. Da war's dann wieder. Ich hab dann eben, äh da hab ich viel (überrascht) äh we ähm kam die Wende. Hab dann ein Jahr auf'm Markt gearbeitet, weil ja keine Jobs da. (DP:37f.)

oder

Ach so ja, jetzt sind wir im Moment, bin ich jetzt, (ich sag ja?), ich mach zurzeit Aus ne Umschulung noch mal. Ich äh wollte eigentlich, bin da sehr stark interessiert, habe zwischendurch auch das viel schon gemacht. Also Babyjahr. (DP:300f.)

Die Erzählretrospektive beider Ereignisse scheint exakt die Stimmungslage widerzuspiegeln, in der sich Frau Pfeifer zum ursprünglichen Zeitpunkt der Handlungen befand. Zur „Wende" bemerkt sie im Leitfadenteil, „Aber sag ich mal, die Wende war so, hab das damals gar nicht so, wie gesagt, realisiert.

---

392 Besinnung meint hier vor allen Dingen, den Sinn eigener Entscheidungen, des eigenen Handelns, des eigenen Lebens nicht wahrzunehmen bzw. zu reflektieren.

Das war für mich einfach, ist <u>passiert</u>, war toll, war gut" (DP:1466f.), sodass das anfängliche Auslassen nicht erstaunt. Und ebenso der zitierte Prozess der neuerlichen beruflichen Orientierung verlief insofern ungeordnet, weil der langgehegte Berufswunsch und die realen aktuellen Gegebenheiten in Einklang gebracht werden mussten.

Die Erzählung orientiert sich nicht nur grundsätzlich an normativ-institutionellen Ablaufmustern und -erwartungen des Lebensablaufs unter Einhaltung einer chronologischen Strukturierung, sondern zudem ist eine verstärkte Thematisierung lebenszyklischer Phänomene zu beobachten, sodass diese sogar in den Orientierungsfokus biografischen Handelns zu geraten scheinen.[393]

Belegbare Fokussierungsbedingungen sind die Behinderung bzw. Einschränkung der biografischen Entfaltung aufgrund handlungsheteronomer Bedingungsrahmen (z.b. Abbruch der ersten Ausbildung wegen Flucht aus dem Elternhaus, vgl. DP:11f.) und normativ-institutioneller Erwartungsrahmen (z.b. Verwerfen des ursprünglichen Berufswunsches „Kirchliche Kindergärtnerin" auf Intervention der Eltern, vgl. DP:773f., Festhalten an der zweiten Partnerschaft wegen des möglichen Geredes der Leute, vgl. DP:106f.).

Durch die Verhinderung eigener biografischer Entwürfe, und hier sind vor allem die beruflichen Pläne der Informantin zu nennen, wird eine weitere Fokussierungsbedingung für lebenszyklische Phänomene wirksam, nämlich die Übernahme lebensgeschichtlicher Ablauffolien zur biografischen Orientierung.

Frau Pfeifers Ausrichtung an einer normativen Ablauffolie hinsichtlich der Lebensgestaltung wird vor allem dann deutlich, wenn es an eigenen Handlungsalternativen mangelt, obwohl der faktische Vollzug des Lebenszyklus in eklatanter Diskrepanz zum Idealbild der Ablauffolie steht.

Die Informantin orientiert sich hauptsächlich an den sichtbaren und statussichernden Bestandteilen einer biografischen Ablauffolie, wie Vorhandensein eines Arbeitsplatzes, einer Wohnung und die Existenz von Kindern.

So erträgt sie auch die Gewalttätigkeiten des Partners, weil ein Ausbrechen aus dem vorgegebenen Handlungsmuster nicht vorgesehen ist:

[...] ich hab's hingenommen halt. Dann ging's dann mal wieder en paar Stunden. Ja? Du hast deine Wohnung, du hast deine Arbeit, du hast dein Kind, du bist verheiratet, das muss so sein. Ich hab immer gedacht, das muss so sein. (DP:647f.)

In der gesamten Erzählung wird der Einfluss äußerer Bedingungen und normativer Erwartungsmuster auf den Lebensverlauf der Informantin überdeutlich, sodass durchaus von einer Dominanz normativer und regulativer Vorga-

---

393 Da lebenszyklische Phänomene gewöhnlich nicht im Fokus biografischen Handelns und Erleidens stehen, kann auf das Vorhandensein spezieller Fokussierungsbedingungen geschlossen werden (vgl. dazu Schütze 1981, 141f.).

ben gesprochen werden kann. Immer wieder kommt es zu Formulierungen, die die Auswirkungen dieses Erwartungsrahmens auf das Handeln der Frau Pfeifer erkennen lassen:

Und ich hatte weder vor zu klauen, noch sonst irgendwas, ich sag ja von diesem Weg abzukommen, hab ich immer aufgepasst. Also das war für mich immer wichtig, dass ich nicht in irgendwas reinkomme. (DP:679f.),

Das war schon für mich <u>ganz</u> schlimm wieder, das war wieder so, wieder die <u>Leute</u>. (fragend) Was sagen die Leute, ne Frau mit zwei Kindern, was will die mit so nem Jungken oder so. (DP:1129f.)

Der normative Rahmen scheint sich jedoch im Lebensverlauf der Informantin sukzessiv zum übermächtigen und vor allem unerreichbaren Regulativ entwickelt zu haben, denn es werden Ereignisse wiedergegeben, wo Frau Pfeifers Leben eindeutig hinter den „Normalvorstellungen" zurück bleibt resp. sie dies so verspürt, und zur Wahrung des äußeren Scheins belastende Situationen ertragen werden:

Oder wieder die Angst, jetzt gehst du zurück, die gucken dich an, na, erst ist sie weg, und dann kommt sie so schnell wieder, das wollte ich bestimmt auch vermeiden. So, dass sie das hier so sagen, weil sie gleich gesagt haben (nachahmend) na, ob das lange was wird da. Also, habe ich's durchgezogen. (DP:106f.)

Wie sich erzählerisch zeigt, entwickeln sich infolgedessen Strategien der Verschleierung und auch Selbsttäuschung:

Mir hat man's nie angesehen. Ich hab immer probiert, dass man eben, weiß nicht, (laut) nach <u>außen</u> wollte ich eben nicht zeigen, Mensch, das haste nicht oder das haste nie gehabt. (DP:242f.),

Weil, ich hab das <u>nie</u> jemandem erzählt. Ich hab immer draußen getan, also bei uns ist alles top. (DP:331f.).

Die jahrelang praktizierte Form der Verschleierung der als abweichend empfundenen Lebensumstände und Handlungen sowie die Dramatik der Ereignisse führen in der Konsequenz zu einer Selbstentfremdung, die im Rückblick zu Deutungsmustern der Unglaubwürdigkeit in Bezug auf die damalige Lebenssituation führen:

Wenn ich das heute irgendjemandem erzähle, so Freundinnen, die glauben das auch gar nicht, dass man mal wirklich draußen geschlafen hat oder ist ja eigentlich, wenn man sieht, wie so'n Penner normalerweise, ja. (DP:244f.)

und

Es gibt viele Kleinigkeiten, wo man noch richtig drauf eingehen könnte, wie so irgendwas passiert ist, wo man nicht richtig aufgepasst hat. So Sachen, . . die so . für andere so <u>unglaubwürdig</u> sind. (DP:1584f.)

Die Selbstentfremdung bezüglich des eigenen Handelns und der Selbstidentität, erkennbar auch an der Verbalisierung in Man-Perspektiven und/ oder der emotionalen Abspaltung von biografischen Ereignissen ohne Aktivitätsimpuls der Frau Pfeifer, tauchen in der Erzählung immer wieder auf. Es kündigen sich damit Prozesse des Erleidens verbunden mit außengeleiteter Aktivitätssteuerung bzw. fehlender Handlungsintentionalität, also negative Verlaufskurvenstrukturen an.

Gerade die Ausführungen zu den ersten beiden Partnerschaften der Dana Pfeifer beinhalten eine Reihe von Indikatoren, die auf eine konditionelle Gesteuertheit hindeuten. So ist Frau Pfeifer, trotz massiver Gewalterfahrungen und geheimer Trennungsabsichten, lange Zeit nicht imstande, sich aus der ersten Ehe zu lösen:

Ich hab ja auch drei Jahre gebraucht, um . da endlich rauszukommen. Und ich hab immer gesagt (nachahmend) ach ich hau jetzt ab hier, das macht der nicht noch mal mit mir, und immer wieder war hat er's ja gemacht, (nachahmend) das macht er nicht mehr. (DP:667f.)

Stattdessen hofft sie auf äußere Einflüsse:

[...] da habe ich mir öfters gewünscht, wir haben in der 11. Etage gewohnt, dass der Fahrstuhl abstürzt. Wirklich so war's schon. Ich habe gedacht, wenn der jetzt hochkommt, der muss abstürzen der Fahrstuhl. (DP:644f.)

Die Beziehung wird auch verlaufskurventypisch beendet, nämlich mit einem Fluchthandlungsschema:

Und es muss so en Auslöser kommen, wo du wirklich von heut auf morgen, egal in dem Moment hab ich weder an Arbeit gedacht, an meine Arbeit, noch, wie komme ich klar . . an gar nichts. Und so en Auslöser muss erst sein. (DP:670f.)

Fast nahtlos schließt sich die nächste Partnerschaft an, die wiederum Verlaufskurvenindikatoren, wie beispielsweise die verbale Distanzierung durch die Verwendung von „man" und Anzeichen für Selbsttäuschung, aufweist:

Dann hat man das erst mal so geglaubt. (DP:91f.),

Also hat man das wieder erst mal so, habe ich's so hingenommen halt, dann wird's wohl so sein. (DP:98f.)

Symptomatisch sind jedoch jene Textstellen, bei denen die Informantin die Reduktion ihrer eigenen intentionalen Handlungsfähigkeit sinngemäß selbst zum Ausdruck bringt:

Mir kommt es heute immer so vor, als ob man da geschlafen hat in den drei Jahren . oder hörig, ich ich weiß es nicht, was das war. (DP:104f.),

[...] ich weiß nicht, ich sag ja, da muss irgendwas gewesen sein. Ich hab danach mal gesagt, für mich war das so, als ob ich da geträumt habe, in diesen ganzen drei Jahren und danach richtig oft wach war. Heute würde ich, jetzt würde sagen, bei vielen Sachen, das haste gesehen, warum haste da nicht. Also ich hab so viele Punkte gefunden, wo ich gesehen hätte, da hätte ich sofort gehen müssen. Und hab's eben nicht gemacht. Ich kann's nicht sagen, warum ich's nicht gemacht habe. (DP:710f.)

Die zweite verlaufskurvenförmige Beziehung entwickelt sich für Frau Pfeifer zu einer systematischen Fallensituation, die letztlich zur Transformation der Verlaufskurve in den Problembereich „Schulden" führt.

Mit dem plötzlichen Verschwinden des zweiten Partners dynamisiert sich das zuvor latente Verlaufskurvenpotenzial zu einer Kaskade äußerer Ereignisse:

Nun war's ja auch ne . wir hatten eine große Wohnung. Dann ist es sowieso eskaliert, dann war er weg und war gar nicht mehr zu erreichen. Und dann hatte ich, dann fing das erste Trödel schon wieder an, Mietvertrag. (DP:121f.)

Die erzählerische Konzentration auf die finanzielle Regulierung ihrer Schulden kommt im Verlauf des Interviews immer wieder zum Vorschein, sodass sich eine Überfokussierung resultierend aus dem Fortbestand der Verlaufskurvendynamik abzeichnet. Frau Pfeifer fast dies retrospektiv folgendermaßen zusammen, denn auch heute prägt sie diese Lebenserfahrung:

Und hat da ein hartes Brot mit mir, weil ich sehr doll auf diese finanziellen Sachen achte, ob das Papiere sind, die erledigt werden müssen, weil ich da in der Sache viel erlebt habe. Also Sachen, wo du, . wenn du dann nicht das pünktlich abgegeben hast, dann biste dafür festgenagelt worden oder da hat man viel erlebt durch diese ganzen Sachen, und da bin ich schon, ich denk mal, überempfindlich. (DP:232f.)

Die Wirksamkeit des Verlaufskurvenpotenzials wird insbesondere durch das Eingehen einer neuen und beziehungsschematisch andersartigen Partnerschaft[394] zeitweise überlagert.

Die Darstellung der Zusammenbruchskrise erfolgt erst im Kontext einer Nachfrage zur Aufarbeitung der Kindheit, womit auch erzählerisch der Bezug zwischen Sozialisationserfahrungen und Krisensituation hergestellt ist (vgl. DP:339f.).

Es zeigt sich in drastischer Weise die Korrelation von äußeren Faktoren resp. Erwartungsdruck und dem Gefühl, dadurch massive Einschränkung zu erfahren, bis hin zum psychischen und physischen Verfall:

Da war meine Angst, dass du immer unter diesem Mann da dann alles machen musst. Und das . wollte ich auf keinen Fall. (DP:360f.)

und

[...] und irgendwann kriegte ich das wieder, . hatte ich dann vier Jahre nicht, aber richtig extrem. Und ich denke mal aber, habe ich mich wieder so reingesteigert. Ich wollte sehen, dass mir wirklich so nichts fehlt. Ich habe in den zehn Jahren nie glauben wollen, dass das Stress ist oder . irgendwelche Sachen, die dazu führen. Das wollte in meinen Kopf nicht rein. (DP:384f.)

---

394 Aufgrund des Altersunterschieds zum neuen Freund hat Frau Pfeifer das Zustandekommen einer Beziehung nicht forciert oder eingeplant. Dementsprechend kritisch betrachtet sie die Person und Persönlichkeit des potenziellen neuen Partners.

In der Verbalisierung gegenwärtiger Ereignisse zeichnet sich aber zusehends ein Gegensatz zu früherem Handeln ab:

Und das habe ich aber auch erst so für mich rausgefunden, weil ich eben viel so ne Literatur dann lese auch oder eben durch den Psychologen oder eben mit anderen, . die jetzt irgend so was Ähnliches hatten, mal so unterhalte. . Dadurch. Aber früher war ich so schlimm. Ja. Ich hab immer, manchmal hat's mich belastet, hat mich angekotzt. Überall. Dann hab ich gesagt, (nachahmend) heute sagst du NEIN, das regt mich auf. Und hab geschimpft über die Person und wenn sie vor der Tür stand, (nachahmend) ach mach ich, mach ich. Mach ich nicht mehr so. Ich wäge auch schon ab, wenn ich irgendwo, wenn ich jetzt zum Beispiel in unserer Klasse da ist irgendjemand, auf Anhieb manche sind dir gleich sympathisch (so mal?), und manche eben nicht so, nehme ich eigentlich eher Abstand, wo ich dann, sage zwar Guten Tag und alles, aber das war's dann auch. Früher hätte ich vielleicht dann doch, wenn sie ankommt und machen mer mal. Das mach ich heute nicht mehr so. (DP:917f.)

Die Informantin lässt sich einerseits in ihrem bisherigen und aktuellen Handeln von normativen Vorgaben leiten, andererseits differenziert sie zunehmend und hinterfragt ihre früheren Standpunkte. Anhand kritisch reflektierender und bilanzierender Betrachtungen der Informantin und einer distanziert gebrochenen Perspektive auf vergangene Ereignisse lassen sich Veränderungen im Handeln und damit persönlichkeitsspezifische Entwicklungen hin zu einem biografischen Wandlungsprozess im Text besonders gut ausfindig machen:

Oder man hat eben das, was ich eben immer falsch gemacht habe, ich habe immer nach außen hin was anderes gespielt, was innerlich war. So. Viel vielleicht hat's, würde ich sagen, das mache ich zum Beispiel heute nicht mehr so. Also weil also (Mitte?) bin ich da nicht, also ich weiß nicht, also ich sag auch, wenn jemand kommt, ich hab mich grad vor kurzem erst als wir ne Auseinandersetzung hatten, da sag ich auch, es ist grade nicht alles so gut, aber es ist egal. Aber nicht mehr so, ach alles in Ordnung und, das mach ich nicht mehr. Oder wie jetzt zum Beispiel, dass ich diese Schulden oder so hab, oder dass ich da noch en Kredit abbezahle, da erzähle ich auch drüber, da hab ich keine Probleme damit. So. (DP:590f.)

Der Erzählung folgen häufig theoretisch-argumentativen Kommentare, welche die heutige distanzierte Sicht auf die biografischen Erfahrungen erhellen. Frau Pfeifer differenziert in der Erzählung ganz klar zwischen ihrem früheren und dem heutigen Handeln. Dabei sieht sie sich im Kontext und zieht neue Vergleiche innerhalb ihrer sozialen Umwelt (Veränderung der Universalisierungsmechanismen).

Das endgültige Zutrauen in die eigenen Ressourcen weist gleichwohl noch Potenziale auf, weshalb Frau Pfeifer die selbstvergewissernde Bestätigung von professionellen InteraktionspartnerInnen, wie ihrem Psychologen, wünscht:

Also ich hab, (stöhnend) ha ich mach auch nur, normalerweise ist er der Meinung, das ärgert mich immer ein bisschen, weil er ist der Meinung, ich wäre jetzt zum Beispiel schon, ich war jetzt vielleicht zehnmal da, äh ich wäre so auf'm guten Weg, das ist alles top. Da sag ich immer, das täuscht vielleicht bei mir en bisschen, weil ich nach außen das so gebe, innerlich noch nicht so. Obwohl ich schon besser klar komme jetzt damit. Und das <u>glaube</u> so langsam, dass es damit zu tun hat. (DP:394f.)

Das derzeitige Festhalten am äußeren Erwartungsrahmen muss dagegen nicht verwundern, da er die Handlungsspielräume der Informantin absteckt und diesbezügliche Selbstkonzepte noch in Entwicklung begriffen sind.

Der bisherige, wenn auch einschränkende, Rahmen vermittelt immerhin Sicherheit oder wie es Frau Pfeifer sinngemäß formuliert ‚Normalität‘, die aufgrund ihrer Vertrautheit allemal näher liegt als das ungewisse Neue. Die Ambivalenzen werden allerdings in der Darstellung spürbar:

Weil en paar Sachen, ich sag mal, im Endeffekt probier ich ja das trotz trotzdem durchzusetzen, was ich möchte und irgendwo ja auch wieder nicht. Ich sage ja, dass ist <u>so'n</u> hin und her. Ich weiß nicht, ob ein anderer das so bezeichnen würde als <u>schlecht</u>. Ich seh's irgendwo schlecht und gut . beides so. Aber es ist noch nicht das, wie man eben . ich möchte normal leben, ganz normal wieder wie ich's mal damals vorher hatte. Da hattest du, na sicherlich wieder andere Probleme, Probleme haste immer irgendwo, aber . ich hab noch zu viel äh was daraus alles herkommt. (DP:1026f.)

Es ist an derartigen Ausführungen der Informantin zu erkennen, dass sie sich in einer Übergangsphase des Wechsels von biografischen Ordnungsstrukturen befindet, denn der lebensgeschichtliche Wandlungsprozess wird virulent und wirkt sich zumindest auf unbewusster Wirkungsebene auf das Lebensgefühl der Frau Pfeifer aus.[395]

Wenn auch die jeweiligen familialen oder persönlichen Lebensphasen gleichzeitig erzählerisch markiert werden durch die Erwähnung eines Arbeitsplatzes oder einer Umschulungsmaßnahme, so lässt sich doch keine Institutionalisierung von Ausbildungs- oder Berufskarrieren erkennen.

Die Erwähnung von Ausbildungen, Umschulungen und Erwerbstätigkeiten geschieht weniger im Kontext von Institutionen, sondern sie sind vielmehr als lebenszyklische Einschnitte zu interpretieren, zumal sie erzählerisch eingebettet sind in Ausführungen zu den Familienstrukturen sowie lebens- und familienzyklischen Mustern (z.B. Partnerwahl, Entscheidung für das 3. Kind). Außerdem stellt die Nennung der jeweils aktuellen Tätigkeit eine Komplettierung der weiteren Aufzählung (Wohnung, Partner, Kinder) in Bezug auf die biografische Ablauffolie dar. Zugleich verweist Frau Pfeifer mit dieser Betonung auf das Vorhandensein einer materiellen Absicherung der jeweiligen Lebensphase. Möglicherweise will sie damit dem Eindruck vorbeugen, unüberlegt oder gar riskant gehandelt zu haben, vor allem in Bezug auf ihre Kinder. Auch hier spielt die Erfüllung normativer Erwartungen eine wichtige Rolle.

---

395 Eine mitunter negative Lebensstimmung, geprägt durch Gefühle der Unsicherheit, Unzufriedenheit, Überforderung oder Ungeduld, tritt nicht selten im Zusammenhang einer Umschichtung der biografischen Gesamtformung auf (vgl. ebd., 106, 114f.).

Dennoch scheint dem Verweis auf berufliche Zusammenhänge noch eine besondere lebensgeschichtliche Bedeutung zuzukommen, was sich vor allem in der angelegten berufsbiografischen Verarbeitung des eigenen Lebensverlaufs andeutet.

Die gegenwärtigen beruflichen Aktivitäten (Umschulung zur Altenpflegerin, perspektivisch Heilerziehungspflegerin) können als eine Reaktivierung der berufsbiografischen Entwürfe im Jugendalter verstanden werden, die sich aktuell zu einem zentralen Orientierungselement der biografischen Gesamtformung entwickeln. Die berufliche Neuorientierung in Korrelation mit den familialen sowie soziostrukturellen Veränderungen und der Wandlung der Selbstidentität lassen sich in der Erzählung als handlungsschematische Superstruktur identifizieren, welche in der Beantwortung der abschließenden Zukunftsfrage unverkennbar zum Ausdruck kommt:

Hat ich ja eigentlich schon gesagt, so im Großen und Ganzen, möchte ich gerne auf jeden Fall in diesen Bereich . für behinderte Kinder, [...] Also das Ziel . das erreiche ich auch noch irgendwie. Und . . Ja sonst habe ich das ja schon. Ich hab ne Familie, ich hab en anständigen Mann, [...]. (DP:1118f.)

Mehrfach äußert sich die Informantin mit konsequenter Willenstärke bezüglich ihrer aktuellen Lebensentwürfe mit Worten wie ‚also das Ziel das erreiche ich auch noch irgendwie', ‚das schaffe ich auch irgendwann' oder ‚das ist jetzt mein Ziel' (vgl. DP:1127, 885, 822).

Angesichts der kritisch-distanzierten und reflektierten Haltung der Informantin und ihrer psychologisch sensibilisierten Betrachtungsweise, antizipiere ich eine Reflexion des möglichen Zusammenhanges zwischen ihrer Berufswahl und der Sozialisation im Elternhaus, welche im immanenten Nachfrageteil von mir angesprochen wird. Anhand der Reaktion der Informantin lässt sich jedoch ersehen, dass diese Annahme verfrüht ist.

Dennoch generiert sich eine sehr aufschlussreiche Erzählung über die Kindheit, die Konstitution des Berufswunsches und den zwischenzeitlichen Werdegang bis hin zur heutigen Umschulung. Während Frau Pfeifer den Zusammenhang von Kindheit und berufsbiografischer Verarbeitung kognitiv noch nicht erfasst hatte, setzt die Reflexion im Erzählen ein und sie schließt den Zusammenhang später nicht mehr aus (vgl. DP:838f.). Parallel dazu ist in dieser Textpassage eine erzählerische Verquickung der potenziellen Gründe für ihre beruflichen Ambitionen, der biografischen Erfahrungen ihrer ersten Lebenspartner und ihrer eigenen Beziehungs- und Handlungsmuster zu konstatieren.

Signifikant andere InteraktionspartnerInnen treten besonders in jüngerer biografischer Vergangenheit in der Erzählung verstärkt in Erscheinung, wobei deren Unterstützung explizit hervorgehoben wird:

(nachahmend) Na ich kann dir, da können wir dir helfen. Du kriegst von uns en Kredit, wenn der Herr Schulze eben äh alles aufschreibt, dass das auch alles wirklich belegt ist, eben aus diesen drei Jahren, sag ich mal, aus diesem Komplex kommt. Und das haben wir dann alle drei zusammen gemacht. (DP:184f.),

Und dass, wo ich, wo ich heute mal sage, dass man da doch noch gut rausgekommen ist aus der ganzen Sache, aber eben, ich sag mal, durch die Hilfe von mehreren, nicht nur von mir, die haben mir ja alle irgendwo da mitgeholfen . (DP:195f.)

Dabei nimmt sie zum Teil mit Skepsis zur Kenntnis, wie sie als Person beachtet und nicht auf ihre Probleme reduziert wird:

Ich hab damals also auch durch viel Glück, '97, hier von der A-Bank eine kennen gelernt, die ist da Filialleiterin, und die hat das so en bisschen mit verfolgt . und da hab ich mich aber nie getraut, mal was zu sagen, dass ich so viel Schulden habe. Ich, normalerweise hätte sie's, glaub ich, schon sehen müssen an der Schufa. Ich weiß es nicht, sie hat nie was gesagt. (DP:175f.)

Die Kernerzählung zur Überschuldung setzt relativ zeitig in Zeile 73 mit dem suprasegmentalen Markierer, „Dann habe ich jemanden kennen gelernt" (DP:73), ein. Das liegt am Aussparen der Kindheit und an der erzählerischen Ausrichtung an lebens- und familienzyklischen Ereignissen, denn bereits mit der zweiten Beziehung beginnt das Verschuldungsdilemma:

Ja, da fing das dann eigentlich schon an, (normale Lautstärke) es fing am Anfang schon, ich hab schon viel am Anfang gemerkt, aber nicht realisiert so richtig, weil (sehr leise, überlegend) war 23, 24 dann. (DP:78f.)

und

Ich sag ja, ich hab's gemerkt, aber nicht . wahrhaben wollen oder ich weiß nicht, wie man das sagen soll. Mir kommt es heute immer so vor, als ob man da geschlafen hat in den drei Jahren . oder hörig, ich ich weiß es nicht, was das war. (DP:103f.)

Während zuerst hauptsächlich die Beziehung charakterisiert und die Schulden des Partners zwar angesprochen, aber nicht problematisiert werden, zeigt sich in der Bilanzierung der Partnerschaft gleichzeitig das Ausmaß der Überschuldung der Frau Pfeifer.

Zugleich verweist die Aussage sprachlich und inhaltlich auf eine Verlaufskurve. Entsprechend dem damaligen Erleben besteht keine erzählerische Parallelität zwischen der zweiten Partnerschaft und der Ver- und Überschuldung der Informantin, denn erst nach der Beendigung der Beziehung realisiert Frau Pfeifer, dass sie plötzlich selbst überschuldet ist:

Und ich sag ja, hingegangen bin ich mit ohne Schulden, ohne alles und zurückgekommen war dann, hat ich das dann auf so'm Haufen Schulden. (sehr laut) Also er hatte so viele und ich hab probiert, das weg zu machen von dem großen Batzen und im Endeffekt bekam ich immer noch mehr dazu. Aber da habe ich das noch nicht gesehen, dass ich die Schulden habe, ja, weil er immer gesagt hat, er bezahlt das schon alles mit ab dann. (DP:128f.)

Detaillierungen hinsichtlich der krisenhaften Auswirkungen der Überschuldungssituation auf die Alltagsbewältigung nimmt die Informantin erst im Verlauf der Beantwortung der Bilanzierungsfrage vor.

In Bezug auf die Überschuldung ist die Erzählung geprägt von einer teilweisen Fokussierung auf die Vermieterin und der Konzentration auf numerische Fakten, wie die Höhe der Schuldsumme oder der Ratenzahlungen. Durch die Präsenz der Vermieterin wird der hauptbeteiligte ehemalige Lebenspartner in dieser Situation erzählerisch vernachlässigt:

> [...] ich habe mit der viel gesprochen, viel geredet, aber irgendwie hat sie mich nie verstehen wollen, sie hat immer gedacht, ich hab en Komplott mit ihm, . dass wir da nichts bezahlen wollten, wir wollen da raus. Das hat sie eigentlich, sie ist überall hin, auf, Kindergarten gefragt, wo ich denn bin, obwohl sie meine Telefonnummer alles immer hatte. Ehm [Tassenklappern] Arbeitgeber hat sie prinzipiell hat sie immer geguckt, wo ich arbeite, weil ich hab dann neben, ich hab dann hier im C-Kaufhaus gearbeitet, hab dann nebenbei aber noch drei Jobs gemacht als Verkäuferin, so an den Ständen hier. Dann ist sie ja immer gleich los, Herr Schulze {Schuldnerberater} hat das dann immer nur erfahr erfahren (nachahmend) sie hat schon wieder geguckt, wo Sie arbeiten, Sie haben doch Geld. (DP.161f.)

Das Investigieren und Misstrauen der Vermieterin symbolisieren für die Informantin vermutlich so etwas wie soziale Kontrolle und normative Gewalt, das heißt eine potenzielle Einflussnahme von außen wird als allgegenwärtig wahrgenommen.

Die damit verbundene Ohnmacht gegenüber fremder Einflussnahme, scheint für Frau Pfeifer ein Hauptproblem nicht nur im Kontext der Überschuldung zu sein:

> [...] und der will was von mir und der will was von mir. Und das ist auch heute nicht so mein Ding, das ist . wenn einer hier von mir andauernd was will oder so, . das ist . das belastet mich dann. Und für mich ist frei, also ich muss frei leben können. So, wie soll ich das sagen, mit meinem Plan machen, hab meinen, mir das selber organisieren und so muss das passen. Aber nicht, dass hier einer steht, ich brauch, ich will jetzt Geld, ich kriege da noch Geld und da könnte ich nicht mit leben, also das wäre für mich, da würde ich durchdrehen. (DP:1056f.)

Die Assoziationen der Informantin (z.B. frei leben können, richtig leben, mein Leben) im Kontext der Überschuldung deuten darauf hin, dass die Schulden keineswegs auf ihren finanziellen Wert reduziert werden dürfen. Äußerungen wie „solange dieser Kredit und diese Schulden da nicht . weg sind aus meinem Leben, solange können wir nie anfangen, richtig zu leben und deshalb finde ich's beschissen. Weil das immer noch nachhakt und das wird noch ne Weile gehen und das strengt eben an so. Ich möchte gerne manchmal sagen, so aufwachen und sagen, so heute fängt unser Leben an." (DP:1019f.), markieren die höherprädikative Bedeutung. Schulden, einschließlich die dahinter stehenden Gläubiger, hindern Frau Pfeifer ‚richtig zu leben', das heißt sie kontrollieren ihr Leben, sie setzen ihr massive Grenzen, schränken ihre Handlungsspielräume ein.

Gleichzeitig versucht Frau Pfeifer, sich Freiräume über das Auffinden ihres zweiten Partners zurück zu erobern:

Und für mich ist eigentlich im Moment so das Schlimmste, ich bin ja da . am Kämpfen, dass ich den . finde, weil das ist ja, (leise) der Kleine, der eben rein kam, das ist sein Sohn. Ja und da hab ich weder, dass er die Vaterschaft anerkennt hat, [...] Ich würde gern mal eben auch diese Sache dann mal irgendwie, dass ich mir irgendwo mein Geld ein bisschen wiederholen kann, für mein Leben und dann eben den Unterhalt . (leise) für den Andreas. (DP:290f.)

Auch hier taucht die gedankliche und sprachliche Verbindung zwischen Geld und Leben erneut auf.

Es kommt im Erzählverlauf zu einer Häufung des Wortes „Glück", welches als Indiz für das Vertrauen auf äußere, fremdgesteuerte Fügungen gewertet werden könnte. Primär scheint Glück für die Informantin aber Hoffnung und Zuversicht zu symbolisieren, das heißt sie vertraut darauf, dass erfahrungsgemäß nach jeder Krise auch wieder eine Normalisierung eintritt:

[...] ich habe da im Unglück wieder immer Glück gehabt. Und das ist mir eigentlich schon mal, von meinem Leben bin ich weg von zu Hause, immer und immer wieder passiert. Immer wenn ich kurz vor so nem Abgrund stand, dann ging's wieder hoch, wo man eigentlich gedacht hat, da geht's nicht weiter. Und so passiert das immer wieder. Das war jetzt auch wieder mit dann, wo das eben mit diesem Zuhälter da, diesem Geld war. Das war für mich so, um Gottes willen, da kommst du nie wieder raus . und irgendwo geht's immer weiter. (DP:1086f.)

Gleichwohl dokumentieren solche Aussagen die unzureichende Einschätzung hinsichtlich der Wirksamkeit der eigenen Fähigkeiten, die letztlich den Weg aus krisenhaften Situationen gebahnt haben.

Die Bilanzierungsfrage inklusive der konkretisierten Nachfrage wird mit einem umfassenden Resümee der lebensgeschichtlichen Krisensituationen beantwortet (vgl. DP:1006f.).

Zum einen wird die Überschuldungskrise detailliert und zum anderen werden Wünsche und Hoffnungen perspektiviert. Diese thematische Verbindung sowie die sprachliche Darstellung reflektieren besonders einprägsam die augenblickliche Lebensstimmung, die gekennzeichnet ist von der Ambivalenz im Denken, Fühlen und Handeln sowie dem Wunsch nach ‚Normalität' infolge der Änderung der grundlegenden Merkmalskomponenten der Selbstidentität (vgl. DP:1026f., siehe oben).

Es kommt zu systematischen Ungleichzeitigkeiten und Diskrepanzen zwischen der Wandlung der grundlegenden Merkmalskomponenten der Selbstidentität und dem Fortschreiten der Umschichtung der biografischen Gesamtformung, die ihren Ausdruck finden in zum Teil vagen, schmerzlichen, schwankenden, entnervten Lebensgefühlen.[396]

Signifikant ist jedoch die Zuversicht die Frau Pfeifers Handlungsorientierung trägt:

---

396 vgl. ebd., 111

Immer wenn ich kurz vor so nem Abgrund stand, dann ging's wieder hoch, wo man eigentlich gedacht hat, da geht's nicht weiter. Und so passiert das immer wieder. (DP:1088f.)

Die Beantwortung der Zukunftsfrage bildet komprimiert die wesentlichen Erzählpfade im Verlauf des Interviews ab und spiegelt gleichzeitig die aktuelle handlungsschematische Orientierung wider (vgl. DP:1118f.). Frau Pfeifers berufliche Pläne, die Positionen zu Partnerschaft und Familie werden ebenso thematisiert wie der Einfluss von äußeren normativen Erwartungen resp. (latenten) gesellschaftlichen Klischees und ihr Umgang damit:

[...] möchte ich gerne auf jeden Fall in diesen Bereich . für behinderte Kinder (DP:1118f.),

Das war schon für mich ganz schlimm wieder, das war wieder so, wieder die Leute. (fragend) Was sagen die Leute, ne Frau mit zwei Kindern, was will die mit so nem Jungken oder so. (DP:1129f.),

[...] und da wollte ich nur mit sagen, weil viele ja immer sagen, so drei Kinder, vier Kinder, die schaffen sich Kinder an und haben kein Geld, weil ich hab ja in der Zeit jetzt auch die Schulden gehabt und habe mir trotzdem dieses Kind angeschafft und trotzdem schäme ich mich nicht dafür, dass ich mir das Kind noch angeschafft habe. Weil das ist in meinem, sag ich, Lebensplan so mit drinne. Und das andere ist irgendwo mit reingekommen. (DP:1213f.)

Anhand der formalen Analyse der Erzähl- und Interviewstruktur lassen sich bereits Ansätze der Handlungs- und Deutungsmuster der Frau Pfeifer erkennen, aus denen wiederum erste Annahmen zur Konstitution des Selbst- und Weltverständnisses ableitbar sind:

- Die Darstellung der Lebensgeschichte weist in weiten Teilen Verlaufskurvenindikatoren auf, die thematisch zum Teil keinen direkten Zusammenhang zu einer späteren Überschuldung erkennen lassen und zeitlich weit vor der Eskalation der Überschuldungssituation liegen. Die Darstellung der Verstrickung in krisenhafte Beziehungen und der Fortbestand der Verlaufskurvenwirksamkeit auch nach dem Ende der Partnerschaften erlauben jedoch den Rückschluss auf eine Transformation der Verlaufskurve. Die Eingrenzung einer Verlaufskurve der Überschuldung wird dadurch erschwert, zumal der Aufarbeitungsprozess seitens der Informantin gerade erst begonnen hat.

- Die biografische Fokussierung normativ-institutioneller Ablaufmuster, insbesondere lebenszyklischer Phänomene, ist zu konstatieren. Die erkennbare starke Normorientierung wiederum bestimmt die Ausbildung entsprechender Handlungs- und Beziehungsmuster, woraus sich das Selbst- und Weltbild der Informantin konstituiert.

- Im Zuge der Umschichtungen der biografischen Gesamtformung und der Ablösung von der Verlaufskurve sind in der Erzählung deutliche Modalisierungstendenzen und ein diskontinuierlicher Zeitsprung zur Vergangenheit zu konstatieren, die auf einen enormen biografischen Wandlungsprozess hinweisen. Der damit verbundene Lern- und Bildungsprozess findet gegenwärtig statt und verursacht bei der Informantin Schwankungen der Lebensstimmung aufgrund systematischer Ungleichzeitigkeiten der an der Wandlung beteiligten Merkmalsdimensionen und Ordnungsstrukturen. Erzählerisch signifikant ist das Aufbegehren gegen jegliche Versuche fremder Einflussnahme oder Ausübung von normativem Erwartungsdruck. Die Veränderung der Selbstidentität zieht auch eine Neukonstitution des Selbst- und Weltbildes nach sich, welche noch in Entwicklung begriffen ist.

- Die Darstellung der Reaktivierung der biografischen Entwürfe aus der Jugend der Informantin gibt wesentliche formale Hinweise auf ein Bedingungspotenzial zur Überwindung der Verlaufskurve, da die neue steuerungsdominante biografische Ordnungsstruktur vage als Zukunftsentwurf formuliert wird. Es zeigt sich in diesem Erzählkontext zugleich, wie zuvor die (berufs-)biografische Entfaltung behindert wurde. Dadurch plausibilisiert sich die Übernahme einer biografischen Ablauffolie. In Korrelation mit der ausgeprägten Normorientierung können die Verhinderung biografischer Entwürfe und infolgedessen die Übernahme der biografischen Ablauffolie als Schlüsselmomente für die Aufschichtung des Verlaufskurvenpotenzials betrachtet werden. Das dokumentieren vor allem die mit dem Berufswunsch korrelierenden Ansätze einer berufsbiografischen Verarbeitung der gesamten Lebensgeschichte. Das eigene Bedürfnis nach Unterstützung und Zuwendung, welches sie eher unterschwellig thematisiert, findet darüber seinen Ausdruck, denn Frau Pfeifer hat wiederholt die Erfahrung gemacht, allein ‚kämpfen' zu müssen. Es entspricht ihrem Handlungsmuster, keine Hilfe von anderen zu erwarten. Umso mehr wertschätzt sie jedoch fremde Unterstützung, die aber nicht gleichwertig der familialen Zuwendung ist.

Über die folgende inhaltliche Analyse werden diese Annahmen weiter untersucht und spezifiziert.

c) Inhaltliche Analyse: Rekonstruktion der Verlaufskurve der
    Überschuldung

Charakteristische Sozialisationsbedingungen

Wenngleich die Informantin eine Einschränkung hinsichtlich ihres Erinnerungsvermögens in Bezug auf die Kindheit vornimmt, so sind doch anhand der aktuellen Ausführungen zu den Familienangehörigen und der Beziehungen untereinander Rückschlüsse möglich.

Besonders im Bemühen der Frau Pfeifer um einzelne Familienmitglieder und ihrer Reflexion dieses Handelns widerspiegelt sich ihr Verständnis familialer Strukturen und Funktionen. Indem sie beispielsweise bedauert, keine

Hilfe seitens ihrer Familie zu erhalten, bringt sie gleichsam zum Ausdruck, was innerhalb ihrer Herkunftsfamilie offensichtlich fehlt:

Da ist wieder das, wo du manchmal so überlegst, da fehlt jemand so von deiner Familie, der mal sagt, ich helf dir da mal oder. . ne Freundin da drüber reden ist immer noch was anderes wie ne Mutter oder irgend wer. (DP:1052f.)

Bestätigt wird diese Annahme beispielsweise, indem das persönliche Scheitern von zwei Brüdern mit dem Ausbleiben bzw. Versagen familialer Hilfe begründet wird (vgl. DP:403f., 442f.). Nicht zuletzt ihre eigenen Vorstellungen von Familie und Kindererziehung, konstituieren sich aus der gänzlich umgekehrt erlebten Kindheit, und geben somit Aufschluss über die Sozialisationsbedingungen. So charakterisiert sie die Erziehung ihrer Kinder mit den Worten:

Aber auf jeden Fall total anders wie zu Hause, denk ich schon. (DP:1404)

Die Familie verfügt über eine ausreichende materielle Ausstattung, die zusätzlich durch die Zuwendungen der in Westdeutschland lebenden Großmutter aufgebessert wird. Geschenke außerhalb von Weihnachten und Geburtstagen oder Taschengeld erhalten die Kinder nicht.

Es wird nicht erwähnt, warum es in der Kindheit der Dana Pfeifer zu häufigen Wohnungs- und Wohnortwechseln kommt. Möglicherweise korrespondiert die regelmäßige Veränderung des Wohnumfeldes mit den ungeordneten innerfamilialen Zuständen. Es ist durchaus vorstellbar, dass einerseits eine neue Wohnumgebung die innerfamiliale Unordnung reguliert bzw. vorübergehend kompensiert, andererseits lässt sich darüber auch nach außen der Schein einer intakten Familie wahren. Das schulische Umfeld bleibt für die Informantin jedoch konstant, weil sich die jeweiligen Wohnorte im Einzugsgebiet der bisherigen Schule befinden.

Schon frühzeitig übernimmt Dana Pfeifer häusliche Tätigkeiten und die Verantwortung für jüngere Geschwisterkinder:

[...] wir mussten eigentlich alles mitmachen, das heißt Gartenarbeit, nach der Schule nicht mit weggehen mit anderen oder irgendwo mal hin, im Garten arbeiten, . Wohnung putzen, einkaufen oder wir haben eben auch viel so wie Nüsse, wurden damals, die mussten wir aufsammeln, die wurden dann abgegeben. Also . alles. Oder wenn ich dann mal, wenn wir weg wollten, dann mussten wir eben damals den Kleinen von meiner Schwester, den musste ich zum Beispiel überall mit hinnehmen. (DP:1311f.)

Die Erledigung der häuslichen Aufgaben führt sogar zur Vernachlässigung schulischer Belange:

[...] wir hatten ja so viel zu tun noch drum herum, wir hatten ja auch Tiere, Schweine, Hühner, das mussten wir ja auch alles mit machen, da hat sich auch nie einer drum gekümmert. [...] Da hab ich in der Schule meine Hausaufgaben abgeschrieben, mir war das eigentlich relativ egal. Also es stand auch immer drinne, meine Leistungen hätten wesentlich besser sein können. (DP:1333f.)

Dabei ist wohl von Bedeutung, dass die Mutter wegen ihrer Depressionen immer weniger Arbeiten erledigen kann und dadurch der Einsatz der Kinder gefordert ist:

Ich weiß nur, dass meine Mutter hatte immer, die hatte immer, wenn wir was machen wollten, (nachahmend) ich bin krank, ich bin krank, ich bin krank, mir geht's nicht gut, ich kann nicht arbeiten, ich kann nicht arbeiten. (DP:602f.)

Der Gesundheitszustand der Mutter prägt nicht nur das Familienleben und die Kindheit der Dana Pfeifer, sondern er wirkt sich auch auf die spätere Handlungsorientierung der Informantin aus, denn sie ist zeitlebens bemüht, nicht in das Handlungsmuster der Mutter zu verfallen:

Und ich bin mal da dran, mein ganzes Leben nie so zu werden wie sie. (DP:604f.)

Dabei werden sogar körperliche und seelische Überlastungserscheinungen ignoriert, um allein schon ein potenzielles Verdachtsmoment etwaiger Analogien der gesundheitlichen Dispositionen auszuschalten.

Die Ehe der Eltern ist von Spannungen gekennzeichnet, die ihren Höhepunkt in körperlichen Auseinandersetzungen finden:

Und meine Eltern da war auch nichts, also das war en Chaos, immer schon. (DP:580f.),

Aber das war schon immer da bei uns da, weil die haben sich auch, meine Mutter ist auch so'n bisschen so ne <u>Jähzornige</u>, geprü haben sich da geprügelt und und ach. (DP:571f.)

Hinzu kommt irgendwann der übermäßige Alkoholkonsum des Vaters. Der konfuse Zustand der Ehe überträgt sich auch auf die Kinder, denn auch die Erziehung geschieht ungeordnet bzw. unkontrolliert und die Gewalttätigkeiten richten sich ebenso gegen sie:

Ich weiß gar nicht, ob man das so <u>Erziehung</u> nennen kann. Also ich denke mal, so en <u>Hinleben</u>. (gleichgültig) So ist eben da. Erziehung würde ich das nicht nennen. Wenn man Erziehung macht, dann muss man ja auch öfters mal überlegen. (DP:1276f.)

oder

Wochenende war immer Großputz so. Und wenn sie dann schon oben bei uns in die Zimmer war, da haste sie schon rufen, wir mussten ja alle mit helfen, rufen gehört. Dann war sie gestresst, genervt, dann gab's schon Prügel. <u>Schlechte Noten</u>, da kam der Gürtel. Also es ist eigentlich für <u>alles, was nicht passte</u>. (husten). (DP:1290f.)

Der Informantin widerfährt dabei Willkür, denn es genügt schon die schlichte ‚Nervosität', um geschlagen zu werden:

Also auch wenn sie nur nervös waren oder so, gab's eben Prügel. (DP:1301f.)

Überforderungserscheinungen können bei den Eltern auf diversen Handlungsebenen vermutet werden.

Doch nicht nur die Gründe oder Anlässe, sondern auch die Art oder das

Ausmaß der Sanktionen bewegen sich in einem nicht kalkulierbaren Rahmen. Es kommt aus scheinbar nichtigen Gründen zu unkontrollierten Gewaltausbrüchen:

> Hier war's zum Beispiel so [sie zeigt auf eine Narbe an der Hand] wir haben, immer wenn wir renoviert haben, da haben sich schon meine Eltern in den Zwicken gehabt. Und mein Vater war dann auch immer so nervös, das war so'n . wie en so'n Rackler vom Ofen, I.: Mhm. D.: die gab's ja früher . dann so, und den sollte ich festhalten und bin dann wohl verrutscht, (sehr leise) ja war ich 10 oder so, (husten) (normale Lautstärke) und da war der so nervös und hat draufgehauen eben. (DP:1294f.)

Das willkürliche Agieren erschwert es Dana Pfeifer, die Ursachen für etwaige Sanktionen erkennen und einordnen zu können, womit auch deren normative und orientierende Funktion für die soziale Interaktion für sie unklar bleibt. Die erfahrenen Sanktionen haben demnach nicht den Effekt das eigene soziale Handeln entsprechend konformieren oder korrigieren zu können.

Inwiefern sonstige gezielte innerfamiliale Kommunikation stattfindet, ist anhand der wenigen Aussagen schwer zu rekonstruieren.

Gezielte familiale Zuwendung, Förderung oder der kommunikative Austausch werden nicht benannt, sodass selbst die Existenz einer Beziehung zu den Eltern, aber auch zu den Geschwistern infrage gestellt wird:

> Aber und das hat, denke ich mal aus meiner Kindheit zu tun, . da wurde eben auch viel geschlagen, und äh sieht man [zeigt auf ihre Hand] heute noch Narben so. Und, wie soll man nun sagen, überhaupt keine Mutter-/Vaterverhältnis, gar nicht. Die Geschwister, sag ja, jeder hier unterschiedlich, wohnt hier irgendwo. Keiner kümmert sich um den anderen. (DP:399f.)

Jedes Familienmitglied scheint für sich isoliert, weil das intersubjektive Territorium potenzielle Gefahr birgt. Verstärkt wird der Konflikt auch unter den Geschwistern durch die Anwendung von Gruppenbestrafungen:

> Egal wer's war, dann hat jeder gekriegt. (DP:1289f.)

Dana Pfeifer fühlt sich emotional eher zu den beiden Brüdern hingezogen, die später in delinquente Handlungen und Suchtkarrieren verstrickt werden. Die Schwester und ein weiterer Bruder werden als ‚kalt' und ‚geldbesessen' charakterisiert, wogegen sie eine Abneigung verspürt. Wie sich der Kindheitsalltag der Geschwister untereinander gestaltet, bleibt offen.

Die hauptsächlich durch Gewalt geprägte Interaktion zwischen den Eltern und der Informantin führt dazu, nicht genau zu wissen, welches Handeln als erwünscht oder unerwünscht gilt. Dana Pfeifer verinnerlicht damit, dass es andere sind, die die Regeln bestimmen und sie fortan versuchen muss, sich der Situation anzupassen. Um möglichst wenig Angriffsfläche zu bieten, bewegt sie sich innerhalb eines sehr engen, starren und von außen vorgegebenen Handlungsrahmens und läuft dennoch stets Gefahr, reglementiert zu werden. Es entsteht eine Situation der permanenten Ungewissheit, verbunden mit dem Gefühl der Ohnmacht und dem Ausgeliefertsein. Unter diesem Druck entwickeln sich sogar psychosomatische Störungen, die sich im Erwachsenenalter als Angsterkrankung manifestieren.

Das soziale Handeln der Dana Pfeifer wird insofern beeinträchtigt, nicht antizipieren zu können, welche Reaktion ihr Handeln hervorruft. Gleichzeitig wird ihre persönliche Entfaltung behindert, weil sie aus Furcht vor sanktionierbaren Fehltritten ihr Handeln auf den engen, starren Rahmen begrenzt.

Die Rahmenbedingen führen demzufolge zu einer starren intra- und interpersonellen Eingrenzung. Die Eltern selbst konterkarieren die Funktion sozialer Normen, die ursprünglich die Willkür der interpersonalen Beziehungen begrenzen sollen, denn verbindliche Regeln und Standards scheinen innerhalb der Herkunftsfamilie nicht zu gelten.

Aufgrund der fehlenden Vermittlung eines klaren oder verlässlichen Bedingungsgefüges, werden soziale Normen und Werte als ein willkürliches, gar bedrohliches, aber zugleich unbedingt einzuhaltendes Faktum wahrgenommen.

Es bleibt für Dana Pfeifer dabei abstrakt, <u>was</u> sie unbedingt einhalten soll. Ein normativer Erwartungsrahmen konstituiert sich quasi aus der Varianz der Handlungssteuerung und letztlich auch aus der Unberechenbarkeit der Eltern. Die Verhaltenserwartungen werden nicht im Zuge wechselseitiger Interaktion internalisiert, sondern sie werden als äußerlich erfahren, und die Handlungsorientierung der Beteiligten beruht auf Sanktionen.[397] Die Handlungen der Informantin sind künftig daran orientiert, äußere Erwartungen beinahe bedingungslos zu erfüllen.

Später sind es nicht mehr nur die Erwartungen der Eltern, sondern allgemein ‚die Leute', deren vermeintlichen normativen Ansprüchen sie unbedingt gerecht werden will. Eine kritische Reflexion dessen setzt auch im Erwachsenenalter zunächst nicht ein, wodurch die Stabilität dieses Handlungsmusters und die Wirksamkeit des Bedingungspotenzials[398], evident werden.

Bereits in der Schulzeit wird der Wunsch entwickelt, sich beruflich für sozial benachteiligte Menschen zu engagieren:

[...] eigentlich war das ja schon mein Wunsch in der Schulzeit, weil ich bin so. (DP:766f.),

Na das hat wieder, denke ich mal damit, ich bin ja auch, sage ich mal, gläubig. Also katholisch. Ne? Und wir sind ja auch früher schon immer Kinderstunden, dies und das. Bist ja viel auch in Heime gefahren mit Behindert, wir sind dann viel, ham ja auch zusammen so viel, vielleicht hat sich ja dadurch, ich weiß es nicht. Ich hab Ferienarbeit früher schon hier gemacht im A-Heim und wollte damals schon die äh kirchliche Kindergärtnerin machen. (DP:769f.)

---

397 siehe dazu Bohnsack 1992, 37
398 Ausschlaggebend hierbei sind die spezifischen Sozialisationsbedingungen, besonders die Art und Weise der Normenvermittlung, die das Erlernen von Normenreflexivität bei Frau Pfeifer behindern.

Wie es zur Ausbildung des ausgeprägten Bedürfnisses, anderen zu helfen bzw. sie in ihrer persönlichen Entwicklung zu unterstützen, kommt, wird von der Informantin erst im Interview reflektiert.

Sie räumt Zusammenhänge zwischen ihrer Sozialisation im Elternhaus, ihrem oft empfundenen Mitleid und der Ausbildung ihres Berufswunsches ein (vgl. 823f.). Aus der Feststellung „aber die haben ja alle irgendwo ne Vergangenheit. Weil ich glaub nicht, dass einer so geboren wird, jeder hat irgendwas, woraus sich das auch bei meinem Ex-Mann, denk ich, dass es aus bestimmten . irgendwo herkam" (DP:846f.), legitimiert sich für Dana Pfeifer die Notwendigkeit zum Handeln.

Dabei ist wohl nicht zuletzt die Anteilnahme an der eigenen Vergangenheit ausschlaggebend, denn indem sie andere Menschen bei der Bewältigung ihrer lebensgeschichtlichen Aufgaben und Herausforderungen begleitet, ergäbe sich für sie die Möglichkeit der Aufarbeitung der eigenen Biografie. So könnte sie als Kindergärtnerin Kindern den Schutz geben, den sie selbst nie hatte und Hilfe gewähren, die sie als Kind selten bekam. Das entspricht einer Art symbolischer Wiedergutmachung eigener Kindheitstraumata, wobei die Informantin nunmehr die Option aktiver Gestaltung und Einflussnahme hätte.

Gegen den Wunsch, kirchliche Kindergärtnerin zu werden, interveniert allerdings die Mutter, weil der Abschluss in der DDR nicht anerkannt ist:

Da haben meine Eltern dann, meine Mutter nicht mitgemacht, weil ja nun (räuspern) keine staatliche Anerkennung. (DP:774f.)

Die Realisierung des biografischen Entwurfes, sowohl ihren sozialen Interessen nachgehen als auch die eigene bisherige Lebensgeschichte beruflich verarbeiten zu können, wird somit verhindert.

Die Zustände im Elternhaus sind bis zuletzt auf Restriktionen begründet, sodass die Geschwister nacheinander aus dem Elternhaus weglaufen. Dana Pfeifer ist diejenige, die als Letzte geht:

Durch zu Hause dann aber, weil das alles so extrem alles war. Also man durfte nicht weg, man durfte dies nicht, man durfte das nicht. Und es wurde dann so schlimm, dass ich dann später eben auch . weggegangen bin, einfach so. (DP:12f.)

Nach einer gewalttätigen Auseinandersetzung mit ihrer Mutter verlässt sie fluchtartig ihr Elternhaus. Da die Geschwister untereinander kaum Kontakt haben, kann Dana Pfeifer deren Beistand nicht erwarten.

Die beziehungsschematische Verstrickung zur Überwindung normativer Abweichungen

Ohne abgeschlossene Ausbildung und mit unklarer Perspektive begibt sich die Informantin in die Großstadt. Die Bekanntschaft mit einem jungen Mann, ihrem späteren Ehemann, erscheint ihr als Ausweg in dieser Situation:

[...] hab dann da gleich . (fröhlich) jemanden kennen gelernt, (leise) ja (normale Lautstärke) war für mich, sag ich mal so, die Rettung, dass überhaupt wer da war. (DP:15f.)

Dabei scheint es unerheblich, wer oder was diese Person ist, denn lediglich die Existenz einer Bezugsperson ist für Dana Pfeifer in dem Moment relevant:

[...] so später habe ich mir schon gesagt, das wird nicht gewesen sein, ich bin verliebt jetzt oder irgendwas, das war für mich, na klar, man guckt, ob der einem gefallen würde, in dem Moment, wie man's mit den Augen sieht. Heute hätte ich auch gesagt, den hätte ich nie genommen, auch vom Aussehen her nicht, aber damals war's so, ja das passt. Ja und irgendwo war's ja meine Rettung. Das war die Rettung, dass ich erst mal, ich hatte noch jemanden . dann . da. Dann . dadurch, hab ich ja, sag ich mal, bin ich da geblieben, hab Arbeit gefunden. Das war ja dann irgendwo der Weg. Auch mit Holpern und Stolpern und alles noch, aber irgendwo war's irgendwas, was sofort funktioniert hat. (fragend) Was hätte ich sonst machen sollen. (leise) So habe ich das gesehen, so war's auch. (DP:690f.)

Es lässt sich zwar relativ schnell eine Arbeit in einer kirchlich-sozialen Einrichtung finden und somit der Lebensunterhalt finanziell absichern, aber eine eigene Unterkunft kann in Anbetracht der desolaten Wohnraumsituation in der Großstadt schließlich nicht besorgt werden. Angehörige hat sie nicht in der Stadt und sie muss sich lediglich auf die Kontakte des Freundes verlassen, der ihr hin und wieder eine Schlafgelegenheit vermittelt.

So lebt Frau Pfeifer ein ¾ Jahr in verdeckter Obdachlosigkeit. Sie weiß sehr wohl um die stigmatisierende Wirkung dieser Tatsache und ist deshalb ständig bemüht, sie zu verheimlichen:

Das heißt also wenn ich mal keine Nachtschicht hatte, wusste ich nicht, wo ich schlafen sollte. Ja dann hab ich, wenn ich Spätschicht hatte, hab ich morgens auf'm Bahnhof gefrühstückt oder mir irgendwas durchgelesen. Also so, dass es auch keiner so merkt. Ne? (überlegend) Dass man so, (schnell) dass man mir das ansieht oder so, das wusste auch keiner. Ja und das ging so ein ¾ Jahr. (DP:22f.)

oder

Und das war für mich wichtig im Ganzen, dass ich nie, wo ich heute sage, da bin ich auch froh drüber, dass was ich so, wenn man sieht, keine Wohnung und so. Mir hat man's nie angesehen. Ich hab immer probiert, dass man eben, weiß nicht, (laut) nach außen wollte ich eben nicht zeigen, Mensch, das haste nicht oder das haste nie gehabt. Wenn ich das heute irgendjemandem erzähle, so Freundinnen, die glauben das auch gar nicht, dass man mal wirklich draußen geschlafen hat oder ist ja eigentlich, wenn man sieht, wie so'n Penner normalerweise, ja. Obwohl ich ja Arbeit hatte, das ist wieder Blödsinn. Ja? Arbeit und keine Wohnung. (DP:240f.)

Ebenso ist sie unbedingt um eine Distanzierung vom „typischen" Obdachlosen bemüht, der für gewöhnlich keiner geregelten Arbeit nachgeht, folglich nicht nur durch seine Wohnsituation, sondern auch durch seinen sonstigen Lebenswandel als deviant gilt.

Bereits in dieser Phase zeichnet sich der Widerspruch zwischen dem eigenen faktischen Lebensvollzug und dem normativen Erwartungsrahmen ab, das heißt sie nimmt ihre potenzielle soziale Diskreditierbarkeit aufgrund ihrer Lebensumstände durchaus wahr. Die Handlungen der Frau Pfeifer und demzufolge ihr Lebensablauf werden von einer starren Normorientierung dominiert.

Durch diese missliche Disposition äußerer Umstände reduzieren sich jedoch ihre Handlungsspielräume, denn zur Überwindung der als normabweichend geltenden Obdachlosigkeit bleibt ihr damals gar keine andere Wahl, als sich mit dem Freund zu arrangieren.

Erst ist es ihre Schwangerschaft, die die künftigen Schwiegereltern umstimmt und dann ebnet eine Heirat den Weg zu einer gemeinsamen Wohnung:

Und dann irgendwann ging das mit den Schwiegereltern dann. Bin dann schwanger geworden auch. Äh . . dann hatten wir bei der Oma gewohnt, bei der Uroma, in so ner Ein-Raumwohnung, die war noch pflegebedürftig, dann habe ich die eben mit gepflegt. Hatte aber in der Zeit dann schon en anderen Job, hab da in der Buchbinderei in C-Stadt gearbeitet. Ähm . ja das ging dann so halbwegs alles. Hatte aber eben auch en Mann, der hat viel getrunken. Für mich war's ja damals nur ne Rettung und hab das gar nicht so, ich war 18, (tief durchatmend) so gesehen, dass es Alkoholiker gibt oder sonst irgendwas gibt. Und da war eben viel Gewalt mit im Spiel und alles. Hab trotzdem eben noch geheiratet. Dann haben wir eben auch ne eigene Wohnung gehabt. (DP:29f.)

Während die Obdachlosigkeit nunmehr überwunden ist, sind es fortan die normativen Abweichungen des Partners und der Ehe, die von Frau Pfeifer nach außen korrigiert werden müssen. Da es ihr an eigenen Handlungsalternativen sowie umfänglicher Lebenserfahrung fehlt und biografische SachwalterInnen nicht zur Verfügung stehen, ist eine wachsende Ausrichtung an einer normorientierten lebensgeschichtlichen Ablauffolie zu beobachten, die sich in der Existenz äußerer Attribute, wie Kind, Ehemann, Wohnung, Arbeit manifestiert. Das Handlungsmuster variiert dabei zwischen einem situativen Bearbeitungs- und Kontrollschema und der Ingangsetzung einer Verlaufskurve.

Sie erträgt den Alkoholismus und die Gewalttätigkeiten des Partners auch aus Angst, den Alltag als allein erziehende Mutter nicht zu bewältigen:

Aber da war eben auch immer so der Gedanke (fragend) schaffst du das mit dem Kind. Ne? Obwohl man eigentlich so gedacht hat, man ist selbstbewusst und kann das alles. Aber irgendwo . habe ich da auch immer en bisschen . Angst vor gehabt. (DP:43f.)

Aber ebenso die normativen Vorstellungen, wie „Man sagt ja immer, mit dem Kind, ja das ist doch sein Vater. Habe ich auch mal so gedacht. Du musst dann da bleiben, es ist ja der Vater" (DP:1371f.), bestimmen Frau Pfeifers damaliges Handeln bzw. Erleiden.

Schlussendlich ist es nicht allein die physische Gewalt die sie zur Trennung bewegt, sondern die als ‚asozial' und moralisch erniedrigend empfundene Situation:

Und irgendwann war das eben auch der Auslöser dann. . War eben auch wieder <u>Gewalt</u> und <u>Blut</u>. Und ich hab nur Blut gesehen, das war für mich dann irgendwo der Auslöser, das ist jetzt assi, du musst hier raus. (DP:48f.)

Die Kumulation der Ereignisse in der Ehe veranlasst Frau Pfeifer zu einer erneuten Fluchthandlung.

Da weitere Bezugspersonen außerhalb ihrer Herkunftsfamilie oder Ehe in der damaligen Zeit nicht genannt werden, scheint sowohl der Mangel an außerfamilialen InteraktionspartnerInnen als auch wiederum an Wohnraum ausschlaggebend dafür zu sein, weshalb Frau Pfeifer vorerst zur Mutter geht.

Für die Informantin ist hiermit ein Wohnortwechsel verbunden, der aufgrund der Entfernung zwangsläufig das Aufgeben des Arbeitsverhältnisses in der Großstadt nach sich zieht, und womit sich die materielle Situation prekär gestaltet.

Im Zuge der Trennung kommt es zu weiteren finanziellen Engpässen, weswegen Frau Pfeifer zwingend auf die Unterstützung ihrer Familie angewiesen ist. Die Mutter macht Dana Pfeifer allerdings sehr schnell deutlich, dass ihre Hilfe begrenzt ist:

Dann hatte ich eben erst mal auch ne Weile überhaupt kein Geld, weil ich hatte mein Konto, wir hatten das zusammen damals. <u>Und</u> dann dauerte das eben über meinen Anwalt dann überhaupt, dass ich überhaupt erst mal Geld kriegte. Dann wohnte ich bei meiner <u>Mutter</u> eben, aber das Verhältnis war ja sowieso noch <u>nie</u> so . und die hat dann auch vier Wochen, nach vier Wochen dann, . hat die dann eben gesagt, die hätte ne neue Beziehung, wir müssten raus. Also es war ihr eigentlich egal, Geld hatte ich sowieso nicht und . ihr Freund hatte, war damit eben nicht einverstanden, dass wir da wohnen. (DP:55f.)

Frau Pfeifer kann für ca. ein ¼ Jahr bei der Schwester wohnen, währenddessen sie gemeinsam mit deren Mann eine Wohnung bezugsfähig saniert. Die Hilfe wird jedoch nicht selbstlos und uneigennützig gewährt, vielmehr gegen Bezahlung:

Sie hat nichts umsonst für mich gemacht. Und das hab ich eben <u>lange</u> mitgemacht. Und irgendwann, das war damals schon mal, da hatten wir schon mal so'n Knacks. Sie hatten mir ja dann die Wohnung gemacht und ich musste damals aber auch unterschreiben, 5000,00 Mark bezahlen für die ganzen Sachen. Ich hatte ja da kein Geld. Habe dann von meinem <u>Vater</u>, die hatten ihr Haus verkauft, wenigstens 5000,00 gekriegt und habe die 5000,00 gleich meiner Schwester gegeben. So war das erledigt. (DP:489f.)

Als problematisch erweist sich bald die Arbeitsmarktsituation.

Sie lernt allerdings einen neuen Partner kennen, einen Niederlassungsleiter aus den Altbundesländern, der zu einer Lösung des Problems verhelfen kann. Abermals korrelieren normative Erwartungen mit den realen Lebensumständen.

Einerseits komplettiert ein neuer Partner die „Normalfamilie", andererseits kann sie über den neuerlichen Wohnortwechsel ihre Arbeitslosigkeit überwinden. Durch beides lässt sich der soziale Status aufwerten, ein Aspekt der angesichts Frau Pfeifers Normorientierung nicht irrelevant ist.

Nicht zuletzt sind es aber auch die persönlichen Dispositionen resultierend aus der krisenhaften Ehe sowie dem Fehlen familialer Empathie und moralischer Unterstützung, die Frau Pfeifer empfänglich machen für Zuwendungen jedweder Art:

Das war so ein Mann, der hat sich eben, erst mal haste über deine andere Ehe schön erzählt alles, der hat sich das gut gemerkt, hat dich getröstet, erst mal so en ¼ Jahr . in'n Himmel gehoben. Das war mir schon fast unglaubwürdig, aber . ich gedacht, vielleicht ist's ja doch so. (DP:81f.)

Das Bedürfnis nach einer sozialen Bindung gepaart mit scheinbar hingebungsvoller Zuneigung des Partners, gleicht einem Idealzustand, dem sie nicht widerstehen kann:

[...] vom Aussehen hat er mir gut gefallen, hat was dargestellt, hat mich vergöttert, sag ich mal, am Anfang. (DP:717f.)

Diese Faktoren sind bedeutsamer als die Indizien, die sie nachdenklich stimmen:

Ja, da fing das dann eigentlich schon an, (normale Lautstärke) es fing am Anfang schon, ich hab schon viel am Anfang gemerkt, aber nicht realisiert so richtig. (DP:78f.)

Es verbleibt Frau Pfeifer keine Zeit vorhandenes Konflikt- und Verlaufskurvenpotenzial aus der gescheiterten Ehe wirksam zu eliminieren, denn die nächste Beziehung fügt sich fast unmittelbar an die vorherige.

Die Aufschichtung des Potenzials für eine Transformation der Verlaufskurve in den Problembereich der Überschuldung

Nachdem die Informantin in den Altbundesländern eine Arbeit gefunden hat, folgt sie dem neuen Partner dorthin. Frau Pfeifer arbeitet als Filialleiterin eines Drogeriemarktes und verfügt über ein geregeltes, ausreichendes Einkommen.

Es zeichnet sich jedoch recht schnell eine Wende in der Beziehung ab, denn Frau Pfeifer bemerkt finanzielle Unstimmigkeiten, woraufhin sie den Lebenspartner anspricht:

Das habe ich im Nachhinein dann auch mal en bisschen so . geguckt, wo der das Geld immer her hat für die Geschenke und so. Bis ich gesehen hab, dass eben . hohe Schulden bei den Banken sind. Aber hab auch nachgehakt. (DP:87f.)

Er findet aber immer plausible Erklärungen, mit denen sich die Informantin zufrieden gibt:

Dann kamen eben Antworten wie (nachahmend) ja, selbstständig gewesen, der Kumpel ist abgehauen. Dann hat man das erst mal so geglaubt. (DP:90f.)

Darüber hinaus ist die Kreditwürdigkeit des Partners derart eingeschränkt, dass Frau Pfeifer die Zahlungsverpflichtungen übernimmt und sich damit zu seinen Gunsten in die Verschuldung verstrickt:

[...] ich hab eben dadurch, dass er nichts machen konnte, habe ich alles unterschrieben, also wenn irgendwas zu bestellen war oder ich hab mal, so ein Auto hat er sich mal ausgeliehen hier, (sehr leise) ich hatte keinen Führerschein, ich konnt's nicht, (normale Lautstärke) mal so'n BMW wollte er fahren, dann habe ich das eben alles unterschrieben, muss ja Schufa und bezahlt. (DP:124f.)

Und obwohl der Partner bereits überschuldet ist, scheint sie zumindest äußerlich seinen Lebensstil zu tolerieren, suggeriert er dem sozialen Umfeld doch immerhin materielle Sicherheit.

Frau Pfeifer muss der normabweichende Charakter einer Überschuldung dabei durchaus präsent sein. Wahrscheinlich auch in Anbetracht dessen überkommen Frau Pfeifer Zweifel hinsichtlich der Beziehung, eine Trennung vollzieht sie dennoch nicht:

Weil das wieder bestimmt das war, mich zu trennen. Das ist für mich immer schwer gewesen, . zu gehen . so. (DP:722f.)

und

Oder wieder die Angst, jetzt gehst du zurück, die gucken dich an, na, erst ist sie weg, und dann kommt sie so schnell wieder, das wollte ich bestimmt auch vermeiden. So, dass sie das hier so sagen, weil sie gleich gesagt haben (nachahmend) na, ob das lange was wird da. Also, habe ich's durchgezogen. (DP:106f.)

Um nach außen den Schein zu wahren, beugt sie sich dem normativen Erwartungsdruck und erhält die Beziehung aufrecht. Entscheidungserschwerend kommt sicherlich das Faktum eines gemeinsamen Kindes hinzu. Das Handlungsmuster gewinnt jedoch zunehmend konditionale Züge:

Mir kommt es heute immer so vor, als ob man da geschlafen hat in den drei Jahren . oder hörig, ich ich weiß es nicht, was das war. (DP:104f.),

Und dann habe ich eben lange auch schon so, die letzten 1 ½ Jahre habe ich immer überlegt, ob ich gehe dann. (laut) Aber immer die Hoffnung noch, vielleicht ändert er sich ja. Genauso, wie ich das in meiner ersten Ehe hatte. Ewig gewartet, ob sich das ändert. (DP:109f.)

Infolge des Wirksamwerdens von Verlaufskurventraumata blendet Frau Pfeifer sukzessiv die Probleme mit dem Partner aus und fokussiert die Regulierung seiner Schulden:

Also er hatte so viele und ich hab probiert, das weg zu machen von dem großen Batzen und im Endeffekt bekam ich immer noch mehr dazu. Aber da habe ich das noch nicht gesehen, dass ich die Schulden habe, ja, weil er immer gesagt hat, er bezahlt das schon alles mit ab dann. (DP:130f.)

Durch diese Defokussierung des Hauptproblems sowie das äußere Verbergen der tatsächlichen Lebensumstände gelingt es der Informantin, den Gegenwartszustand ihrer Lebensführung zu verdrängen. Sie kann mit dieser illusionären Wahrnehmung und Darstellung das faktische Erliegen ihrer Aktivität und das Fehlen einer wirksamen Handlungsorientierung ignorieren. Die systematische Ausbildung von Selbsttäuschungsmechanismen kann als Auslöser[399] für die Transformation der Verlaufskurve betrachtet werden, denn durch das Nicht-wahrhaben-wollen des Zustandes von Situationen oder Menschen gerät sie in eine Verlaufskurve der Überschuldung.

Die Biografische Initiative zur Änderung der Lebenssituation – Die Rückkehr in die Herkunftsstadt

Obgleich die Verlaufskurve seinerzeit die dominante Ordnungsstruktur ist, so treten an bestimmten Stellen auch in Fall- und Steigkurven ausgeprägte Handlungsschemata der Behandlung der Verlaufskurve ein.[400] Da eine Verlaufskurve nicht permanent konstant ausgeprägt und nicht in allen Dimensionen der Selbstidentität und Selbsterfahrung steuerungswirksam ist, erscheint es daher nicht ungewöhnlich, wenn Frau Pfeifer plötzlich ein intentionales Handlungsschema aufgreift und versucht, die konditionale Aktivitätssteuerung unter Kontrolle zu bringen. Zumal sie ihre Aktivitäten auf die Beziehung konzentriert, deren Verlaufskurve sich aufgrund der Transformation in einen anderen Problembereich verlagert hat und demnach im Bereich der Partnerschaft gar nicht mehr dominierend ist.

Die Informantin entscheidet sich 1997, infolge diverser Vorkommnisse bezüglich des Partners, zurück zu gehen in ihre Herkunftsstadt. Sie begründet diese Entscheidung mit dem Vorhandensein von Freundinnen und einer nicht näher umschriebenen Sicherheit:

Und . . ja irgendwann dann nach langem, weil da so viele Geschichten passiert sind, mit dem, . habe ich mir dann überlegt, wieder hierher zu ziehen, '97. . Und er aber auch. Aber für mich war die Sicherheit erst mal, ich muss wieder hierher. Hier haste ein paar Freundinnen, die kennste (schnell) da hatte ich auch welche, aber das ist ein anderes Verhältnis gewesen wie die, die ich hier hatte. Also bin ich erst mal wieder hierher und war mir sicher. (DP:112f.)

Möglicherweise wird Sicherheit hier mit einer Vertrautheit der sozialen Umgebung assoziiert. Ein Zustand, der ihr eventuell mehr Souveränität im Handeln verleiht, denn selbst das Mitkommen des Partners scheint sie vorerst zu akzeptieren.

Gemeinsam mit einem Psychologen versucht Frau Pfeifer indes noch herauszufinden, welche Konditionen das Handeln des Partners beeinflusst haben könnten:

Ich bin damals noch zum Psychologen gefahren, nach D-Stadt und wollte mich erkundigen, was da ist, was was das für ein <u>Mensch</u> ist, weil ich mir das nicht erklären konnte. (DP:850f.),

---

399 Der Auslöser der Transformation ist nicht zu verwechseln mit dem zuvor beschriebenen Potenzial, welches das Zustandekommen der Verlaufskurve überhaupt erst bedingt.
400 vgl. Schütze 1981, 91

[...] der hat als Ferndiagnose, wie so Münchhausen hat, so ein Syndrom, dass er selber seine Lügen schon glaubt und ne Anerkennungssucht, das heißt er wollte, deshalb hat der auch ständig seine Arbeitsstellen gewechselt. Immer nur, du bist toll, du bist gut. Und das geht ja nicht immer. Also, ist er überall immer weg. (DP:862f.)

Diese Informationen sind Frau Pfeifer wahrscheinlich für ihre Entscheidungsfindung hinsichtlich des Fortbestandes der Partnerschaft wichtig. Sie vermag dadurch, die möglichen Veränderungspotenziale des Partners und damit die Perspektiven dieser Beziehung besser abzuschätzen.

Die Rückkehr verläuft im Gegensatz zu ähnlichen, vergangenen Situationen planvoll. Frau Pfeifer trägt sich bereits längere Zeit mit dem Gedanken, sowohl den Partner als auch den Wohnort zu verlassen. Dabei erfolgt nicht nur eine gedankliche Abwägung, sondern es wird direkt die Initiative ergriffen:

Ich bin dann nachts noch, nach dem A-Drogeriemarkt, bin ich abends noch in ner Pizzeria dort kellnern gegangen. Das war vor'm Umzug, um den Umzug zu finanzieren. (DP:134f.)

Zusätzlich zu ihrer Haupterwerbstätigkeit geht sie einer Nebenbeschäftigung nach, um ihre Pläne finanziell abzusichern.

Diese aktive Planung und Fokussierung auf die Rückkehr sowie der damit verbundene Aufwand finden in einer Phase statt, in der die Handlungsautonomie als Resultat der Verlaufskurve deutlich reduziert ist. Und dennoch gelangt die Informantin zu der Selbsteinschätzung, eine Änderung der Lebenssituation forcieren zu müssen.

Vielleicht sind es gerade auch die Hinweise anderer Leute, die sie zum Nachdenken bewegen und ihr normatives Bewusstsein aktivieren:

[...] aber das war noch für mich mein Glück, weil die haben mal zu mir gesagt (nachahmend) du musst ein bisschen aufpassen, weil irgendwann denken die Leute, du machst da mit, du weißt das alles. Und das ist mir dann erst mal bewusst geworden da. Weil ich hab immer gedacht, na ich weiß ja davon nichts, aber die anderen sehen's vielleicht dann anders. (DP:139f.)

Das Handlungsschema der biografischen Initiativen zur Änderung der Lebenssituation ist klar zu erkennen.

Das plötzliche Verschwinden des Partners als Auslösungsereignis der Verlaufskurve der Überschuldung

In der Herkunftsstadt bezieht Frau Pfeifer mit ihren Kindern und dem Partner eine gemeinsame Wohnung. Umgehend findet sie eine Erwerbstätigkeit, sodass eine materielle Absicherung gewährleistet ist. Die Informantin schmiedet sogar wieder Pläne, ihre sozialen Ambitionen beruflich verwirklichen zu wollen:

[...] ich bin dann '97, wo ich von drüben wieder kam, wollte ich ähm . das Abi nachmachen, da hätte ich auch noch ein Jahr nur machen müssen. Heute ist das, glaube ich, auch schon anders. Durch die Berufsausbildung, die ich dann hatte. Aber wegen dem Studium, ich hätte wieder weg gemusst. Sozialpädagogik. Und das, ich war ja nun mit den beiden Kindern allein, und hab mir dann irgendwann gesagt, dann ist der Zug eben abgefahren. (DP:781f.)

Alternativ bemüht sie sich um eine arbeitsamtsgestützte Umschulung im sozialen Bereich, die ihr aufgrund ihrer beruflichen Qualifikation zunächst verwehrt wird.

Alsbald kommt es jedoch zu Vorfällen, welche die Informantin zur Beendigung der Beziehung veranlassen:

[...] und hier hat's dann seinen Lauf genommen. Dann war eben betrügen in meiner Wohnung mit dem Kindermädchen und dann hat er das und dies und das. Dann bin ich danach und dann habe ich das Ganze beendet, also hab gesagt (nachahmend) jetzt ist Schluss, raus hier. (DP:118f.)

Der Partner ist daraufhin nicht erreichbar, was hinsichtlich der Wohnungsgröße bzw. –kosten und der gemeinsamen Unterzeichnung des Mietvertrages zu einer drastischen Problemakkumulation führt.

Das Verschwinden des Partners kann als das Ereignis für die Auslösung der Verlaufskurve der Überschuldung gewertet werden:

Nun war's ja auch ne . wir hatten eine große Wohnung. Dann ist es sowieso eskaliert, dann war er <u>weg</u> und war gar nicht mehr zu <u>erreichen</u>. Und dann hatte ich, dann fing das erste Trödel schon wieder an, Mietvertrag. (DP:121f.)

Einerseits kann Frau Pfeifer nicht einfach aus dem Mietvertrag ausscheiden, andererseits muss sie die Kosten für die Wohnung nunmehr allein aufbringen.

Hinzu kommen noch weitere Zahlungsaufforderungen, einschließlich der Rechnungen, die vom Partner initiiert wurden und zu dessen Zahlung er sich ursprünglich verpflichtet hat:

So und hier war das gleiche Spiel, meine Telefonrechnung war dann hier bei zweieinhalbtausend oder so, wo er weg war. (DP:145f.)

Ebenso verschärft die Vermieterin durch ihre Kompromisslosigkeit die Situation für die Informantin:

Sie wollte mich dann, die Vermieterin, da rauslassen, wenn er ihr das <u>mündlich</u> sagt oder schriftlich gibt. Ja das konnte ich aber nicht mehr <u>machen</u>, weil ich, der war ja dann . <u>weg</u> hier. (DP:150f.)

oder

[...] weil sie war immer der Meinung, ich habe mit der viel gesprochen, viel geredet, aber irgendwie hat sie mich nie verstehen wollen, sie hat immer gedacht, ich hab en Komplott mit ihm, . dass wir da nichts bezahlen wollten, wir wollen da raus. (DP:161f.)

Auch nach Übergabe der Wohnung lässt die Vermieterin nichts unversucht, Frau Pfeifer zur Zahlung ihrer Außenstände zu bewegen und setzt sie drastisch unter Druck, wodurch sich die Kaskadenhaftigkeit der Ereignisse dynamisiert:

Das hat sie eigentlich, sie ist überall hin, auf, Kindergarten gefragt, wo ich denn bin, obwohl sie meine Telefonnummer alles immer hatte. Ehm [Tassenklappern] Arbeitgeber hat sie prinzipiell hat sie immer geguckt, wo ich arbeite, weil ich hab dann neben, ich hab dann hier im C-Kaufhaus gearbeitet, hab dann nebenbei aber noch drei Jobs gemacht als Verkäuferin, so an den Ständen hier. Dann ist sie ja immer gleich los, [...]. (DP:163f.)

Frau Pfeifer realisiert allmählich, dass die Versprechungen des ehemaligen Partners nicht eingehalten werden. Zugleich verliert dadurch ihr mühsam aufrecht erhaltenes Bild von ihm und ihrer Beziehung an Bedeutung. Die sich schärfer konturierende Erkenntnis, die vergangenen Lebensjahre in ein illusionäres Lebensprojekt Zeit und Energie investiert zu haben, drastifiziert die Lage. Der Zustand wird für die Informantin psychisch immer belastender, denn schrittweise verliert sie angesichts der Übermacht der Ereignisse die Orientierung:

[...] dann hat man auch so'n Tief. Und da hatte ich's dolle, weil der Briefkasten war überfüllt, ich kannte mich mit so was nicht aus . und der will was von mir und der will was von mir. (DP:1055f.)

Doch das Vertrauen auf die Freundinnen, ein Grund ihrer Rückkehr in die Herkunftsstadt, erweist sich als basiert. Eine Freundin tritt als signifikant Andere in Erscheinung und rät zum Aufsuchen der Schuldnerberatungsstelle:

Und damals, wenn da nicht ne Freundin gesagt, du gehst da zur Schuldnerberatung, dann wäre ich da dran durchgedreht. Weil ich wusste gar nicht mehr mit diesem ganzen Papierkram, ich sehe das noch im Kopf, das war so'n Haufen und da unten wurde es mal sortiert. Das war für mich schon mal dieses Abgeben war für mich ein gutes Gefühl. (DP:1062f.)

Durch diese entscheidende Intervention der Freundin wird eine weitere Zuspitzung des Zustandes der Desorientierung und Schockierung unterbunden.

Der Aufbau eines labilen Gleichgewichts

Die Kontaktierung der Schuldnerberatungsstelle kostet Frau Pfeifer große Überwindung, weil ihre Überschuldung dadurch quasi einen offiziellen Status erlangt. Nicht nur die normative Abweichung der Überschuldung als solche, sondern selbst die Inanspruchnahme einer darauf ausgerichteten Beratungsstelle läuft ihrem normativen Empfinden zuwider:

[...] weil es ist ja nur ein Krampf irgendwo, für einen selber auch. Ob das um den Kredit dann ging oder mit den Leuten, hoffentlich machen die den Vergleich. Nur schon zur Schuldnerberatung zu gehen, hab ich damals so empfunden. (DP:1070f.),

[...] denn ich bin ja damals mit dem ganzen Berg, alles was ich kriegte, dann zu dieser Schuldnerberatung. Wo mich auch nur ne Freundin hingebracht hat, weil ich hätte mich geschämt. Sieht ja auch wieder sehr asozial aus, für mich . sah das so aus. Gehste da hin, hast en Haufen Schulden [...]. (DP:264f.)

Deutlich kommt der beschämende, degradierende Charakter ihrer Situation zum Ausdruck, den es nach Möglichkeit zu verbergen gilt.

Der Kontakt zur Schuldnerberatungsstelle muss ihr in dieser Situation dennoch gelegen kommen, da über eine sofortige Schuldenregulierung die Normabweichung schnellst möglich korrigiert werden kann. Gleichzeitig kann sie nicht mehr nur reagieren auf die äußeren Ereignisse, sondern agieren, wodurch die Kaskade konditioneller Verkettungen einstweilen aufgeschoben ist.

Mit Hilfe der Schuldnerberatungsstelle und einer befreundeten Filialleiterin einer Bank gelingt der Informantin eine Umschuldung, was in diesem Fall über eine Kreditgewährung zum Anbieten von Vergleichszahlungen[401] an die Gläubiger realisiert wird. Die meisten Gläubiger gehen auf das Angebot ein, womit diese Forderungen beglichen sind, und in der Hauptsache nur noch die Forderung bei der kreditgewährenden Bank verbleibt. Die Situation strukturiert sich dadurch übersichtlicher.

Den Werdegang der Forderungsangelegenheit aus dem Wohnmietverhältnis kann Frau Pfeifer jedoch kaum beeinflussen, da die Vermieterin auf das Vergleichsangebot nicht eingeht und auf dem Ausgleich der Gesamtforderung, einschließlich der Forderung gegen den ehemaligen Partner der Informantin, besteht. Die Regulierung dieser Angelegenheit gestaltet sich zunehmend problematisch, weil zum einen durch die pedantischen Nachforschungen Frau Pfeifer von der Vermieterin bedrängt wird und zum anderen für sie offenbar kein Angebot akzeptabel erscheint.

Auch hier sieht sich Frau Pfeifer den Handlungen einer anderen Person ohnmächtig ausgeliefert. Die Lage ist an diesem speziellen Punkt einfach nicht berechenbar, auch wenn im Laufe der Zeit die Bemühungen der Vermieterin nachlassen:

Und dann kommt eben . . äh ja dann ist die Sache mit der Wohnung ja noch. Normalerweise passiert da im Moment nichts, weiß nur, dass sie es jetzt dem Rechtsanwalt wohl auch entzogen hat, die Sache und . aber es stört im Kopf eben, ne, weil da ist eben noch was. (DP:253f.)

Die Zeit ist geprägt von den intensiven Anstrengungen, die Krisensituation unter Kontrolle zu bringen, bei gleichzeitiger Bewältigung der Anforderungen des Alltags. Auch wenn die Kinder sie im Alltag erheblich fordern, so diszipliniert sich die Informantin auch durch deren Anwesenheit.

So werden gerade Suizidgedanken nicht zuletzt aus Verantwortungsgefühl den Kindern gegenüber verworfen:

---

401 Ein Vergleich ist u.a. gekennzeichnet durch das Nachgeben beider Vertragsparteien, sodass beispielsweise mit der sofortigen Zahlung eines angemessenen Teilbetrages die gesamte Forderung als beglichen gilt. Bei der Schuldnerin liegt das Entgegenkommen im Faktum der tatsächlichen Zahlungsunfähigkeit und damit Unpfändbarkeit, das heißt Vollstreckungsversuche würden erfolglos bleiben, sie aber dennoch zahlt. Der Gläubiger verzichtet im Gegenzug auf einen Teil der Forderung.

[...] ich manchmal zwischendurch, hab ich auch schon oft gesagt, ich hab keinen Bock mehr oder so, aber nie ernsthaft so, weil für mich eben die Kinder, das . das war für mich. In irgend ner Situation für mich alleine, hätte ich schon mal gesagt, wenn ich alleine gewesen wäre, wäre das bestimmt für mich ne Sache, wo ich gesagt hätte, ich gehe. (DP:1039f.)

Diesbezügliche Überlegungen markieren indes die empfundene Ausweglosigkeit und Dramatik der Ereignisse.

Im Hinblick auf die Beziehungsmuster ist demgegenüber bereits in dieser Phase eine Veränderung festzustellen:

Dann hatte ich noch mal en Freund so. Den habe ich natürlich dann sehr schnell wieder auf die Straße gesetzt. [...] Wo ich mir dann überlegt habe, diesmal verstreichst du nicht wieder so viel Zeit, weil das geht von meinen Jahren auch weg. Wo ich dann gesagt habe, jetzt ist Schluss und raus. Das ist ja das, was ich nie gekonnt habe. (DP:221f.)

Konditioniert aus der vorherigen Beziehung zieht Dana Pfeifer schnell ihre Konsequenzen und täuscht sich nicht selbst über ihre Wahrnehmungen hinweg.

Die Informantin lebt eine Zeitlang allein mit ihren Kindern und konzentriert sich weiterhin auf die Alltagsbewältigung und die Regulierung der Schulden, die in Anbetracht der materiellen Versorgung mühsam verläuft und einer peniblen Budgetierung der Haushaltsführung bedarf.

Parallel dazu werden sogar die ursprünglichen beruflichen Ambitionen reanimiert, da Frau Pfeifer, neben ihrem Bemühen um eine Umschulung, ehrenamtlich in sozialen Einrichtungen arbeitet.

In dieser Zeit lernt sie einen neuen Partner kennen. Dabei profitiert sie von ihrem Alleinleben, denn die Phase wird offenbar zur Reflexion und ggf. Verarbeitung von Konfliktpotenzial genutzt:

Und das ist wahrscheinlich dann auch, wenn man dann nicht so diese Übergänge, das war ja hier nicht so, aber vorher immer, von einem Mann, kurz alleine, den nächsten, so als ob, man könnte nie alleine wohnen. Dadurch wird das meistens sowieso nichts. (DP:1359f.)

Anfangs wehrt sie sich gegen das Zustandekommen dieser Beziehung aufgrund des Altersunterschiedes, wodurch die normative Orientierung wieder sehr klar dokumentiert wird:

Und diese . zehn Jahre (schnell) und da ist wegge dann ist das so langsam auch weggegangen dieses äh der Altersunterschied, dass ich da dran gedacht habe. Ich musste mich jetzt draußen gar nicht (nachahmend) fass mich gar nicht an, dass die denken. Es war ganz schlimm. (DP:1144f.)

Entgegen den „Normalvorstellungen" ist Frau Pfeifer 10 Jahre älter als ihr Partner. Diese Konstellation bereitet ihr zwar großes Unbehagen, begünstigt aber andererseits eine kritische Reflexion und Positionierung hinsichtlich der Partnerwahl.

Es entwickelt sich eine konsolidierte und reziproke Partnerschaft, die den Erwartungen der Informantin entspricht:

Und das hat alles irgendwo gepasst. So diese ganzen Vorstellungen, die ich hatte, haben hier gepasst. (DP:1138f.)

oder

[...] ich hab en Mann, der macht hier alles mit, . ob das Putzen ist. Und der geht nebenbei zum Beispiel, der macht hier, der kennt das ja mit meinen Schulden, eigentlich ist er ja da mit reingekommen, und lebt dadurch ja eigentlich auch . schlechter wie vorher. (DP:1148f.)

Die Lebenssituation scheint sich mit dieser Beziehung zu stabilisieren und ebenso rückt die Verwirklichung der alten Berufswünsche in greifbare Nähe, da eine Umschulung zur Altenpflegerin begonnen wird.

Insbesondere der Lebenspartner wird zum bedeutsamen Interaktionspartner, indem er die Informantin bei der Schuldenregulierung finanziell unterstützt, aber auch moralischen Beistand als verlässlicher Gesprächspartner leistet.

Dennoch bleibt die Fokussierung auf die Schulden sichtbar, denn nunmehr überträgt sich sogar die Anstrengung der Alltagsbewältigung im Kontext der Überschuldung auf den Partner. Auch er muss fortan peinlich korrekt auf seine bzw. gemeinsame Finanzen und Formalitäten achten:

Konten sind getrennt. Und hat da ein hartes Brot mit mir, weil ich sehr doll auf diese finanziellen Sachen achte, ob das Papiere sind, die erledigt werden müssen, weil ich da in der Sache viel erlebt habe. (DP:231f.)

Und ihn trifft auch das aus Erfahrung aufgeschichtete Misstrauen bezüglich finanzieller Formalitäten:

Äh hat ja jeder auch Zugang äh zu jedem Konto. Also das auch. Ich wollte das damals nicht geben, bis die dann von der Bank gesagt hat (nachahmend) Du kannst ihm das ruhig geben, der kommt immer so oft hierher. Und dann hab ich's gegeben. (DP:1442f.)

Es zeigt sich gerade an diesen Handlungen und Entscheidungen das latent wirksame Verlaufskurvenpotenzial der Überschuldung. Ebenso ist die normative Handlungsorientierung weiterhin steuerungswirksam und der Einfluss eines äußeren normativen Erwartungsrahmens auf das Handeln der Informantin erkennbar. Das heißt die Faktoren, die zur Entwicklung der ursprünglichen Verlaufskurve geführt haben, sind noch immer handlungsbestimmend.

So lässt die Informantin nichts unversucht, eine Normalisierung ihrer Alltagsgestaltung herbeizuführen, die maßgeblich von der Gewinnung einer Handlungsautonomie beeinflusst wird. Die Handlungskontrolle der Frau Pfeifer steht jedoch in direkter Abhängigkeit äußerer Faktoren, deren Einfluss sie permanent zu reduzieren bestrebt ist.

Um den Einfluss der Gläubiger zu beschränken, aber auch um ihre „soziale Rehabilitation" zu beschleunigen, forciert die Informantin die Schuldenregulierung rasant, sodass die Schulden in Höhe von 30.000,00 DM innerhalb von nur 6 Monaten halbiert sind. Derartige Sanierungserfolge sind nur durch extreme Aufmerksamkeitsleistungen und Organisationsbemühungen im Kontext der Überschuldung realisierbar.

Von einer Überfokussierung und auch Überanstrengung hinsichtlich der Schuldenregulierung, als Signifikanzen des labilen Gleichgewichts der Situation, ist auszugehen. Bereits geringfügige Störungen der Alltagsbewältigung würden bei Frau Pfeifer genügen, um das labile Gleichgewicht zu gefährden und eine erneute Kaskade konditioneller Ereignisverkettungen auszulösen.

Die Destabilisierung des labilen Gleichgewichts und die Zusammenbruchskrise

Frau Pfeifer hat sich in dem labilen Gleichgewicht mehr oder weniger eingerichtet, denn sie lebt ca. 3 Jahre nach dem Auslösungsereignis in einem Zustand permanenter Konzentration auf die Schuldenregulierung.

Wie bereits erwähnt, scheint die Begründung der neuen Beziehung hinsichtlich der Stabilisierung der Lebenssituation nicht unerheblich.

Die psychische Belastung erhöht sich jedoch im Zuge einer erneuten Schwangerschaft. Dafür verantwortlich ist einerseits die Schwangerschaft an sich und die damit einhergehenden physischen und psychischen Schwankungen. Andererseits erfordert ein weiteres Familienmitglied, insbesondere ein Kleinkind, eine Neustrukturierung der zuvor mühsam arrangierten Alltagsorganisation.

Die Überfokussierung der Schuldenregulierung bindet bereits einen Großteil der Aktivitätsressourcen, sodass Veränderungen der Lebenssituation nur unter mühsamer Aufbietung aller verbleibenden Reserven in den Alltag zu integrieren sind:

Also und das war dann für mich sehr stressig, wo ich mich dolle reinsteigere und dann war ja die Entbindung von der Kleinen. Die empfand ich auch als sehr schlimm dieses Mal. Und danach bin ich eben, wo ich mir gesagt habe, (nachahmend) och jetzt musste mit dem Kind jeden Tag vier bis sechs Stunden rausgehen, und raus und raus, gar nicht ausgeruht und nichts. (DP:379f.),

Ich wollte sehen, dass mir wirklich so nichts fehlt. (DP:386f.)

Zudem bewirkt eine Überfokussierung die Vernachlässigung anderer Aspekte der Problemlage, wie beispielsweise des höherprädikativen Gehalts der Schulden für die Informantin. Die Konzentration auf die Bewältigung des monetären Parts der Überschuldung führt zum Ausblenden der sozialen und normativen Komponenten, wodurch auch deren Bearbeitung unterbleibt.

Wider Erwarten und trotz aller Vorsorgemaßnahmen der Informantin kommt es plötzlich zu einer Begebenheit, bei der ihr Ehemann erpresst wird:

[...] mein Mann spielt Fußball seit 13 Jahren hier, A-Fußballclub, und hat gedacht, er wechselt mal. Weil äh da muss man eben viel Zeit investieren. Es ist . die spielen oben weit, und hat gesagt, er geht eben erst mal tiefer spielen, damit wir eben das alles in den

Griff kriegen, (leise) mit drei Kindern ist das ja auch alles ne Organisationsfrage. Und hat dann eben gewechselt. Was wir nicht wussten war, dass da unten, in der wo er jetzt spielt, ein Zuhälter mit drinnen war. Und das war ein Sponsor da. Und wenn die Fußballer holen, kriegen die Gelder dafür. Ja? Das ist nicht viel Geld, das sind 1500,00 Mark, sag ich jetzt mal. Davon werden die so abgekauft und das kriegen die dann. [Tassenklappern] Das Problem war nur, dass der Zuhälter sich dann mit dieser Firma gestritten hatte. Also mit dem <u>ganzen Verein</u>. Und wollte die ganzen Spieler zu sich nehmen, also um denen zu schaden. Ja und dann standen auch mal irgendwann bei uns solche (Gestalten?) vor der Tür und haben ihn mitgenommen. . Bis montags, es war samstags, (nachahmend) 5000,00 Mark oder den Pass. So und das darfst du keinem erzählen, gar keinem, überhaupt keinem. So und da war das nächste Geld wieder . und da, das ist für mich <u>Wahnsinn</u> so was dann. (DP:344f.)

Nicht nur das scharf kalkulierte Haushaltsbudget wird unterminiert, sondern auch die Hoffnung auf eine baldige finanzielle Sanierung wird schlagartig zunichte gemacht. Aber ebenso das Unvorhersehbare der Situation und der Kontakt zu derartigen Personen, belasten Frau Pfeifer extrem:

Auch schon die Angst vor so'n Leuten, also damit überhaupt zu <u>tun</u> zu haben. Da war ich schwanger. <u>Und</u> ja da ham wir dann überlegt, geben wir den Pass ab. Da war <u>meine</u> Angst, dass du immer unter diesem Mann da dann alles machen musst. Und das . wollte ich auf <u>keinen Fall</u>. (DP:358f.)

Es kommt auch die Angst vor weiterer Abhängigkeit und Einschränkung der Lebensgestaltung deutlich zum Vorschein. Die verspürte Ohnmacht gegenüber den Erpressern weist Parallelen zur eigenen Kindheit, aber auch zum Verhältnis zur Vermieterin und zu den Gläubigern allgemein auf. Die Informantin selbst stellt die Verbindung zur Kindheit erzählerisch her (vgl. DP:335f.).

Darüber lässt sich zudem die verspürte Angst der Frau Pfeifer erklären, denn das jahrelange Bemühen um die Gewinnung von Handlungskontrolle, also jenem Aspekt, der in der Kindheit fehlte, wird durch diese Umstände abermals abrupt beschnitten.

Die Ereignisse kollidieren mit der ohnehin angespannten Lage sowie der gesundheitlichen Disposition der Informantin, und es kommt zum völligen Zusammenbruch der Handlungsorientierung:

[...] und irgendwann kriegte ich das wieder, . hatte ich dann vier Jahre nicht, aber richtig <u>extrem</u>. Und ich denke mal aber, habe ich mich wieder so reingesteigert. (DP:384f.),

Also für mich war das ein dolles Problem, dadurch Angstzustände. Hab äh, ach das war ganz schlimm heftig. Ich konnte manchmal gar nicht rausgehen, habe mich dann gezwungen. Also ich hab's immer irgendwie geschafft. Weil ich hab das dann mehrere Male noch gekriegt <u>und</u> habe das vor (überlegend) zwei Jahren, nachdem dann so, . da ist noch mal ein kleiner Vorfall gewesen, der mich dann so . belastet hat. (DP:337f.)

Hinsichtlich der vorherigen Nervenzusammenbrüche erklärt Frau Pfeifer, dass diese begleitet wurden von Sprachstörungen und Taubheitsgefühlen (vgl.

DP:328). Eine Wiederholung im Kontext der Zusammenbruchskrise wird nicht erwähnt, ist aber auch nicht auszuschließen, zumal sie die Begleiterscheinungen als ‚extrem' charakterisiert.

Die theoretische Verarbeitung der Verlaufskurve

Dem Zusammenbruch der Alltagsorganisation und der Selbstorientierung folgt bei Frau Pfeifer eine Phase der Verarbeitung sowohl der Krise als auch weiterer biografischer Verletzungsdispositionen.

Über den neuen finanziellen Engpass hilft die befreundete Filialleiterin mit einem individuell gestalteten Kredit hinweg. Wohingegen die psychische Belastungssituation über das Aufsuchen einer therapeutischen Beratung professionell aufgearbeitet werden soll.

Insbesondere die Inanspruchnahme professioneller Akteure hebt die Bereitschaft zur theoretischen Verarbeitung des Verlaufskurvenpotenzials hervor, wenngleich dieser Prozess von der Informantin keineswegs in der Form sofort wahrnehmbar ist. Es scheint vielmehr die Erkenntnis ausschlaggebend zu sein, bereits in so jungem Alter schon derart viel durchleiden zu müssen, dass somatische Beschwerden auftreten:

[...] das ist en Stück, was mich eben auch belastet dann so was, dass man körperlich schon so kaputt ist eigentlich . daran. (DP:550f.)

Mehrfach wird Frau Pfeifer in der Vergangenheit eine psychotherapeutische Beratung empfohlen, gerade auch um ihre Gewalterfahrungen zu verarbeiten. Stets begegnet sie solchen Vorschlägen mit Ablehnung:

Deshalb bin ich auch früher, wenn die gesagt haben (nachahmend) gehen Sie zum Psychologen. Ich immer, (nachahmend) um Gottes willen, ich bin doch nicht verrückt oder so. So habe ich's eben gesehen. (DP:388f.)

Diese Beratungsform hat wohl für Frau Pfeifer auch einen stigmatisierenden Charakter, weshalb sie auf das Angebot nicht eingeht.

Während sie früher den Zusammenhang zwischen den ihr widerfahrenen Erlebnissen und ihrem körperlichen Befinden nicht realisiert, setzt nunmehr der Erkenntnisprozess langsam ein:

Ich habe in den zehn Jahren nie glauben wollen, dass das Stress ist oder . irgendwelche Sachen, die dazu führen. Das wollte in meinen Kopf nicht rein. (DP:386f.)

Da sich nach dem Zusammenbruch organisch keine Störung diagnostizieren lässt, wird ihr wiederum eine Psychotherapie angeraten. Diesmal greift sie den Vorschlag jedoch auf:

Und hier war's dann, wurde alles durchgecheckt, war alles in Ordnung. Und die ham mir dann eben wirklich nur angeraten, vielleicht doch mal ein paar Stunden zu machen. Und das habe ich jetzt gemacht und jetzt muss ich sagen, bin ich froh, dass ich's mache. (DP:390f.)

Gemeinsam mit dem Psychologen arbeitet sie das Vergangene auf und konzipiert gleichzeitig neue Handlungsstrategien, welches sich in zahlreichen Modalisierungstendenzen niederschlägt. Der enaktierte Wandlungsprozess wird vor allem am Vergleich von Handlungen erkennbar. Während Frau Pfeifer vorher aus normativen Erwägungen heraus und kaum aus eigener Überzeugung gehandelt hat, versucht sie nunmehr, sich von den äußeren, einengenden Erwartungen zu lösen.

Wenngleich noch nicht alle Zusammenhänge, die zur Ausbildung des Verlaufskurvenpotenzials geführt haben, rekonstruiert, aufgedeckt oder gar bearbeitet sind, so sind aber zumindest die Determinanten aus der Kindheit schon erfasst. Die Korrelation der heutigen Angsterkrankung mit den Erfahrungen der Kindheit wird bestätigt:

[...] weil ich gesagt habe, mit 22 kriegste jetzt schon Nervenzusammenbrüche oder so, das kann's ja irgendwo nicht sein. Aber ich denke mal, es kam nicht nur aus der Beziehung, ich würd, von zu Hause her. Aber das wollte ich nie wahr haben. (DP:334f.)

Inwiefern die normative Handlungsorientierung bzw. das ständige Erfüllen äußerer Erwartungen im Rahmen der Therapie thematisiert wird, bleibt unklar. Es deutet sich jedoch eine Entwicklung an, die gekennzeichnet ist von der Reduktion stressverursachender Konstellationen:

[...] wo ich dann, sage zwar Guten Tag und alles, aber das war's dann auch. Früher hätte ich vielleicht dann doch, wenn sie ankommt und machen mer mal. Das mach ich heute nicht mehr so. Also das . halte ich mir dann gleich schon weg, um wieder nicht unter Druck zu setzen, dass ich mich nicht wieder unter Druck setze. Ich denk auch, durch diese ganzen Sachen lernt man ja halt auch. (DP:926f.)

Frau Pfeifer bemerkt demzufolge, welche Bedingungen sie unter ‚Druck' setzen, gleichwohl sie verständlicherweise nicht von normativem Anpassungs- oder Erwartungsdruck spricht. Das Verlaufskurvenpotenzial scheint zumindest vage erkannt worden zu sein.

Ob nun explizit die Konstitution der Normorientierung während der Therapie theoretisch extrahiert wird, dürfte für die Informantin eher nebensächlich sein. Aufschlussreicher, weil lebenspraktischer, ist wohl die Gestaltung einer andersartigen Handlungsorientierung im Rahmen der Therapie. Nicht die Differenzierung theoretischer Konstrukte ist für die Verarbeitung des Orientierungszusammenbruchs und der Verlaufskurve relevant, sondern das generelle Erfassen des Verlaufskurvenpotenzials, indem ein selbstkritisches Hinterfragen des früheren Handlungsmusters sowie die distanzierende Positionierung dazu erfolgt. Die reflektorische Situations- und Selbstdefinition setzt bei Frau Pfeifer ein, woraus sich die Möglichkeit ergibt, gezielte handlungsschematische Behandlungs- und Kontrollstrategien zur Kontrolle und Überwindung der Verlaufskurve zu entwickeln.

Gleichwohl die normative Orientierung noch sichtbar bleibt, so ist sie doch in Abschwächung oder Veränderung begriffen. Das Verlaufskurvenpotenzial kann unter Umständen niemals völlig eliminiert werden, weil Normen schließlich das soziale Leben bestimmen. Den Umgang mit den Normen neu zu definieren bzw. ihre Wirkungsmacht auf die individuelle Lebensgestaltung angemessen zu begrenzen, muss demnach im Mittelpunkt der Bearbeitung der Verlaufskurve der Frau Pfeifer stehen.

Praktische Versuche zur Bearbeitung und Kontrolle der Verlaufskurve

Als Resultat der Zusammenbruchskrise lassen sich schon unmittelbar im Anschluss daran persönlichkeitsspezifische Entwicklungen erkennen. So ist die Inanspruchnahme professioneller Hilfe als Fortschritt im Vergleich zu vorherigen Krisensituationen zu werten.

Die psychotherapeutische Beratung begünstigt ihrerseits die Fortsetzung des persönlichkeitsspezifischen Entwicklungsprozesses, welcher wiederum als maßgeblicher Steuerungsmechanismus für einen biografischen Wandlungsprozess gelten kann. Zuvor vollzieht sich jedoch die Wandlung der Ordnungsstruktur, das heißt Frau Pfeifer löst sich mit systematischen Gegenmaßnahmen von der dominanten negativen Verlaufskurve und greift ein intentionales Handlungsschema auf.

Die von der Informantin genannten Veränderungen von Interessenkonstellationen oder die Orientierung an neuen Universalisierungsmechanismen bzw. sozialen Bezugsgruppen können als Bedingungspotenzial für die Ablösung von der vormals dominanten Ordnungsstruktur des Lebensablaufs interpretiert werden:

Ja und jetzt eben mache ich eben viele Sachen, die ich vorher wollte immer schon mal so Sport oder irgendwas nebenbei machen oder so. Habe ich aber nie gemacht, entweder hat die Zeit gefehlt oder für manche Sachen eben auch das Geld. Heute mache ich das, gehe zum Fitness-Studio, zwei- dreimal die Woche. (DP:353f.)

oder

Obwohl ich mal gesehen hab, auch so im Umfeld, wenn man das hat, es gibt so viele, wo mh wo man das nicht denkt, die ich kennen gelernt habe, wo ich gedacht hätte, äh weil ich bin immer rausgegangen, weil ich dachte, du bist die Einzigste, die so 'n die immer so zusammen bricht schon, und dann komm kamen meist auch die Leute noch auf mich drauf zu, die das hatten . und wo ich gesagt habe, es gibt eigentlich so viele, da siehste es überhaupt nicht. (DP:551f.)

Mit dem Reaktivieren des ursprünglichen (berufs-)biografischen Entwurfes kristallisiert sich ein intentionales Handlungsschema als neue Ordnungsstruktur heraus, welche es der Informantin ermöglicht, sich der Konditionalität zu entledigen.

Der biografische Entwurf bezieht sich zugleich auf die familiale Lebensgestaltung, denn auch hier sieht die Informantin ihre Vorstellungen mit dem neuen Partner nunmehr verwirklicht. Die Partnerschaft ist von gegenseitigem

Respekt und demokratischen Entscheidungsstrukturen gekennzeichnet, wie sich u.a. an den Ausführungen zur monetären Haushaltsorganisation im Leitfadenteil ersehen lässt (vgl. DP:1414-1458).

Die neue Ordnungsstruktur gewinnt rasant an Bedeutung und in der Folge hat auch der Wandlungsprozess der Selbstidentität und biografischen Gesamtformung bereits begonnen.

Frau Pfeifer befindet sich im Prozess einer wesentlichen Umschichtung der biografischen Gesamtformung, wie sich unschwer an den emotional-evaluativ verbalisierten Diskrepanzen und systematischen Ungleichzeitigkeiten zwischen der ordnungsstrukturellen Realitätsebene des biografischen Wandlungsprozesses einerseits und der Realitätsebene der Änderung der einen oder anderen Kombination von Merkmalskomponenten der Selbstidentität des Biografieträgers andererseits feststellen lässt. Der Verzögerungsmechanismus resultiert aus der Änderung der grundlegenden Merkmalskomponenten der Selbstidentität der Informantin, welche wiederum nicht ohne eine kategoriale Systemänderung der gesamten identitätsstrukturellen Merkmalskonfiguration vonstatten geht.[402]

Infolgedessen variiert die Lebensstimmung, gerade weil sich die biografischen Relevanzsetzungen ändern, und es für die Informantin nicht vorstellbar ist, dass ein neues Selbstkonzept, andere biografische Relevanzstrukturen und ein restrukturierter Orientierungsapparat praktikabel und lebenswert sein könnten.[403]

Und so wird trotz der Dramatik der geschilderten lebensgeschichtlichen Ereignisse das Bedürfnis der Informantin, „ich möchte normal leben, ganz normal wieder wie ich's mal damals vorher hatte" (DP:1030f.), verständlich. Die vorherigen Relevanzstrukturen waren immerhin relativ stabil und das kognitiv-soziale Orientierungssystem erschien plausibel. Die neuen Strukturen markieren demgegenüber Ungewissheit.

Die biografische Brisanz der ordnungsstrukturellen Umschichtung wird u.a. aus Frau Pfeifers Einstellung zur Vergangenheit ersichtlich, die durch einen diskontinuierlichen Zeitsprung und die Einnahme einer distanziert-gebrochenen Perspektive geprägt ist.

Die Wandlung auf der Ebene der Ordnungsstrukturen wird an der Übernahme des biografisch relevanten Handlungsschemas („Biografischer Entwurf") ersichtlich.

Wohingegen auf der Ebene der sekundären Prozessdimensionen biografischer Wandlung beispielsweise die Änderung des Bezuges zum lebensgeschichtlichen Ursprung zu nennen ist. So unterhält Frau Pfeifer seit geraumer Zeit nur spärlich Kontakt zu ihren Eltern, weil dieser ohnehin nicht von Nähe oder Unterstützung geprägt ist, sondern eher aus Pflichtgefühl stattfindet:

---

402 vgl. ebd., 111
403 vgl. ebd., 115

Heute war's dann so mein Vater. Auch. Dann durch die Scheidung, dann damals sein Job dann weg, ist jetzt Rentner. Der wohnt hier drüben in H-Dorf, 15 km. Trinkt viel. Interessiert ihn eigentlich auch nicht, was ich so mache, aber ich bin die einzige Anlaufstelle, wenn er mal irgendwas hat. Wenn er im Krankenhaus liegt, ruft hier an. Also ich bin immer die, die dann alles machen kann, aber er so (nachahmend) eigentlich nichts macht, irgendwo überhaupt gar nichts so. Das habe ich ihm aber jetzt vor kurzem, hab ich, hat's mir so mal gereicht, dass ich ihm mal alles so gesagt habe. Und . (zynisch) am besten so schweigen. Und ach schön hier wohnen, die macht alles für mich. Und das ist so das Verhältnis eigentlich nur. (DP:464f.),

Oder äh meinem Vater jetzt zum Beispiel die Meinung mal zu sagen. Da hat mir jetzt viel dran gelegen, das kam alles raus. Alles auf einmal. Ich denke mal, der hat ganz schön . komisch geguckt. Ja? Aber für mich, mir hat's jetzt richtig gut getan. (DP:895f.)

Zudem differenziert sie nunmehr ganz klar, wem sie ihre Hilfe angedeihen lässt. Nicht mehr nur Selbstaufopferung wird getätigt, vielmehr wird jetzt Reziprozität postuliert, sofern eine Gegenleistung durchaus im Bereich des Erwartbaren liegt:

[...] hab ich ja in dem Moment jetzt damit abgeändert, wo ich jetzt auch schon mal sage, da jetzt ist Schluss, wenn du dich nicht mehr meldest, mach ich das auch nicht mehr. Das hätte ich sonst nie gemacht. (DP:893f.)

Insbesondere in solchen Fällen, bei denen die Informantin mehrfach enttäuscht worden ist, ändert sie ihr Handeln:

So dann hab ich geschenkt, hingegeben, dann war ich einkaufen, die Kinder schrieen immer, ach die ham Hunger. Ich wollte nicht, aber dann hab ich gedacht, na gibste doch jedem noch ne Wurst, obwohl ich selber nicht viel Geld hatte. Und wo das damals mit meinem hier auseinander ging, die Familie hat den dann vergöttert . und ham dann sich zu dem gewandt und ich war auf einmal Luft, obwohl ich immer die Einzige war, die dann wirklich auch immer irgendwo geholfen hat. Und da habe ich mir gesagt, jetzt ist Feierabend. Also ich gebe nur und gebe und gebe. (DP:902f.)

Gleichwohl setzt sich Frau Pfeifer auch weiterhin für andere Menschen ein und beschränkt ihre Hilfe nicht generell:

Ich spende zum Beispiel für Kinderdörfer oder wenn ich hier en Bettler sehe, ich gebe da Geld hin, auch wenn die mir sagen, der hat da hinten oder weiß ich, der kann laufen oder so. Weil ich sehe es so, ich rauche, ich . wir können uns Sachen leisten noch, äh solang geht's uns nicht schlecht, solange wir uns noch Zigaretten kaufen oder irgendwas nebenbei oder mal Essen gehen, und deshalb kann ich dem auch ne Mark geben. Also so sehe ich das. Dann sehe ich's wieder nicht so, [...]. (DP:939f.)

Das Bedürfnis, andere Menschen zu unterstützen, bestimmt weiterhin das Handeln der Frau Pfeifer, wenn auch eine Differenzierung eingetreten ist.[404]
Nicht nur für die beruflichen und familialen Pläne sowie Interaktionen

---

404 Die Differenzierung ist vor allem für die Umsetzung der beruflichen Pläne bedeutsam, da im Rahmen der Sozialarbeit Mitleid oder extrem altruistische Hilfe nicht selten die Basis für das Burn-out-Syndrom bildet.

wird ein Zukunftsentwurf formuliert, denn auch die eigene Persönlichkeit (Basisstrategien, Basispositionen, Basisdispositionen) wird reflektiert und mit Perspektiven versehen:

> [...] ich bin auch immer so'n Quirl, also dolle, erzählen kann ich normalerweise wie ein Buch, und ich steigere mich zu doll in alle Sachen rein, jedes Problem, wo ich so richtig, . wo er zum Beispiel dann (ihren Mann nachahmend) ach kriegen wir schon, machen wir schon irgendwie. Kann ich gar nicht so und das probiere aber jetzt schon mal selber eben en bisschen ruhiger zu werden, innerlich ruhiger zu werden. (DP:545f.)

Der enaktierte biografische Wandlungsprozess, welcher einen entscheidenden Lern- und Bildungsprozess markiert, kann es Frau Pfeifer ermöglichen, die einschränkende normative Handlungsorientierung zu überwinden und damit die Verlaufskurve langfristig unter Kontrolle zu bringen. Das gegenwärtige intentionale Handlungsschema muss zwar noch an Intensität und Wirksamkeit in den unterschiedlichen biografischen Dimensionen gewinnen, gleichwohl erscheinen die Prognosen für eine umfassende Entfaltung günstig.

3.2.2. Die Analytische Abstraktion des Selbst- und Weltverständnisses der Frau Pfeifer

Bereits in früher Kindheit macht die Informantin Gewalterfahrungen, die sich bis ins Erwachsenenalter fortsetzen. Infolgedessen kommt es zu Traumatisierungen, die sich in Verdrängungsstrategien und psychosomatischen Erkrankungen im weiteren Lebensverlauf niederschlagen. Gerade diese Spätfolgen skizzieren das Ausmaß der Erfahrungen und lassen erahnen mit welcher Brutalität Frau Pfeifer konfrontiert worden ist.

Die Sozialisation im Elternhaus ist von Willkür und Chaos geprägt, wobei sich vor allem das gespannte Verhältnis der Eltern untereinander auf die Kinder überträgt. Verlässliche Regeln und Standards zur Begrenzung der Willkür im interpersonellen Umgang werden nicht aufgestellt und sind demzufolge auch nicht einhaltbar.

Und selbst das Wohnumfeld kann aufgrund der häufigen Wohnungswechsel keine Konstanz und Solidität gewährleisten.

Gezielte Ansprache und individuelle Förderung der Kinder ist nicht zu konstatieren. Sie werden sich selbst überlassen und müssen frühzeitig für sich und die jüngeren Geschwister Verantwortung übernehmen. Gleichzeitig haben sie eine Reihe von häuslichen Aufgaben zu erledigen. Bestätigender Zuspruch (Lob als positive Sanktion) oder kritische Anregung bezüglich der zu bewältigenden Anforderungen bleiben seitens der Eltern aus.

Stattdessen kommt es ohne nachvollziehbare Gründe immer wieder zu massiven Gewalttätigkeiten gegen die Kinder:

Dann war sie gestresst, genervt, dann gab's schon Prügel. <u>Schlechte Noten,</u> da kam der Gürtel. Also es ist eigentlich für <u>alles, was nicht passte.</u> (husten). (DP:1292f.),

Also auch wenn sie nur nervös waren oder so, gab's eben Prügel. (DP:1301f.)

Zudem wird auch das Geschwisterverhältnis erheblich belastet durch die Anwendung von Gruppenbestrafungen, da die Eltern nicht differenzieren, welches der Kinder sich ggf. unangebracht verhalten hat.

So wächst die Spannung innerhalb der Familie, die eine intrafamiliale Isolation bzw. interpersonelle Abgrenzung der einzelnen Mitglieder nach sich zieht. Jedes Kind sieht in seinem Geschwisterkind den potenziell Verantwortlichen für eventuelle Bestrafungen, woraus sich Zwietracht nährt.

In Anbetracht der Willkür und Unangemessenheit der elterlichen Maßnahmen handelt es sich längst nicht mehr um notwendige Sanktionen, die eine wichtige soziale Regelfunktion innerhalb des Sozialisationsprozesses erfüllen.

Gerade die Eltern negieren durch ihr unkontrolliertes, entgrenztes Handeln die soziale Funktion von Normen und Sanktionen. Einerseits werden keine grundsätzlichen Regeln vereinbart, Verstöße gegen nicht definierte Normen oder Grenzüberschreitungen werden aber andererseits von den Eltern geahndet. Den Außenstehenden, in dem Fall die Kinder, werden die Normen und Grenzen sowie Ursachen der Sanktionen keineswegs transparent vermittelt. Es existiert ein konfuses Bedingungsgefüge, das soziale Normen als ein willkürliches, bedrohliches, aber unbedingt einzuhaltendes Faktum erscheinen lässt. Für Dana Pfeifer bleiben soziale Normen daher abstrakt.

Durch diese Störung der Wahrnehmung von Normen und Grenzen kann Frau Pfeifer auch kein Gefühl für ihre Handlungsoptionen entwickeln. Dieser Lern- und Bildungsprozess wird ergänzt durch die Verinnerlichung der Erfahrung der Reaktionen anderer auf das Handeln der Informantin, wodurch sich, verbunden mit der Erfahrung von Signifikanz und Bedeutung, eine Selbst-Erfahrung oder Selbst-Konstitution vollzieht.

Dana Pfeifer kann infolge der schwankenden Handlungsmotivation der Eltern jedoch nicht antizipieren, welche Reaktion ihr Handeln hervorruft. Die soziale Strukturbildung ist demzufolge dergestalt beeinträchtigt, in ständiger Unkenntnis hinsichtlich der negativen Sanktionierbarkeit oder Konformität des Handelns zu sein. Dana Pfeifer lernt daher früh, sich den variierenden Situationen anzupassen bei gleichzeitiger Hinnahme der Fremdbestimmtheit durch andere Menschen. Es entwickelt sich daraus eine enorme Flexibilität und Anpassungsfähigkeit im Umgang mit krisenhaften Konstellationen.

Auch Frau Pfeifer reflektiert die Wechselhaftigkeit des Lebensverlaufs sowie die Zuversicht, Krisen überwinden zu können, durchaus:

Immer wenn ich kurz vor so nem Abgrund stand, dann ging's wieder hoch, wo man eigentlich gedacht hat, da geht's nicht weiter. Und so passiert das immer wieder. (DP:1088f.)[405]

---

405 Anzumerken ist die Kristallisation diese Aussage zur natürlichen Kategorie im Verlauf der

Demgegenüber erwächst aus der permanenten Ungewissheit im Umgang mit den Eltern, ein Gefühl von Ohnmacht und Hilflosigkeit. Das Geschehen ist für Dana Pfeifer weder vorhersehbar, noch steuerbar.

Hinzu kommt die eigene Beschneidung der Handlungs- und Entfaltungsmöglichkeiten aus Angst vor etwaiger Reglementierung (intrapersonelle Eingrenzung). Es fehlt an Erprobungsarenen der eigenen Potenziale und in der Folge kann ein Zutrauen in sie kaum ausgebildet werden. Der ausbleibende positive Zuspruch intensiviert diese Entwicklung zusätzlich.

Zur Reduktion ihrer potenziellen Angriffsflächen beschränkt die Informantin ihr Handeln seit ihrer Kindheit auf einen engen, starren und von außen vorgegebenen normativen Rahmen. Der normative Erwartungsrahmen der Informantin konstituiert sich aus der Varianz und Beliebigkeit der Handlungssteuerung der Eltern. Von Relevanz ist dabei, dass die Verhaltenserwartungen als äußerlich erfahren werden, weil die Handlungsorientierung der Beteiligten auf Sanktionen beruht.[406] Eine Internalisierung und Reflexion der normativen Erwartungen, wie sie im Zuge wechselseitiger und empathischer Interaktion erfolgt, findet nicht statt.

Diese Differenzierung ist im Hinblick auf die moralische Akzeptanz der normativen Ansprüche seitens der Informantin erforderlich. Die ausbleibende Internalisierung führt zu einer Ambivalenz zwischen den eigenen und den von außen erfahrenen Erwartungen.

Dieser Widerspruch manifestiert sich beispielsweise in der Form, die äußeren Erwartungen als belastend oder bedrückend zu empfinden, insbesondere dann, wenn ihnen durch die Veränderung der lebensgeschichtlichen Umstände nicht mehr entsprochen werden kann:

Früher hätte ich vielleicht dann doch, wenn sie ankommt und machen mer mal. Das mach ich heute nicht mehr so. Also das . halte ich mir dann gleich schon weg, um wieder nicht unter Druck zu setzen, dass ich mich nicht wieder unter Druck setze. (DP:927f.)

Durch die normativen Erwartungsmuster wird die Informantin in der Entfaltung der eigenen biografischen Handlungsschemata und der Selbstidentität eingeengt. Sie versucht jedoch kognitiv die faktisch erschwerende Bedingungskonstellation in den Lebensablauf zu integrieren.[407]

Während zunächst hauptsächlich die Erwartungen der Eltern befriedigt werden, kommen alsbald die vermeintlichen normativen Ansprüche der ‚Leute' hinzu, denen Frau Pfeifer unbedingt gerecht werden will. Ihre Handlungen orientieren sich an einer kritiklosen und unbedingten Erfüllung äußerer Er-

---

Analyse, da sie die lebensgeschichtlichen Turbulenzen sowie die diesbezügliche Einstellung der Informantin vortrefflich abbildet.

406 siehe dazu Bohnsack 1992, 37 oder Krappmann 1993, 139 („externalisierter Typ" richtet sein Urteil über moralisch richtiges Verhalten an zu erwartenden Strafen aus)

407 Es kann daran gearbeitet werden, das normativ-institutionelle Ablaufmuster zu umgehen oder es explizit bekämpfen (vgl. Schütze 1981, 139).

wartungen sowie einer strengen Ausrichtung an einer äußeren Ordnung. Ein normorientiertes Handlungsmuster wird offensichtlich.

Eine kritische Reflexion dessen setzt auch im Erwachsenenalter anfangs nicht ein, wodurch die Stabilität dieses Handlungsmusters und die Wirksamkeit des Bedingungspotenzials evident werden.

Es hat sich eine Selbstbild generiert, das geprägt ist von der Erfahrung, den Anforderungen der anderen InteraktionspartnerInnen (auch fiktiven) entsprechen und dieses innerhalb sehr begrenzter Handlungsspielräume realisieren zu müssen. Dabei kann Frau Pfeifer erfahrungsgemäß nicht auf die Unterstützung anderer setzen, woraus Hilflosigkeit erwächst, die wiederum resultiert aus dem mangelnden Zutrauen in die eigenen Fähigkeiten und der oftmals fehlenden Antizipier- und Kontrollierbarkeit der Situation.

Das Weltbild der Informantin ist gekennzeichnet von den normativen Erwartungen, die von außen resp. von anderen an sie herangetragen werden. Sie zieht diese äußeren Ansprüche nicht in Zweifel, vielmehr bemüht sie sich um Anpassung. Die Individualität und das Verhältnis zu sich selbst verblassen geradezu hinter dem Verhältnis zur sozialen Lebenswelt, denn nicht die eigenen Vorstellungen erscheinen wichtig und wertvoll, sondern das persistente Bemühen um Kongruenz zwischen Selbst- und Weltbild.

Diese Feststellung erstaunt nicht, denn gerade weil Dana Pfeifer nicht im kommunikativen Austausch gespiegelt wird, wie ihr Handeln ankommt und über welche Fähigkeiten sie verfügt, entwickelt sich ein subalternes Selbstbild.

Im Lern- und Bildungsprozess bis zum frühen Erwachsenalter kann der Erwerb einer extremen Anpassungsfähigkeit und Krisenresistenz zur Kompensation etwaiger normativer Abweichungen resümiert werden.

Die Entfaltung der eigenen Persönlichkeit oder deren Verhinderung stehen in direkter Abhängigkeit zur Fremdbestimmtheit der jeweiligen Lebenslagen. Mit anderen Worten, gerät die Informantin an InteraktionspartnerInnen, die ihr gestalterische Freiräume gewähren, ist eine Persönlichkeitsentfaltung denkbar, andernfalls nicht.

Gerade in wesentlichen kindlichen und adoleszenten Entwicklungsstadien der Informantin fehlt es an biografischen SachwalterInnen. Neben der Behinderung der biografischen Entfaltung aufgrund handlungsheteronomer Bedingungsrahmen und normativ-institutioneller Erwartungsrahmen ist im vorliegenden Fall nicht zuletzt die Abwesenheit biografischer SachwalterInnen oder gar signifikant anderer InteraktionspartnerInnen für die Übernahme einer normativen lebensgeschichtlichen Ablauffolie entscheidend.

Nachdem Dana Pfeifer ihren Berufswunsch nicht verwirklichen kann und die Flucht aus dem Elternhaus weitere berufliche Optionen zunichte macht, orientiert sie sich in Ermangelung weiterer Handlungsalternativen an einer normativen Ablauffolie.

Dabei stehen in dieser Lebensphase vorrangig die Aufnahme eines Beschäftigungsverhältnisses und der Bezug einer Unterkunft im Zentrum ihrer Aufmerksamkeit. Da sich Letzteres nicht sofort umsetzen lässt, gerät Frau Pfeifer in die verdeckte Obdachlosigkeit, die ihrer Normorientierung eminent zuwider läuft.

Die Übung im Taktieren schwieriger Situationen und ihre Flexibilität kommen ihr beim Verbergen der Obdachlosigkeit gelegen. Da ihr Lebensverlauf und Handeln aber von einer starren Normorientierung dominiert wird, erwächst aus diesen misslichen Lebensumständen ein innerer Spannungskonflikt.

Frau Pfeifer registriert sehr wohl die Diskrepanz zwischen ihrem faktischen Lebensvollzug und dem normativen Erwartungsrahmen. Auch nimmt sie ihre potenzielle soziale Diskreditierbarkeit und Selbstdegradation wahr. Die ungünstige Disposition der äußeren Umstände und ihre ausgesprochene Normorientierung reduzieren die Handlungsmöglichkeiten der Frau Pfeifer jedoch drastisch.

Handlungsleitend ist die schnellstmögliche Überwindung der als normabweichend geltenden Obdachlosigkeit, infolgedessen sie eine Partnerschaft mit einem Mann begründet, den sie kaum kennt. Eine kritische Abwägung hinsichtlich der Wahl eines Partners ist für die Informantin in dieser für sie ausweglos anmutenden Lage nicht annähernd so entscheidend wie das Überwinden der sozialen Abweichung:

Und da war eben viel Gewalt mit im Spiel und alles. Hab trotzdem eben noch geheiratet. Dann haben wir eben auch ne eigene Wohnung gehabt. (DP:36f.)

Mutterschaft und Ehe, klassische Institutionen der normativen Ablauffolie, stellen dabei die Schlüsselgrößen zur ihrer sozialen Rehabilitation resp. zum Erhalt einer Wohnung dar.

Doch die unkritische Partnerwahl generiert neues Konfrontationspotenzial mit dem normativen Erwartungsrahmen, denn nunmehr müssen die Abweichungen des Partners und der Ehe nach außen korrigiert werden, da Alkohol- und Gewaltexzesse des Ehemannes allgegenwärtig sind. Die Alltagsgestaltung zeichnet sich in dieser Zeit durch das Ausbalancieren der Realität mit dem normativen Erwartungsrahmen aus. Frau Pfeifer erweitert dadurch abermals ihr Anpassungsvermögen und ihre Belastungsfähigkeit. Gleichzeitig lernt sie, sich selbst und ihre soziale Umwelt über die tatsächlichen Lebensumstände hinweg zu täuschen. Diese Verschleierungstaktik ermöglicht ihr selbst das Aushalten der dramatischen Zustände, zugleich kann sie damit der Umwelt suggerieren, eine normale Ehe zu führen.

Die Ausrichtung an einer normorientierten lebensgeschichtlichen Ablauffolie verstärkt sich durch die Erfahrungen in der Partnerschaft. Weder der Partner noch andere Menschen übernehmen die Rolle biografischer SachwalterInnen, sodass eigene Handlungsalternativen nicht erschlossen werden können. Da auch der faktische Ehealltag keine Sinnquellen bereit hält, werden sie durch Äußerlichkeiten kompensiert.

So begnügt sich Frau Pfeifer mit der Existenz solcher Attribute, wie Kind, Ehemann, Wohnung und Arbeitsplatz, um den Fortbestand der ansonsten desolaten Beziehung zu legitimieren. Deutlich erkennbar ist eine Handlungsorientierung, welche die normative Angepasstheit und die Aufrechterhaltung der äußeren Ordnung über die eigenen Interessen und die Selbstentfaltung stellt. Der Zustand der Beziehung versetzt die Informantin in die Lage, sich handlungsschematisch zwischen einem situativen Bearbeitungs- und Kontrollschema und der Ingangsetzung einer Verlaufskurve zu bewegen. Der jeweiligen kritischen Situation entsprechend, ergreift Frau Pfeifer hochflexibel Strategien zu ihrer Bewältigung.

Dennoch schwächt diese Lebensphase die Intentionalität der Informantin, da das Ausbalancieren von Realität und normativem Erwartungsrahmen sowie äußeren Strukturen ihre eigene Handlungsmotivation und Selbstbestimmung stark einschränkt.

Interessanterweise ist es nicht die physische Gewalt, die sie zur Trennung vom Ehemann veranlasst. Mit derartigen Belastungen umzugehen, hat sie offensichtlich gelernt. Es ist die als ,assi' (umgangssprachlich für asozial) und damit normativ abweichend empfundene Situation, die hierbei ausschlaggebend ist:

Und ich hab nur Blut gesehen, das war für mich dann irgendwo der Auslöser, das ist jetzt assi, du musst hier raus. (DP:49f.)

Die persönlichen Dispositionen resultierend aus der krisenhaften Ehe sowie dem Fehlen familialer Empathie und moralischer Unterstützung, machen Frau Pfeifer empfänglich für Zuwendungen jedweder Art. So gibt sie dem Bedürfnis nach einer sozialen Bindung nach, obwohl sie gleich zu Beginn Anzeichen für Divergenzen realisiert.

Hinzu kommt die abermalige Korrelation normativer Erwartungen mit den realen Lebensumständen nach der Scheidung vom ersten Ehemann. Frau Pfeifer ist arbeitslos und allein erziehend, ein sozialer Status der sich durch die neue Verbindung aufwerten lässt. Sie kann sowohl die „Normalfamilie" komplettieren als auch über einen Wohnortwechsel ihre Arbeitslosigkeit überwinden.

Da sich die zweite Beziehung beinahe lückenlos an die Ehe anschließt, verbleibt Frau Pfeifer keine Zeit vorhandenes Konflikt- und Verlaufskurvenpotenzial in einem Aufarbeitungsprozess kritisch zu reflektieren und wirksam zu bewältigen. Etwaige Chancen aus dem Vergangenen zu lernen, werden vertan.

Möglicherweise ist es die anfängliche Zuneigung und das Bedürfnis nach einer sozialen Bindung, weshalb Frau Pfeifer das Schuldenproblem des Partners entgegen ihrer Normorientierung vorerst toleriert. Alsbald nimmt sie sich jedoch der finanziellen Schwierigkeiten an und bemüht sich um eine Regulierung, sicher auch im Interesse der Reanimation der Normkonformität des Partners.

Der Lebensgefährte hat dahingegen mit seiner Überschuldung offensichtlich weniger Probleme und geht mit ihrer Unterstützung sogar weitere Zahlungsverpflichtungen ein, um seinen aufwändigen Lebensstil zu finanzieren. Frau Pfeifer ist dabei im guten Glauben, ihre Vertragsunterzeichnungen lediglich pro forma zu leisten.

Vielleicht ist es die Annahme, dem Umfeld darüber materielle Sicherheit zu vermitteln, weshalb Frau Pfeifer das Handeln ihres Partners duldet. Die normabweichende Kategorisierung einer Überschuldung und die Gefahr einer eigenen Verstrickung sind der Informantin durchaus präsent. Womöglich entwickeln sich u.a. auch daraus die Bedenken hinsichtlich des Fortbestandes der Beziehung.

Frau Pfeifer steht vor der Entscheidung zwischen der stigmatisierenden Überschuldung des Partners und dem Gerede der Leute im Falle der Trennung. Sowohl die Überschuldung als auch die Trennung stehen im Kontrast zum normativen Erwartungsrahmen, doch vermutlich ist aus der Perspektive der Informantin ein Schuldenproblem besser zu verbergen als eine Trennung.

Um nach außen den Schein zu wahren, beugt sie sich dem normativen Erwartungsdruck und hält die Beziehung aufrecht. Den Voraussetzungen für eine solide, auf Zuneigung beruhende Partnerschaft wird somit allerdings die Basis entzogen. Die erworbene Belastungsfähigkeit und Flexibilität ermöglichen Frau Pfeifer erneut ein Arrangement mit der Situation.

Neben ihrem ohnehin schon vorhandenen Potenzial zur Verdrängung infolge ihrer Gewalttraumata kommt es alsbald auch zur Ausblendung der partnerschaftlichen Probleme infolge des Wirksamwerdens des Verlaufskurventraumas der Beziehung.

Sie fokussiert stattdessen die Regulierung der Schulden des Partners, womit die Beziehungsprobleme in den Hintergrund treten. Durch die Defokussierung des Hauptproblems sowie das äußere Verbergen der realen Lebensumstände gelingt es der Informantin, den Gegenwartszustand ihrer Lebensführung zu verdrängen. Mit dieser illusionären Wahrnehmung und Darstellung lässt sich das faktische Erliegen der Aktivität und das Fehlen einer wirksamen Handlungsorientierung ignorieren.

Durch die systematische Ausbildung von Selbsttäuschungsmechanismen und dem Ignorieren der Fakten wird die Transformation der Verlaufskurve ausgelöst.

Dana Pfeifer will den Zustand ihres faktischen Lebensablaufs, ihrer Beziehung und ihres Lebensgefährten nicht wahrhaben, weshalb sie durch ihre Verstrickung in das Schuldenproblem des Partners selbst in eine Verlaufskurve der Überschuldung gerät:

Also er hatte so viele und ich hab probiert, das weg zu machen von dem großen Batzen und im Endeffekt bekam ich immer noch mehr dazu. Aber da habe ich das noch nicht gesehen, dass ich die Schulden habe, ja, weil er immer gesagt hat, er bezahlt das schon alles mit ab dann. (DP:130f.)

Die Transformation der Verlaufskurve in einen anderen Problembereich fördert zwar die Loslösung aus der Partnerschaft, sie hat aber weitreichende und nachhaltige Konsequenzen für Frau Pfeifer.

Die normative Handlungsorientierung bzw. die Ausrichtung an einem normativen Erwartungsrahmen und äußeren Ordnungsstrukturen sind letztlich determinierend für das Handeln, welches zur Überschuldung führt.

Insbesondere die Problemkonstellation im Kontext der nicht rechtzeitig vollzogenen Trennung vom Lebensgefährten aus Angst vor normativer Etikettierung markiert einen neuralgischen Punkt in diesem Prozess.

Das Selbst- und Weltverständnis, stets allen äußeren Erwartungen gerecht zu werden und anderen die Steuerung zu überlassen, bahnt den Weg in eine problematische Beziehung verbunden mit der Verstrickung in die Überschuldung des Partners, aus der sich schließlich die eigene Überschuldung transformiert.

Die Verschleierung der diversen Problematiken, sich selbst und anderen gegenüber, forciert den Prozess zusätzlich. Die Informantin verhindert damit die frühzeitige eigeninitiative Inanspruchnahme von Hilfe sowie etwaige Interventionsmöglichkeiten seitens signifikant Anderer.

Erfahren im Umgang mit Krisen, scheint sie auch das Schuldenproblem rasant und konstruktiv zu bewältigen. In monetärer Hinsicht reguliert die Informantin den normativen Tabubruch souverän und kompetent.

Die Überschuldung symbolisiert aber primär eine erneute Eingrenzung resp. ein Hemmnis bei der Entfaltung der Lebensentwürfe. Es entsteht analog zu den Erfahrungen in Kindheit und Jugend eine Situation der Ungewissheit, des Ausgeliefertseins, der Hilflosigkeit und Ohnmacht.

Genau dieses unkalkulierbare Moment beherrschbar zu machen, quasi die erlebte Ohnmacht gegenüber Außenstehenden (vormals den Eltern) in den Griff zu kriegen, kristallisiert sich als das persönliche Hauptproblem der Überschuldung der Informantin heraus.

Frau Pfeifer konzentriert all ihre Bemühungen auf die Kontrollierbarkeit und Abschätzbarkeit ihrer Alltagsgestaltung, kombiniert mit einem starken Streben nach Unabhängigkeit von fremder Einflussnahme:

Und das ist auch heute nicht so mein Ding, das ist . wenn einer hier von mir andauernd was will oder so, . das ist . das belastet mich dann. Und für mich ist frei, also ich muss frei leben können. So, wie soll ich das sagen, mit meinem Plan machen, hab meinen, mir das selber organisieren und so muss das passen. Aber nicht, dass hier einer steht, ich brauch, ich will jetzt Geld, ich kriege da noch Geld und da könnte ich nicht mit leben, also das wäre für mich, da würde ich durchdrehen. (DP:1057f.)

Vor allem die Erlangung dieser Unabhängigkeit, scheint für die Informantin Möglichkeiten der Selbstentfaltung und situativen Kontrolle bereitzuhalten. Die damit korrelierende Reduzierung der äußeren Einflussnahme ist der vage Versuch, sich von den einengenden normativen Vorgaben zu lösen, ohne indes ein eigenes normatives Regelwerk für sich definiert zu haben. Frau Pfeifer setzt auch hier zunächst auf Strategien der Verdrängung und Vermeidung.

Aber allein der Versuch, den Erwartungsdruck zu verringern, ist immerhin als Ergebnis eines Lernprozesses zu werten, in dessen Mittelpunkt die Erkenntnis des stressverursachenden Einflusses äußerer Vorgaben steht.

Erst die schmerzvolle Erfahrung der erneuten Ohnmacht im Zusammenhang mit der Erpressung des zweiten Ehemannes, verdeutlicht die Unmöglichkeit der permanenten Kontrollierbarkeit aller Lebenslagen. Es wird ein biografischer Wandlungsprozess enaktiert, der Frau Pfeifer zur Inanspruchnahme professioneller Hilfe zur Aufarbeitung ihrer lebensgeschichtlichen Traumata bewegt.

Die systematische und professionell begleitete Veränderung der Handlungsorientierung und die biografische Wandlung sind Bestandteile eines umfassenden und nachhaltigen Lern- und Bildungsprozesses, der sich momentan vollzieht. Im Ergebnis dieses Prozesses wird auch ein verändertes Selbst- und Weltbild generiert. Tendenziell deutet sich ein stärkeres Zutrauen in die eigenen Fähigkeiten und das Festhalten an der Realisierung eigener biografischer Entwürfe an. Diesen Beobachtungen inhärent ist das Bemühen um eine Emanzipation hinsichtlich der Fremdgesteuertheit und –bestimmtheit.

So gestaltet die Informantin nunmehr mit an der Aufstellung von Regeln und reflektiert kritisch jedwede Vereinnahmungstendenz. Die Dominanz äußerer normativer Erwartungsrahmen gilt es zu relativieren und einen geeigneten, im wechselseitigen Interaktionsprozess definierten Umgang mit Normen zu finden.

3.2.3. Das Fallprofil der Frau Dana Pfeifer

Die Transformation der Verlaufskurve – Die Überschuldung als Resultat der Normorientierung

Die Verlaufskurve der Überschuldung geht aus der Transformation einer verlaufskurvenförmigen Beziehung bzw. Partnerschaft hervor. Begünstigt wird dieser Prozess durch die systematische Ausbildung von Selbsttäuschungsmechanismen, die zu einer Verlagerung in den anderen Problembereich führt. Die Selbsttäuschungsmechanismen wiederum sind als Resultat der normativen Handlungsorientierung zu werten. Um äußeren Erwartungen zu entsprechen, die jedoch mit den faktischen Lebensumständen kollidieren, konstruiert die Informantin eine Fassade hinter der normabweichende Umstände verborgen bleiben. Dabei steht für die Informantin die normative Angepasstheit über der eigenen Persönlichkeitsentfaltung. Die strenge Orientierung an einer äußeren Ordnung und normativen Vorgaben behindert den Blick auf die tatsächlichen und inneren Zustände ihrer Lebenssituationen, wodurch alarmierende Anzeichen nicht wahrgenommen werden.

Die Überschuldungskrise stellt in finanzieller Hinsicht nicht das Hauptproblem dar, zumal die Informantin über eine extreme Anpassungsfähigkeit, Erfahrung sowie Flexibilität in Bezug auf kritische Konstellationen verfügt. Primär belasten die normative Abweichung einer Überschuldung und die persönliche Eingrenzung infolge der Abhängigkeit und potenziellen Einflussnahme durch andere Menschen.

Die signifikanten biografischen Momente

Die Gewalterfahrungen in der Kindheit und die chaotische, intransparente Vermittlung sozialer Normen führen zur Ausbildung einer abstrakten Normvorstellung. Aus Furcht vor negativen Sanktionen findet eine intra- und interpersonellen Selbstbegrenzung statt, wodurch sich Frau Pfeifer in einem engen, starren Rahmen bewegt.

Charakteristisch für das Handlungsmuster ist das geringe Zutrauen in die eigenen Fähigkeiten, Fremdbestimmtheit und eine starke Normorientierung. Signifikant ist in diesem Zusammenhang der äußerliche Normerwerb auf der Basis von Sanktionen, weshalb der normative Erwartungsrahmen als aufgezwungen empfunden wird. Die Normorientierung ist determinierend für die Verstrickung in problematische Partnerschaften, woraus sich das Bedingungspotenzial für die spätere Verlaufskurve der Überschuldung generiert.

Das biografische Handlungsschema ist lange Zeit an der Erfüllung der Erwartungen anderer orientiert, während eigene biografische Entwürfe verworfen werden müssen. Das Handlungsmuster hat in weiten Teilen der Lebensgeschichte eine Tendenz zur Konditionalität, weil es zwischen einem situativen Bearbeitungs- und Kontrollschema und der Ingangsetzung einer Verlaufskurve variiert. Erst die Enaktierung des biografischen Wandlungsprozesses infolge des Zusammenbruchs der Alltagsorganisation und der Selbstorientierung im Rahmen der Verlaufskurvenentfaltung hält die Entwicklung neuer Handlungsmuster, biografischer Ordnungsstrukturen sowie alternativer Selbstkonzepte bereit, die wiederum ein verändertes Selbst- und Weltbild bestimmen werden.

3.3. Das Fallporträt der Frau Nancy Kramer: Die Transformation der Verlaufskurve – Die Überschuldung als Resultat einer milieuspezifischen Normenkonformität

3.3.1. Chronologische Rekonstruktion der Verlaufskurve der Überschuldung

> Ich fress das dann so in mich hinein
> [...], weil ich es wahrscheinlich nicht
> anders gelernt habe. (NK:54f.)

a) Interviewsetting

Ereignisdaten

1975 wird Nancy Kramer in einer mitteldeutschen Kleinstadt in der damaligen DDR geboren. Sie wächst in einem Dorf des Nachbarkreises auf. Die jüngere Schwester wird 1978 geboren. Die Eltern sind beide bis 1989 in der ortsansässigen LPG[408] im Schichtbetrieb beschäftigt, und arbeiten danach als Gerüstbauer und Lageristin. Die Großeltern wohnen mit im gleichen Haus. Es existiert ein Hof und die Verrichtung landwirtschaftlicher Arbeiten gehört zum Alltag.

Nach dem Besuch der 10-klassigen Schule beginnt Nancy Kramer eine Ausbildung zur Bäckerin, die sie 1994 abschließt. Ihren ursprünglichen Berufswunsch, Kindergärtnerin zu werden, verwirft sie 1991 in Anbetracht des Stellenabbaues im Kinderbetreuungsbereich. Während der Ausbildungszeit lernt sie ihren ersten Freund kennen. Aufgrund der Vermutung einer Schwangerschaft[409] entschließen sich die Informantin und ihr Freund eine gemeinsame Wohnung auf dem Grundstück ihrer Eltern auszubauen. Die Schwangerschaft bestätigt sich zwar nicht, aber das Wohnungsbauprojekt wird dennoch durchgeführt und die Wohnung 1992/93 bezogen.

Wenig später zieht die Informantin wegen Diskrepanzen mit ihren Eltern mit in die elterliche Wohnung des Freundes im gleichen Ort. Der Auszug findet ohne Vorankündigung und zum großen Erstaunen der Eltern statt, woraufhin die Situation im Streit eskaliert. Die Mutter erklärt daraufhin ihre Tochter sogar verbal für gestorben. Der Kontakt zu ihren Eltern bricht gänzlich ab.

---

408 Landwirtschaftliche Produktionsgenossenschaft
409 Weil die Informantin noch zu jung sei, lehnt die Mutter die Konsultation eines Frauenarztes ab, sodass zunächst Ungewissheit herrscht.

Auf Initiative der Mutter ihres Freundes sowie ihres eigenen Vaters wird der Kontakt nach ca. 1,5 Jahren wieder hergestellt. Während die Großeltern und der Vater über diese Entwicklung erfreut sind, ignoriert die Mutter ihre Tochter Nancy weiterhin. Kurz darauf beziehen Frau Kramer und ihr Freund eine eigene Wohnung im gleichen Dorf. Diese Veränderung bewegt die Mutter der Informantin dazu, wieder mit ihrer Tochter zu reden. Da der ursprüngliche Konflikt zu keiner Zeit mehr thematisiert wird, sondern ein nahtloser Übergang zum Alltagsgeschehen erfolgt, bleiben die Gründe für diesen Wandel unklar. Kurze Zeit danach scheitert die Partnerschaft und die Informantin zieht ungeachtet des Konfliktes wieder zu ihren Eltern.

Nach ihrer Ausbildung ist Frau Kramer zunächst ein Jahr als Bäckergesellin in ihrem Ausbildungsbetrieb erwerbstätig. Das Beschäftigungsverhältnis wird 1995 beendet, woraufhin die Informantin von 1995 bis 1998 diverse Tätigkeiten als Verkäuferin übernimmt. Nebenbei jobbt sie noch als Kellnerin.

1995/96 lernt sie ihren neuen Freund kennen und zieht ‚ganz langsam' zu ihm in die Kreisstadt. 1998 geht die Informantin aus einem relativ sicheren Arbeitsverhältnis auf Initiative des Freundes mit einem Gastronomiebetrieb in ihre betriebliche Selbstständigkeit. Da der Lebenspartner bereits mit einer eigenen wirtschaftlichen Selbstständigkeit gescheitert und kreditunwürdig ist, laufen sämtliche Verträge auf den Namen der Informantin, während er sich lediglich im Angestelltenverhältnis befindet. Aus Zeitgründen ziehen beide 1998/99 zurück in die Wohnung im Elternhaus der Frau Kramer.

Die geschäftliche Unerfahrenheit in Verbindung mit partnerschaftlichen Differenzen führen alsbald zu wirtschaftlichen Problemen. Aufgrund des moralischen und finanziellen Abhängigkeitsverhältnisses[410] des Freundes und nicht zuletzt seines Drängens verschleppt Frau Kramer eine rechtzeitige Geschäftsaufgabe, wodurch sich die monetäre Situation verschärft. Im Jahr 2000 meldet sie das Gewerbe ab und gibt den Betrieb auf.

Mitte 2001 folgt die Trennung vom Freund, woraufhin er sich zusehends seiner zumindest moralischen Zahlungsverpflichtung entledigt. Frau Kramer erlebt sich plötzlich allein in der Verantwortung, und sie ist finanziell nicht in der Lage die Schulden zu tilgen, wenngleich sie einer neuen Erwerbsarbeit als Küchenhilfe nachgeht. Der Überschuldungsprozess gewinnt an Dynamik und Frau Kramer ist der Belastung psychisch nicht mehr gewachsen, sodass es zum Zusammenbruch kommt.

Anfangs gemeinsam mit dem Ex-Freund sucht sie auf Anraten ihres Steuerberaters eine Schuldnerberatungsstelle auf. Noch glaubt die Informantin an die zugesicherte finanzielle Unterstützung des Freundes.

Ende 2001 zieht sie eigeninitiativ aus dem Elternhaus aus und nimmt sich eine Wohnung in der Kreisstadt.

---

410 Das Beschäftigungsverhältnis des Freundes wird mit öffentlichen Fördermitteln subventioniert und sichert gleichzeitig ein geregeltes Einkommen auch für Frau Kramer.

Auch wenn Frau Kramer zwar noch auf ein Einsehen des Freundes hofft, hat sie sich größtenteils damit arrangiert, für die insgesamt ca. 60.000 DM Schulden allein in der Haftung zu stehen. Die Schuldnerberatungsstelle nutzt sie zum Zeitpunkt des Interviews vor allem als Möglichkeit, sich über ihre Probleme austauschen zu können, indes sich der Berater um die Regulierung bemüht.

Interviewsituation

Der schriftlichen Kontaktaufnahme über die Schuldnerberatungsstelle folgte nach der Zustimmung der Informantin eine telefonische Terminvereinbarung.

Im Rahmen des Dissertationsvorhabens wurde Frau Kramer zur ersten Interviewpartnerin, weshalb auf der Vorbereitung, Durchführung und Auswertung dieses Interviews das besondere Augenmerk lag.

Am Telefon machte Frau Kramer einen aufgeschlossenen und resoluten, aber nicht fordernden oder gar dominanten Eindruck. Während ihr Erzählduktus am Telefon eine Frau von 35 bis 40 Jahren vermuten ließ, war ich bei unserer ersten Begegnung merklich überrascht, da Frau Kramer erst 26 Jahre war. Die positive Wahrnehmung vom Telefon bestätigte sich in der Praxis und es entwickelte sich ohne Schwierigkeiten eine angenehme Gesprächsatmosphäre.

Nachdem die Unterhaltung zuerst sehr allgemeinen Charakter hatte, folgten dann die Erklärungen zu meiner Person, zum Forschungsvorhaben und zum Interviewablauf. Frau Kramer gab zu erkennen, dass sie in dem biografischen Interview über die Reflexion und Bilanzierung eine Möglichkeit sieht, die Problematik psychisch besser verarbeiten zu können.

Das Interview wurde in der Wohnung (Wohnzimmer) der Informantin durchgeführt und es war während der gesamten Aufzeichnung keine weitere Person anwesend. Es kam zeitweilig zu Lärmstörungen, aufgrund von Bauarbeiten im Haus.

Mit Beginn der Tonbandaufzeichnung wurde umgehend die Erzählung aufgegriffen. Der Erzählfluss war gut, wenngleich die Informantin überlegend und abschätzend wirkte und infolgedessen häufig kleinere wie größere Pausen gesetzt wurden. Mehrfach unternahm die Informantin den Versuch, eine Koda zu setzen, sogleich wurde aber die Darstellung wieder aufgegriffen. Es ergaben sich Schwierigkeiten bei der biografischen Relevanzsetzung, wodurch der offene Interviewteil sehr umfangreich gerät (über 24 Seiten). Im Kontext der Darstellung ihrer aktuellen Situation rang Frau Kramer mit ihren Emotionen, und bat nach Abschluss der Sequenz um eine Pause. Nach ca. 5 Minuten wurde das Gespräch fortgesetzt.

Kurz darauf kam es zu einer weiteren Unterbrechung, als unerwartet eine Freundin auftauchte. Um den weiteren, hauptsächlich inhaltlichen, Interviewverlauf nicht zu beeinflussen, „moderierte" ich die 30-minütige Pause, indem ich das Gespräch bewusst auf Themen lenkte, die nicht im Bezug zum Interview und zur angesprochenen Thematik standen. Schwierig hieran war der abrupte Wechsel der Themen und der damit verbundenen emotionalen Verfassung. Dennoch verstand es Frau Kramer gut, mit dieser Situation umzugehen.

Das Interview war stark geprägt durch die damals gegenwärtige Situation der Informantin (Auszug bei den Eltern, neue Wohnung) und den damit korrelierenden Auseinandersetzungen mit der eigenen Person (Umbruchsituation). Die räumliche Distanz zum Elternhaus bewirkte bei Frau Kramer eine starke Reflexion über sich und ihren Lebensverlauf, was zum Teil schon zu depressiven Verstimmungen geführt hatte. Insbesondere die biografische Abarbeitung an den Eltern kam im Gespräch deutlich zum Vorschein.

Auffällig häufig wurde das Gesagte gestikulierend in Anführungszeichen gesetzt, womit eine inhaltliche Relativierung verbunden ist.

Nach Abschluss des Interviews wurde ein Datenbogen mit den wichtigsten personenbezogenen Angaben aufgenommen. Hinsichtlich der Beantwortung der Fragen zu den Eltern ergaben sich erkennbare Schwierigkeiten.

Die Zusammenkunft klang mit der gemeinsamen Betrachtung des Gespräches aus, wobei zugleich aufgeworfene Fragen beantwortet und Emotionen aufgefangen wurden. Das Nachgespräch diente zudem der präziseren Erklärung des Forschungsanliegens und auch der Ermutigung der Interviewpartnerin in ihren noch sehr vagen Ansätzen zur persönlichen Veränderung.

Das Treffen dauerte insgesamt 5 h 13 min, wovon 40 min auf die Vorbereitung, 2 h 58 min auf das Interview selbst, 35 min auf die Unterbrechungen und 1 h auf die Nachbereitung entfallen.

b)   Analyse der formalen Erzähl- und Interviewstruktur

Dem Erzählstimulus folgend beginnt die Informantin umgehend mit ihrer Darstellung. Dabei nimmt sie sogleich eine Bilanzierung ihrer Kindheit vor:

(seufzend) Tja. Als ich noch ganz klein war. (schmunzelt) Meine Kindheit. Meine Kindheit, weiß ich nicht, war für mich. Ich hatte ne schöne Kindheit, aber so im Nachhinein, wenn ich drüber nachdenke, war's eigentlich doch ziemlich (seufzend) hart. (NK:5f.)

Diese ernüchternde Bilanz markiert gleich zu Beginn textlich die Situation der Frau Kramer zum Zeitpunkt des Interviews vortrefflich, denn es folgt ein steter Wechsel von Narrationen und Argumentationen. Gerade die starke Argumentationsneigung verdeutlicht die Phase des Reflektierens, Hinterfragens und Zweifelns, in der sie sich befindet. Die Suche nach Eigentheorien (wo komme ich her, wo will ich hin, wer bin ich usw.) prägt das gesamte Interview. Die sehr dichte und umfangreiche Darstellung widerspiegelt ebenso die Bereitschaft zur autobiografischen Aufarbeitung und Reflexion. Die Vordergründigkeit der Argumentation führt jedoch zur Vernachlässigung einer systematischen lebensgeschichtlichen Darstellungsstruktur. Ungewöhnlich ist auch der zweimalige Versuch, eine Koda setzen zu wollen, die Darstellung aber dennoch fortzusetzen. Die biografischen Gründe für diese Darstellungsweise bzw. Logik der Darstellung gilt es im Rahmen der Analyse zu spezifizieren.

In der narrativen Erzählphase werden immer wieder Behauptungen aufgestellt, denen eine umfassende argumentative Begründung folgt. Die Kernsätze des Interviews sind argumentativer Art. Nicht immer erweist sich die immanente Argumentationsdynamik dabei als schlüssig. So ergeben sich auch Stellen mangelnder Plausibilität:

Und dann ham wir unsere eigene Wohnung in A-Dorf gekriegt, solange ham wir bei seinen Eltern gewohnt. Und dann ham wir unsere eigene Wohnung gekriegt. Und dann auf einmal, von heute auf morgen, (händeklatschend) konnte meine Mutter wieder mit mir erzählen. Da war ich wieder ihre Tochter . (leise) ja. (NK:134f.)

Sie nimmt keine Konkretisierung vor, wie es zu dem plötzlichen Wandel der Mutter kommt. Die Ereignisse werden zwar erfasst, aber noch nicht hinreichend reflektiert. Ursache dafür ist auch die beobachtbare emotionale Nähe zu den Ereignissen. In einem weiteren Beispiel geht sie überhaupt nicht darauf ein, weshalb sie ganz selbstverständlich nach dem Scheitern der ersten Partnerschaft wieder zu den Eltern zieht, obwohl es diesen massiven Konflikt gibt:

Aber die Beziehung ging dann . auch in die Brüche. Und da bin ich wieder zu meinen Eltern gezogen, da hatten se mich ja dann endlich wieder. (NK:137f.)

Gleichzeitig unterstellt Frau Kramer auch eine gewisse Normalität und Normativität, deren Kenntnis sie von der Zuhörin erwartet.

Demgegenüber kommen Kindheitsdarstellungen und sonstige lebensgeschichtliche Entwicklungsphasen nur sehr fragmentarisch zum Vorschein. Vor allem ihre vermeintlich schlechtere Behandlung im Vergleich zur jüngeren Schwester wird thematisiert. Diesbezügliche Verletzungsdispositionen kommen häufiger zur Sprache. In Bezug auf die Kindheit macht Frau Kramer bereits in Zeile 62 einen Kodaversuch. Die Informantin macht für die Ausblendung oder Nivellierung schöner Kindheiterfahrungen ihre gegenwärtige Situation verantwortlich (vgl. NK:1243f.).

Frau Kramer setzt ihre Darstellung jedoch fort und beschreibt vor dem Hintergrund ihres kürzlich vollzogenen Auszuges aus dem Elternhaus die Beziehung zu ihren Eltern und zu ihren Lebenspartnern. Die bereits zu Beginn angedeutete und derzeit als besonders problematisch empfundene Beziehung zu den Eltern greift sie abermals auf, um die Notwendigkeit ihrer Auszugsentscheidung zu verdeutlichen.

Mit den Worten „Das war schwer, meinen Eltern beizubringen, dass ich ausziehe" (NK:90f.), markiert sie den Beginn dieser Erzählung. Es stellt sich heraus, dass es bereits mehrfach Auszüge aus dem Elternhaus gegeben hat, und diese eine Schlüsselfunktion im Leben der Informantin zu haben scheinen. Die wiederholten Auszüge der Informantin erweisen sich als Erzählgerüst, um die Ablösungsversuche aus dem Elternhaus einerseits, aber auch die wechselseitige Einflussnahme andererseits darzustellen. Die Darstellung der Beziehung zur Herkunftsfamilie entwickelt sich zu einer wesentlichen Ereignislinie bzw. kognitiven Figur, das heißt sie bildet im Wesentlichen sogar die Binnenstruktur des Interviews.

Dabei wird ein Spannungsverhältnis beobachtbar, denn die Informantin kritisiert zwar mehrfach die vermeintliche Einmischung der Eltern und ihre Abhängigkeit von ihnen, sie artikuliert aber genauso das angeblich fehlende Interesse der Eltern an ihrem Leben, wenn diese sie eben nicht besuchen oder etwas nachfragen (Einmischung vs. Desinteresse, Nähe vs. Distanz). Die Informantin äußert ihre, zumeist sehr normativen Erwartungen in die Richtung der Eltern, gibt aber im Gegenzug nicht zu erkennen, inwiefern sie selbst versucht, deren Perspektiven einzunehmen. Diesbezügliche Gespräche werden nicht erwähnt. Das Ausbleiben einer offenen Kommunikation dokumentieren auch die teilweise konspirativ geplanten Auszüge, von denen die Eltern im Vorfeld nichts erfahren. Die Informantin zieht ein klärendes Gespräch auch retrospektiv nicht in Erwägung.

Ähnlich verhält es sich mit der fehlenden Thematisierung des Konfliktes im Zusammenhang mit dem ersten Auszug. Probleme werden ganz offensichtlich verdrängt und erfahren keine Aufarbeitung. Frau Kramer reflektiert zwar, wo sie die möglichen Wurzeln dieses Handlungsmusters sieht:

[...] wahrscheinlich, weil die auch nicht mit uns als Kinder geredet haben, wenn irgendwie Probleme waren. Ja? . Weil wir's gar nicht gelernt haben . so über unsere Probleme, Ängste und Sorgen so offen zu reden mit mit der Familie, die's eigentlich mit was angehen sollte. (NK:147f.)

Es lässt sich aber so gut wie keine Initiative zur entsprechenden Veränderung erkennen. Lediglich als sie das 3. Mal wieder in ihre alte Wohnung zieht, verständigt sie sich mit den Eltern über die zu respektierenden Konditionen:

Und da hab ich mich dann mit meinen Eltern an einen Tisch gesetzt und habe gesagt, Leute . das ist ganz lieb und ganz nett, das Angebot werden wir wahrscheinlich auch annehmen, aber wir müssen eben vorher über alles reden. Es geht keinen was an, wer zu bei uns zu Besuch ist, wie lange wir Besuch haben, wann wir nach Hause kommen, wenn wir nicht mitessen wollen, essen wir nicht mit . und das ging dann eigentlich auch ganz gut. (NK:158f.)

Es sind i.d.R. die anderen, die aktiv werden. So ist es z.B. der Vater, der sie nach dem Kontaktabbruch wieder anruft (vgl. NK:122f.) oder die Eltern, die ihr während der Selbstständigkeit anbieten, wieder in ihre alte Wohnung im Elternhaus zu ziehen (vgl. NK:157f.).

Die Beschreibung der Beziehungen der Frau Kramer mündet schließlich in die Darstellung ihrer Schwierigkeiten mit dem Alleinleben.

Das Prinzip der Logik der Selektionsentscheidungen[411] bzw. die systematische Darstellung einzelner lebensgeschichtlicher Stationen des Handelns (Logik des Handelns) zur Strukturierung der eigenen Erzählung wird seitens der Informantin nur rudimentär umgesetzt.

Es mangelt an Detaillierungen bezüglich der Motive, Situationen und Konsequenzen, die eine Entwicklung hin zu einem situativen Höhepunktereignis und damit den Verlauf des damaligen Handelns plausibilisieren. Das Fehlen handlungstheoretischer Darstellungsglieder hat das Einfügen zahlreicher Hintergrundkonstruktionen zur Folge. Dies gestaltet sich u.a. auch in der Form, dass Erzählsegmente durch das Einfügen von Erklärungen, Kommentaren und wörtlicher Reden (Nachahmungen) scheinbar „ziellos" erweitert werden, ohne zunächst eine Bezugnahme zur ursprünglichen Erzählsegmentankündigung oder zum Kernerzählsatz vorzunehmen. Beispielsweise wird mit der Erzählankündigung „das mangelnde Selbstbewusstsein eben oder das fehlende Selbstbewusstsein." (NK:646f.) die Annahme suggeriert, über eben dieses Thema Detaillierungen zu erfahren. Zunächst ist der Bezug zur Ankündigung noch erkennbar, denn Frau Kramer versucht im Kernerzählsatz darzustellen, wie positiv sie es erlebt, als ‚einzelne Person' wahrgenommen zu werden:

Ich hab mich gefreut wie so'n kleines Kind, dass die Leute endlich mich . als einzelne Person sehen, weil sonst hieß es immer, äh mein Freund hieß mit Spitznamen Guni, (nachahmend) Guni und sein Anhang oder Guni und sein Schatten und. (NK:648f.)

Die Detaillierungen weiten sich aber zusehends in andere thematische Bereiche aus, ohne eine vorherige entsprechende kontextuelle Ergebnissicherung:

Und viele ham dann auch schon gesagt, (nachahmend) du bist doch ganz anders drauf, wenn du alleine da bist, du kannst lachen, du kannst erzählen, ja. Denn wenn er dabei ist, dann . sitz ich zwar daneben, aber man hört so gut wie nichts von mir. Auch keine, kein Lächeln oder so, weil (nachahmend) tja, warum haste'n da gelächelt oder warum lächelste'n jetzt oder was du da erzählt hast, das ist ja wohl. . Das war immer so, wenn er hüh gesagt hat, . hab ich hott gesagt oder es war immer. . Und das war in der Kneipe natürlich schwer. Weil eigentlich stand zwar alles auf meinen Namen, . aber er war eben doch derjenige, der die meisten Erfahrungen damit hatte. Ich war eben wirklich bloß die Dumme, die alles unterschrieben hat, (leise) ja. Und das war dann schwer, . das irgendwie alles unter ein Dach zu kriegen, weil er dann (nachahmend) wir machen das so und so. (NK:660f.)

Plötzlich ist die Informantin thematisch im Bereich der beruflichen Selbstständigkeit angelangt und nimmt dazu ihre Ausführungen vor. Das angesprochene mangelnde Selbstbewusstsein wird in der Form nicht mehr thematisiert oder bilanziert. Das entspricht formal erzählanalytisch einem Abbruch der thematischen Darstellung, gleichwohl sich inhaltsanalytisch durchaus Verbindungen rekonstruieren lassen. Durch den überlegenen, abschätzenden Duk-

---

411 vgl. Brüsemeister 2000, 132

tus und das wiederholte Pausensetzen treten diese Abbrüche während der Interviewführung nicht so auffällig in Erscheinung, wie in der späteren Datenauswertung.

Augenscheinlich ist auch die episodale Wiedergabe von Ereignissen. Dabei fällt die auch sonst zu konstatierende Schwierigkeit bei der biografischen Relevanzsetzung besonders auf. Frau Kramer verliert sich regelrecht in der Darstellung von Episoden, sodass in weiten Teilen ein Bezug zum eigenen biografischen Handeln und zum situativen Höhepunktereignis nicht klar ersichtlich wird. Am deutlichsten wird dieses Schema im Kontext der Beziehung zur Freundin Daniela und deren tragischem Tod (vgl. NK:458 bis 644). Während die erzählerische Einführung der Freundin als Handlungsträgerin zur Veranschaulichung der Vorstellungen von Mutter-Tochter-Beziehungen lebensgeschichtlich noch nachvollziehbar ist, lassen es die weiteren Ausführungen beispielweise in Bezug auf die Partnerschaft der Freundin und das Handlungsmuster des Freundes Paul an Kontextualität vermissen. Stellenweise gewinnt die Darstellung, insbesondere im Hinblick auf den Mord an der Freundin, voyeuristische Züge. Erhärtet wird diese Feststellung durch die fehlende Tiefe der Reflexion der Beziehung und des Todes der Freundin:

Ja und dann . gab's en Schlag mit'm Hammer und dann . ist bloß noch der Telefonhörer weggeflogen . . und das war's dann. . . Und nachdem ich mich dann irgendwie wieder eingefangen hatte, das war am 7.7.99 {Datum verändert} als ich das gehört habe, werd ich nicht. . Nachmittags wollte ich dann zur Hochzeit zu meiner Cousine. . . Da hatte ich mich so einigermaßen wieder gefangen . und da hab ich dann gesagt, na ja („lacht" trocken) . die sind gerade ausgezogen aus dem Haus, das steht leer, da kann jeder rein, . das ist bestimmt nicht Daniela. (NK:512f.)

Einerseits schildert sie ihre Betroffenheit und andererseits begründet sie das schnelle Zurückgewinnen emotionaler Gefasstheit mit dem Umstand, am gleichen Tag noch zu einer Hochzeit gehen zu wollen. Die Emotionalität wird demzufolge rational gesteuert. Ähnlich verhält es sich mit der Beerdigung, der sie wegen ihrer Abwesenheit aufgrund einer geplanten Urlaubsreise nicht beiwohnen kann:

Ja und dann war ich auch nicht mit bei der Beerdigung, weil wir ja im Urlaub war'n. (NK:522f.)

Und auch während der Reise unterbindet sie nach Aufforderung durch ihren Lebenspartner ihre Trauer:

Am 9. sind wir dann in'n Urlaub, da war's dann auch kein Urlaub mehr. Da hab ich dann wirklich bloß noch da gesessen . und habe nur geweint und immer wieder bloß gefragt, warum. Weil sie hat keinem Menschen was getan. . . . Bis dann Gunnar gesagt hat, (nachahmend) also pass auf, jetzt hab ich mir das eine Woche angeguckt, wir sind hier im Urlaub, nächste Woche reißte dich en bisschen zusammen. Und das hab ich dann auch wirklich gemacht, das. . Weil dann hat er mir doch dann irgendwann leid getan und dann hab ich gesagt, Mensch jetzt sind wir . hier im Urlaub und er hört sich die ganze Zeit bloß das Geflenne von mir an. (NK:536f.)

Die biografische Verarbeitung des Todes kann, wie sich erzählerisch zeigt, dadurch nur bedingt stattfinden. Gerade weil Frau Kramer das gesamte Geschehen wie eine „fremde" Episode darstellt, wird die fehlende biografische Einbettung sichtbar. Hinzu kommen die ungeeigneten Mittel, derer sich die Informantin zur vermeintlichen Verarbeitung bedient. Sie sucht nicht den u.U. entlastenden Kontakt zur Familie der Freundin, sondern sie konzentriert sich auf ihr Trauerritual:

Ich war auch erst (überlegt) ein Jahr . nach dem Ganzen, das erste Mal auf 'm Friedhof. . Und da bin ich dann . hab ich meine eigene, meinen eigenen Abschied von ihr genommen. Hab ich mir dann en Kranz bestellt . (leiser werdend) und dann bin ich hingefahren. (NK:528f.),

Und hab ich mir'n Kopf gemacht, was die aus der Familie jetzt wohl über mich denken werden, weil ich mich überhaupt nicht mehr melde. Ja? Und ist ja auch nicht grade schön, dass ich nicht mit zur Beerdigung war. Ich mein, die wussten ja nicht, dass wir in Urlaub geflogen sind. . . Aber ich hab's einfach nicht fertig gebracht, da hinzufahren. Und nach'm Jahr hab ich dann gesagt, so. . . Zu ihrem Geburtstag, wenn se 40 wird oder 40 geworden wäre, fahr ich hin. Na dann war der Tag ran und da hab ich mich dann aber auch nicht getraut, weil ich gedacht habe, na ja dann grade zum Geburtstag werden Familienmitglieder sowieso da sein. Und da bin ich dann 2 Tage später hingefahren. . . Die erste halbe Stunde saß er dann neben mir . . und dann ist er . gegangen, dann hat er mich eben mit ihr alleine gelassen. (NK:550f.)

Die Form der Reflexion dokumentiert zudem die brüchige, diskrepante und unreife Beziehungsstruktur zu der Freundin, obgleich sie von Frau Kramer als eine Art Ersatzmutter akzeptiert wird. Gemeinsam Spaß zu haben und über alles reden zu können, scheinen die wesentlichen Merkmale dieser Freundschaft zu sein (vgl. NK:486f., 495f.). Wohingegen der ernsthafte Austausch über Probleme, wie eben auch die drastische Eifersuchtsszenerie des Freundes Paul die letztlich zum Tod der Freundin führt, nur sehr vage erfolgt (vgl. NK:587f.). Die inhaltliche Ausgestaltung dieser freundschaftlichen Beziehung, also was macht diese Beziehung zu einer reifen, stabilen Freundschaft, bleibt in der Darstellung weitest gehend unklar. Diesbezügliche Analogien sind auch im Kontext anderer sozialer Beziehungen festzustellen.

So gebraucht die Informantin die Begriffe Freundin, Freund, beste Freundin, gute Freunde im Prinzip für alle ihre InteraktionspartnerInnen außerhalb der Familie. Was diese Interaktionen aber prägt, bleibt offen, denn für die kommunikative Bearbeitung ihrer Probleme vertraut sie sich eher fremden Personen an:

Komischerweise kann man mit mit äh . so wie mit Herrn Schulze, mit fremden Personen, besser dadrüber reden als mit Freunden. Ja? . . Sicherlich weil ich mir von Freunden auch (räuspern) oft anhören musste, (nachahmend) ja Mädchen, (händeklatschend) wir ham's dir gesagt, wir ham dich schon immer für verrückt erklärt und wir wissen auch nicht, warum du's gemacht hast, weil die ja voreingenommen sind und auch gewisse Vorurteile haben. Die kennen ja die ganze Geschichte ringsrum, den ganzen, den ganzen (Lauf ?) äh . den ganzen Weg. . . Ja und um nicht immer wieder mit die Nase reingestupst zu werden und sich anhören zu müssen, (nachahmend) wir ham's dir gesagt, du wolltest nicht hören, wahrscheinlich rede ich mit denen auch nicht . oder nicht mit allen. (NK:380f.)

Vor allem der Tatsache, dass ihre Freunde über Vorkenntnisse verfügen und eine gewisse Vertrautheit besteht, die sie auch zur kritischen Konfrontation mit dem Handeln der Informantin veranlasst, misst Frau Kramer offensichtlich keine Bedeutung bei. Obwohl die Freunde fast alle zudem noch über Erfahrungen mit einer beruflichen Selbstständigkeit verfügen (vgl. NK:1214f.), treten sie nicht als signifikant andere InteraktionspartnerInnen in den Blickpunkt. Die Reziprozität dieser sozialen Beziehungen kommt nicht zum Tragen. Ein problematischer Umgang mit Kritik könnte die Ursache für diese eher ablehnende Haltung der Frau Kramer sein. Die Informantin neigt dazu, Probleme auf sich zu projizieren und situative Äußerungen über zu bewerten:

Und wenn irgendwas gegen Baum geht, dann such ich nicht die Schuld bei andern, sondern immer erst bei mir. Oder ich mache mich für alles verantwortlich, sagen wir's mal so. Dann überlege ich solange, weil es garantiert irgendwie an mir liegt, weil ich irgendwas wieder falsch gemacht habe, irgendwas Falsches gesagt habe, irgendwas Falsches gemacht habe. (NK:939f.),

Weil ja meine kleine Schwester 's so toll vorgemacht hat und se schon zu Oma und Opa gemacht hat, (nachahmend) was ja eigentlich meine Aufgabe gewesen wär (lacht). War vielleicht auch nicht so gemeint, aber 's war en ziemlich doller (lachend) Vorwurf in meinen Ohren. (NK:219f.).

In der Darstellung kommt es immer wieder zu Äußerungen, die auch eine gewisse Scheu vor Tatsachen, Transparenz oder Offenheit belegen. Frau Kramer weiß von ihren InteraktionspartnerInnen und Situationen viele Dinge nicht, unternimmt aber ebenso wenig, diesen Zustand zu verändern. Zu nennen wären die ungewisse Schwangerschaft (vgl. NK:92f.), die konkrete Ansicht anderer Leute (vgl. NK:1185, 399f.) oder auch die tatsächliche Schuldenhöhe (vgl. NK:1218f.). Stattdessen konstruiert sie sich, auch im Interview, teilweise ein ungenaues Bild, wie andere Menschen sie einschätzen könnten. In Anbetracht ihrer seinerzeit emotional aufgewühlten Verfasstheit, fällt dieses Bild eher negativ aus. Das Interview wirkt daher wie eine Aneinanderreihung von Verlusterlebnissen. Auch wenn Frau Kramer einschränkt, nur bestimmten Freunden, ihre Probleme anvertrauen zu wollen, so erschließt sich anhand der Erzählung eine etwaige Tiefe dieser Beziehungen ebenso wenig:

Es gibt auf der weiblichen Seite gibt es eine, mit der ich wirklich über alles reden kann, die mir aber im Endeffekt auch nicht weiter helfen kann, aber die ist einfach nur da und hört zu. (NK:398f.)

Auch diese Freundin wird als Ersatzmutter bezeichnet, womit ein familial strukturiertes Interaktionsmuster angenommen werden kann. Die Anwesenheit der Freundin scheint aber selbstverständlich und gerade wegen ihrer jahrelangen Präsenz hat sie seltsamerweise nicht den gleichen Stellenwert wie der erwähnte männliche Gesprächspartner:

Und besonders an der männlichen Seite liegt mir sehr viel. Ähm, die weibliche Seite ist ja schon jahrelang da. (NK:401f.)

Diese mangelnde Plausibilität sieht die Informantin scheinbar nicht.

Hinsichtlich des männlichen Gesprächspartners zeichnet sich dahingegen zunehmend textlich eine Situation der Distanzlosigkeit ab, denn offenbar sind nicht die Gespräche das Bedeutsame, sondern die Emotionalität.

Anfangs entsteht der Eindruck, der Mann sei seit der Trennung von ihrem Lebenspartner ihr neuer Gesprächspartner:

Ja dann ham wir irgendwann angefangen, ich weiß gar nicht warum, . wie gesagt, wir kennen uns schon jahrelang, aber . und dann ham wir angefangen, zu reden. . . Und (überlegend) im Mai . letzten Jahres ist ja dann, hab ich dann Gunnar gebeten, auszuziehen . und seit (überlegend) ja seitdem ist diese, diese männliche Person wie wie ne Rettungsinsel für mich. (NK:408f.)

Dann jedoch konkretisiert die Informantin:

Da konnten mer aber noch nicht miteinander reden, da ging's nicht, das ging jetzt erst so . . kurz vor meinem Umzug ging das erst los mit dem Reden. . Da war's dann wirklich so, wenn er dann äh . freitags, abends ham mer uns . immer alle getroffen zum Dartspielen. . Ja . und dann bin ich irgendwann aufgestanden, bin hingegangen, ich sage, . (nachahmend) Knuddelalarm, ich brauch das jetzt. Weil irgendwann muss man das mal haben. Ja? (NK:416f.)

Schlussendlich bringt Frau Kramer deutlich zum Ausdruck, dass es ihr hauptsächlich um einen männlichen Sozialpartner geht:

Weil das ist ja für mich, ist es ja was anderes, ob mich nun meine beste Freundin einmal drückt und umarmt, weil das ist dann eben . Freundin. Ja? Die ist seit Jahren da und gut. . . Oder ob man dann doch etwas, ne etwas stärkere Schulter mal hat, wo man sich einfach bloß mal so anlehnen kann und . . tja, mein Rettungsring. (NK:430f.)

Diese eindeutige sprachliche Differenzierung unterstreicht die Bedeutung männlicher Bezugspersonen für die Informantin, dokumentiert aber ebenso ihr traditionelles, geschlechtsspezifisches Rollenverständnis.

Auch im Hinblick auf ihre Herkunftsfamilie bezeichnet sich Frau Kramer als ‚Papakind' und der Vater tritt als Bezugs- bzw. Respektsperson textlich klarer in Erscheinung, als die Mutter.

Interessanterweise wird auch der aktuelle Wohnungswechsel mit einem potenziellen späteren Partner in Verbindung gebracht:

Und deswegen hatte ich eigentlich auch gesagt, so egal wie, ich muss das jetzt irgendwie hinkriegen und irgendwann, früher oder später, kommt wahrscheinlich mal der Prinz und man sagt, ich ziehe sowieso weg, ja, weiß man ja nicht (lacht). (NK:87f.)

In der Beschreibung der Partnerschaften zeigt sich dieses Muster dergestalt, indem Frau Kramer mit der Eingehung einer Bindung zwar gegenüber ihren Eltern eine Abgrenzung vornimmt: „Schlimm wurde es dann auch als das so ganz langsam anfing dann mit Freund haben . . . Weil dann war ich ja nicht mehr für meine Eltern so . . oder stand ich nicht mehr so für meine Eltern zur Verfügung, sondern hatte dann auch mal eigene Interessen, das war natürlich . . das kannten se ja von mir nicht." (NK:31f.), sich aber gleichzeitig ganz eindeutig an den Bedürfnissen des Partners orientiert und die Entwicklung eigener Handlungskonzepte oder –ziele keineswegs thematisiert wird. Und indes sie die Trennung vom Partner zugleich mit einer Art Statusverlust assoziiert, betont sie die existenzielle Wichtigkeit eines Partners:

Und dann ist aber irgendwann . [Mikro kippt um] Gunnar ausgezogen, auf meinen Wunsch hin. Und dann hatten se sich wieder für mich alleine. . [Mikro wird wieder aufgestellt]. Und se konnten wieder mit mir veranstalten, was se wollten, dachten se zumindest. (NK:164f.)

Diese starke Orientierung an den Bedürfnissen anderer führt zu der sich im Interview offenbarenden Erfahrung, sich selbst nicht zu kennen und nicht zu wissen, welches die eigenen Bedürfnisse sind. Sie schildert in weiten Teilen des Interviews ihre Unfähigkeit, allein zu leben, und welche Probleme ihr das Nachdenken über sich und ihr Leben bereitet:

Nu sitz ich hier mit . den (seufzend) ganzen Schulden. . . . Und weiß überhaupt nicht, wie ich das alles . hinkriege. Und komme überhaupt nicht damit klar, dass ich jetzt auf einmal so viel Zeit für mich habe, weil eigentlich kenne ich mich selber nicht. War sonst immer bloß für andere da. Wenn die dann gesagt haben, kannste mal, machste mal? Na klar. . Und auf einmal sitzt man da und weiß überhaupt nichts mit sich anzufangen. Ist traurig, ja? (NK:225f.),

Es ist eigentlich traurig, wenn in meinem Alter irgendwie, . Samstagsabends alleine durch die Stadt zu rennen, nur damit man hier nicht rumsitzen muss. . . . Meine Schwester meint ja, ich zerfließe in Selbstmitleid. Ich weiß nicht, ob es Selbstmitleid ist oder . es . , ich mich dafür so hasse, dass ich eben nicht in der Lage bin, selber mit mir klar zu kommen. . . Aber es ist eben doch keiner da, den man mal nach irgendwas fragen kann. Ja? Warum das jetzt so ist, warum man so . denkt und so fühlt und . . weil man weiß ja gar nichts damit anzufangen. Ich hatte ja noch nie irgendwelche Zeit für mich so richtig. . . Und wenn ich wirklich mal irgendwo ne Stunde für hatte oder so. Ja? . . (stöhnen) . . Dann war'n die Tätigkeiten, die ich dann gemacht habe, och nicht grade . . hmh. Dann hat man sich vor'n Fernseher gesetzt oder man hat sich mal (händeklatschend) den Hund geschnappt und ist mal spazieren gegangen. . . Aber zum Nachdenken über einen selber hat's dann do doch nicht gereicht so die Zeit, weil dann kam man wieder nach Hause (nachahmend) wo warst'n so lange und wir hätten doch schon da und da sein müssen und du hast das und das nicht gemacht und . . alles so Kleinigkeiten. . . Im Großen und Ganzen war ich eigentlich immer nur da oder da. (NK:283f.)

oder NK:1292f.

Die mögliche Bedeutsamkeit dieser für sie sehr chancenreichen Reflexionsphase erkennt die Informantin jedoch noch nicht, stattdessen macht sie ihre Motivation eigenintendierter Veränderungen von der Anwesenheit eines Partners abhängig (vgl. NK:929f., 1429f.). Da es eine Reihe textlicher Hinweise sowohl auf die Existenz eines traditionellen, geschlechtsspezifischen und normativ geprägten Rollenverständnisses gibt als auch Indikatoren für eine Verlaufskurve zu finden sind, können diese als etwaige Ursachen für die scheinbar existenzielle Abhängigkeit eines Partner für die Alltagsgestaltung gesehen werden.

Nach dem 2. Kodaversuch werden die biografischen Probleme der Informantin derart übermächtig, dass sie einem Erzählschema nicht mehr folgen kann. Es setzt eine iterative Argumentation ein, die die verzweifelte Auseinandersetzung mit sich selbst wiedergibt. Sie befindet sich spürbar in einer dilemmatischen Struktur, welches sich in dem ständigen neuen Ansetzen zeigt. Hieran wird die laufende biografische Arbeit ganz offensichtlich.

Des Weiteren verwendet Frau Kramer häufig die Man-Perspektive, womit sie einerseits die Selbstentfremdung[412] zum Ausdruck bringt: „Außer man selber, aber wenn man sich selber nicht kennt und man mit sich selber nicht klar kommt, wie soll man sich dann da selber irgendwelche Fragen beantworten" (NK:246f.), und andererseits eine gewisse Normativität unterstellt:

Es . ist doch das Normalste von der Welt, wenn man dann in der Nähe ist, das man dann mal klingelt und vielleicht ist man ja da oder man hat mal Zeit für'n Kaffee oder so was. (NK:202f.)

Gerade diese normativen Erwartungen bzw. eine allgemeingültige Annahme von Normalität tauchen in der Darstellung vermehrt auf. Auffällig ist beispielsweise Frau Kramers Entwicklung einer sehr normativen Vorstellung zum Alter:

Alt genug war man ja dann eigentlich auch schon. (NK:142f.),

Es ist eigentlich traurig, wenn in meinem Alter irgendwie, . Samstagsabends alleine durch die Stadt zu rennen, nur damit man hier nicht rumsitzen muss. (NK:283f.),

Weil Dani, die war für ihr Alter ziemlich . . gut drauf. (NK:486f.),

Ja weil ich davon ausgehe, wenn . wenn ich so weit bin, dass ich en Kind habe will, immerhin ist er ja 10 Jahre älter, dann würde er irgendwann zur Elternversammlung mit Krücken gehen oder so was und das ist dann doch nicht so schön. (NK:1632f.),

Mir wurde auch schon viel zu oft gesagt, dass ich äh für mein Alter . . äh zu viel . nachdenke. . Dass ich ja eigentlich auch gar nicht so in meine Altersklasse reinpasse. . Vielleicht liegt's dadran, weil ich ja ewig nur mit Älteren zusammen bin. Also der Älteste aus unserer Clique ist 37, ja und ich bin mit 26, bin ich die Jüngste und die andern bewegen sich alle so zwischen 30, 35. . Aber ich wüsste auch gar nicht so, mit mit 26-Jährigen was anzufangen. Wenn man das so sieht, die rennen dann jedes Wochenende irgendwo zur Disco und wie wie die sich anziehen. (NK:446f.)

Andere Textbeispiele für Frau Kramers Normativität sind folgende:

[...] weil da als ich's gesagt habe, saßen Oma und Opa mit am Tisch und so was gehört sich ja eigentlich nicht." (NK:192f.), „Also . müssen wir mit'm . Umzugsauto abgehauen sein und die müssen gleich angefangen haben. . Ich meine, so was macht man doch nicht, (fast tonlos) das . gehört sich doch eigentlich nicht. (NK:794f.)

---

412 Sie ist u.a. Verlaufskurvenindikator.

Eine biografische Fokussierung normativ-institutioneller Erwartungsmuster ist zu konstatieren.

Der Zusammenhang zwischen Beziehung und Überschuldung wird offenkundig, da mit der erzählerischen Einführung des zweiten Lebenspartners sofort die Verbindung zu den Schulden hergestellt wird:

Dann . mit dem Herrn Gunnar, wo ich dann in A-Stadt gewohnt habe, . na mit dem . . beginnt dann so meine (verlegen lachend) ganze Geschichte mit de Schulden, ja. Wir sind dann irgendwann nach A-Dorf gezogen. Wir haben uns äh oder er hatte sich selbstständig gemacht. Erst er, dann hat er mich soweit überredet, dass ich es dann auch noch gemacht habe. (NK:150f.)

Die Überschuldung selbst bildet keine dominante Erzähllinie, sondern ist eine eingebettete Belegerzählung, womit auch die noch nicht abgeschlossene Verarbeitung deutlich wird. Vordergründig ist die kritische Partnerschaft:

[...] weil ich ja diese diese Gedanken mit mit der Trennung, hat ich ja schon viel eher, ich meine, dass ist vielleicht jetzt auch mein Vorteil, dass ich da schon mit oder damit klarkomme, . weil ich habe 2 ½ Jahre gebraucht, um zu ihm zu sagen, äh ich möchte, dass du ausziehst. . . Und wenn ich das wirklich . gleich beim ersten Mal gesagt hätte, dann äh hätte ich heute die Schulden nicht. Dann wäre das mit der Kneipe gar nicht soweit gekommen. (NK:719f.)

Es zeichnet sich ab, wie sich Frau Kramer in die Beziehung verstrickt und einer Konditionalität im Rahmen von Verlaufskurvenstrukturen unterliegt:

Ich bin die Dumme, die alles unterschrieben hat und . ich frag mich immer wieder, warum. . Warum ich das gemacht habe, obwohl doch irgendwer hier (zeigt auf Kopf) drinne gesagt hat, äh mach's nicht, aber ich hab's immer wieder getan, immer wieder. . . Ich weiß nicht. . . Keine Ahnung. (NK:272f.)

sowie

Und eigentlich frage ich mich immer wieder bloß, . warum ich das alles gemacht habe. Ob ich wirklich so blind war vor Liebe, ich weiß es nicht. Weil wenn ich das nicht gemacht habe, würde es mir heute eigentlich besser gehen. (NK:242f.)

In der Darstellung lassen sich Anzeichen von Selbstentfremdung, Selbsttäuschung und Defokussierung finden. Die Verlaufskurvenstrukturen sind bereits vor dem Beginn der beruflichen Selbstständigkeit zu konstatieren, sodass die Schulden nicht als primärer Verlaufskurvenauslöser zu betrachten sind und die Existenzgründung vielmehr die Transformationsebene in den Bereich der Überschuldung bildet.

Die narrative Phase wird von Frau Kramer unvermittelt beendet als sie beim Schildern ihrer Ratenzahlungsmodalitäten angelangt ist:

Ja und wenn ich dann zusam zusammengerechnet habe, ja dann war mein ganzes Geld weg. Und die war'n alle . noch nicht . zufrieden gestellt. Ja? Und da hab ich dann auch gedacht, das kann's nicht sein. . Klar sind . sind erst mal so Einige ringsrum . einigermaßen zufriedengestellt, aber dir bleibt im, am Ende gar nichts, . überhaupt nichts. . . Ja. Das war's dann. . . . Das war's erst mal. (NK:1229f.)

Eine abschließende Bilanzierung bleibt aus. Da die resümierende Bewertung eines geschilderten Prozesses jeweils Auskunft gibt über die fallcharakteristische Art der Reflexion,[413] könnte man nun naheliegend der Informantin ein mangelndes Reflexionsvermögen unterstellen. Diese Logik würde jedoch zu kurz greifen. Vermutlich ist die Verstrickung in die dilemmatische Argumentationsstruktur ein Grund für diesen Darstellungsabschluss. Im Prinzip findet Frau Kramer während des gesamten Interviews keine Antwort auf ihre vielen Fragen und wirft stattdessen immer wieder neue auf. Eine Bilanz würde dieses Schema erneut aktivieren.

Im vorliegenden Fall können die fragmentarischen Situations- und Handlungsbeschreibungen und das Übergewicht der eigentheoretischen Argumentation der Informantin als charakteristisch konstatiert werden. Die Schwierigkeiten in der biografischen Relevanzsetzung und das iterative Argumentieren dokumentieren die gegenwärtige lebensgeschichtliche Aktivität und Reflexivität. Durch die festzustellende Entwicklung von Eigentheorien versucht Frau Kramer, Kohärenz in ihre disparate Lebensgeschichte zu bringen.

Die formale Analyse der Erzähl- und Interviewstruktur liefert erste Anhaltspunkte hinsichtlich der Handlungs- und Deutungsmuster, aus denen bereits Schlussfolgerungen für die Konstitution des Selbst- und Weltverständnisses der Frau Kramer gezogen werden können, die es in der inhaltlichen Analyse weiter zu untersetzen gilt:

- Das Spannungsverhältnis zur Herkunftsfamilie, insbesondere zu den Eltern, bildet die wesentliche Binnenstruktur des Interviews und gibt damit Aufschluss über den Stellenwert dieser sozialen Beziehung. Die teilweise ambivalenten Erwartungen der Informantin gegenüber ihren Eltern sowie ihre erkennbare normative Orientierung widerspiegeln sowohl einen traditionell-normativen Rollenerwerb als auch einen insuffizienten Ablösungsprozess in Kombination mit den sich daraus ergebenden Konsequenzen. Im Resultat werden vor allem ihr Agieren in familialen Denkstrukturen und die ungenügende Entscheidungsfähigkeit der Informantin gut sichtbar. Auch die fehlende biografische Relevanzsetzung kann u.a. als ein Ausdruck mangelnder Entscheidungsfindung gewertet werden. Der Darstellungsduktus gibt außerdem Aufschluss über die fehlende Distanz zu den Ereignissen.
- Die Informantin fokussiert zudem normativ-institutionelle Erwartungsmuster, im Besonderen lebens- und familienzyklische Phänomene.[414] In

---

413 vgl. Brüsemeister 2000, 134
414 Zu beobachten ist diese Fokussierung gerade dann, wenn lebenszyklische Phänomene unter bestimmten persönlichen Bedingungskonstellationen nicht realisiert werden können oder aufgrund eines Alternativzwanges handlungsschematisch ergriffen werden müssen (vgl. Schütze 1981, 140).

Ermangelung einer eigeninitiativen Einwicklung oder infolge einer äußeren Verhinderung selbst kreierter biografischer Entwürfe, macht Frau Kramer eine lebensgeschichtliche Ablauffolie zum Gegenstand ihres biografischen Entwurfes.

- Die erzählerische Verbindung der zweiten Paarbeziehung mit der Überschuldung wird von Frau Kramer eindeutig hergestellt. Die beziehungsschematischen Strukturen können demnach auch relevant für die spätere Überschuldung sein. Die Bedeutsamkeit männlicher Bezugspersonen und die Ausrichtung an den Bedürfnissen der Lebenspartner sind in der Darstellung deutlich erkennbar, wobei sich der tiefere Sinn von Beziehungen erzählerisch nicht erschließt. Wenn zwar schon vor Beginn der zweiten Partnerschaft eine geringe Handlungsintentionalität und Verlaufskurvenstrukturen zu konstatieren sind, so gewinnen diese innerhalb der Beziehung an Relevanz, zumal sie im Kontext der beruflichen Selbstständigkeit in einen anderen Problembereich transformiert werden.
- Eine Reflexion von Konflikten und Problemen wird nur rudimentär vorgenommen. Es werden Ursachenvermutungen hinsichtlich der eigenen Konfliktlösungsstrukturen und Verdrängungsmechanismen zwar angestellt, Strategien zur Begegnung der fehlenden Offenheit finden demgegenüber kaum Umsetzung.

c) Inhaltliche Analyse: Rekonstruktion der Verlaufskurve der Überschuldung

Charakteristische Sozialisationsbedingungen

Die Darstellung hinsichtlich des Aufwachsens der Nancy Kramer ist äußerst gering, sodass hauptsächlich die Beschreibung der gegenwärtigen Beziehung zu den Eltern und die diversen Schilderungen von Interaktionen mit ihnen für die Rekonstruktion der Sozialisationsbedingungen herangezogen werden. Aber gerade die Unfähigkeit die eigene Kindheit, die als Entwicklungsphase zeitlich längst abgeschlossen gilt, retrospektiv nicht darstellen zu können, ist ein Ausdruck von biografischer Aktivität innerhalb dieser Strukturen. Gestützt wird diese Annahme durch die ambivalenten Erwartungen, welche die Informantin gegenüber ihren Eltern postuliert. Da ist einerseits die Ablehnung der Abhängigkeit und Einmischung sowie das Bedürfnis nach Distanz:

So langsam muss man sich mal um ein eigenes Leben kümmern. Und nicht immer nur irgendwie abhängig sein. Es war en schönes Leben da, klar. Brauchte keine Miete zahlen, brauchte mich ums Essen kümmern, ja, die Wäsche wurde mir immer gewaschen. Ich meine billiger kann man es nicht haben. Aber . (seufzend) nee. (nachahmend) Mädchen, wo kommst'n jetzt erst her, Mädchen, wo willst'n jetzt schon wieder hin und dann und dann diese und Essenszeiten und wehe man sitzt nicht mit am Tisch, warum nicht und . . Das war nachher . Also es ging mir ziemlich dolle auf die Nerven, sagen wir's mal so. (NK:80f.)

Andererseits kritisiert Frau Kramer das Handeln der Eltern, wenn diese sich allzu schnell mit dem Auszug ihrer Tochter arrangieren und deren Bedürfnis nach Abgrenzung womöglich sogar respektieren:

Und heute fahr ich einmal in der Woche rüber . und dann. . Es geht. Ich meine, wenn ich dran denke, dass meine Eltern jeden Tag eigentlich hier fast dran vorbei fahren und es nicht mal für nötig halten, mal anzuhalten und mal reinzukommen oder mal zu gucken. Meine Eltern waren einmal nach em Umzug hier . und dann noch einmal und das war's. (leise) Ja. Es . ist doch das Normalste von der Welt, wenn man dann in der Nähe ist, das man dann mal klingelt und vielleicht ist man ja da oder man hat mal Zeit für'n Kaffee oder so was. Ja? Das ärgert mich en bisschen. (NK:198f.)

oder NK:789f.

Das Spannungsverhältnis von Distanz und Nähe kommt dabei klar zum Vorschein. Auch wenn die Informantin das ambivalente Verhältnis in der Form nicht reflektiert, so nimmt sie aber sehr wohl ihre eigenen diesbezüglichen Stimmungsschwankungen wahr:

Es ist aber keiner mehr da, der irgendwie . wartet auf mich. . Manche Tage ist es sehr schwer. Dolle schwer. . . Aber andere Tage, sage ich dann auch wieder, ooh Gott sei dank. Oh, es ist keiner da, der einem irgendwelche . Fragen stellt, wo man überhaupt keinen keinen Bock jetzt drauf hat, da drüber zu diskutieren oder (Pause). (NK:238f.)

Ein offensichtlich nur unzureichend vollzogener Ablösungsprozess vom Elternhaus sowie die biografische Fokussierung normativ-institutioneller Erwartungsmuster liefern entscheidende Anhaltspunkte für die Herausarbeitung der Charakteristika des Sozialisationsprozesses.

Gleich zu Beginn ihrer lebensgeschichtlichen Erzählung betont Frau Kramer die Geschwisterkonstellation und die vermeintliche Sonderrolle der jüngeren Schwester:

Ich hatte ne schöne Kindheit, aber so im Nachhinein, wenn ich drüber nachdenke, war's eigentlich doch ziemlich (seufzend) hart. Ich hab noch ne kleine Schwester und die ist bei uns in der Familie so das Nesthäkchen und das wird mir oder wurde mir jetzt so im Nachhinein immer bewusster. (NK:6f.)

Auch das Aufwachsen in einem ländlich dörflichen Milieu stellt sie an den Anfang ihrer Erzählung und formuliert damit zugleich die Rahmenbedingungen ihrer Sozialisation:

Aufgewachsen bin ich auf em Dorf, dementsprechend durfte ich auch Landarbeiten verrichten. Während andere dann spielen gegangen sind oder meine kleine Schwester, durfte ich dann mit meinen Eltern und Großeltern auf'n Acker fahren und mich ums Viehzeug kümmern und alles . (einatmend, leise) ja. (NK:10f.)

Indem sie umgehend den Vergleich mit ihrer jüngeren Schwester vornimmt, hebt sie die vermeintliche Ungleichbehandlung der Schwestern als ein wesentliches Kriterium in ihrer eigenen Entwicklung hervor. Dieser Aspekt wird an späterer Stelle noch Erörterung finden, zunächst soll jedoch das soziale Umfeld strukturell betrachtet werden.

Frau Kramer wächst in einem dörflichen Milieu auf, wobei sich bestimmte Traditionen den Gegebenheiten in der DDR angepasst haben. Die Eltern betreiben demzufolge keinen eigenen großen Landwirtschaftsbetrieb, sondern arbeiten in der LPG und unterhalten in ihrer Freizeit eine private Kleinlandwirtschaft, das heißt Landwirtschaft und Viehzucht hauptsächlich für den Eigenbedarf. In der Regel beanspruchen diese Aktivitäten erhebliche Zeitressourcen und die Einbindung aller Familienmitglieder ist selbstverständlich. Die Großeltern leben traditionell mit im gleichen Haus. Auch wenn sie sich im vorliegenden Fall nicht direkt in die Erziehung der Enkelkinder einschalten, so positionieren sie sich aber eindeutig im intergenerativen Verhältnis:

Mit denen hab ich . oder zu denen hab ich zwar en ganz gutes Verhältnis, aber . es sind halt . die Großeltern. Also ich könnte jetzt nicht zu denen hin gehen und mit denen so darüber reden. Über (händeklatschend) irgendwas, weil die beiden sind dann doch mehr auf meine Eltern so fixiert. Was die sagen und machen und . das ist richtig und der Rest . ist falsch. (NK:27f.)

Aufgestellte Regeln und Normen der Eltern erfahren somit eine unmittelbare innerfamiliale Bestätigung und damit wiederum eine Verstärkung.

Die Kinder besuchen den Kindergarten und die Schule, die zumeist am Wohnort oder in einem Nachbardorf zu finden sind. Der Interaktionsradius der Kinder beschränkt sich demnach auf die Familie und die meist gleichaltrigen Kinder des Dorfes.

Die ausbleibende Konkretisierung oder retrospektive Reflexion der dörflichen Strukturen lässt Rückschlüsse auf deren Selbstverständlichkeit für die Informantin zu. Die zumeist traditionell-konservativen Strukturen bzw. normativ-institutionellen Erwartungsmuster erfahren von ihr keinerlei kritische Bewertung, sodass von deren Verinnerlichung auszugehen ist.

Frühzeitig übernimmt sie ein normativ-institutionelles Ablaufmuster, bei welchem sie das Erlernen ihres ‚Traumberufes'[415], ihre Mutterschaft und eine Heirat anstrebt. Die „Wende" 1989 und die damit einhergehenden strukturellen Veränderungen[416] in sämtlichen Lebensbereichen bringen Nancy Kramers Vorstellungen jedoch durcheinander:

Und ich ich stelle mir eigentlich oft die Frage, was passiert wäre, wenn die Wende jetzt nicht gekommen wäre. Weil . es hat ja jeder so, auf'm auf'm Dorf ist es so, da ist, sind die Kinder ja meistens schon vor . programmiert, die mit dem und der mit der. Ja und? . Ich möchte gerne wissen, was was so passiert wäre, wenn die Wende nicht gekommen wäre. Ich meine gut, dann wäre ich mittlerweile bestimmt schon . Mutter und verheiratet und weiß ich nicht. Aber mich würde's interessieren, was dann wäre mit mir. (NK:1690f.)

---

415 Der ursprüngliche Berufswunsch ist Kindergärtnerin.
416 Beispielsweise der Wohnortwechsel vieler junger Menschen aufgrund von Arbeitslosigkeit, die zeitliche Verschiebung oder Aussetzung der Familienplanung infolge sozialer Unsicherheit oder die Auflösung von Partnerschaften durch den Wegfall äußerer Sachzwänge (u.a. gelenkte Wohnungsvergabe in Abhängigkeit vom Sozialstatus).

Nicht ganz ohne Wehmut sinniert sie über ihren eventuellen Werdegang unter den offenkundig geordneten dörflichen Rahmenbedingungen, wo die Strukturen in einem gewissen Maß vorgegeben sind und eigene Handlungskonzepte sowie Entscheidungsprozesse eine eher untergeordnete Rolle spielen. Sie entwickelt nicht zuletzt auch unter dem Einfluss dieser strukturellen Bedingungen eine stark fremdbestimmte Orientierung:

Weil eigentlich, bin ich der Meinung, ist es für jeden alles vorprogrammiert. Und ich frage mich, warum der liebe Gott das für mich so vorprogrammiert hat . oder ob ich auch da irgendwas falsch gemacht habe und irgend ne irgend en Abzweig . übersehen habe und nicht abgebogen bin. (NK:957f.)

Diese Ausrichtung an höhersymbolischen Ordnungsstrukturen kann zudem auch als Resultat fehlender oder brüchiger eigener Biografiemodelle gelten.

Als Erstgeborene und Tochter wird sie dem traditionell-normativen Rollenverständnis entsprechend frühzeitig zur Erledigung von Aufgaben herangezogen und muss die Verantwortung für ihre jüngere Schwester mit übernehmen:

Tja also ich hab mich dann um meine Schwester gekümmert, wenn wir dann aus der Schule gekommen sind, dass die ihre Hausaufgaben macht. I.: Mh. N.: Weil sie ist eigentlich mehr so wie'n Junge gewesen (lacht) I.: Mh. N.: und da, . ja, und eben um den Haushalt meiner Eltern. . Ja, hab dann eben auch das Viehzeug dann eben mit ausgefütter äh ausgemistet und gefüttert, weil mein Opa und meine Oma das ja dann aus Altersgründen doch nicht mehr so konnten. . Ja dann . die Garten- und Ackerarbeiten, . durfte ich noch mit erledigen, meine Schwester nicht so. (NK:1540f.)

oder

[...] meine Eltern ham in 3 Schichten gearbeitet, und ich war dann dementsprechend für meine Schwester verantwortlich nach der Schule und für'n Haushalt. . Und meine Aufgabe bestand darin, von der Schule zu kommen, meine Schwester zu versorgen, je nachdem was meine Eltern für Schicht hatten, . und den Haushalt zu machen und wenn ich dann irgendwo hin wollte, hab ich den Haushalt besonders gut. Ja? Also alles ganz ordentlich sauber gemacht, aufgeräumt und, da so hatten wir ja dann noch Kohleheizung, alles . Kohle, Holz, alles ran geholt, was meine Schwester aber nie brauchte. . Oder wenn wenn's jetzt auf'n Acker ging irgendwie, ohne Murren ohne Alles, ohne irgendwelche Überredungskünste. . Und das ist ist heute noch so. Obwohl ich's nicht mehr brauche. (NK:1492f.)

Diese Textstellen dokumentieren gleichzeitig, wie die Informantin versucht, sowohl damals als auch heute der Rollenerwartung gerecht zu werden bzw. sich normenkonform zu verhalten. Es zeigt sich interessanterweise auch, wie die Andersartigkeit[417] der Schwester von Frau Kramer mit einem männlichen Handlungsmuster assoziiert wird. Das Verhalten der Schwester, welches eben nicht strikte Unterordnung oder Normenkonformität auf sich vereint, wird

---

417 Unterschiede im Vergleich zur Informantin wären zum Beispiel die Thematisierung eigener Bedürfnisse sowie deren Durchsetzung gegenüber den Eltern.

von der Informantin als ein typisch männliches Rollenmuster interpretiert, womit zugleich Frau Kramers Rollenverständnis explizit wird.

Im Kontext der Aufgabenerledigung ist es der Informantin wichtig, alles zur Zufriedenheit der Eltern zu bewerkstelligen, wobei eine Korrelation von Leistung und Anerkennung sichtbar wird:

Also für mich war dann schon der besondere Dank, dass äh dass es dann eben keinen Ärger gab, wenn se nach Hause kamen. [...] Ich hab dann wirklich immer alles so versucht, zu machen, dass es eben ja keine . Schimpfe gab, weil ich eigentlich . . ja relativ schnell eigentlich bloß meine Ruhe haben wollte, um des lieben Friedens willen. (NK:1551f.)

Sie identifiziert sich früh mit ihrer traditionell geprägten sozialen Rolle und übernimmt unkritisch die normativen Erwartungen und Handlungsmuster ihres Herkunftsmilieus. Diese Annahme wird u.a. von der erkennbaren Normativität ihrer Aussagen und Behauptungen dokumentiert, aber auch von der Akzeptanz normierender Handlungen der Eltern in Bezug auf ihre eigene Sozialisation:

[...] ab und zu gab's mal auch Eine. . Aber ich sage mal, das ist . noch nie einer von gestorben und ab und zu, tut das auch mal ganz gut. (NK:1530f.)

Auch das Ausbleiben einer retrospektiven kritischen Reflexion des normativen Erwartungsrahmens und die fehlende Vornahme eigener Normeninterpretationen bestätigen diese These.

Da Ansätze von wechselseitigem kommunikativem und ggf. kontroversem Austausch von den Eltern sanktioniert werden, ist davon auszugehen, dass auch hinsichtlich des Hinterfragens von Normativen keine innerfamiliale Kommunikation erfolgt:

Ich fress das dann so in mich hinein und ging (..), weil ich es wahrscheinlich nicht anders gelernt habe. Ich weiß es nicht, ja? Weil wenn ich dann irgendwann mal Widerworte hatte, so als kleines Kind kann ich mich dran erinnern, na dann gab's doch mal . eine. (NK:54f.)

oder

Jetzt denke ich, wurde ich auch für Widerworte bestraft. (NK:1519f.)

Es wird somit ein Kommunikations- und zugleich Konfliktmuster erlernt, welches Anpassung und Unterordnung verlangt. Etwaige individuelle Bedürfnisse, Gefühle sowie Probleme werden dadurch verdrängt.[418] Ein möglicher Lernprozess, wie eigene Ansichten und Bedürfnisse vertretbar sowie kommunikative Offenheit lebbar wären, wird dadurch blockiert. Stattdessen werden Verdrängungsmechanismen entwickelt.

---

418 Parallelen zur traditionellen geschlechtsspezifischen Rolle eines Mädchens/ einer Frau, bei der eigene Bedürfnisse denen der Gemeinschaft untergeordnet werden und soziale Strukturen die individuelle Entscheidungsfreiheit dominieren, werden sichtbar.

Die Eltern treten nicht als biografische Sachwalter in Erscheinung, mit denen Fragen, Gefühle oder Probleme diskursiv bearbeitet werden können:

[...] über alles . rede ich bis heute noch nicht mit ihnen. Dass . wahrscheinlich, weil die auch nicht mit uns als Kinder geredet haben, wenn irgendwie Probleme waren. Ja? . Weil wir's gar nicht gelernt haben . so über unsere Probleme, Ängste und Sorgen so offen zu reden mit mit der Familie, die's eigentlich mit was angehen sollte. Bin ich der Meinung. (NK:146f.)

Auf die emotionalen Bedürfnisse der Informantin gehen die Eltern nur bedingt ein, wodurch auch nur begrenzt ein emotionales Handeln ausgebildet werden kann. So lehnt beispielsweise die Mutter im Kontext der vermuteten Schwangerschaft aus normativen Gründen heraus die Konsultation eines Gynäkologen ab, obwohl darüber für die Informantin Klarheit hätte hergestellt werden können:

[...] hat man dann gedacht oder ich hatte dann gedacht, dass ich äh schwanger bin, ja. Weil meine Mutter, dann ja auch gesagt hat, da biste noch zu jung zu, wir gehen noch nicht zum Frauenarzt und so das ganze Theater. (NK:92f.)

Der Ungewissheit wird mit dem Umbau der Stallungen in eine Wohnung begegnet, und demnach eine materielle Lösung bevorzugt.

Nancy Kramer bezeichnet sich zwar als ,Papakind', woraus eine engere Verbundenheit zum Vater abzuleiten wäre:

Tja mit meinen Eltern hab ich, eigentlich, . . speziell mit meiner Mutter eigentlich, nur Probleme gehabt, weil ich mehr en Papakind bin so . . na, daher . . das sogenannte schwarze Schaf in der Familie, ja. Und das ham se mich dann eigentlich auch in jeder . lieben Lebenslage . spüren lassen doch irgendwie. (NK:15f.)

In der Darstellung selbst gibt es jedoch wenig Anhaltspunkte, die das belegen. Der Vater tritt vielmehr im Rahmen von Auseinandersetzungen als aktiver und dominanter Part in Erscheinung, und seine Reaktionen haben für die Informantin Gewicht.

Er erwartet von seiner sozialen Umwelt eine respektvolle Behandlung entsprechend seiner Rolle als Familienoberhaupt, und so genügt es ihm beispielsweise im Zusammenhang mit Nancy Kramers Trennung vom zweiten Partner nicht, diesen Umstand über Dritte zu erfahren:

Meine Mutter wusste's ja und mein Vater, ich weiß ganz genau, dass meine Mutter es ihm erzählt hat. Weil das war immer so, wenn ich meiner Mutter was gesagt habe, keine . 10 Minuten später wusste's mein Vater. Aber . Papa, weiß ich nicht, legt wahrscheinlich immer sehr großen Wert drauf, dass man ihm das selber sagt. (NK:876f.)

Er will höchstpersönlich eingeweiht werden:

Ja und dann hat mein Telefon geklingelt, da war mein Vater dran. . Da hat er mich nach allen Regeln der Kunst am Telefon so zur Schnecke gemacht. (nachahmend) Was ich mir einbilde, es nicht zu sagen, dass Gunnar auszuziehen, dass er dafür 60 Kilometer weit fahren muss, um das von fremden Leuten erfahren zu müssen, dass ja . sein Schwiegersohn jetzt am Wochenende auszieht [...]. (NK:885f.)

Und obwohl Frau Kramer im Vorfeld ihre Mutter fragt, ob sie den Vater informieren soll und gleichzeitig ihre Entscheidung abwägt: „Ja und deswegen hat ich eigentlich auch nicht so das Bedürfnis, dass mein Vater oder ich hab's nicht für wichtig angesehen, dass meinem Vater zu sagen, dass Gunnar auszieht, weil die ham sich sowieso bloß noch gestritten und außerdem ist es mein Leben und ich muss ja entscheiden mit wem ich zusammen lebe und mit wem nicht." (NK:867f.), entschuldigt sie sich im Nachgang für ihr Handeln, womit sie den Vater in seiner Position bestätigt.

Indem sie aber auf der einen Seite dem Vater Respekt zollt, gerät sie offensichtlich auf der anderen Seite mit der Mutter in Konflikt, weswegen sie sich auch gleichzeitig als ‚schwarzes Schaf' bezeichnet. Denn während der Vater die patriarchale Respektperson darstellt, die sich lediglich dann in die Alltagsroutinen einmischt, wenn es ein „Machtwort" zu sprechen gilt, muss sich die Mutter maßgeblich um die Alltagsorganisation kümmern (vgl. NK:1467f.), einschließlich der Erziehung der Kinder, ohne dafür sonderlich Respekt zu erfahren. Auch hier schlägt sich das Verständnis der geschlechtsspezifischen Rollenfunktionen der Nancy Kramer nieder.

Konflikte zwischen Mutter und Vater werden innerhalb der Familie nicht thematisiert:

In unserm oder in meinem Elternhaus gab es (schmunzelnd) keine Krisen und Konflikte, jedenfalls nicht für die ganze Familie. . Weil es wurde nie drüber gesprochen. . Es, tja. Ich sag mal ähm . ich weiß von . meinen Freunden mehr als eigentlich über meine Eltern. . Weil wenn meine Eltern en Problem irgendwie hatten oder haben, ja dann diskutieren die das beide unter sich aus und da wird kein anderer hinzugezogen. (NK:1456f.)

Was einerseits klare intrafamiliale Grenzen und Rollen vermuten lässt, denn elterliche Konflikte sind originär auf deren Interaktionsebene lokalisiert, bedeutet für die Informantin andererseits, analog ihrer eigenen Konflikterfahrung mit den Eltern, ebenso ein Tabuisieren der Konflikte beobachten zu können. Das heißt sie nimmt sehr wohl eventuelle Diskrepanzen zwischen Mutter und Vater wahr, erfährt jedoch nicht, wie diese einer Lösung zugeführt werden.

Im Gegensatz zu ihrer Schwester thematisiert Frau Kramer selten eigeninitiativ, was sie gerade bewegt. Immer wieder führt sie die Unterschiede zur Schwester an, sei es, dass diese beispielsweise mehr erfährt von den Eltern oder andere Freiheiten genießt. Dabei sieht die Informantin zum einen die Verantwortung bei den Eltern, die ihrem Empfinden nach Unterschiede in der Erziehung der Töchter machen:

Also ich denke, ich wurde ziemlich streng erzogen. . Was bei meiner Schwester aber schon wieder ganz anders äh . war, weil es ging bei der Ersten gut, warum soll's bei der Zweiten nicht . besser sein. I.: Mh. N.: Also sie brauchte mit 16 eben nicht mehr fragen, ob sie irgendwo zur Disco darf und wenn ja, wie lange. (NK:1484f.),

[...] ganz dolle habe ich's gemerkt als äh, dann so die Zeit losging mit . zur Disco gehen . (leise, gesenkt) ja. Das Ha Haus, wo die Disco damals war, das war, weiß ich nicht, 2

Minuten von meinem Elternhaus entfernt und . jede Minute, die ich zu spät kam, einen Tag Hausarrest. (zynisch) War auch schön .. ganz toll, ja. Das war schon (seufzend) nicht mehr feierlich . . . (NK:22f.)

Zum anderen erkennt sie aber auch das im Vergleich zu ihr divergierende Handlungsmuster bzw. die andersartigen Reaktionen der Schwester:

Ich hab noch nie irgendwie gegen meine Eltern, (wo?), gesagt, nee das mach ich jetzt nicht oder so. Wenn die gesagt haben, dann und dann geht's da und da hin, dann ging's eben auch dahin, dann war das richtig und dann war gut. Im Gegensatz zu meiner Schwester, . die hat dann schon mal, äh, gesagt, Nöö, ich hab was anderes vor und dann geh ich eben. (NK:35f.)

Die strengere Erziehung der Eltern ihr gegenüber relativiert sie später, ebenso wie sie das Verhalten der Schwester normiert:

Ich gehe mal davon aus, dass ich die Erste bin, . das erste Kind und wo man ja dann doch, oder denke ich jetzt jedenfalls so, wo man nun doch mehr . Ängste hat, . so ich geh jetzt davon aus, so das Alter, wo man dann anfängt so zur Disco zu gehen. (NK:1482f.)

und

Die redet auch ganz anders mit meinen Eltern. Manchmal hab ich das Gefühl, die weiß gar nicht das da Mama und Papa vor ihr stehen, sondern die denkt, da stehen irgendwelche, ja Bekannten oder Freunde vor ihr und dann blubbert die die voll. (lachend) Das ist also da krieg ich manchmal 's Schlucken, obwohl ich ja eigentlich die Ältere bin. (NK:40f.)

Insbesondere die Anspielung der Informantin auf ihre Geschwisterkonstellation verdeutlicht ihre normative Erwartungshaltung.

Es scheint demnach nicht primär eine etwaige Ungleichbehandlung bedeutsam, sondern vielmehr die Störung ihres normativen Verständnisses.[419] Denn während die Informantin im Laufe ihrer Sozialisation stets um Konformität bezüglich der Erwartungen der Eltern bemüht ist und dabei ein traditionell-normatives Rollenverständnis erwirbt, möglicherweise mit dem Ziel, als Älteste den Fortbestand und Zusammenhalt der Familie zu sichern, durchkreuzt die jüngere Schwester eben diese Vorstellungen, indem sie zuerst ein Kind bekommt und eine stabile Partnerschaft begründet.

Es erscheint Frau Kramer geradezu paradox, wenn ausgerechnet die Schwester, die sich eben nicht nur den Bedürfnissen der Eltern anpasst, sondern sich frühzeitig abnabelt und emanzipiert, nunmehr die familialen Rollenaufgaben der Informantin übernimmt.

---

419 Hildenbrand erwähnt die große Bedeutung der Geschwisterdisposition und des Geschlechts in Familien in der Landwirtschaft im Hinblick auf die Positionierung im sozialen Schichtungssystem in Westdeutschland - nur der Hoferbe gehört zur lokalen Oberschicht (vgl. Hildenbrand 1997, 208). Wenngleich sich diesbezügliche Fragen im ostdeutschen ländlichen Milieu im Zuge der Teilung nach 1945 nur bedingt gestellt haben, so ist ein Beibehalten der traditionellen Orientierungen trotz der veränderten Rahmenbedingungen nicht auszuschließen. Beispielsweise gab es erfahrungsgemäß Parallelen in der Erbfolge, das heißt der älteste Sohn übernahm i.d.R. das Elternhaus nebst Hof, selbst dann, wenn es ältere weibliche Geschwister gab.

Hinzu kommt, dass sich Frau Kramer auch seitens der Eltern unter Druck gesetzt fühlt:

Die einzigste Sorge von meinen Eltern besteht wahrscheinlich bloß da drin, dass ich ja nun auf de Dreißig zu gehe und äh immer noch alleine bin. . Weil ja meine kleine Schwester `s so toll vorgemacht hat und se schon zu Oma und Opa gemacht hat, (nachahmend) was ja eigentlich meine Aufgabe gewesen wär (lacht). War vielleicht auch nicht so gemeint, aber 's war en ziemlich doller (lachend) Vorwurf in meinen Ohren. Muss doch jeder selber wissen. Oder? Ich kann doch nicht nur, weil meine Eltern sagen, ja die Große ist dafür zuständig, uns als erstes zu Oma und Opa zu machen, mir en Kind anschaffen, das wird doch nichts. (NK:217f.)

Infolge der starken Identifikation mit der traditionellen Rolle, die durch Anpassung, Unterordnung und Vertrauen auf die traditionell-sozialen Funktionen geprägt ist, und ihrer rigiden Verinnerlichung der Rollennormen, kann sich eine Rollendistanz nur ungenügend entwickeln. Eine Reflexion der übernommenen Normen und Werte findet auch im Erwachsenenalter nicht statt. Nach wie vor dominiert das Handeln auf der Ebene der angepassten Tochter, und es ist ihr unter den gegebenen Bedingungen nicht möglich, eine andere Rolle einzunehmen. Dadurch wird auch der Ablösungsprozess vom Elternhaus erschwert, denn es fehlt zudem an eigener Entscheidungs- und Handlungskompetenz. Mit Ausnahme des letzten Auszuges sind bei Frau Kramers Ablösungsversuchen immer andere Bezugspersonen beteiligt, die diese Kompetenz dann ersatzweise ausgleichen.

Die Fixierung auf männliche Bezugspersonen bzw. Partnerschaft ist auch damit zu begründen. Ebenso wie die Wahl des Freundeskreises, der größtenteils älter ist als die Informantin und der partiell Elternersatzfunktionen übernimmt. Durch diese erfolgreiche Kompensation fehlender eigener Ressourcen besteht für Frau Kramer keine Notwendigkeit, die eigene Entscheidungsfähigkeit zu profilieren. Frau Kramer orientiert sich an den Bedürfnissen ihrer Lebenspartner und passt dementsprechend ihr Handlungsmuster situativ flexibel an. Die Ausbildung einer eigenen biografischen Orientierung findet nicht statt, wohingegen die unreflektierte Übernahme einer normativ-institutionellen Ablauffolie erfolgt. Die Tendenz zu einer konditionalen Gesteuertheit infolge der mangelnden Handlungsintentionalität ist erkennbar. Frau Kramer begibt sich damit jedoch in eine fragile Abhängigkeit, denn ihre Handlungsfähigkeit ist vom anwesenden Partner bestimmt. Die Beziehungen erhalten außerdem darüber einen funktionalen Charakter.

Das Bedingungspotenzial für die Manifestierung von Verlaufskurvenstrukturen

Die Basis für die erste Partnerschaft bildet die Vermutung einer Schwangerschaft und das daraus resultierende gemeinsame Wohnungsbauprojekt. So wird der Partner retrospektiv immer mit dem Wohnungsausbau in Verbindung gebracht:

Bei Christian mit dem ich damals die Wohnung ja ausgebaut habe (NK:1599f.)

oder NK:1611f.

Mit den Eltern als Vorbild im Hinblick auf die Dauer der Beziehung (vgl. NK:1604f.) betrachtet die Informantin die Partnersuche seinerzeit schon als beendet:

(lacht) Und äh . wahrscheinlich ist man davon dann ausgegangen, ja, man lernt jemanden kennen und dabei war's das. Also dass es da eventuell auch noch andere geben könnte, da wär man (schmunzelnd) eigentlich nie drauf gekommen. (NK:1608f.)

Diese normative Vorstellung von Partnerschaft sowie die vermeintliche Schwangerschaft sind die Kernpunkte, mit denen Frau Kramer diese Beziehung bilanziert.

Ihre Orientierung an einer übernommenen normativ-institutionellen Ablauffolie sieht in erster Linie die Begründung und Aufrechterhaltung einer Partnerschaft vor, wohingegen der eigenen inhaltlichen Ausgestaltung eine untergeordnete Bedeutung zukommt.[420] Der Fokus kann bei einer derartigen biografischen Ausrichtung folgerichtig nur auf der bloßen Erfüllung der Äußerlichkeiten der Ablauffolie liegen, denn jeder Versuch der Informantin einer eigenen inhaltlichen Sinngebung der Partnerschaft würde wiederum eine Reflexion des übernommen normativen Ablaufmusters voraussetzen.[421] Das kategorische Festhalten der Frau Kramer an einer übernommenen biografischen Ablauffolie läuft im Prinzip einer individuellen inhaltlichen Gestaltung zuwider.

Der Lebenspartner ist vor allem die erste entscheidende Bezugsperson außerhalb Frau Kramers Herkunftsfamilie. Mit ihm traut sie es sich, andere Interessen zu verfolgen als die der Eltern. An seiner Seite fühlt sie sich auch sicher genug, um sich den Eltern zu widersetzen:

Jaa, zum Endeffekt war's dann so, dass meine Eltern gesagt haben, du musst dich jetzt entscheiden, entweder wir (händeklatschend) oder er. . Und auf . die Reaktion bin ich eigentlich bis heute noch ein ganz kleines bisschen stolz, das war's erste Mal, dass ich gegen meine Eltern gesprochen habe. Da bin ich aufgestanden und habe gesagt, dann gehe ich zu ihm. (NK:112f.)

Durch den Konflikt mit den Eltern und dem folgenden Kontaktabbruch, verstärkt sich jedoch die Fixierung auf die Partnerschaft bzw. den Lebenspartner. Vor allem das Verstoßen seitens der Mutter: „und meine Mutter hat mich dann angeguckt und hat bloß noch gesagt, äh wenn ich jetzt meine große Tochter besuchen will, dann gehe ich auf'n Friedhof, die ist ab heute für mich

---

420 Das hohe Sinnprestige übernommener Biografiemodelle verhindert, dass das Schablonenhafte sowie die mangelnde persönlich-subjektive Distanzierung, Verarbeitung und Umformung erkannt wird (vgl. Schütze 1981, 119).

421 (Normen)reflexivität bildet indes die Basis für eigene Interpretationen und Konzepte, das heißt eigene biografische Modelle wären dann in Entwicklung oder bereits etabliert und würden eine übernommene normative Ablauffolie in Frage stellen oder ersetzen.

gestorben." (NK:117f.), hinterlässt Spuren, denn die Suche nach Ersatzmüttern in ihren Freundinnen verdeutlicht das Bedürfnis nach Mütterlichkeit. Es fehlt dennoch in wichtigen lebensgeschichtlichen Entwicklungsphasen an biografischen Beratern.

Ihr Freund ist über einen langen Zeitraum die wichtigste Bezugsperson für Nancy Kramer. Sie macht sogar seine Anwesenheit zur Bedingung für die Wiederaufnahme des Kontaktes zu den Eltern:

Ich sage, ja, aber nur mit Christian, wenn der mit rein darf, ich sage, alleine komme ich nicht. (NK:129f.)

Der Kontaktaufnahme folgt ein nahtloser Übergang zum Alltagsgeschehen, denn der massive Konflikt mit den Eltern wird in keiner Weise erneut thematisiert. Verdrängungsmechanismen auf beiden Seiten sind beobachtbar.

Kurze Zeit später wird die Beziehung ihrerseits beendet als der Partner ihr einen Heiratsantrag macht und Zukunftspläne schmiedet:

[...] als er mir dann en Heiratsantrag gemacht hat und gesagt, dass wir doch jetzt ne eigene Wohnung in A-Dorf haben und ich ja dann auch bald fertig sein würde mit meiner Lehre und wir dann ja auch en Kind haben könnten, äh hab ich en Kreis gezogen. Da wurde mir das dann . zu eng. [...] Da hab ich meinen Verlobungsring abgesetzt und das war's dann. (NK:1612f.)

Sie begründet nicht, warum sie auf die Pläne nicht eingeht, obwohl sie doch ihren Zukunftsvorstellungen entsprechen (vgl. NK:1420f.). Möglicherweise wird ihr in diesem Zusammenhang erstmals die Ernsthaftigkeit dieser Beziehung ersichtlich, und sie spürt eventuell die Diskrepanz zwischen dem hohen Sinnprestige der übernommenen normativen Ablauffolie und der lebensgeschichtlichen Faktizität. Die gewisse inhaltliche Leere der Partnerschaft in Anbetracht der ganzen Äußerlichkeiten und Statussymbole, die sich hinter den gemeinsamen Zukunftsvorstellungen verbergen, wird nicht thematisiert.

Den erneuten Einzug ins Elternhaus nach der Trennung nimmt die Informantin nicht zum Anlass, ggf. den alten Konflikt aufzugreifen. Das bisherige Handlungsmuster wird unreflektiert fortgesetzt und sie fügt sich wieder kommentarlos in die familialen Strukturen und Rollen ein.

Trotz Auszug und Kontaktabbruch hat anscheinend kein ausreichender Verselbstständigungsprozess und die Ausbildung eigenständiger Handlungskonzepte stattgefunden. Die Informantin lässt die Eltern nach wie vor zentrale Funktionen in ihrem Leben wahrnehmen. Dies geschieht aus ihrem traditionell-normativen Rollenverständnis heraus, sozialer Verbundenheit gegenüber den Eltern sowie mangelnder eigener Handlungs- und Entscheidungskompetenzen. Aber auch die erkennbaren Tendenzen zur Konditionalität innerhalb der familialen Strukturen begleiten diesen Prozess. Bereits in dieser Phase sind Verlaufskurvenstrukturen manifestiert, denen Frau Kramer durch situative Bearbeitungs- und Kontrollschemata begegnet. Als relevant dürfte sich auch der Modus des Ablösungsversuches erweisen, welcher sich in Form eines abrupten Abbruches (fluchtartiger Auszug) aufgrund der Kumulation der Ereignisse vollzieht. Das Lösen aus der Abhängigkeit der Eltern, als eine wichtige Voraussetzung für die soziale und emotionale Reife, erfolgt bei Frau Kramer nicht als langfristig vorbereiteter, geplanter Schritt.

Kurze Zeit nach der ersten Trennung wird die nächste Beziehung begründet, vornehmlich mit dem Zweck sich der Bevormundung der Eltern zu entziehen:

Sicherlich war's für mich eigentlich nur, dass ich . unter den Fittichen von Mama und Papa weg bin. [...] So denk ich jetzt. . Ähm, dass ich endlich mein Leben so leben kann, wie ich es will, ohne dass irgendwer da steht und mir irgendwelche Vorwürfe macht, weil ich eben nicht abwasche oder meine Wäsche oder was weiß der Kuckuck. Ja? (NK:1620f.)

Es bedarf demnach unbedingt einer extrinsischen Motivation, um sich zumindest räumlich von den Eltern lösen zu können. Eine damit verbundene Fremdbestimmtheit zeichnet sich ab.

Abermals zieht die Informantin aus, wobei eine zunehmende Antizipationsfähigkeit bezüglich der Reaktion bzw. Sanktion ihrer Eltern zu konstatieren ist. Während sie beim ersten Auszug die Eltern unvorbereitet überrascht (vgl. NK:107f.), zieht sie beim zweiten Mal allmählich aus:

[...] dann bin ich so ganz langsam nach A-Stadt gezogen. Das erste Mal (lacht). Dann hab ich in A-Stadt jemanden kennen gelernt, na ja und wie das dann so ist. Dann geht man abends hier hin, geht man da hin, dann hat man keine Lust mehr, nach Hause zu fahren. Alt genug war man ja dann eigentlich auch schon. . Ach dann bleib ich hier. Und soo hat sich das dann entwickelt, dass immer mehr Sachen von mir in A-Stadt waren als in A-Dorf. (NK:140).[422]

Die Ablösungsaktivitäten der Informantin sind im Übrigen auch als Teil eines übernommenen normativen Ablaufmusters zu verstehen, und nicht als zielgerichtetes Unabhängigkeitsstreben, um z.B. biografische Selbstentfaltung zu verwirklichen:

Ich meine, ich geh auf die Dreißig zu, was soll ich denn da noch bei Mama und Papa wohnen (lacht). [...] So langsam muss man sich mal um ein eigenes Leben kümmern. Und nicht immer nur irgendwie abhängig sein. (NK:77f.)

und

[...] früher oder später, kommt wahrscheinlich mal der Prinz und man sagt, ich ziehe sowieso weg, [...]. (NK:88f.)

Obwohl sich Frau Kramer durchaus ‚alt genug' fühlt, eigene Wege zu gehen, scheut sie sich vor der Offenheit ihren Eltern gegenüber. Diese wiederum arrangieren sich mit dem sukzessiven Wohnungswechsel, denn es kommt zu keiner neuerlichen Auseinandersetzung:

---

422 Beim dritten Mal trifft sie zwar heimlich die Vorbereitungen, informiert die Eltern aber über ihren geplanten Auszug (vgl. NK:171f.).

Da ham se auch nicht, hatte ich eigentlich en gutes Verhältnis wieder zu meinen Eltern. Gut . in Anführungsstrichen, weil mit, über alles . rede ich bis heute noch nicht mit ihnen. (NK:145f.)

Frau Kramer problematisiert explizit die ungenügende Kommunikationsbasis mit den Eltern, welche sie auch zum Maßstab für die Qualität dieser sozialen Bindung macht. Gerade aber dieses Defizit wirkt sich verhängnisvoll aus, weil nach dem Rollenverständnis der Informantin die Eltern mit die wichtigsten Bezugspersonen darstellen, die sich wiederum auch für die Probleme, Sorgen usw. interessieren sollten:

Weil wir's gar nicht gelernt haben . so über unsere Probleme, Ängste und Sorgen so offen zu reden mit mit der Familie, die's eigentlich mit was angehen sollte. Bin ich der Meinung. (NK:148f.).

Wenn nun gerade mit ihnen keine offene Kommunikation möglich ist, reduziert sich der Personenkreis, mit denen auftretende Schwierigkeiten besprochen werden können, drastisch. Dokumentiert wird dieses Handlungsmuster, wenn Frau Kramer von ihren Freundinnen spricht und dennoch einräumt, dass diese die Mutter nicht ersetzen können, obwohl das Mutter-Tochter-Verhältnis angespannt ist:

Das war eben . mit denen konnt ich besser reden als mit meiner leiblichen Mutter. . . Und die Mutter könn se konnten se nicht ersetzen oder können se nicht ersetzen, aber . ich habe so meine eigenen Vorstellungen zwischen ner Mutter-Tochter-Beziehung. Es geht zwar jetzt wieder, dass ich zu meiner Mutter so'n einigermaßen gutes Verhältnis habe, wir ecken zwar beide doch ziemlich oft aneinander, aber meistens bin ich ja dann diejenige, die klein beigibt und alles runterschluckt und sich . in sich hineinfrisst und blocke dann ab. (NK:463f.)

In wichtigen Entscheidungssituationen wendet sich die Informantin nicht an die Eltern und ist letztlich auf ihre eigenen Erfahrungen angewiesen.

Die berufliche Selbstständigkeit als Transformationsebene der Verlaufskurve in den Problembereich der Überschuldung

In der neuen Partnerschaft stützt sich die Informantin sehr stark auf den Lebensgefährten und verlässt sich auf dessen Kompetenzen. Nicht ganz unerheblich dürfte diesbezüglich auch der Altersunterschied von 10 Jahren sein, da der Partner vermutlich auch über mehr Erfahrungen in verschiedenen Lebensbereichen verfügt.

Frau Kramer führt ihr bisheriges Handlungsmuster, bei welchem sie auf die sozialen Strukturen und traditionellen geschlechtsspezifischen Funktionen vertraut, fort und wird somit ihrer traditionell-normativen Rolle abermals gerecht. Die Handlungsintentionalität ist aufgrund Frau Kramers Angepasstheit, Unterordnung und Entscheidungsunfähigkeit wenig ausgeprägt. Zudem konzentriert sie sich auf die Verwirklichung der biografischen Konzepte des

Partners hauptsächlich in Ermangelung eigens konzipierter biografischer Entwürfe. Der übernommenen normativen Ablauffolie in Korrelation mit Frau Kramers Rollenhandeln ist vielmehr eine Unterstützung des Partners sogar inhärent.

Aber auch die bewusste Einflussnahme des Partners auf ihr Handeln begünstigt diese Entwicklung:

[...] der hat mich eigentlich äh irgendwie um, weiß ich nicht, 360° hat der mich umgekrempelt. Ich meine, ich war vorher nicht schon grade mit Selbstbewusstsein überstreut, aber das bisschen, was ich hatte, das hat der auch noch kaputt gemacht. Richtig dolle sogar. (NK:349f.)

Die ohnehin schon vorhandene Tendenz zu konditionaler Gesteuertheit gewinnt durch diese Beeinflussung zunehmend an Relevanz. Während zuvor immerhin noch das intentionale Handlungsschemas der situativen Bearbeitung und Kontrolle aktiviert wird, entwickelt sich nunmehr die primäre, negative Verlaufskurve zur dominanten Ordnungsstruktur. Ausschlaggebend dafür sind bei der Informantin insbesondere das Ausbilden von Selbsttäuschungsmechanismen, wodurch die Bedingungen für eine Transformation der Verlaufskurve geschaffen werden.

Und so hält Frau Kramer nicht nur aus institutionell-normativen Gründen an der Beziehung fest, sondern vor allem weil sie biografisch relevante Zeit, Lebensenergie sowie Aktivitäten in dieses Biografiekonzept investiert hat. Das Eingeständnis wäre in diesem Augenblick für sie mit dramatischeren Folgen verbunden als die Selbsttäuschung.

Das bloße Vorhandensein dieser ursprünglich auch auf Dauer angelegten sozialen Beziehung erfüllt den Zweck, der normativen Ablauffolie der Informantin zu entsprechen bzw. sie zu komplettieren. Die Ausrichtung an einem höhersymbolischen Modalitätenschema sowie die äußere Auforderungsstruktur der Partnerschaft scheinen zumindest zeitweilig bedeutsamer zu sein, als die faktischen inneren Werte der Beziehung.

So ist eine emotionale Ebene zum Partner kaum zu erkennen. Beispielsweise greift Frau Kramer den Altersunterschied auf und äußert sich vor diesem Hintergrund sehr distanziert im Hinblick auf die Familienplanung:

Ja weil ich davon ausgehe, wenn . wenn ich so weit bin, dass ich en Kind habe will, immerhin ist er ja 10 Jahre älter, dann würde er irgendwann zur Elternversammlung mit Krücken gehen oder so was und das ist dann doch nicht so schön. (NK:1632f.)

Diese Aussage widerspiegelt zugleich eine Orientierung an Äußerlichkeiten.

Und auch die Kommunikationsebene vermittelt Oberflächlichkeit, die sich durch die spätere Verquickung persönlicher und beruflicher Handlungsfelder noch intensiviert:

Wir sind abends dann ins Auto gestiegen, nach Hause, ja dann wurde mit'm Hund, jeder hat mit'm Hund en bisschen erzählt, weil das der einzigste . Grund eigentlich war, noch nach Hause zu fahren. . Aber wir selber . miteinander hatten nichts mehr zu erzählen. .

Über was auch? Wie ich es Bier zapfe und er die Schnitzel brät. Ich meine, wir haben wirklich . jede Minute aufeinander gehangen, (sehr schnell) das ging, war nicht mehr. (NK:697f.)

Es fehlt hinsichtlich der Kommunikation an Offenheit und Frau Kramer zieht mitunter ein konfliktäres Muster vor:

Aber ich hab dann immer versucht, das so abzubiegen, dass ich eben wirklich, . zu diesem besagten Freitagabend alleine fahren kann. Er wollte dann immer mit und. . Ja, immer nein sagen, . konnte ich ja dann auch nicht. Aber ich hab's dann wirklich geschafft, dass ich dann so 5 Minuten vor Abfahrt, da ham wir ja noch beide in A-Dorf gewohnt, den herrlichsten Streit vom Zaun brechen konnte. Nur damit ich diesen Freitagabend für mich habe. (NK:654f.)

Augenscheinlich hat Frau Kramer auch eigene Bedürfnisse, sie ist aber nicht in der Lage, diese adäquat zu artikulieren.

Die symbolisch-illusionären und kompensierenden Vorstellungsgehalte einer „normalen" Beziehung stehen nach einiger Zeit in eklatanter Diskrepanz zur Lebensrealität der Informantin, das heißt die biografische Ordnungsstruktur „normativ-institutionelle Ablauffolie" wird von der Lebenswirklichkeit konterkariert.

Ca. 2 Jahre nach dem Beziehungsbeginn trägt sich Frau Kramer bereits mit Trennungsabsichten: „diese Gedanken mit mit der Trennung, hat ich ja schon viel eher" (NK:719f.), deren Umsetzung schafft sie jedoch zu diesem Zeitpunkt noch nicht:

[...] ich habe 2 ½ Jahre gebraucht, um zu ihm zu sagen, äh ich möchte, dass du ausziehst. . . Und wenn ich das wirklich . gleich beim ersten Mal gesagt hätte, dann äh hätte ich heute die Schulden nicht. Dann wäre das mit der Kneipe gar nicht soweit gekommen. Und das ärgert mich. . Dafür könnte ich mich selber ohrfeigen, das iss ist ärgerlich, weil ich nicht . den Arsch in der Hose hatte, um zu sagen, es bringt nichts mit uns beiden, bitte zieh aus, bitte geh. (NK:721f.)

Für das Scheitern der Umsetzung kommt das Aufkommen autobiografischer Deutungssysteme der Selbstverschleierung ursächlich in Betracht, die sowohl auf das Festhalten an der alten Ordnungsstruktur der übernommenen normativen Ablauffolie als auch auf das Wirksamwerden der Verlaufskurvenmechanismen zurückzuführen sind.

Infolge der Dominanz der negativen Verlaufskurve und der konditionalen Gesteuertheit sowie fehlender Orientierungsalternativen, kann sich Frau Kramer nicht aus diesen Strukturen heraus bewegen. Um das faktische Erliegen der Handlungs- und Orientierungsfähigkeit jedoch zu verdrängen, defokussiert Frau Kramer auf Ersatzkonstruktionen und blendet damit gleichzeitig andere Probleme sowie deren Lösung aus.

In dieser ausweglosen Situation lässt sich Frau Kramer vom Partner beeinflussen, langfristig angelegte und nachhaltig verpflichtende Pläne zu realisieren, die eine wechselseitige Abhängigkeit noch verstärken.

Sie lässt sich aufgrund der Überschuldungsproblematik des Partners selbst in eine Verschuldung verstricken und gerät immer tiefer in die Verlaufskurvenstrukturen.

Der Freund, der nach dem Scheitern einer eigenen beruflichen Selbstständigkeit, nunmehr eine zweite Chance sieht, ,überredet' Frau Kramer zur beruflichen Existenzgründung:

Ich hab mich selbstständig gemacht mit ner Gaststätte. Aber wär mir nie in den Sinn gekommen, mich selbstständig zu machen. [...] Nur auf Drängen von ihm hin. Er hatte vorher . en Bistro . und das äh hat er dann aber auch aufgegeben und ist da auch nicht schuldenfrei raus und aufgrund dessen, hatte er mir damals erklärt, kann er nicht noch eine Gaststätte auf seinen Namen aufmachen, [...] Also hab ich meinen . relativ sicheren Job gekündigt und habe mich selbstständig gemacht. (NK:1358f.)

Mangels fehlender finanzieller und dinglicher Bonität des Partners, lässt sich Frau Kramer zur Vertragspartnerin resp. Kreditnehmerin funktionalisieren, wenngleich sie selbst gar keine Ambitionen zur beruflichen Selbstständigkeit verspürt.

Die berufliche Selbstständigkeit stellt aber vielmehr eine höhersymbolische Ersatzkonstruktion dar, mit der es Frau Kramer gelingt, systematisch ihre eigenen Aufmerksamkeitsleistungen darauf zu lenken.

Das eigentliche Hauptproblem, die problematische Beziehung und das Fehlen eigener biografischer Entwürfe sowie Handlungskonzepte, wird somit defokussiert und verdrängt. Mit dieser illusionären und selbstverschleiernden Wahrnehmung der Realität gelingt es der Informantin, das Verlaufskurventrauma überhaupt erst zu ertragen.

Eine Demontage dieser illusionären thematisch-autobiografischen Gesamtsicht wäre in dieser ohnehin perspektivlos und verzweifelt erscheinenden Situation für die Informantin fatal, denn sie müsste die Verlaufskurve bewusst zur Kenntnis nehmen und verarbeiten, obgleich keine alternativen Handlungsorientierungen zur Verfügung stünden. Über die Ausbildung von Selbsttäuschungsmechanismen kann Frau Kramer jedoch das faktische Erliegen ihrer Aktivität und das Fehlen eines wirksamen biografisch-handlungsschematischen Orientierungssystems ignorieren

Mit der Existenzgründung wird sich Frau Kramer fortan auf die berufliche Selbstständigkeit konzentrieren, wodurch die beziehungsschematischen Probleme eine Ausblendung erfahren.

Der Fortbestand der Kneipe sowie deren finanzielle Absicherung erfordern die gesamte Aufmerksamkeit der Informantin. Das zeigt sich insbesondere an der sich immer stärker zur ,Zweckbeziehung' entwickelnden Partnerschaft:

Zu Hause ging's dann wirklich bloß noch, (nachahmend) Morgen und Nacht, mehr nicht. . . Ne Zweckbeziehung, . mehr war´s nicht. Ich hatte Angst, wenn ich, wenn ich ihn jetzt oder oder wenn ich die Beziehung zu ihm beende, was mit der Kneipe wird. (NK:715f.)

246

Mit dem Wirksamwerden der Verdrängungs- und Selbsttäuschungsmechanismen wird die Basis für eine Transformation der Verlaufskurve in einen anderen Problembereich bereitet. Das Verlaufskurvenpotenzial verliert demzufolge nicht an Wirksamkeit, sondern transformiert lediglich sein äußeres Erscheinungsbild, wodurch zeitweilig der Eindruck der Abschwächung oder des Stillstandes der Verlaufskurve entsteht. Dieser hier zu beobachtende Zustand weist Analogien zur Verlaufskurvenphase des labilen Gleichgewichts auf.

In der Reflexion führt Frau Kramer immer wieder die Beziehungsebene an: „Und eigentlich frage ich mich immer wieder bloß, . warum ich das alles gemacht habe. Ob ich wirklich so blind war vor Liebe, ich weiß es nicht. Weil wenn ich das nicht gemacht habe, würde es mir heute eigentlich besser gehen" (NK:242f.)., wohingegen sachliche Gründe, wie beispielsweise eine geplante Selbstverwirklichung o.ä., für die Existenzgründung nicht vorhanden zu sein scheinen. Etwaige Tätigkeitsinhalte oder berufliche Perspektiven werden fast gar nicht thematisiert, womit auch die fehlende Relevanz dieser beruflichen und persönlichen Entscheidung für die Informantin zum Zeitpunkt der Geschäftsgründung evident wird.

Die Vertragsunterzeichnung bzw. Existenzgründung ist als herausgehobenes Ereignis zu betrachten, welches die Verlaufskurve der Überschuldung als sozialen Prozess in Gang setzt. Denn bereits die Begründung der Verbindlichkeiten resp. die Schuldenaufnahme zur Inbetriebnahme der Gaststätte befindet sich auf der Transformationsebene der Verlaufskurvenstrukturen. Das Auslösungsereignis korreliert hier mit dem primären Verlaufskurvenpotenzial, und die Konditionalität nimmt klare Konturen an:

Ich bin die Dumme, die alles unterschrieben hat und . ich frag mich immer wieder, warum. . Warum ich das gemacht habe, obwohl doch irgendwer hier (zeigt auf Kopf) drinne gesagt hat, äh mach's nicht, aber ich hab's immer wieder getan, immer wieder. . . Ich weiß nicht. . . Keine Ahnung. (NK:272f.)

Der Versuch des Aufbaus eines labilen Gleichgewichts und die beginnende Entstabilisierung

Die Geschäftsaufnahme bringt eine Reihe von Veränderungen auf verschiedenen Ebenen, sodass die Verlaufskurvenstrukturen zunächst verdeckt bzw. Desorientierungen mit der neuen beruflichen Situation verbunden werden.

Die Verlaufskurvenphase des Aufbaus eines labilen Gleichgewichts fällt in die Geschäftsgründungsphase. Situativ hat Frau Kramer im Interesse ihrer Existenzsicherung gar keine andere Wahl, all ihre Organisationsanstrengungen und Aufmerksamkeit auf die berufliche Selbstständigkeit zu fokussieren. Der Beruf erfordert überdurchschnittliches geschäftliches Engagement, wohingegen der persönliche Bereich vernachlässigt wird.

Die Kombination von aktueller Situation und bereits wirksamen Verlaufskurvenmechanismen forciert zusätzlich die Rastlosigkeit und Überanstrengung, die die Handlungskapazitäten weiter schwächen. Und so gestaltet sich der Umgang mit dem Partner durch die Verquickung beruflicher und persönlicher Ebenen immer schwieriger:

Ich meine, wir hingen 24 Stunden am Tag aufeinander. Das ging nicht mehr, wir hatten uns nichts mehr zu sagen. (NK:696f.)

Die Kommunikationsinhalte beschränken sich auf das gemeinsame Arbeitsfeld und eine interpersonelle Abgrenzung ist kaum noch möglich:

Aber wir selber . miteinander hatten nichts mehr zu erzählen. . Über was auch? Wie ich es Bier zapfe und er die Schnitzel brät. Ich meine, wir haben wirklich . jede Minute aufeinander gehangen, (sehr schnell) das ging, war nicht mehr. Ich hab mich nachher schon gefreut, wenn er einkaufen gefahren ist. . Klar dann stand ich da alleine und hatte alleine den . Stress, aber . da bin ich besser mit klargekommen als wenn er jetzt hinten in der Küche rumgewerkelt hätte oder so. Da konnte man sich auch mal mit den Leuten, die vorne saßen, unterhalten. Weil sonst . normal reden ging ja nicht, weil da hing er immer mit einem Ohr an der Küchentür. (NK:700f.)

Im Wesentlichen tritt der Partner als Verantwortlicher in Erscheinung und Frau Kramer lässt ihn auch gewähren:

Weil eigentlich stand zwar alles auf meinen Namen, . aber er war eben doch derjenige, der die meisten Erfahrungen damit hatte. Ich war eben wirklich bloß die Dumme, die alles unterschrieben hat, (leise) ja. Und das war dann schwer, . das irgendwie alles unter ein Dach zu kriegen, weil er dann (nachahmend) wir machen das so und so. Meistens hab ich ja dann, wenn jetzt Leute kamen, die feiern, bei uns feiern wollten, hab ich dann schon zu ihm geschickt und habe gesagt, (nachahmend) mach duu. Weil so wie ich es gemacht habe, war´s sowieso falsch. (NK:666f.)

Ein kommunikativer Austausch über die gemeinsamen Aktivitäten findet offensichlich nicht statt, wodurch sich bei Frau Kramer Resignation und eine moralische Selbstdegradation abzeichnen. Frau Kramer macht zwar den Versuch, diverse Entscheidungen des Partners zur Disposition zu stellen, aber eine gemeinsame Absprache fehlt dennoch:

Gestritten ham wir uns eigentlich nur über irgendwelche Gäste, . wo er dann eben der Meinung war, dass er denen, was weiß ich, die Rechnung erlassen muss oder irgendwas. So Kleinigkeiten halt, ja. Es hat doch kein Mensch was dagegen, wenn das mal passiert oder wenn man mal sagt, hier nimm hin, geb ich dir aus oder so. . Aber . wenn das dann ständig passiert oder er mit ständig am Tisch sitzt und einen nach dem anderen trinkt und ich dann den Tresenbereich und die Küche . mich alleine drum kümmern muss, dann fand ich das nicht mehr lustig. (NK:707f.)

Längst registriert Frau Kramer bei sich Überforderungserscheinung bezüglich des Führens eines Gaststättenbetriebes. Mit dem Wiedereinzug in die Wohnung im Elternhaus ca. 1 Jahr nach der Geschäftsgründung ergreift sie eine Gegenmaßnahme:

Dann sind wir nach wieder nach A-Dorf (..) gezogen, weil wir dann äh . eigentlich keine Zeit mehr hatten, uns um die große Wohnung zu kümmern, weil wir wirklich von Tag und

248

Nacht nur arbeiten waren. Meine Eltern haben uns dann irgendwann angeboten, in meine alte Wohnung wieder zu ziehen. [...]. Das war . weil wir brauchten eh bloß dann eigentlich nur en Zimmer, wo wir uns hinlegen können zum Schlafen und das war's, weil (räuspern). Der Rest war ja . alles nur arbeiten. (NK:154f.)

Doch die erhoffte Arbeitsentlastung und Zeiteinsparung bleibt aus:

Und ich . konnte dann auch irgendwann nicht mehr. Wir ham morgens um 8.00, ham wir die Gaststätte aufgemacht bis abends, bis der Letzte gegangen ist. Wir hatten dann bloß den Sonntagnachmittag für uns und montags Ruhetag. Ja aber . die Familie . wollte uns irgendwann mal sehen. Ja? Also mussten wir dann seine Familie den Montag abklappern. Meine, na gut die ham wir sowieso gesehen, weil wir da gewohnt haben. . . Die Wohnung musste mal gemacht werden, es war zwar bloß, weiß ich nicht 35 m², aber immerhin müssen ja auch mal gemacht werden. Es musste eingekauft werden für die Gaststätte, es mussten die Bücher gemacht werden und dann wollte man ja auch irgendwann mal en paar Minuten für sich selber haben. (NK:682f.)

Wie sich zeigt, gestalten sich selbst simple Probleme des Alltags zunehmend komplizierter. Hinzu kommt der ausbleibende Ertrag für die Mühe der Arbeit, der die Nutzlosigkeit der Plackerei greifbar macht und die Resignation noch verstärkt. Die Schwierigkeiten im Rahmen der beruflichen Selbstständigkeit bestimmen sukzessiv das tägliche Leben und sogar Suizidgedanken nehmen bei Frau Kramer Raum ein:

Ich habe mir irgendwann noch zu Kneipenzeiten, . hatte ich mir geschworen, ich werde nicht älter als 30. . . Gut das war'n andere Voraussetzungen, da bestand das Leben ja wirklich bloß noch, . aufstehen, arbeiten, hinlegen, schlafen, aufstehen, arbeiten, hinlegen, schlafen. (NK:972f.)

So nehmen auch die Spannungen zwischen Frau Kramer und ihrem Partner zu und entladen sich in verbalen Aggressionen:

Und irgendwann habe ich zu ihm gesagt, ich sage, nimmst du noch einmal diesen Satz, das kriegen wir schon irgendwie hin, in den Mund, ich sage, ich weiß nicht, was ich da mit dir mache (lacht). Ich hatte vorher nie das Bedürfnis, wenn ich wütend war oder so irgendwas äh . ja, mich an irgendwas abzureagieren. Ja? Aber auf einmal war dann immer dieses oah (boxt in eine Handfläche). Ja jetzt am liebsten en Stapel Teller nehmen und den einmal . krachen lassen. (NK:256f.)

Die eigenen Reaktionen nimmt Frau Kramer als verändert wahr, womit sich auch das Fremdwerden des eigenen „inneren Territoriums"[423], der Bereich der Selbstidentität, ankündigt. Die beobachtbaren Entmoralisierungstendenzen kündigen einen Wandlungsprozess mit beachtlichen Umstrukturierungen im Orientierungssystem an.

Maßgeblich in diesem Prozess ist der sich für die Informantin zur Fallensituation entwickelnde Finanzierungsmodus. Frau Kramer und ihr Freund bestreiten ihren Lebensunterhalt überwiegend mit einer Förderung des Arbeitsamtes[424]:

---

423 vgl. Schütze 1981, 89
424 Hierbei handelt es sich zumeist um Lohnkostenzuschüsse. Man unterscheidet zwischen einer Förderung des Arbeitgebers und der des Arbeitnehmers. Letzteres ist hier der Fall.

Und dann hab ich irgendwann gesagt, ich kann nicht mehr, (stotternd) ich melde das Gewerbe ab. (nachahmend) Das kannste nicht machen, was soll'n wir denn beide machen, wir leben da beide von. Ja er hat ja sein Geld gekriegt, . zwar vom Arbeitsamt, den hat ich über Förderung vom Arbeitsamt eingestellt, aber davon mussten wir eben beide leben und das war . schwer. (NK:678f.)

Eine Trennung vom Freund würde für Frau Kramer mit hoher Wahrscheinlichkeit auch den Verlust an der Partizipation dieser Fördergelder bedeuten. Die etwaigen Trennungsfolgen stellen demnach eine ernsthafte existenzielle Bedrohung für die Informantin dar:

Ich hatte Angst, wenn ich, wenn ich ihn jetzt oder oder wenn ich die Beziehung zu ihm beende, was mit der Kneipe wird. (NK:717f.)

Vermutlich würde der Freund auch seine Arbeitskraft nicht mehr zur Verfügung stellen oder zumindest auf sein Aufgabenressort im Rahmen seines Anstellungsverhältnisses beschränken, wodurch die ohnehin schon überfordernden Aufgaben für Frau Kramer um ein Vielfaches anwachsen würden. Eine Schließung wäre dann wohl unausweichlich, welche zugleich die Arbeitslosigkeit nach sich ziehen würde. Und auch die Erfahrung des Scheiterns in mehreren Lebensbereichen ist eine Zukunftsperspektive, die es möglichst zu umgehen gilt.

Es fehlt objektiv an Gelegenheiten und Interaktionsstrukturen, die Frau Kramer ein Lösen von einengenden Strukturen (Familie, Partner, Dorf, Beruf) ermöglichen würden, denn sie trifft innerhalb ihres Interaktionskreises immer auf die gleichen Leute bzw. sie geht ähnliche Beziehungsmuster ein. Insbesondere die Verquickung beruflicher und persönlicher Ebenen erweist sich als Einschränkung bezüglich der Interaktionsstrukturen.

Nicht zuletzt aus existenzieller Sorge heraus erduldet Frau Kramer ihre Situation, wenngleich sie sich seit längerem mit dem Gedanken der Gewerbeabmeldung trägt.

Indem Frau Kramer jedoch systematisch die Beziehung ausblendet und sich auf das Fortbestehen der Kneipe konzentriert, vernachlässigt sie auch diesbezügliche Problemaspekte, die sich somit unkontrolliert weiter entfalten können. Ein problematischer Aspekt ist beispielsweise das dominierende Verhalten des Partners, welches Frau Kramers Handlungs- und Entscheidungsfähigkeiten weiter reduziert.

Unter diesen Voraussetzungen schafft es der Partner immer wieder, die Informantin entgegen ihrer eigenen Wahrnehmung von der Geschäftsaufgabe abzuhalten:

Ich . hab mich immer wieder auf auf ihn verlassen. . Und er hatte auch wirklich eine Begabung, das alles . so schön zu reden. Das war Wahnsinn. [...] Irgendwo, irgendwer hat dann hier (zeigt auf Kopf) drinne immer gesagt, eh lass es. Ja? Aber er hat es immer wieder geschafft, immer wieder. (NK:250f.)

Die Geschäftsaufgabe wird somit verzögert, wenngleich doch keine Gewinne erzielt werden. Inwiefern bereits zu dieser Zeit erste Erfahrungen mit den Schulden eine Rolle spielen, kann nur rekonstruiert werden, weil sich Frau Kramer nicht im Detail dazu äußert.

Allein die Kenntnis, dass Frau Kramer und ihr Freund überwiegend von seinem Fördergeld ihr Leben unterhalten, lässt Schlussfolgerungen zu. Sie selbst thematisiert die Schwierigkeit, mit diesem Geld zu zweit auszukommen (vgl. 678f. siehe oben). Es ist kaum vorstellbar, wie von diesem Betrag[425] noch Kredite getilgt oder Wareneinkäufe getätigt werden sollen. Im Endeffekt summiert sich innerhalb der zweijährigen beruflichen Selbstständigkeit ein Schuldbetrag von ca. 60.000,00 DM. Es ist davon auszugehen, dass die Schulden bereits während der Selbstständigkeit maßgeblich den Alltag prägen und letztlich ausschlaggebend sind für den Wunsch der Informantin, das Gewerbe abzumelden.

Die kontinuierliche Einflussnahme des Partners und Frau Kramers Verlust der Handlungsautonomie potenzieren sich im Laufe der Zeit zu einem höchst inakzeptablen Zustand für die Informantin:

Und ich hatte wirklich nachher . keine Lust mehr, mir das immer anhören zu müssen. (nachahmend) Was haste'n da gemacht, das war doch falsch und wie soll ich'n das alles machen. Na hab ich die Leute zu ihm geschickt, . ich sage, dann bereden se das, er war der Koch bei mir in der Gaststätte, . (verschämt) weil kochen ist nicht wirklich so mein Ding, ich meine, wenn ich's müsste, würde ich's auch machen, aber . ich muss ja nicht. . Und so ging das dann vor'n Baum. Und dann hab ich irgendwann gesagt, ich kann nicht mehr, (stotternd) ich melde das Gewerbe ab. (NK:672f.)

Unter Aufbietung aller verbliebenen Aktivitätsressourcen ergreift Frau Kramer ein situatives Bearbeitungs- und Kontrollschema, um die Handlungsintentionalität zumindest ansatzweise wieder zurück zu gewinnen:

Und irgendwann hab ich dann gesagt, ich kann nicht mehr. . Und habe dann immer wieder gesagt, ich geh los und melde das Gewerbe ab, weil ich kann einfach nicht mehr und hab mich aber immer wieder breit schlagen lassen. . Bis ich's dann wirklich gemacht habe. Bin ich losgegangen und habe gesagt, jetzt is's . jetzt ist's vorbei. . (leise) Und dann hab ich's Gewerbe abgemeldet. Und geblieben sind die Schulden. (NK:690f.)

Dieser Schritt gelingt ihr, weil sie die Partnerschaft als solche wieder in den Mittelpunkt ihrer Aufmerksamkeit rückt. Sie erkennt wohl deren Brüchigkeit und kann damit letztlich auch Konsequenzen für die berufliche Selbstständigkeit ziehen:

Es war aber . mit en Grund, dass ich das Gewerbe abgemeldet habe, weil's eben . zwischen uns nicht mehr so. Ich meine, wir hingen 24 Stunden am Tag aufeinander. Das ging nicht mehr, wir hatten uns nichts mehr zu sagen. (NK:695f.)

---

425 Da es sich um eine Förderung des Arbeitnehmers handelt, erhält der Arbeitgeber i.d.R. einen Lohnkostenzuschuss in Höhe des vorherigen Arbeitslosengeldes oder prozentual unterschiedliche Anteile (von 40 bis 80 % je nach Fördervoraussetzung) des ortsüblichen Arbeitsentgelts entsprechend der Tätigkeit. Welche Maßnahme konkret bewilligt wurde ist zwar unklar, der Förderbetrag lässt sich aber bei maximal 2000,- DM verorten.

Die einsetzende Intentionalität im Bereich der Partnerschaft sowie der beruflichen Selbstständigkeit ist zurückzuführen auf die Transformation der Verlaufskurve in den Problembereich der Überschuldung. Das heißt, weil die Verlaufskurve nunmehr im Kontext der Schulden steuerungswirksam ist, lässt sich in den anderen Bereichen durchaus ein intentionales Handlungsschema aufgreifen.

Das monetäre Ausmaß der Überschuldung lässt sich durch die Geschäftsschließung zwar kontrollieren, nicht jedoch die Verlaufskurve der Überschuldung als sozialem Prozess, zumal Frau Kramer zu diesem Zeitpunkt noch gar nicht ihre alleinige Verantwortung realisiert und dementsprechend auch nicht aktiv wird. Sie vertraut weiterhin auf die Zusicherungen des Freundes.

Der endgültige Zusammenbruch der Handlungsorientierung

Mit dem Ergreifen eines situativen Bearbeitungs- und Kontrollschemas wird der Zusammenbruch der Alltagsorientierung und der Selbstorientierung zunächst noch abgewendet.

Frau Kramer begründet ihre geschäftliche Entscheidung zwar mit der Erkenntnis über die Partnerschaft, sie geht aber noch nicht so weit, diese auch zu beenden. Hierin zeigt sich im Übrigen der Widerspruch zwischen der illusionären autobiografischen Gesamtthematisierung und der biografischen Gesamtformung der Biografieträgerin. Auch nach Änderung der lebensgeschichtlichen Situation wird die früheren Phasen entsprechende thematisch-autobiografische Gesamtsicht durchgehalten. Obwohl die Verlaufskurve längst zur dominanten Ordnungsstruktur bzw. zur biografischen Gesamtformung im Lebensverlauf der Informantin geworden ist, hält sie auch nach der Geschäftsaufgabe und damit der Lösung des finanziellen Abhängigkeitsverhältnisses zum Lebenspartner an der übernommenen normativen Ablauffolie fest.

Frau Kramer bemüht sich zunächst um die Sicherung ihres Lebensunterhaltes, was ihr durch den Bezug von Arbeitslosenhilfe auch gelingt. Den Gläubigern gegenüber gibt sie zumindest ihre Regulierungsbereitschaft zu erkennen, indem sie sich mit allen in Verbindung setzt und zum Teil sogar Ratenzahlungsvorschläge unterbreitet:

Klar dann hat man versucht so mit Ratenzahlungsvereinbarungen, dann hab ich ja auch wirklich äh versucht, mich mit allen in Verbindung zu setzen und Ratenzahlungsvereinbarungen oder denen erst mal meine Situation jetzt zu schildern. (NK:1224f.)

In Anbetracht ihrer geringen Einkünfte lassen sich jedoch nur Minimalbeträge realisieren, worauf die Gläubiger nicht eingehen:

Ja dann hier'n 50 Mark und da 50 Mark und die ham sich unter 50 Mark (sehr schnell) überhaupt ni oder unter 100 Mark überhaupt auf überhaupt nichts eingelassen und da und da und da. Ja und wenn ich dann zusam zusammengerechnet habe, ja dann war mein ganzes Geld weg. Und die war'n alle . noch nicht . zufrieden gestellt. (NK:1227f.)

Gleichzeitig versucht Frau Kramer das Ausmaß der Situation nach außen, also auch gegenüber ihren Eltern, zu verbergen. Hierbei verwendet Frau Kramer spezielle Techniken, um die Alltagsexistenz mit den Schulden mühsam zu organisieren:

Ja dann das ähm . erst mal vor de Eltern rechtfertigen, warum man denn die Kneipe zumacht. Ja? Dann ham se ja dann mitgekriegt, dass es eben nicht ganz ohne Schulden ausgegangen ist. Weil dann eben die ersten Gerichtsvollzieher vor der Tür standen. Ich meine gut, Gunnar war dann arbeitslos, der war dann . den ganzen Tag zu Hause. Der hat die dann schon immer abgefangen, der konnte das dann irgendwie regeln. Ja aber . als Gunnar dann weg war . . und ich auf Arbeit war und die standen dann vor der Tür, da war das dann nicht so schön. Oder wir war'n beide unterwegs, . dann war ja gar keiner da und dann standen die Gerichtsvollzieher vor der Tür, . dann war ich irgendwo gezwungen, mit meinen Eltern da <u>doch</u> en <u>bisschen</u> drüber zu reden. Sie wenigstens en bisschen so in die Richtungen, wie es denn läuft . zu bringen. (NK:728f.)

Maßgeblich für dieses Kaschieren der Informantin ist der tabuisierende Umgang der Familie mit dem Thema Geld, woraus Frau Kramer ihrerseits Schlussfolgerungen zieht:

<u>Geld</u> . ist auch en Thema, was bei uns in der Familie nicht <u>so</u> angesprochen wird. Entweder . man kommt <u>klar</u> oder man kommt nicht klar [...] Und deswegen gehe ich auch nicht zu meinen Eltern und rede mit denen dadrüber. (NK:738f.)

Es fehlt demnach abermals an signifikant anderen InteraktionspartnerInnen, mit denen Frau Kramer einen hilfreichen Austausch über ihre Situation führen könnte, denn auch anderweitig sucht sie aus Peinlichkeit keine Hilfe:

Für mich war das immer so oder wir wurden so ersch erzogen, Schulden, ist was Schlimmes. Ja. Weil meine Eltern und meine Großeltern, ja, die ham wahrscheinlich nirgends Schulden, ich weiß es nicht. Weil eben nie drüber geredet wird. . Und <u>deswegen</u> hat ich da eigentlich auch Probleme mit irgendwem drüber zu reden so. Weil's mir ziemlich peinlich war, Schulden zu haben. (NK:1135f.)

Zwischenzeitlich nimmt Frau Kramer eine neue Erwerbsarbeit als Küchenhilfe auf, wodurch sich die finanzielle Lage zwar stabilisiert, aber keinesfalls ausreichend Einkünfte zur Tilgung der Schulden erzielt werden. Hauptsächlich gelingt ihre über diese Beschäftigung auch eine Strukturierung ihres Alltags und eine Verdrängung der Schuldenproblematik.

Ungefähr ein Jahr nach der Geschäftsaufgabe fasst Frau Kramer den Entschluss, sich nun von ihrem Lebensgefährten zu trennen. Möglicherweise ist es auch ihr Vertrauen auf die Finanzierungszusagen des Freundes, die sie zu dieser lange Zeit aufgeschobenen Entscheidung bewegen:

[...] wir hatten uns ja unterhalten, was mit den ganzen Schulden wird und so. . Und da hat er, hat Gunnar dann immer gesagt, (nachahmend) <u>na ja das</u> äh teilen wir dann, das ist ja nicht nur deine Schuld alleine, und ich bin . (zynisch lachend) wieder mal drauf reingefallen. (NK:907f.)

Allmählich wird der Informantin jedoch die Tragweite der Ereignisse der letzten Jahre bewusst und sie scheint zumindest ansatzweise zu ahnen, dass sie lebensgeschichtlich relevante Zeit und Energie in realitätsdiskrepante bzw. illusionäre biografische Projekte investiert hat:

Ich hatte wirklich das Bedürfnis, als ich dann damals Gunnar vor die Tür gesetzt habe oder ihn gebeten habe, auszuziehen, ich hatte wirklich das Bedürfnis aus mich raus . herauszutreten und mich selber, einfach nur zu ohrfeigen, . weil . . mir dann alles so bewusst wurde. Ja? Ich . hab mich immer wieder auf auf ihn verlassen. . Und er hatte auch wirklich eine Begabung, das alles . so schön zu reden. Das war Wahnsinn. (NK:247f.)

Damit ist aber auch die moralische Selbstdegradation verbunden, denn Frau Kramer plagen Selbstzweifel sowie eigene Schuldzuweisungen.

Die Situation dynamisiert sich drastisch als Frau Kramer realisieren muss, allein in der Verantwortung für das Schuldenproblem zu stehen:

Aber so richtig gesch geschnitten hab ich das erst, als er, dann der berühmte Satz kam, (nachahmend) (pustend) pföh, meine Schulden sind's doch nicht, du hast doch alles unterschrieben, sieh doch zu, wie du damit klarkommst. . Und da war dann (schüttelt sich) uah, weiß ich nicht, . ganz komisch. (NK:913f.)

Die Informantin ist in Anbetracht der ständig eingehenden Mahnungen der Gläubiger und dem Fehlen signifikant anderer AnsprechpartnerInnen überfordert. Die Resignation nimmt zu, wohingegen sich die Handlungsaktivität rapide reduziert:

Weil ich hatte nachher auch nicht mehr den Mut, irgendwelche Briefe aufzumachen. Dann wurden die weggepackt und dann . hat man dadurch irgendwelche Fristen oder irgend so was versäumt. Doch ich hatte nicht mehr die Nerven, die irgendwie zu lesen oder aufzumachen. (NK:1140f.)

Die Aufmerksamkeit richtet sich nur noch auf die nicht mehr behandlungsfähigen Erleidensausschnitte und Frau Kramer erlebt sich in einer schier ausweglosen Situation:

Und meistens war's dann so, wenn man dann grade mal en guten Tag erwischt hat, wo man auch mal . lustig war oder mal lachen konnte. Ja? . Und wenn ich dann morgens aufgestanden bin und relativ gute Laune hatte und auf Arbeit auch lustig war, ich meine auf Arbeit . bin ich sowieso en ganz anderer Mensch, . dann äh . wusste ich morgens schon immer, na heute morgen biste gut drauf, wenn du nachher nach Hause kommst, ist wieder irgendwas. Egal ob mit de Eltern oder irgendwas ist. Und meistens war's dann auch so, dass irgendwelche tollen Briefe im Briefkasten lagen. (NK:1144f.)

Der Belastungsdruck steigert sich für die Informantin bis hin zum Erleiden eines Nervenzusammenbruches:

[...] ich hatte ja dann . . tja, en Nervenzusammenbruch. Da ham se mich 2 Wochen aus'm Verkehr gezogen. Auch das noch. Durft ich 2 Wochen nicht arbeiten gehn. (schmunzelnd) Das war ganz schlimm. (NK:1130f.)

Dieser Zusammenbruch markiert den völligen Verlust der Kompetenz der Alltagsorganisation und der Selbstorientierung.

Die Versuche der theoretischen Verarbeitung der Verlaufskurve

Nach dem Zusammenbruch steht für Frau Kramer die Erkenntnis, fremde Hilfe in Anspruch nehmen zu wollen:

Und das war dann auch der, der ausschlaggebende Punkt, wo ich gesagt habe, jetzt . brauch ich irgendwelche Hilfe, jetzt muss ich irgendwo hingehen. Was ich ja vorher eigentlich . nicht so wollte, weil's ja doch. . Für mich war das immer so oder wir wurden so ersch erzogen, Schulden, ist was Schlimmes. Ja. Weil meine Eltern und meine Großeltern, ja, die ham wahrscheinlich nirgends Schulden, ich weiß es nicht. Weil eben nie drüber geredet wird. . Und deswegen hat ich da eigentlich auch Probleme mit irgendwem drüber zu reden so. Weil's mir ziemlich peinlich war, Schulden zu haben. (NK:1132f.)

Dabei setzt sie sich auch über ihre normativen Einstellungen hinweg, welches als ein erster Schritt der Veränderung betrachtet werden kann. Gemeinsam mit dem ehemaligen Freund sucht die Informantin eine Schuldnerberatungsstelle auf. Das Reden über die eigenen Probleme sowie das Zuhören charakterisiert die Informantin als für sie bedeutsame Aspekte der Beratung:

Ja, Herr Schulze hat eben den Knoten zum Platzen gebracht. Ja? Irgendwie. Sicherlich äh . ist ihm das irgendwie nicht bewusst, aber nachdem ich dann wirklich das erste Mal alleine da war . da ist das einfach so (Händeklatschen) rausge . kommen alles, rausgesprudelt so schön. (NK:1714f.)

Der Berater erweist sich für Frau Kramer als signifikanter professioneller Interaktionspartner, denn durch den Kontakt zur Schuldnerberatungsstelle wird ein Prozess des Reflektierens und Hinterfragens eingeleitet, der gegenwärtig noch anhält.

Indem die Informantin derzeit nicht die Regulierung der Schulden als vorrangige Aufgabe im Kontext der Krise sieht: „Dabei geht's mir ja jetzt im im Moment weniger um die Beratung, sondern mehr um dieses Reden." (NK:1752f.) oder NK:1740f., sind Ansätze für das Erkennen und Bearbeiten problematischer Handlungsorientierungen zu konstatieren. So reflektiert sie beispielsweise den Zusammenhang zwischen Beziehung und Überschuldung:

Da bin ich dann wieder bei dem Punkt, wo ich sage, schuld biste selber, hätteste eben nicht 2 ½ Jahre gewartet, um diesen berühmten Satz zu sagen, . wärste jetzt, jedenfalls in der Beziehung schuldenfrei. (NK:1211f.)

oder NK:242f. oder NK:721f.

Nicht zuletzt durch die Hinweise des Beraters realisiert Frau Kramer, dass ihr Hoffen auf eine Mithaftung des ehemaligen Lebensgefährten wahrscheinlich illusionär ist:

Und als ich dann das dritte Mal alleine da war, da hat dann Herr Schulze auch bloß gesagt, äh (nachahmend) verlassen sie sich nicht da drauf, da sehen sie keinen Pfennig. Und da hab ich dann auch gesagt, ich sage, na ja . irgendwo rechne ich ja damit, dass dass es eben, dass ich wirklich damit alleine sitze. Aber auf der anderen Seite hab ich ja dann doch noch en bisschen Hoffnung, dass er wenigstens ab und zu mal sagt, . ein bisschen finanzielle Unterstützung, weil er verdient nun mal mittlerweile das 4fache von mein von dem, was ich verdiene. . Aber . Ich hab mich mit dem Gedanken angefreundet, dass ich ganz alleine damit dasitze und. . . . Ändern kann ich's jetzt eh nicht mehr, auch wenn ich's gern wollte, nun muss ich da alleine durch. (NK:919f.)

Auch wenn Frau Kramer die Beeinflussung durch der Partner thematisiert, so sieht sie die Verantwortung für die Krisensituation größtenteils bei sich:

Ich hab wirklich immer bloß wieder diese eine Frage, warum ich das gemacht habe? Ich weiß es nicht. Ich hab keine Ahnung. Ich könnt mich dafür ohrfeigen, das gibt's gar nicht. . . Ich ärgere mich nur über mich selber. . . . Sicherlich gab's da Freunde, die gesagt haben, Nancy lass es. . Aber er hat's immer wieder geschafft und ich weiß nicht warum, ich weiß nicht wie. Ich ärgere mich nur über mich selber. . . Vielleicht sollte ich . ihm auch'n paar Vorwürfe machen. Weiß ich nicht, aber es . würde mir ja in dem Moment auch nicht weiter helfen. Bringt ja auch nichts. . Aber die meisten Vorwürfe mach ich mir selber. . Was mich da . geritten hat, dass ich das alles gemacht habe. Keine Ahnung. (20s Pause) (leise) Nun steh ich da. (NK:1073f.)

Die Krise wird als „das Ergebnis persönlich zu verantwortender moralischer Fehltritte"[426] interpretiert, womit jedoch die Chancen auf eine Veränderung der reflektorischen Situations- oder Selbstdefinition gegeben sind.[427]

Die biografische Gesamtformung, in diesem Fall die negative Verlaufskurve, wird von der Informantin in ihrer thematischen Gesamtgestalt nicht reflexiv fokussiert. Auch wenn eine explizite Thematisierung des Verlaufskurvenpotenzials eher die Ausnahme bildet,[428] so ist bei Frau Kramer davon auszugehen, dass die Verlaufskurvenmechanismen noch nicht in ihrer Gesamtheit theoretisch durchschaut und sogar noch wirksam sind. Und so erklärt sich zum Teil auch, warum sie durchaus in Erwägung zieht, wieder mit dem vorherigen Freund eine Beziehung einzugehen. Mit dieser Bindung ließe sich außerdem der unerträgliche Zustand des Alleinseins überwinden und Frau Kramer hätte ggf. eine Möglichkeit, den Freund zur Mithaftung zu motivieren:

Ich habe, . es gab ne Zeit, besonders als ich dann hier alleine saß, wo ich wirklich drüber nachgedacht habe . äh . einfach wieder zu ihm zurück zu gehen. Dann hab ich die ganzen Sorgen nicht mehr alleine, die ganzen Probleme nicht mehr alleine. . Ich hab mich ja völlig aufgegeben und . äh . da weiß ich oder wusst' ich, dass mir gesagt wird, was ich zu tun und zu lassen habe. Ja? Ich brauchte nicht selber hier (zeigt auf Kopf) oben irgendwie, wo ich ja eigentlich keinen Sinn . mehr drinne sehe so. . . Und da hab ich wirklich überlegt, einfach anzurufen, du pass auf . . entweder zieh ich bei dir ein oder du ziehst bei mir ein. Aber ich hab's nicht gemacht, Gott sei Dank. Und ich werd's auch nicht tun. . Weil dann ist ja der Knoten geplatzt und ich . konnte endlich irgendwie dadrüber reden. (NK:1054f.)

---

426 ebd., 100
427 Diese Veränderung ist Voraussetzung für die gezielte handlungsschematische Behandlungs- und Kontrollstrategien zur Bearbeitung oder gar Überwindung der Verlaufskurve (vgl. ebd., 100).
428 vgl. ebd., 149

Sie reflektiert aber sehr wohl ihre Abhängigkeit vom Lebensgefährten während der Beziehung und ihre immer noch vorhandene Beeinflussbarkeit:

So ganz ablegen, dass er sich, dass er mich immer wieder um'n Finger wickeln kann, . hab ich eben doch noch nicht. (NK:1052f.)

Daraus ableitend lässt sich auch ihre Angst vor einer neuen Partnerschaft nachvollziehen:

Nur ich weiß eben, dass ich nie wieder auf so was, hoffe ich, auf so was drauf reinfallen werde. Ich hoffe's. Und deswegen hab ich eigentlich auch Angst, irgendwie was Neues . anzufangen. Was im Moment sicherlich für mich einfacher wär, weil dann brauch ich nicht so viel über mich und mein bis jetzt so verkorkstes Leben nachdenken. (NK:927f.)

Die Informantin entdeckt zwar die Potenziale des kommunikativen Austausches als eine Problembewältigungsstrategie, doch die nun vorhandene Zeit zum Innehalten bzw. zur Reflexion wirkt geradezu bedrohlich für sie. Es kommt zu negativen Stimmungslagen und ambivalenten Gefühlsäußerungen. Während sie einerseits die Trennung befürwortet, hat sie andererseits Schwierigkeiten mit dem Alleinsein und der Selbstfindung:

Aber es ist eben . dann keiner mehr da, der dann sagt, äh was falsch war, wenn was falsch war oder der sagt, es liegt nicht an dir. Und das ist eigentlich mein größtes Problem zurzeit, . dass ich über mich selber so negativ denke und mich selber eigentlich . hasse. (NK:943f.),

Das sind so viele Fragen, aber . es ist kein Mensch da, der einem die beantworten kann. Außer man selber, aber wenn man sich selber nicht kennt und man mit sich selber nicht klar kommt, wie soll man sich dann da selber irgendwelche Fragen beantworten. (NK:245f.)

Frau Kramer kann die Chancen, die diesem Prozess innewohnen noch nicht begreifen, zu schmerzlich ist im Augenblick die Erkenntnis, auf keine eigenen biografischen Orientierungsmuster aufbauen zu können und sich zugleich ihrer gescheiterten lebensgeschichtlichen Projekte vergegenwärtigen zu müssen. So verwundert es nicht, wenn sie ihre Reflexionsbereitschaft abhängig macht von der Anwesenheit anderer Bezugspersonen, worin die noch bestehende Wirksamkeit des alten Orientierungsmusters zu sehen ist:

[...] ich denke zuviel nach (lacht) über eigentlich, (überlegend) unwichtig ist nicht richtig, aber . . ja über Sachen, die ich eh nicht ändern kann. Ja? Ich sollte wahrscheinlich äh . an mir, mit mir irgendwas ändern, aber dafür kenne ich mich eben zu wenig. Und ich wüsste auch gar nicht warum. . Ja? Ich habe sicherlich irgendwann mal das . oder möchte irgendwann mal wieder ne Beziehung führen können ohne irgendwelche Hintergedanken. (NK:1429f.)

Der zumindest theoretische Rückgriff auf das bisherige Orientierungsschema ist dem Fehlen alternativer biografischer Modelle geschuldet.

Das Bedürfnis nach einer neuen Beziehung widerspiegelt Frau Kramers Tendenz zur Funktionalisierung derselben, womit sich die ursprüngliche Handlungsorientierung sowie die noch existente Abhängigkeitsstruktur offenbart:

Ja weil ich nicht weiß, selber mit mir was anzufangen und weil ich . mit meinen Problemen und mit meinen Fragen selber oder alleine nicht klarkomme. I.: Mhm. N.: Also ich würde mir ab und zu ge, was heißt ab und zu, also ich würde mir ganz gerne wünschen, wenn da jemand wär, der mich irgendwie en bisschen verstehen würde und . weil ich eben so dolle, habe ich jedenfalls das Gefühl, liebebedürftig bin. I.: Ja. N.: Dass ich eben mal ne Schulter habe, wo ich mich einfach nur mal anlehnen kann und ohne irgendwelches Wenn und Aber oder Rechtfertigen warum. Dass ich einfach bloß mal losgehen kann, irgend, also die Person dann in Arm nehmen kann, mich rumdrehen kann und dann eben weiter abwaschen oder was, weiß der Kuckuck. (NK:1292f.)

Ein neuer Partner würde im Augenblick zur Fortsetzung der Abhängigkeits-strukturen führen, was sich wiederum auf Frau Kramers Prozess der Selbst-findung und der biografischen Arbeit nachteilig auswirken würde.

Wesentlich ist jedoch die Ingangsetzung eines Reflexionsprozesses sowie die Übernahme persönlicher Verantwortung für das krisenhafte Geschehen, womit die aussichtsreiche Möglichkeit zum systematischen Erfassen der Ver-laufskurvenstrukturen und –mechanismen und deren Bearbeitung durchaus gegeben ist.

Die praktischen Versuche der Bearbeitung und Kontrolle der Verlaufskurve

Während die Informantin hinsichtlich ihres Handlungs- und Beziehungsmus-ters zu potenziellen Lebenspartnern noch recht stark in den alten Strukturen verwurzelt ist, so lassen sich in Bezug auf die Herkunftsfamilie deutlichere Veränderungen beobachten.

Frau Kramer bemerkt zum Beispiel die positive Wirkung, sich mit ande-ren Menschen austauschen zu können (vgl. auch NK.1720f.), und setzt diese Strategie auch bei den Eltern ein:

[...] ich hab se dann oder hab meinen Eltern dann irgendwann erzählt, dass ich dann . zur Schuldnerberatung gegangen bin. . Und das äh die Gerichtsvollzieher weiterhin . klopfen werden oder klingeln werden. . Ich weiß nicht, ob sie's wirklich interessiert, aber ich hab dann einfach . grade so erzählt. Ich hab keine Zahlen gesagt oder Summen, wo sich's eigentlich drum handelt, aber so in groben Zügen wissen sie eigentlich bescheid. . Ja. Und dass ich damit eigentlich jetzt besser umgehen kann als vorher ganz alleine. (NK:1124f.)

Oder auch das Informieren der Eltern über den geplanten Auszug, dokumen-tiert mehr Offenheit im Umgang miteinander als zuvor (vgl. NK:181f.).

Modalisierungstendenzen sind hauptsächlich im Hinblick auf Frau Kra-mers Kommunikationsstrukturen zu beobachten. Die Informantin sucht regel-recht das Gespräch und auch ihre Bereitschaft zum Interview begründet sie mit den Worten: „Weil mir das Reden hilft" (NK:1767).

Darüber hinaus erhält sie im kommunikativen Austausch Antworten in ihrem Selbstfindungsprozess. Insbesondere die Schwester entwickelt sich jüngst zu einer wichtigen Interaktionspartnerin:

Ich habe eigentlich gelernt seitdem ich alleine bin, mit ihr zu reden, was ich vorher nicht konnte, weil ich ja vorher immer in ihr so gesehen habe, na du bist sowieso das verwöhnte kleine Kind und du brauchst ja bloß so (schnippst mit den Fingern) machen, dann sind se da und . für dich ist ja immer Zeit. Aber ich hab mich dann irgendwann mit ihr drüber ausgesprochen und dann ging das. Seitdem kann ich mit ihr reden und es endet meistens so, dass sie mir dann (schmunzelnd) ziemlich dolle den Kopf wäscht und ich ziemlich dolle am Boden bin, weil ich immer denke, die Kleine da, die macht dich aber ganz schön . rund. (NK:45f.)

Das permanente konkurrierende Kontrastieren mit der Schwester bezüglich der unterschiedlichen elterlichen Erziehung oder Interaktionsmuster ist durch die Orientierung an Universalisierungsmechanismen, einem wesentlichen Bereich des kognitiven und sozialen Orientierungsapparates, begründet.[429]

Obgleich die Vergangenheit für die Informantin zwar schrittweise klarere Konturen annimmt, eine emotional gebrochene Perspektive auf die Ereignisse ist noch nicht zu konstatieren. Hieran zeigt sich der Fortbestand der in der Vergangenheit begonnenen Ordnungsstrukturen bzw. die noch nicht abgeschlossene Überwindung der negativen Verlaufskurve.

Dennoch entwickelt sich ein Bedingungspotenzial für die eventuelle Ablösung von der negativen Verlaufskurve, zu ersehen an der bereits erwähnten Orientierung an Universalisierungsmechanismen sowie den Stimmungsschwankungen und negativen Gefühlen:

Also mein Leben, so seh ich es jetzt im Moment, weiß ich nicht, . völlig sinnlos. (NK:1413f.),

Und das ist eigentlich mein größtes Problem zurzeit, . dass ich über mich selber so negativ denke und mich selber eigentlich . hasse. (NK:944f.)

Frau Kramer nähert sich über den Vergleich mit der Schwester ihrer eigenen Sozialisation, und versucht somit, ihr Gewordensein zu rekonstruieren und zu reflektieren:

Die geht aber davon aus, dass es dadran liegt, dass sie sich nicht so die Butter vom Brot nehmen lässt wie ich. Weil die steht wirklich mit beiden Beinen fest im Leben, die sagt, was se denkt, was se fühlt und wenn ihr was nicht passt, egal wer vor ihr steht, dann blubbelt die das raus. Wo ich mich dann rum drehe, . in mich hinein fresse und sage, na ja gut, dann eben nicht. (NK:1508f.)

Durch diesen Bewusstwerdungsprozess erwächst die Möglichkeit, die erworbene Handlungsorientierung zu erfassen und ggf. zu verändern. Dieser Prozess kann positiv beeinflusst werden durch die biografische Beratung seitens signifikant anderer InteraktionspartnerInnen.

---

429 Veränderungen der dominanten biografischen Ordnungsstrukturen werden begleitet von Wechseln der Lebensstimmung, der biografischen Relevanzstrukturen sowie des kognitiven und sozialen Orientierungsapparates. Die Lebensstimmung, also das durchlaufende emotionale und evaluative Grundverhältnis zur eigenen Identität, zur eigenen Lebensführung und zur diese Lebensführung aktuell bedingenden Lebenssituation, wird von der gegenwärtig dominanten biografischen Ordnungsstruktur geprägt (vgl. ebd., 113).

3.3.2. Analytische Abstraktion des Selbst- und Weltverständnisses der Frau Kramer

Entscheidende Hinweise zu den Rahmenbedingungen ihrer Sozialisation gibt Frau Kramer, indem sie das dörfliche Milieu und ihre jüngere Schwester an den Anfang der biografischen Erzählung stellt. Damit wird einerseits das Aufwachsen in den traditionell dörflichen Strukturen deutlich, andererseits die strengere Erziehung als Erstgeborene und der Erwerb einer dementsprechenden sozialen Rolle. Im Gegensatz zu der divergierenden Erziehung im Vergleich zur Schwester, erfahren die dörflichen Strukturen resp. das Herkunftsmilieu mit seinen traditionell-normativen Erwartungsmustern keine kritische Reflexion seitens der Informantin. Diese Selbstverständlichkeit im Umgang mit diesem Aspekt deutet auf eine Anpassung an diese Strukturen und eine Internalisierung der milieuspezifischen Normen und Regeln hin.

Insbesondere die im Interview zu beobachtende Normativität der Frau Kramer verweist auf eine relativ starke Ausrichtung an normativen Erwartungen, denen zugleich tendenziell konservative Züge inhärent sind. Zu den im primären Sozialisationsprozess übernommenen Normen setzt auch im Erwachsenenalter keine Reflexion oder eigene Interpretation ein und auch zu den äußeren Erwartungen erfolgt keine Distanzierung, wodurch Rückschlüsse auf die Rigidität der Normen, den Repressionsgrad der Gesellschaft und die Art der Aneignung der Rollennormen gezogen werden können.[430] Offensichtlich wird Normenreflexivität von Frau Kramer nicht erlernt, weil es objektiv an Möglichkeiten fehlt, Regeln und Normen in Frage zu stellen, oder anders formuliert, es mangelt an den Bedingungen für eine Normenreflexion. Eine rigide Normeninternalisierung, die zugleich die Wahrung der Ich-Identität unterminiert, wäre die Konsequenz.[431] Insbesondere das negative Sanktionieren von ‚Widerworten' entspricht dieser Annahme:

Weil wenn ich dann irgendwann mal Widerworte hatte, so als kleines Kind kann ich mich dran erinnern, na dann gab's doch mal . eine. (NK:55f.)

und

Jetzt denke ich, wurde ich auch für <u>Widerworte</u> bestraft. . Deswegen <u>hab</u> ich wahrscheinlich nie was gesagt. (zynisch) Weil wie kann man denn . Eltern gegenüber <u>frech</u> werden. (NK:1518f.)

Gerade aber weil das Hinterfragen der Erwartungen anderer InteraktionspartnerInnen und die Kontextualisierung mit den eigenen Absichten und schlussendlich die Entwicklung eigener Interpretationen im Lern- und Bildungspro-

---

430 vgl. Krappmann 1993, 138
431 Krappmann weist im Kontext einer zu wahrenden Ich-Identität auf eine Art der Internalisierung von Normen hin, die dem Individuum die Möglichkeit lässt, Normen zu reflektieren, obwohl es sie verinnerlicht hat. (vgl. Krappmann 1993, 141).

zess der Informantin nur unzureichend stattfindet, fehlt es an wichtigen Voraussetzungen für eine gelungene Beteiligung am Interaktionsprozess.

So wird durch die konventionelle Handhabung von Normen bzw. deren unreflektierte Übernahme für Frau Kramer der Blick auf Interaktionssituationen aus verschiedenen Perspektiven und Handlungsalternativen verstellt. Die Informantin kann demzufolge auch keine Distanz zu Normen bzw. Rollen entwickeln, die jedoch als Voraussetzung für die Ausbildung von Empathie (vor allem im Sinne des Meadschen „role taking") und Antizipation künftiger Rollen zu betrachten ist.[432] Besonders die elterliche Machtausübung kann im vorliegenden Fall als Indikator fehlender Empathie gewertet werden, die wiederum eine entsprechende Entfaltung bei der Informantin verhindert.[433]

Im Sozialisationsprozess der Frau Kramer gibt es eine Reihe von Hinweisen auf rigide elterliche Machtausübung und empathiehemmende Erziehungsmethoden. Die Kommunikationsstrukturen sind gekennzeichnet von negativen Sanktionen, Tabuisierung von Problemen und Konflikten sowie fehlender elterlicher Empathie hinsichtlich der Belange der Informantin.

Entscheidend sind dabei auch die normativen Erwartungen der Herkunftsfamilie, die sich an traditionellen resp. konventionellen sozialen Strukturen orientieren. Etwaige normative Abweichungen, wie eben das Widersprechen der Kinder den Eltern gegenüber, werden autoritär reglementiert und zumindest verbal negativ sanktioniert.

Fehlt es an der individuellen Fähigkeit andere Perspektiven einnehmen zu können, wird das Terrain abweichender Handlungen umso größer. In Unkenntnis anderer Rollen und Perspektiven entwickelt sich zugleich die Basis für Vorurteile, Klischees und Stereotypisierungen, die wiederum an die Informantin vermittelt werden:

Weil vorher konnt ich ja . noch nicht mal dadrüber reden und jetzt bin ich dann eben losgerannt und und zum Sozialamt und da habe da'n Antrag abgegeben und alles. Ja? . . Hätte ich mir vorher nie träumen lassen, dass ich . . weil ich so das Vorurteil auch hatte, geb ich ja auch zu, aber sicherlich dadurch, . weil's eben alles irgendwo von von den Eltern her bedingt ist. Ähm ja Schulden und Sozialamt und wer rennt'n schon auf's Sozialamt, das sind doch nur die . , weiß ich nicht, Entschuldigung jetzt den Ausdruck, aber die obersten Penner, sag ich mal. Ja? So hatte man ja immer das Bild, . aber. . . Ich glaube, wenn man's nicht selber durchmacht, . legt man das auch nicht ab. . Ich hab meinen Eltern auch gesagt, dass ich beim Sozialamt war, ich weiß nicht, wie die jetzt über mich denken oder wie wie se mich jetzt, (sehr schnell) man hat ja dann so sein Bild, ja, von solchen Leuten, die da hingehen. . Und ich würde gern wissen, wie meine Eltern mich jetzt sehen. . Schon alleine so wegen den Schulden und alles. (NK:1175f.)

Auch die Überschuldung markiert einen Bereich, der innerhalb Frau Kramers Herkunftsfamilie tabuisiert wird und bei dem die Betroffenen aus stereotypen Vorurteilen heraus Normierung oder gar Stigmatisierung erfahren:

---

432 vgl. ebd., 142
433 vgl. ebd., 148f.

Für mich war das immer so oder wir wurden so ersch erzogen, Schulden, ist was Schlimmes. Ja. Weil meine Eltern und meine Großeltern, ja, die ham wahrscheinlich nirgends Schulden, ich weiß es nicht. Weil eben nie drüber geredet wird. . Und deswegen hat ich da eigentlich auch Probleme mit irgendwem drüber zu reden so. Weil's mir ziemlich peinlich war, Schulden zu haben. (NK:1135f.)

Ähnlich verhält es sich mit dem Thema Geld:

Geld . ist auch en Thema, was bei uns in der Familie nicht so angesprochen wird. Entweder . man kommt klar oder man kommt nicht klar, aber so das man jetzt sagt äh, wie sieht's denn aus, kannste mir mal en bisschen . geben, so zu de Eltern, ich meine, . weiß ich nicht. Ich stell mir das eigentlich so vor, dass wenn en Kind irgendwelche finanziellen Probleme hat, dass die Eltern dann . aber das gibst bei uns in der Familie nicht. (sehr leise) So ist es. . Da wird auch nicht drüber gesprochen, was wer verdient oder was irgendwo auf irgendwelchen Sparbüchern liegt oder so oder wie sie das alles mit dem Haus machen, . keine Ahnung. Ich weiß es nicht. Und deswegen gehe ich auch nicht zu meinen Eltern und rede mit denen dadrüber. (NK:738f.)

Infolge der faktischen Ausblendung des monetären Aspektes innerhalb Frau Kramers Familie gestaltet sich die ökonomische Sozialisation für die Informantin diffus.[434] Durch das Tabuisieren finanzieller Themen werden auch keine Strategien oder Handlungskonzepte erlernt, wie finanzielle Risiken abgewogen oder diesbezügliche Probleme einer adäquaten Lösung zugeführt werden können.

Im Wissen um die normativen und normierenden Kommunikations- und Interaktionsstrukturen der Herkunftsfamilie lernt Frau Kramer, die Eltern als Ansprechpartner zu meiden:

[...] über alles . rede ich bis heute noch nicht mit ihnen. Dass . wahrscheinlich, weil die auch nicht mit uns als Kinder geredet haben, wenn irgendwie Probleme waren. Ja? . Weil wir's gar nicht gelernt haben . so über unsere Probleme, Ängste und Sorgen so offen zu reden mit mit der Familie, die's eigentlich mit was angehen sollte. (NK:146f.)

Darüber hinaus entwickelt sich das Interaktionsmuster, generell Probleme zu verdrängen:

[...] ich bin nun mal nicht so der Typ, wie sie, das ich da einfach auf die Leute losgehen kann und denen an Kopf knallen kann, was mir nicht passt. Ja? Ich fress das dann so in mich hinein und ging (..), weil ich es wahrscheinlich nicht anders gelernt habe. (NK:53f.)

Im Kontext der vermeintlichen Schwangerschaft lässt sich exemplarisch nachvollziehen, wie die Eltern auf die Sorgen der Tochter reagieren:

Weil meine Mutter, dann ja auch gesagt hat, da biste noch zu jung zu, wir gehen noch nicht zum Frauenarzt und so das ganze Theater. . Ja und dann als wir gedacht haben, dass ich äh schwanger bin, haben wir dann angefangen, die Stallungen auszubauen. (NK:93f.)

---

434 Die ökonomische Sozialisation wird weitgehend im Elternhaus vollzogen, indem Kinder von den Eltern Kenntnisse und Handlungen übernehmen (vgl. Rosendorfer 1997, 70 oder 2000, 17f.).

Die normative Reaktion der Mutter greift die emotionalen Bedürfnisse der Informantin in einer solchen Situation nicht auf. Frau Kramer entwickelt in der Konsequenz ein Handlungsmuster, bei welchem sie ihre Probleme verschweigt. Es werden wechselseitig keine basierten empathischen Kommunikationsstrukturen entwickelt:

> Und so fahr ich dann einmal in der Woche rüber, dass se sehen; dass ich . (lachend) noch lebe. Vielleicht interessiert sich ja auch jemand mal, wie es mir so geht, aber . meistens nicht. Das ist dann wirklich, guten Tag. . Ja und wenn ich dann nicht selber irgendwas erzähle, aber was soll ich'n groß erzählen, wie ich arbeite. Meine, Arbeit hat jeder so seine eigenen Sorgen. Ja? . Ja aber wenn's mir dann eben zuviel wird, dann habe ich den Vorteil, dann kann ich nach Hause fahren, schließe hier hinter mir die Tür zu und dann . . Tja Eltern war schön euch . gesehen zu haben. Und mal schnell jetzt meins, mein eigenes Leben wieder. (NK:204f.)

Indem Frau Kramer aber in lebensgeschichtlich relevanten Phasen auf keine signifikant anderen InteraktionspartnerInnen bzw. biografischen SachwalterInnen verweisen kann, die ggf. einen Reflexionsprozess enaktieren könnten, werden die Weichen sowohl für die Übernahme normativ-institutioneller Ablaufmuster als auch für die Ausbildung von Verdrängungsmechanismen gestellt, die wiederum das Bedingungspotenzial für die Entwicklung von Verlaufskurvenstrukturen bilden.

Die Strukturen des Herkunftsmilieus, insbesondere das Vorbild der Erziehungspersonen,[435] begünstigen bei Frau Kramer den frühzeitigen Erwerb eines traditionell-sozialen Rollenverständnisses, welches u.a. durch Anpassung, Normenkonformität sowie die Übernahme geschlechtsspezifischer Rollenfunktionen charakterisiert ist. Die Internalisierung dieses Rollenverständnisses korreliert mit der Akzeptanz damit verbundener Erwartungen und Funktionen. Da Frau Kramer eine entsprechende Reflexivität nicht ausgebildet hat, setzt auch kein Hinterfragen ein.

Stattdessen erfolgt eine unkritische und unreflektierte Übernahme lebenszyklischer Ablauffolien. Im Vertrauen auf die sozialen Strukturen und traditionellen Funktionen bildet die Informantin keine eigenen biografischen Entwürfe aus, sondern sie macht ein übernommenes normativ-institutionelles Ablaufmuster zum Gegenstand ihres eigenen lebensgeschichtlichen Entwurfes.

Als Frau sieht sie ihre Rolle vor allem darin, ihre Bedürfnisse denen des Partners bzw. denen der Gemeinschaft anzupassen. Und so entspricht ihre

---

435 „Geschlechtsspezifisches Verhalten wird aufgrund von sozialen Zuschreibungen, Stereotypen und Klischees verinnerlicht und als ‚typisch' weibliche oder männliche Eigenschaften, Fähigkeiten oder Verhaltensweisen weitergegeben. Im biologischen Sinne sexuelle Differenzen werden aufgrund kulturell-gesellschaftlicher Konventionen in geschlechtsspezifischen Sozialisationsprozessen zu sozialen Rollen umgeformt. Als Vorbilder für ‚männliches' und ‚weibliches' Verhalten dienen zunächst die Eltern und andere Erziehungspersonen..." [Herv. i. O.] (Bublitz 1992, 69).

Vertragsunterzeichnung im Kontext der beruflichen Selbstständigkeit eben dieser Erwartung. Die eigene Entscheidungsfähigkeit und selbstbestimmte Handlungsfähigkeit werden somit als entbehrliche Kompetenzen erachtet, insbesondere dann, wenn ein Partner an ihrer Seite dieses Defizit ausgleicht. Die Partnerschaften werden damit jedoch in mehrfacher Hinsicht funktionalisiert. Einerseits erfüllen sie den Zweck, die normative Ablauffolie der Informantin zu komplettieren, wobei ihr Sinngehalt eher nebensächlich erscheint. Andererseits kompensieren sie die mangelnde Handlungs- und Entscheidungsfähigkeit der Frau Kramer.

In diesem Lern- und Bildungsprozess der rigiden Internalisierung traditioneller sozialer Regeln und Normen ohne die Möglichkeit zur Normenreflexion, entsteht ein Bedingungsgefüge, welches die unreflektierte Übernahme einer normativ-institutionellen Ablauffolie anstelle eines biografischen Entwurfes begünstigt. Die mangelnde Reflexivität blockiert die Antizipation künftiger Rollen und Handlungsperspektiven, infolgedessen die althergebrachten Muster des Herkunftsmilieus rezipiert werden müssen. Die zu konstatierende Konformität steht jedoch im Gegensatz zur Ausbildung selbstständigen resp. selbstbestimmten Handelns und der Fähigkeit, ohne fremde Unterstützung, Ziele entwickeln und verfolgen zu können.[436] Hierin sind die wesentlichen Determinanten für die konditionale Gesteuertheit zu finden, als deren Resultat die spätere Ver- und Überschuldung erwächst.

Die von der Informantin im Sozialisationsprozess erwartete Anpassung[437] und Normenkonformität fördert eine Entwicklung zur Unselbstständigkeit und Fremdbestimmtheit, die wiederum strukturelle und individuelle Abhängigkeiten generieren. Der insuffiziente Ablösungsprozess vom Elternhaus lässt sich auch über diese Erkenntnis plausibilisieren, denn solange eigene Handlungsressourcen der Informantin nicht in ausreichendem Maß zur Verfügung stehen, wäre eine endgültige Abnabelung mit erheblichen Kompetenzreduktionen verbunden. Es ist demzufolge auch weniger ein „blindes" Vertrauen der Frau Kramer auf die sozialen Strukturen und traditionellen Funktionen, als vielmehr ihr existenzielles Angewiesensein mangels Alternativen. In diesem Wechselwirkungsverhältnis bedeutet eine versäumte Ablösung zugleich eine Hemmung der Entwicklung von Autonomie.

Und auch das Selbst- und Weltverständnis der Informantin konstituiert sich aus der bloßen Übernahme von Erwartungsmustern:

Ich hab dann wirklich immer alles so versucht, zu machen, dass es eben ja keine . Schimpfe gab, weil ich eigentlich . . ja relativ schnell eigentlich bloß meine Ruhe haben wollte, um des lieben Friedens willen. (NK:1553f.)

---

436 vgl. Brunner/ Zeltner 1980, 192
437 Gemeint ist hier die so genannte autoplastische Anpassung, bei der Verhaltensänderungen des Individuums entsprechend den vorgefundenen Bedingungen der Umgebung erfolgen (vgl. ebd., 17).

Die schablonenhafte Erfüllung einer von außen an sie herangetragenen Rolle bestimmt das Selbst- und Weltverständnis der Frau Kramer und damit auch ihr Handeln. Dieses Handeln erwächst maßgeblich aus den Interaktionsstrukturen innerhalb ihrer Herkunftsfamilie, die geprägt sind durch die Erfahrung, den elterlichen Erwartungen nicht zu widersprechen, normative Vorgaben kommentarlos hinzunehmen und Probleme zu verdrängen. Es entwickelt sich daraus das Verständnis alles vorbehaltlos, kritiklos zu übernehmen und eigene Bedürfnisse zu vernachlässigen.

In den Interaktionen zeigt sich, wie sie ihre eigenen Anliegen in den Hintergrund rückt und um situative Anpassung bemüht ist:

Aber wie gesagt, dann sind se sowieso alle mit ihren Männern und Kindern und Freunden . und da will, . hab ich dann eben immer en schlechtes Gewissen, wenn ich mich dann, . irgendwo mit dazwischen hängen würde. . . Sicherlich haben schon alle irgendwie gesagt, wenn irgendwas ist, du bist jederzeit . willkommen und. . Ja aber das macht man oder ich mach's dann nicht, weil ich angst habe, denen irgendwie auf die Nerven zu gehen und die auch noch zusätzlich mit meinen Problemen zu belasten. Was se mir schon zig mal versichert haben, dass natürlich Quatsch ist, so, dass ich so denke, aber so denk ich nun mal, ich kann's nicht abstellen. . . . Eben, weil ich nie gelernt habe, über meine Probleme . zu reden. . . Aber ich denke mal, ich bin auf 'm besten Weg dahin. So ganz langsam. . . Irgendwann hab ich dann gemerkt, dass es richtig gut tut, dadrüber zu reden. Komischerweise kann man mit mit äh . so wie mit Herrn Schulze, mit fremden Personen, besser dadrüber reden als mit Freunden. (NK:370f.)

Auch hier zeigt sich, wie durch die klare Rollen- und Aufgabenverteilung im Berater-Klientin-Verhältnis die Interaktion für Frau Kramer erleichtert wird. Eindeutige Rollen- und Funktionsstrukturen unterstützen die Informantin innerhalb ihres Orientierungssystems.

Die sozialisatorisch relevanten äußeren normativen Erwartungen behindern den Lern- und Bildungsprozess im Kontext von Selbstständigkeit, in Sonderheit Entscheidungs- und Handlungsfähigkeit, wodurch die Tendenz zur Eingehung von Abhängigkeiten begründet wird. Die Basis für eine konditionale Gesteuertheit wird damit bereits gelegt. Durch das Vermeiden von Auseinandersetzungen seitens der Informantin, können dominante InteraktionspartnerInnen ihren Einfluss leicht geltend machen.

Und auch die Entfaltung eigener biografischer Entwürfe wird somit blockiert, weshalb alternativ lebensgeschichtliche Ablauffolien übernommen werden, an deren Realisierung kategorisch festgehalten wird, selbst wenn sie von der faktischen Lebenssituation bereits eingeholt und widerlegt worden sind. Die Kollision dieses Bedingungspotenzials mit den biografischen Ereignissen der beruflichen Selbstständigkeit ist verantwortlich für die Entfaltung einer Verlaufskurve der Überschuldung.

3.3.3. Das Fallprofil der Frau Nancy Kramer

Die Transformation der Verlaufskurve – Die Überschuldung als Resultat einer milieuspezifischen Normenkonformität

Die Verlaufskurve der Überschuldung entsteht aus der Transformation verlaufskurvenförmiger Strukturen in der Herkunftsfamilie und deren beziehungsschematischer Fortsetzung in Partnerschaften. Die systematische Ausbildung von Selbsttäuschungsmechanismen forciert den Transformationsprozess in den Bereich der Überschuldung. Die Selbsttäuschungsmechanismen wiederum resultieren aus dem Festhalten an einer alten Ordnungsstruktur, in die erhebliche Lebenszeit, –energie und Aktivität investiert wurde, die jedoch von der faktischen Lebenssituation längst überholt ist, sowie dem Wirksamwerden von Verlaufskurventraumata, die eine Defokussierung auf Ersatzkonstruktionen nach sich ziehen.

Mangels eigener biografischer Entwürfe und Handlungsalternativen, blendet Frau Kramer die zunehmende Relevanz konditionaler Gesteuertheit in ihrem Lebensverlauf aus, weshalb Gegenmaßnahmen nicht ergriffen werden.

Ursächlich für das Fehlen eigener Handlungskonzepte ist Frau Kramers Bemühen um Normenkonformität mittels Anpassung an die äußeren Erwartungen, wobei eigene Normenreflexionen ausbleiben. Infolge dieser äußeren Begrenzung wird ein normativ-institutionelles milieuspezifisches Ablaufmuster zum Gegenstand des „eigenen" biografischen Entwurfes gemacht, wobei die Orientierung an den Erwartungen anderer Menschen im Vordergrund steht. Der äußeren Einflussnahme, die berufliche Selbstständigkeit zu begründen und finanzielle Verpflichtungen einzugehen, wird trotz fehlender eigener Ambitionen nachgegeben.

Im Kontext der Überschuldung belasten Frau Kramer primär die normativen Maßstäbe der Herkunftsfamilie, die eine offene Problemthematisierung verhindern, und ihre eigene Unfähigkeit, der beruflichen Selbstständigkeit nicht durch eine Trennung vom Partner begegnet zu sein. Gerade die Unfähigkeit zur Trennung ist, neben der ansonsten konstatierbaren Handlungsunfähigkeit aufgrund konditionaler Gesteuertheit, Ausdruck des Festhaltens an illusionären Vorstellungen einer Ablauffolie, trotz konträrer biografischer Faktizität.

Die signifikanten biografischen Momente

Die normativen Erwartungen der Herkunftsfamilie orientieren sich an traditionell-konservativen sozialen Mustern mit eindeutiger Hierarchisierung. Demgemäß gestaltet sich auch der Sozialisationsprozess, bei dem soziale Rollen und Funktionen nach konventionellen geschlechtsspezifischen sowie hierarchischen Zuschreibungen vermittelt werden. Die Kinder haben dabei den Erwartungen der Eltern ohne Widerspruch zu folgen. Abweichendes Verhalten wird negativ sanktioniert. Die starre Grenzsetzung lässt keinen Raum für eigene Normenreflexionen, wodurch auch keine Reflexivität ausgebildet werden kann. Das elterliche Einfordern der strikten Einhaltung der vorgegebenen Normen und Regeln zieht eine unterordnende Anpassung als Handlungsmuster nach sich, dessen Ziel die weitest gehende Normenkonformität ist. Empathiehemmende Erziehungsmethoden behindern zudem die Ausbildung von Empathie und Antizipationsfähigkeit bezüglich künftiger Rollen.

In der Konsequenz ist die Distanz zur eigenen Rolle und zu den Normen nahezu unmöglich, wodurch sich deutliche Einschränkungen im Handeln ergeben. Die Fähigkeit, eigene Handlungskonzepte und demzufolge biografische Entwürfe zu entwickeln und selbstständig zu agieren, wird dadurch maßgeblich negativ beeinträchtigt. Die bloße Übernahme normativ-institutioneller Vorgaben als „eigenes" biografisches Konzept, insbesondere die Orientierung an Äußerlichkeiten, und das kategorische Festhalten daran sind die Folgen.

Die Neigung kompetenzkompensierende Abhängigkeiten einzugehen, ist jederzeit präsent, einschließlich der damit korrelierenden Gefahren, vor allem der Fremdbestimmtheit und äußeren Einflussnahme. Zugleich ist Frau Kramer jedoch hochflexibel in der situativen Anpassung ihrer Handlungsmuster entsprechend ihrer InteraktionspartnerInnen.

Die biografischen Handlungsschemata variieren schon frühzeitig zwischen dem situativen Bearbeitungs- und Kontrollschema und der Ingangsetzung einer Verlaufskurve.

4. Das Prozessmodell der biografischen Verlaufsmuster von Frauen in Überschuldungssituationen: Verlaufskurven der Überschuldung

Im vorherigen Kapitel wurden unterschiedliche biografische Verlaufsmuster einschließlich ihrer divergenten Erfahrungsverarbeitungsräume im Zusammenhang mit dem Überschuldungsprozess dargestellt, womit auch die Besonderheiten des Einzelfalles Berücksichtigung fanden.

Zugleich bildeten die Referenzfälle jedoch auch spezifische Merkmale und Charakteristika des gesamten Samples exemplarisch ab.

Indem die innere Logik des Einzelfalles an mehreren Stellen nachgewiesen resp. eine Reproduktionsgesetzlichkeit sichtbar gemacht wurde, kann von einer Strukturgeneralisierung gesprochen werden.[438]

Die theoretischen Annahmen der fallrekonstruktiven Verfahren fühlen sich dabei nicht der Logik der großen Zahl verpflichtet. Vielmehr wird angenommen, dass jeder einzelne Fall seine besondere Allgemeinheit in dem Sinne konstituiert, indem er in der Auseinandersetzung mit allgemeinen Regeln seine Eigenständigkeit ausbildet.[439] In jedem Fall lassen sich demzufolge gesellschaftliche Regeln und Bedingungen erschließen als auch der Modus, wie die spezifische Wirklichkeit im Kontext allgemeiner Bedingungen konstruiert wird.[440]

Um von der Ebene der Einzelfälle auf eine allgemeinere Ebene und damit zur Konstruktion eines theoretischen Modells zu gelangen, ist eine weitere Abstraktion der einzelnen Fallstrukturen nötig.

Im Vergleich der biografischen Verlaufsmuster, bei dem die Gemeinsamkeiten und Unterschiede systematisiert wurden, traten die unterschiedlichen Variationen des untersuchten Phänomens in Erscheinung. Zugleich kristallisierten sich über die maximale Kontrastierung die sinnlogischen Zusammenhänge der unterschiedlichsten Ausprägungen der Fälle heraus. Die Entwicklung eines Modells, welches auf einer gemeinsamen Logik aller Fälle basiert, markierte den Abschluss der Analysearbeit.

Im Rahmen der Systematisierung der divergenten biografischen Verlaufsmuster wurde ein Prozessmodell konstruiert, welches die Spezifik der biografischen Verlaufsmuster von Frauen in Überschuldungssituationen einschließlich der dazugehörigen charakteristischen Konstitutionsbedingungen beschreibt.

---

438 siehe dazu Oevermann 1988
439 vgl. Wohlrab-Sahr 1994, 272
440 vgl. ebd., 273

Nachdem in allen Einzelfällen Verlaufskurvenstrukturen analysiert werden konnten, bildeten diese die zentrale Vergleichskategorie der komparativen Analyse. Orientiert am Ablaufmodell von Verlaufskurven konnten somit die Charakteristika der Einzelfälle in den entsprechenden Verlaufskurvenphasen miteinander verglichen werden.

Auf diese Weise ließen sich wesentliche Aspekte und Bedingungsfaktoren des Überschuldungsprozesses bei Frauen bestimmen.

Aus diesen konnte wiederum ein spezifisches Prozessmodell entwickelt werden, welches die erkenntnisleitende Frage, wie Frauen innerhalb ihrer Lebensverläufe zu Schuldnerinnen werden, beantworten kann.

In zusammengefasster Form stellt sich das gegenstandsbezogene theoretische Modell zum Überschuldungsprozess von Frauen folgendermaßen dar:

- Der Erwerb sozialer Normen und die Konstitution der sozialen Rolle als strukturelle Basis für konditionale Gesteuertheit
  - o Geschlechtsspezifische Sozialisation ohne Möglichkeit der Reflexion, Interpretation und Modifizierung sozialer Regeln
  - o Übernahme normativ-institutioneller Ablaufmuster ohne Entfaltung eigener biografischer Entwürfe und Selbstkonzepte

- Mangelnde eigene biografische Entwürfe und Selbstkonzepte als Bedingungspotenzial für Verlaufskurven
  - o Ausbildung von autobiografischen Deutungssystemen der Selbstverschleierung und Defokussierungsstrategien
  - o Transformation von primären Verlaufskurven in den Problembereich der Überschuldung

- Die Dynamisierung der Verlaufskurve der Überschuldung durch äußere Ereignisse
  - o Zusammenbruch der Alltagsorganisation und der Selbstorientierung als Impuls, (professionelle) Hilfe in Anspruch zu nehmen
  - o Unzureichende Berücksichtigung biografischer Komponenten bei der theoretischen Verarbeitung der Verlaufskurvenerfahrung, wodurch das kritische Verlaufskurvenpotenzial unterstützt und die Überwindung der Verlaufskurve behindert wird

Diesen Aspekten ist die generelle Akzeptanz einer biografischen Disposition und Dimension des Überschuldungsprozesses implizit, weit über die lebensgeschichtlich relativ engbegrenzte Phase der akuten Überschuldungssituation hinaus.

Gerade Lernprozesse, wie z.B. der Kontext von Lern- und Verarbeitungsformen von Erlebnissen und Erfahrungen, der Aufbau von Persönlichkeit, das Verhältnis zur sozialen Welt wie auch konkrete soziale oder historische Strukturen, werden in ihrer Gesamtheit nur dann vollkommen verständlich, wenn die Zustandsänderungen des Subjekts und seine Handlungsvollzüge in ihrem lebensgeschichtlichen oder historischen Verlauf betrachtet werden.[441]

Diese Auffassung korreliert zugleich mit der Beobachtung, dass die Bedingungskonstellationen nicht zwingend einen Überschuldungsprozess hätten auslösen müssen. Vielmehr hätten sich die Potenziale sowohl im Zuge einer Transformation der Verlaufskurve als auch in der Kumulation der Ereignisse ebenso in gänzlich anderen Bereichen des Lebens niederschlagen können,[442] denn in keinem der Fälle sind tatsächlich die Schulden bzw. die Verschuldung Auslöser einer negativen Verlaufskurve.

Erst die Ausbildung von Selbsttäuschungsmechanismen und die entsprechenden Defokussierungen stellen die Weichen für die spätere Überschuldungskrise.

Diese grundlegende Erkenntnis ist elementar für die Betrachtung des Überschuldungsprozesses in seiner biografischen Gesamtheit.

Mit der Feststellung primärer Verlaufskurvenstrukturen bzw. biografischer Verletzungsdispositionen im Kontext des Überschuldungsprozesses, zeigen sich die Grenzen der vereinfachten Erklärungsansätze im Hinblick auf die Ursachen und Auslöser einer Überschuldung und ihrer Problemreduktion auf situative und monetäre Momente.

Das Vorhandensein von Verlaufskurvenstrukturen und demzufolge der Verlust intentionaler Handlungsorientierungen in wichtigen Bereichen des alltäglichen Lebens, verdeutlichen zudem die Notwendigkeit einer anderen Sichtweise auf die von Überschuldung betroffenen Frauen.

Es erscheint überaus wichtig, Konzepte in die Betrachtung einzubeziehen, die nicht allein auf der Annahme von „Normalität", Kontinuität und ordnungsstiftenden Aspekten sozialer Realität basieren. Ein auf intentionale Handlungsaktivitäten und Orientierungsmuster sowie lebensgeschichtliche Kontinuität ausgerichtetes Analyse- und auch Interventionskonzept kann den spezifischen Problemlagen einer Überschuldung resp. dem sozialen Prozess des Erleidens nur unzureichend gerecht werden. Die Aktivitäten und Handlungen der betroffenen Menschen müssen aus dieser Perspektive in der Betrachtung von außen zwangsläufig irrational erscheinen. Dass diese Orientierungsmuster auch durchaus eine Logik und Rationalität aufweisen, dokumentiert die Sichtweise im Kontext des Verlaufskurvenkonzeptes, bei dem die analytische Offenheit qualitativer Forschung gegenüber dem Datenmaterial besonders gut zum Ausdruck kommt.

---

441 vgl. Ecarius 1998, 144
442 Beispielsweise gut zu erkennen in der ersten Partnerschaft der Frau Pfeifer, wo sich die primäre Verlaufskurve in den Bereich der Gewalterfahrungen transformiert.

4.1. Der Erwerb sozialer Normen und die Konstitution der sozialen Rolle als strukturelle Basis für konditionale Gesteuertheit

Die Relevanz der sozialisatorischen Bedingungen für die Konstitution von Handlungsmustern sowie Selbst- und Weltverständnissen, die maßgeblich sind für die spätere Ver- und Überschuldung, dürfte anhand der Falldarstellungen erkennbar geworden sein.

Es zeigt sich daran aber auch, inwiefern subjektive Erfahrungen, individuelle Beweglichkeit und Reflexionsvermögen und eben nicht unbedingt materielle Ressourcen entscheidend sind für die Begegnung mit den Wechselhaftigkeiten im Lebensverlauf.[443]

In der Auseinandersetzung mit lebensgeschichtlichen Ereignissen, was sich auch als interaktiver Typisierungsprozess[444] bezeichnen lässt, emergieren durch soziale Sinn- und Bedeutungszuschreibungen subjektive Erfahrungen, die wiederum zur Formierung der Welt- und Selbstsicht beitragen:[445]

In Interaktionen mit anderen entstehen Erfahrungs- und folglich auch Lernprozesse, in denen sich die Weltsicht als auch das Selbstverständnis über sich herausbildet. Hierbei darf jedoch nicht von Determinierungen und Verfestigungen ausgegangen werden. Zwischen dem schon aufgebauten Selbstbild und einem aktuellen Erlebnis besteht *immer* ein prinzipiell offenes, interpretatives Wechselverhältnis. Lernprozesse sind damit zu jeder Zeit im Leben möglich als auch gegeben, wobei eine Konsistenz zwischen Erlebnis bzw. Ereignis und den bisherigen Erfahrungen des Lebens herzustellen ist. Biographie ist Erfahrungsreservoir und Sinnhorizont für neue Erlebnisse wie auch alltägliches Handeln. [Herv. i. O.][446]

Es wird ersichtlich, inwieweit Lebensgeschichte als Lerngeschichte bzw. Biografie als Lernprozess verstanden werden kann. Insofern kommt dem Prozess des biografischen Lernens, oder nach Schütze den Wandlungsprozessen der Selbstidentität oder der Selbstkonzepte,[447] eine Schlüsselrolle bei der Darstellung der empirischen Ergebnisse zu. In der biografischen Erzählung wird Lernen als innere Erfahrung wie auch die Ausbildung und Aufrechterhaltung persönlicher Identität resp. die Konstitution der Selbst- und Weltsicht evident.

Anhand der Rekonstruktion und Analyse der subjektiven Erfahrungsaufschichtungen kristallisierten sich die sinnlogischen Zusammenhänge zwischen

---

443 vgl. Becker-Schmidt 1994, 156
444 Es wird von einem Wechselverhältnis zwischen gesellschaftlich gültigen und individuell konstituierten Sinnstrukturen ausgegangen, d.h. Erfahrung findet in einer bereits gedeuteten und geordneten Welt statt, es wird folglich anhand selbstverständlicher, unbefragter und unthematisierter Strukturprinzipien typisiert (vgl. Fischer 1978, 314).
445 vgl. Fischer-Rosenthal 1991, 255
446 Ecarius 1998, 134
447 siehe dazu Schütze 1981, 103f.

der Biografie und dem Handlungs- und Orientierungsmuster, welches bei den Frauen zu einer Überschuldung geführt hat, heraus.

Der Einfluss der primären Sozialisations- und Bezugskontexte ist zweifelsohne entscheidend für die Ausbildung der charakteristischen Handlungsschemata und die Konstitution des Selbst- und Weltverständnisses:

Was an sozialen Strukturen in der primären Sozialisation internalisiert wird, verschanzt sich fester im Bewusstsein als spätere Welten, die im Laufe des Lebens auf einen Menschen zukommen. Jedoch sind Lern- und Sozialisationsprozesse niemals beendet, noch sind sie total.[448]

Die objektive Wirklichkeit, die für das heranwachsende Individuum zugleich die gesellschaftliche Welt schlechthin darstellt, wird während der primären Sozialisation durch generalisierte Andere, i.d.R. die Eltern, erfahren. Folgerichtig steckt dieser soziale Rahmen auch die Konstitutionsbedingungen für biografische Lernprozesse ab. Aus dem sozialen Kontext ergeben sich wiederum Anstöße, Behinderungen, Richtung und Inhalt des lebensgeschichtlichen Lernens.[449]

Insbesondere der Gestaltung des Erwerbs sozialer Normen kommt eine zentrale Bedeutung zu, da der Aufbau sozialer Beziehungen und die wechselseitige Orientierung des Handelns mehrerer Individuen von der Verbindlichkeit gemeinsam gekannter und akzeptierter Regeln des Zusammenlebens abhängt:

Soziale Normen begrenzen die „Willkür" in der Beziehung der Menschen zueinander. Normierung heißt hier: Institutionalisierung verbindlicher Regeln und Standards; Ausschluß anderer Möglichkeiten. Mit jeder Normierung ist also eine Selektion verbunden, diese ist wiederum ein Grundprinzip der sozialen Strukturbildung. Dadurch ermöglichen Normen die vorwegnehmende „Konstruktion", z.B. in Gedanken, von Handlungsabläufen. [Herv. i. O.][450]

Es sei hierbei die regulierende wie auch handlungsorientierende Funktion von Normen betont. Dem Erwerb sozialer Normen im Sozialisationsprozess bzw. deren Verinnerlichung folgt der Prozess der Institutionalisierung, in dem die Regeln Verbindlichkeit erlangen. Über die Verfestigung diverser Normen in Wechselwirkung mit den Erwartungen anderer Individuen entwickeln sich wiederum die soziale Rolle und das individuelle Handlungsmuster. Im Kontext dieses Lern- und Bildungsprozesses konstituiert sich demgemäß auch das individuelle Selbst- und Weltverständnis, welches über die Erfahrung und Internalisierung der Reaktionen anderer Individuen auf das eigene Handeln verbunden mit der Erfahrung von Signifikanz und Bedeutung generiert wird.[451]

---

448 Ecarius 1998, 146
449 vgl. ebd., 143
450 Schäfers 1992a, 26
451 vgl. dazu Bohnsack 1992, 41

Dabei beeinflusst der Modus der Internalisierung sowie der Institutionalisierung sozialer Normen den Umgang der Individuen mit diesen sozialen Standards und der Konstitution der sozialen Rolle. Positive ebenso wie negative Sanktionen verstärken zudem die Wirksamkeit sozialer Normen. Werden soziale Regeln beispielsweise rigide oder auf der Basis von negativen Sanktionen vermittelt (siehe Frau Kramer oder Frau Pfeifer), erfolgt keine Akzeptanz derselben im Sinne von Erkennen moralischer Richtigkeit oder Notwendigkeit, sondern lediglich eine Anpassung an die Normen in Abhängigkeit von den zu erwartenden Sanktionen bzw. die strikte Einhaltung mangels Handlungsalternativen.

Zugleich fehlt es in einem solchen sozio-kulturellen Kontext an Möglichkeiten, sich den Normen gegenüber reflektierend und interpretierend zu verhalten, was jedoch Voraussetzung für die Erlangung und Wahrung von Identität ist.[452]

Sowohl die Reflexions- und Interpretationsleistung als auch die Ausbildung identitätsfördernder Fähigkeiten markieren biografische Lernprozesse, welche auf die Herstellung und Schaffung von Sinn und Identität abzielen. Das lebensgeschichtliche Lernen erfolgt dabei eingebettet in Ereignisverkettungen und Handlungsabläufe, die um eine Balance von Identität bemüht sind.[453]

Da der Identität resp. den identitätsfördernden Fähigkeiten offensichtlich eine wesentliche Bedeutung im Kontext des biografischen Lernens und damit auch der Konstitution des Selbst- und Weltverständnisses zukommt, soll der verwendete Identitätsbegriff an dieser Stelle konkretisiert werden.

Er bezieht sich im Zusammenhang dieser Forschungsarbeit auf soziologische Dimensionen, genauer auf den symbolischen Interaktionismus. Demzufolge konstituiert sich die Identität im sozialen Interaktions- bzw. Kommunikationsprozess, und sie gilt dann als erlangt, wenn ein Individuum in der Lage ist, sein Handeln aus der Perspektive des konkreten Gegenübers, aber auch des gesellschaftlichen Zusammenhangs einschätzen und kontrollieren zu können:[454]

Die vom Individuum für die Beteiligung an Kommunikation und gemeinsamem Handeln zu erbringende Leistung soll hier mit der Kategorie Identität bezeichnet werden. Damit das Individuum mit anderen in Beziehung treten kann, muß es sich in seiner Identität präsentieren; durch sie zeigt es, wer es ist. Diese Identität interpretiert das Individuum im Hinblick auf die aktuelle Situation und unter Berücksichtigung des Erwartungshorizontes seiner Partner. Identität ist nicht mit einem starren Selbstbild, das das Individuum für sich entworfen hat, zu verwechseln; vielmehr stellt sie eine immer wieder neue Verknüpfung früherer und anderer Interaktionsbeteiligungen des Individuums mit den Erwartungen und Bedürfnissen, die in der aktuellen Situation auftreten, dar. [...] Eine gelungene Identitäts-

---

452 vgl. Krappmann 1993, 133
453 vgl. Ecarius 1998, 143
454 vgl. Krappmann 1998, 79

bildung ordnet die sozialen Beteiligungen des Individuums aus der Perspektive der gegenwärtigen Handlungssituation zu einer Biographie, die einen Zusammenhang, wenngleich nicht notwendigerweise eine konsistente Abfolge, zwischen den Ereignissen im Leben des Betreffenden herstellt.[455]

Aufgabe des Individuums ist es folglich, die eigene Identität in unterschiedlichen Situationen zu wahren, weshalb die eigenen Erwartungen, Bedürfnisse und grundlegenden Orientierungen mit den Erwartungen und Anforderungen anderer Individuen immer wieder neu ausbalanciert werden müssen.

Das Balancieren der Ich-Identität ist als Versuch zu werten, sich gegen Nicht-Identität zu behaupten, weil diese den Interaktionsprozess oder die eigene Mitwirkung daran gefährden würde.[456] Nicht-Identität droht dem Individuum durch das Verlieren der Balance, indem es auf der einen Seite voll in den Erwartungen anderer aufgeht oder auf der anderen Seite sämtliche Erwartungen anderer ablehnt. Ohne Ich-Identität ist dem Individuum kein Interagieren möglich, und ohne Interaktion kann wiederum keine Ich-Identität gewonnen werden, „weil diese sich in der Stellungnahme zu divergierenden Erwartungen entwickelt und der einzelne für den Versuch einer seine persönlichen Belange berücksichtigenden Balance die Anerkennung der anderen braucht."[457]

Die entscheidenden Bedingungen für den Prozess der Identitätsbildung werden im sozialen Erfahrungsbereich der heranwachsenden Individuen gesehen, da in ihm die Identitätsbalancen ko-konstruiert und evaluiert werden.[458]

Es bedarf demnach im sozialen Erfahrungsbereich geeigneter Komponenten, die dem Individuum die Ausbildung der Fähigkeit ermöglichen, soziale Rollen und Normen auswählen, negieren, modifizieren und interpretieren zu können. Diese Fähigkeit wird als Rollendistanz bezeichnet.[459]

Dieser Vorstellung ist die Annahme implizit, als Individuum mehrere Rollen inne zu haben, um deren Synthese man trotz inkongruenter Rollenerwartungen gleichzeitig bemüht sein muss. Indem der Zugriff auf andere Rollen erfolgt, wird Rollendistanz in einer Rolle ermöglicht. Durch vielfach inkongruente Rollenerwartungen bietet Rollendistanz die Möglichkeit, in einer Rolle zu handeln, ohne die anderweitigen Rollenbeziehungen völlig abzuschneiden.[460]

Demgegenüber ist jedoch auch der Extremfall vorstellbar, bei dem das Individuum nur auf übernommene Erwartungen bzw. internalisierte Rollen zurückgreift, ohne eine eigene Individualität mit einem interpretativen Beitrag zum Ausdruck zu bringen:[461]

---

455 Krappmann 1993, 8f.
456 vgl. ebd., 79 (siehe das Konzept der „balancierenden Identität" ab S. 70f.)
457 ebd., 79
458 vgl. Krappmann 1998, 85
459 vgl. Goffman 1966, 83f.
460 vgl. Krappmann 1993, 137
461 vgl. ebd., 134

Es gibt sich als Interaktionspartner auf, und zwar weil es entweder den Erwartungen der anderen nichts Eigenes entgegensetzt, sondern sich ihnen unterwirft, oder weil es darauf verzichtet, seine Identität in den Erwartungshorizont der anderen zu übersetzen, auf die es angewiesen ist. Beide Positionen können Sicherheit nicht bieten, denn wer allen Anforderungen genügen will, riskiert, in einer Welt ohne Normenkonsens zerrissen zu werden; wer sich allein auf die Anforderungen besonders mächtig oder zuverlässig erscheinender Interaktionspartner stützen will, riskiert, daß er durch seine Festlegung in anderen Interaktionen scheitert; wer sich allen Anforderungen verweigert, riskiert, niemand zu sein.[462]

In der Literatur als „Extremfall" beschrieben, stellte sich diese Konstellation in der Studie als Regelfall dar. Sowohl für die Erlangung und Aufrechterhaltung von Identität als auch für die grundlegende Orientierung in Raum und Zeit erscheint diese Fähigkeit jedoch substanziell wichtig:

Je stärker sich die Gesellschaften differenzieren, desto mehr sind die Subjekte aufgefordert, ein individuelles Rollenrepertoire und folglich eine eigene Biographie anzulegen, um sich des Vergangenen, des Erfahrenen und des Gewordenen zu vergewissern.[463]

Die theoretischen Hintergründe des Erwerbs sozialer Normen, der Fähigkeit zur Rollendistanz und der Konstitution eigener Identität sowie der impliziten lebensgeschichtlichen Lernprozesse wurden hier zur nachdrücklichen Betonung ihrer Bedeutsamkeit für die subjektive Persönlichkeitsentwicklung dargestellt.

Bei den untersuchten Fällen scheinen aber gerade jene angedeuteten Lernprozesse offensichtlich eine Störung erfahren zu haben, weil durchgängig die bloße, unreflektierte Übernahme eines normativ-institutionellen Ablaufmusters oder fremder biografischer Entwürfe als Handlungs- bzw. Orientierungsschema feststellbar ist. Eigene biografische Entwürfe oder interpretative Ansätze werden entweder überhaupt nicht entwickelt oder kommen nicht zur Entfaltung.

Gerade die Aspekte, welche Krappmann als Nicht-Identität[464] beschreibt, sind im gesamten Sample durchweg vorzufinden. Unterscheidungen gibt es jedoch im Hinblick auf die lebensgeschichtliche Dauer und Intensität dieser Konstellation.

Während z.B. Frau Pfeifer heute zunehmend in Begriff ist, eigene biografische Entwürfe zu etablieren sowie ihre eigene Identität zu entfalten, bewegen sich Frau Kramer und Frau Hinze noch in den herkömmlichen Strukturen.

In der Feststellung mangelnder Entwicklung oder Entfaltung eigener biografischer Entwürfe bzw. gestörter Selbstkonzepte wurden entscheidende Anhaltspunkte für die Konstruktion eines Prozessmodells gesehen.

Anhand der Rekonstruktion der Ursachen und Auswirkungen dieser entscheidenden biografischen Momente der Konstitution von Handlungs- und

---

462 ebd., 80
463 Ecarius 1998, 132
464 siehe Krappmann 1993, 79f.

Orientierungsmustern in Korrelation mit der Formierung des Selbst- und Weltverständnisses kann der prozessuale Verlauf der Überschuldung abgebildet werden.

Indes die Relevanz der Fähigkeit zur Rollendistanz bereits benannt wurde, soll an dieser Stelle auf die Bedingungsfaktoren zur Ausbildung eben dieser Kompetenz verwiesen werden.

Analog zu den Faktoren für die Konstitution der sozialen Rolle hängt die Fähigkeit, Distanz zu Erwartungen einzunehmen, neben der Rigidität der Normen und dem Repressionsgrad der Gesellschaft, von der Art der Aneignung der Rollennormen ab.

Hierbei werden drei Typen unterschieden, die sich zwischen Internalisierung und Externalisierung der Normen bewegen.

Während der „externalisierte Typ" die moralischen Regeln nicht wirklich internalisiert hat, sondern in Abhängigkeit von den zu erwartenden Strafen handelt, bemüht sich der „konventionelle Typ" um strikte Einhaltung der Normen infolge der Internalisierung der Regeln, ohne diese zu hinterfragen. Dahingegen hat der „humanistische Typ" die Regeln ebenfalls internalisiert, aber er ist zugleich in der Lage, die Normen zu reflektieren und sie unter Berücksichtigung hinzutretender Umstände zu modifizieren.[465]

Es zeigt sich, dass nur beim „humanistischen Typ" eine Auseinandersetzung mit den normativen Vorgaben erfolgt. Das Individuum wird befähigt, situativ angemessen reflektieren und (re)agieren zu können. Infolgedessen kann es eigene Erwartungen mit denen der anderen abgleichen und Empathie entwickeln. Also genau jene identitätsbildende Eigenschaft, die es ermöglicht, sich in künftige eigene Rollen und Situationen zu versetzen, aber auch die Sichtweisen und Situationen anderer Individuen nachvollziehen zu können.

Um die identitätsfördernden Fähigkeiten Rollendistanz wie auch Empathie ausbilden zu können, sind demzufolge sozialisatorische Rahmenbedingungen notwendig, die eine Reflexion und Modifizierung sozialer Normen ermöglichen. Im Sample eröffnen sich demgegenüber starre, rigide, aber auch diffuse Formen der Vermittlung sozialer Normen. Es fehlt in allen untersuchten Fällen an geeigneten Bedingungen im sozio-kulturellen Kontext, die eine Reflexion und Interpretation der normativen Vorgaben zulassen. Sei es nun in Form von mangelnder intrafamilialer Kommunikation, Tabuisierung von Konflikten, rigider und autoritärer Normierung oder diffuser Normenvermittlung:

Alle Ansätze zu Identität werden vor allem dann im Keim erstickt, wenn solche die Individuen voll absorbierenden sozialen Systeme in ihrem Rahmen keine Konflikte zulassen, wie dies zum Beispiel in Familien der Fall ist, in denen Familienmitglieder wegen persönlicher Instabilität keine Kritik und keine Auseinandersetzung über strittige Fragen vertragen.[466]

---

465 vgl. ebd., 139
466 ebd., 82

Die Eltern treten nicht als InteraktionspartnerInnen in Erscheinung, die sich mit divergierenden Erwartungen ihrer Kinder diskursiv oder gar gleichberechtigt auseinander setzen.

Stattdessen definieren sie die Situationen und erfüllen ihre Erwartungen, die sie wiederum anderen aufzwingen, wodurch der Ablauf der Interaktionen aus dem Gleichgewicht gerät.

Im Fall der Frau Pfeifer werden die fehlenden Möglichkeiten zur Reflexion der Vorgaben aufgrund der permanent virulenten Bestrafung sehr deutlich. Sie richtet ihr Handeln an den zu erwartenden Sanktionen aus. Da diese aber aufgrund der Willkür der Eltern überhaupt nicht berechenbar sind, begrenzt sie sich selbst in extremer Weise.

Indem sich ihr aber keine Möglichkeit zum Erfassen oder gar Hinterfragen der diffus und abstrakt erscheinenden Regeln bietet, übernimmt sie für sich ein normatives Handlungsmuster, bei dem es gilt, bloß keinen Fehler zu machen. Die normativen Vorgaben haben damit nahezu dogmatischen Charakter und bestimmen ihr Handeln sowie ihr Selbst- und Weltbild erheblich. Auch wenn sie eigene biografische Entwürfe in Bezug auf ihre berufliche Verwirklichung zwar entwickelt, so ordnet sie diese zunächst einem normativ-institutionellen Ablaufmuster unter.

Ähnlich verhält es sich, wenn soziale Normen gar keine Verbindlichkeit erfahren, sie infolgedessen zu abstrakt wirken und deshalb auch nicht hinreichend reflektiert werden können.

So zeigt sich bei Frau Hinze, wie eine gewisse normative Gleichgültigkeit die Sozialisation bestimmt. Jedwedes Handeln der Doris Hinze bleibt ohne Konsequenzen. Sie erfährt nicht bewusste und gezielte Unterstützung durch die Eltern, sondern sie erhält Freiräume, mit denen sie noch gar nicht umgehen kann. Infolgedessen kann sie auch kein realistisches Gefühl für sich und ihre Möglichkeiten entwickeln. Sie überschreitet dabei sowohl ihre eigenen Grenzen als auch die anderer InteraktionspartnerInnen.

Es fehlt ihr an Reflexivität in Bezug auf das eigene Handeln sowie an Empathie gegenüber anderen InteraktionspartnerInnen.

Insbesondere die permanente interpersonelle Grenzüberschreitung beeinträchtigt die soziale Bindungs- und Handlungsfähigkeit nachhaltig, sodass in der Konsequenz die außerfamilialen Kontakte stark eingeschränkt sind. Dahingegen scheint die Familie das Handeln der Doris Hinze aufgrund der verwandtschaftlichen Bindung oder Verpflichtung zu tolerieren. Auf der Annahme fortwährender familialer Unterstützung basiert das Handlungs- und Orientierungsmuster der Frau Hinze.

In der Folge besteht für sie gar keine Notwendigkeit eigene biografische Entwürfe zu entwickeln oder Selbstkonzepte zu entfalten, da sie sich doch immer wieder auf das helfende Umfeld stützen kann, und sie sogar die biografischen Konzepte ihrer Interaktionspartner als ihre eigenen präsentiert.

278

Bei Frau Kramer wird noch ein weiterer Aspekt sehr deutlich, nämlich die geschlechtsspezifische Sozialisation bzw. die Vorbereitung auf traditionelle soziale Rollen.

Auch in den anderen Falldarstellungen kommen geschlechtsspezifische sozialisatorische Prägungen zum Ausdruck, wie beispielsweise die Beziehungsorientiertheit, die enorme Anpassungs- bzw. Unterordnungsfähigkeit in sozio-kulturellen Kontexten, die Zurückstellung eigener Interessen oder das Harmonisierungsbestreben bzw. die Konfliktscheu in Familie und Partnerschaft.[467]

Im Fall der Frau Kramer wird jedoch die Allgegenwärtigkeit des traditionellen Rollenverständnisses durch die milieuspezifischen Gegebenheiten besonders offensichtlich.[468]

Die Eltern und insbesondere der Vater stellen die Regeln auf, denen die Kinder ohne Widerworte zu folgen haben. Jegliche Form der diskursiven Auseinandersetzung mit diesen Vorgaben von Seiten der Kinder wird negativ sanktioniert. Dass es dabei auch zu geschlechtsspezifischen Typisierungen gekommen sein muss, dokumentiert die Ansicht der Frau Kramer gegenüber dem Handeln ihrer Schwester, die sich im Laufe der Zeit abgrenzt von den Normierungen der Eltern und damit von der Informantin ein männliches Verhaltensmuster attestiert bekommt.

Selbst im Erwachsenenalter orientiert sich Frau Kramer noch sehr stark an den Erwartungen der Eltern, womit die Intensität dieses Handlungsmusters, aber auch der massive elterliche Einfluss damals wie heute evident wird.

Frau Kramers Akzeptanz der klaren klassischen Rollenverteilung zwischen Mutter und Vater verdeutlicht ihre Position dazu.

Aber vor allem ihre biografische Ausrichtung an potenziellen Lebenspartnern und Familie zeigt die Übernahme einer traditionellen geschlechtsspezifischen Rolle. Immer wieder passt sie sich mit ihren Interessen und Bedürfnissen denen ihrer Mitmenschen an. Sie kann in diesem Zusammenhang keine eigenen biografischen Akzente setzen.

Stattdessen orientiert sie sich an einem normativ-institutionellen Ablaufmuster, ohne Reflexion desselben. Frau Kramer geht mit ihren Erwartungen in den Konzepten ihrer Interaktionspartner resp. Lebenspartner auf.

Zwischenresümee

Zusammengefasst kann an dieser Stelle konstatiert werden, dass die feststellbaren sozialisatorischen Bedingungen in allen Fällen eine Reflexion und

---

467 Diese geschlechtsspezifischen Charakteristika sind z.B. von Flamm u.a. im Rahmen von diversen Studien herausgearbeitet worden (vgl. Flamm u.a. 1989, 76f.).

468 Im Fall 6 des Samples ist die geschlechtsspezifische Differenzierung im Elternhaus besonders eklatant. Während z.B. der einzige Sohn sogar studiert, haben die 4 Töchter nur niedere bis keine Schul- und Berufsabschlüsse (siehe Anhang; Hinweis S. 7).

Modifizierung der sozialen Normen sowie der sozialen Rolle nicht gewähren. Hinzu kommt die geschlechtsspezifische Ausrichtung der normativen Vorgaben, welche die Identifikation mit der zugewiesenen sozialen Rolle noch verstärkt. Dabei ist die reale Anwesenheit männlicher Interaktionspartner sekundär, denn das Handeln stellt sich als konstitutives Moment der patriarchalen Strukturen dar.

Es lassen sich überdies keine wesentlichen gesellschaftssystembedingten Unterschiede in der familialen Sozialisation aufspüren.[469] Die geschlechtsspezifische Ausrichtung der Sozialisation und die klassische Rollenverteilung im Elternhaus ist in Ost- und Westdeutschland nahezu identisch. Daran ändert auch die überwiegende Einbindung der ostdeutschen Mütter in das Erwerbsleben wenig. Vielmehr lässt sich eine Doppelbelastung der Frauen beobachten, die von den Interviewpartnerinnen als Selbstverständlichkeit erachtet wird, und wodurch sich zugleich ihr eigenes geschlechtsspezifisches Rollenverständnis zeigt.

Weder Rollendistanz noch Empathie können in diesem sozio-kulturellen Kontext hinreichend ausgebildet werden, womit auch die Konstitution von Selbstkonzepten oder Ich-Identität nachhaltig beeinträchtigt ist.

So verleitet eine mangelnde Berücksichtigung von Bedürfnisdispositionen in der Identitätsbalance die Individuen zur Abwehr neuer Informationen, damit das mühsam errungene Gleichgewicht nicht gefährdet wird. Daher wird auch die distanzlose Identifikation mit einer rigiden Rolle vorgezogen, da diese, im Gegensatz zum labilen Gleichgewicht einer gelungenen Ich-Identität, Stabilität vermittelt.

Die mangelnden Fähigkeiten zu Rollendistanz und Empathie korrelieren allerdings auch mit einer Neigung zur Stereotypisierung, Intoleranz und Vorurteilsbildung,[470] die sich im Datenmaterial immer wieder nachweisen lassen. Die verinnerlichten Stereotypen der Frauen gelangen beispielsweise im Kontext ihrer eigenen normativen Abweichungen, wozu sie auch die Überschuldung zählen, klar zum Vorschein.

Die eigenen Erwartungen der Frauen befinden sich in ständiger Anpassung und Abhängigkeit zu den Erwartungen des sozialen Umfeldes, wobei dieses insbesondere die im Verlauf der primären Sozialisation vorhandene Divergenz unterdrückt oder ignoriert. Dieser Aspekt ist jedoch nicht zu verwechseln mit dem Bemühen um eine balancierende Identität. Vielmehr ist bei den untersuchten Fällen das Aufgeben eigener Erwartungen und der Verzicht, die eigene Identität in den Erwartungshorizont der anderen InteraktionspartnerInnen zu übersetzen, festzustellen. Man könnte auch sagen, das Selbstbild verblasst hinter dem Weltbild oder es ordnet sich ihm unter.

---

469 Diese Erkenntnis deckt sich mit anderen Studien (siehe u.a. Krause 1991, 90 oder Müller-Rückert 1993).
470 vgl. Krappmann 1993, 149

Aufgrund der Erfahrung von lebensgeschichtlicher Diskontinuität und Flexibilisierung wird die Entwicklung eigener biografischer Entwürfe zugunsten der Übernahme normativ-institutioneller Ablaufmuster oder fremder Konzepte zurückgestellt. Insbesondere die Beziehungsorientiertheit in Korrelation mit der Ausrichtung an den Erwartungen des Partners scheint eigene Entwürfe für die Frauen obsolet zu machen.

Hierin zeigt sich die mangelnde Empathie in Bezug auf eigene künftige Rollen und die unzureichend entwickelte Reflexivität des eigenen Handelns. Es ist für die Frauen entweder nicht vorstellbar oder nicht geplant, eigene neue Wege jenseits der normativen Vorgaben zu beschreiten.

Gerade aber in diesen Verknüpfungen ist das Problempotenzial zu sehen.

Indem das Handeln der Frauen permanent unter äußerer Einflussnahme, Abhängigkeit oder Fremdbestimmtheit steht, ohne dass eigene Interpretationen wirklich zum Tragen kommen, generieren sich die Ansätze für mangelnde Handlungsintentionalität.

Auch das (temporäre) Vorhandensein situativer Bearbeitungs- und Kontrollschemata von biografischer Relevanz vor den jeweiligen Überschuldungskrisen muss daher nicht verwundern. Sie sind in diesem Zusammenhang als Reaktionsschemata zu betrachten, um die übermächtigen äußeren Bedingungen doch noch unter Kontrolle zu bringen. Das heißt, auch hier steht nicht aktives Handeln, sondern reaktives Vorgehen im Vordergrund.

Das normativ-institutionelle Ablaufmuster markiert durch die Überlassung der Handlungsziele und –umsetzung an Institutionen (z.B. Familie, Schule, Partnerschaft) handlungsschematisch ohnehin den Verzicht auf eigenmächtiges Handeln. Lediglich die vorübergehende Orientierung im Rahmen dieses Schemas erlaubt noch die Aufrechterhaltung der biografischen Selbstkonzepte.

Demnach sind die Strukturen konditionaler Gesteuertheit zumindest latent bereits seit der primären Sozialisation vorhanden.

Darüber hinaus kommen im gesamten Sample überwiegend sogar schon Strukturen primärer Verlaufskurven lange vor der Überschuldungssituation deutlich zum Vorschein. Das primäre Verlaufskurvenpotenzial steht demzufolge zunächst in keinem Zusammenhang zur späteren Überschuldung.

Vielmehr generiert es sich aus der soeben skizzierten Kumulation unreflektierter, geschlechtsspezifischer sozialer Rollenübernahme und der Verhinderung eigener biografischer Entwürfe und Selbstkonzepte zugunsten der bloßen Übernahme normativ-institutioneller Ablaufmuster sowie Erwartungen.

Das wird vor allem bei den Lebensverläufen der ostdeutschen Frauen besonders gut sichtbar, denn ohne die mit der „Wende" verbundenen Verschuldungsoptionen, wären die Frauen wohl niemals in eine derartige Überschuldungskrise gelangt. Es ist allgemein bekannt, dass die Kreditierung des Lebensbedarfs relativ unbedeutend war und sich das Konsumverhalten in der DDR in Grenzen hielt.[471]

Das Verlaufskurvenpotenzial in den Lebensverläufen der Frauen war aber dennoch existent. Es hätte sich also zwangsläufig in anderen Lebensbereichen manifestieren müssen, was auch in einigen Fällen bereits geschehen ist.

Die „Wende" wird zwar argumentativ zur Erklärung der Schulden in Bezug auf Arbeitslosigkeit, den Überschuldungsoptionen und der Verhinderung beruflicher Pläne bemüht, gleichwohl widerspiegelt sich darin einerseits die Übernahme offizieller Deutungsansätze und andererseits das mangelnde Erkennen[472] des eigentlichen Verlaufskurvenpotenzials durch die betroffenen Frauen.

Indem aufgrund der zugewiesenen sozialen Rolle die Entfaltung biografischer Entwürfe und Selbstkonzepte verhindert wird, entsteht das Bedingungspotenzial für strukturelle Abhängigkeiten, welche wiederum die Ingangsetzung der späteren Verlaufskurve beeinflussen.

4.2. Mangelnde eigene biografische Entwürfe und Selbstkonzepte als Bedingungspotenzial für Verlaufskurven

In Ermangelung eigener biografischer Konzepte führen die Frauen ein Leben im Rahmen von normativ-institutionellen Ablaufmustern, wobei sie sich eher am Familienzyklus, als an den Ausbildungs- und Berufskarrieren orientieren.

Nun ist daraus jedoch nicht zu schließen, dass sich die Frauen mit dieser Übernahme eines Musters auch tatsächlich arrangieren oder gar identifizieren. Obgleich es für sie sehr wohl biografische Relevanz besitzt, was an der erzählerischen Einbettung in soziale Beziehungsschemata zu erkennen ist.

Während sie nach außen zwar Angepasstheit vermitteln, setzen sie sich innerlich mit Widersprüchen auseinander. Dokumentiert wird diese Annahme durch die bewusste erzählerische Fokussierung der normativen Erwartungen. Da normativ-institutionelle Ablaufmuster überwiegend Alltagsroutinen betreffen, werden sie normalerweise biografisch nicht thematisiert.[473]

Anders verhält es sich, wenn sie als ein problematisches, die Identitätsentfaltung einengendes, eigene biografische Handlungsschemata gefährden-

---

471 siehe dazu beispielsweise Korczak 1997, 140f.
472 Dieses Erkennen ist, wie in den Falldarstellungen angedeutet, erst im Zuge einer umfassenden Bearbeitung und ggf. Überwindung der Verlaufskurve möglich. Die Mehrzahl der befragten Frauen befindet sich noch nicht in einer solchen Phase.
473 vgl. Schütze 1981, 138

des oder gar die Identitätssubstanz bedrohendes widriges und fremdes institutionelles Erwartungsmuster betrachtet werden.[474] Genau diesen Tatbestand erfüllen die Ablaufmuster aber in den untersuchten Fällen, wie es sich exemplarisch in den Falldarstellungen als auch in den Ausführungen des vorherigen Abschnitts nachvollziehen lässt.

Das heißt mit der bewussten thematischen Fokussierung normativ-institutioneller Erwartungsmuster bringen die Frauen zum Ausdruck, wie sie auf ihre Weise versuchen, die faktisch erschwerten Bedingungskonstellationen in den Lebensverlauf zu integrieren und Aktivitätsbeiträge gegen die als aufgezwungen und ggf. als leidvoll erfahrenen lebenszyklischen Phänomene zu leisten.

Anhand der von Schütze aufgestellten Fokussierungsbedingungen lebenszyklischer Phänomene[475] lässt sich wiederum der Bezug zur Verhinderung der Entfaltung biografischer Entwürfe und Selbstkonzepte herstellen. Es sei erwähnt, dass diese Bedingungen nicht unbedingt immer eindeutig gegeneinander abgrenzbar sind und sich durchaus auch Mischformen ergeben können.

Zu nennen ist zum einen der Zwang zum Ergreifen bzw. Realisieren einer biografischen Alternative, wie er im Kontext von Berufsentscheidungen häufig vorzufinden ist.[476] Diese Form ist in Korrelation mit der nächsten Fokussierungsbedingung bei Frau Pfeifer im Zuge ihrer Berufswahl auszumachen. Aufgrund der befürchteten staatlichen Restriktionen verweigern die Eltern ihre Zustimmung, um kirchliche Kindergärtnerin werden zu können, wodurch Frau Pfeifer Alternativen ergreifen muss.

Zum anderen ist als Fokussierungsbedingung das Vorhandensein eines normativ-institutionellen Erwartungsrahmens anzuführen, der die eigene biografische Entfaltung verhindert.[477] Damit sind beispielsweise auch jene elterlichen Anforderungen gegenüber dem Kind gemeint, die von ihm eine Unterordnung eigener Interessen und Bedürfnisse verlangen. Oder aber auch normative Erwartungen in Bezug auf die Erfüllung familialer Reproduktionsfunktionen, wie im Fall der Frau Kramer.

Wenngleich den heterodoxen lebenszyklischen Erwartungen zunächst zwar entsprochen wird, so können sie aber langfristig gesehen zum Ausgangspunkt einer Emanzipation von eben jenen milieuspezifischen lebens- und familienzyklischen Anforderungen werden,[478] wie es sich im Fall der Frau Pfeifer ersehen lässt.

Eine weitere Fokussierungsvoraussetzung sind handlungsheteronome Bedingungsrahmen, die den biografischen Handlungsschemata, vor allem den

---

474 vgl. ebd., 139
475 vgl. dazu ebd., 142f.
476 vgl. ebd., 142
477 vgl. ebd., 143
478 vgl. ebd., 143

biografischen Entwürfen, Schranken setzen.[479] Dies ist z.b. dann der Fall, wenn es zur Kumulation von Ereignissen kommt wie im Elternhaus der Frau Pfeifer als die Informantin schlussendlich vor der Gewalt der Mutter flieht, damit aber auch ihre Ausbildung abbrechen muss. Oder der Abbruch der zweiten Ausbildung der Frau Hinze infolge ihrer Flucht nach Westdeutschland.

Eine letzte ganz wesentliche Fokussierungsbedingung für lebenszyklische Phänomene wird dann wirksam, wenn lebensgeschichtliche Ablauffolien zum Gegenstand des biografischen Entwurfes gemacht werden.[480] Gerade jedoch diese Voraussetzung wird von allen Frauen erfüllt. Sei es nun, indem sie ein normativ-institutionelles Ablaufmuster unreflektiert als biografische Orientierung übernehmen oder die beruflichen Karrierepläne ihrer Partner zum eigenen biografischen Entwurf machen.

Mit anderen Worten, wenn in allen Fällen mehr oder weniger erzählerische Fokussierungen normativ-institutioneller Erwartungsmuster vorzufinden sind, und sich zudem auch noch Fokussierungsvoraussetzungen analysieren lassen, dann kann von keinem freiwilligen Arrangement mit diesem Ablaufmuster die Rede sein. Die Behinderung der Selbstentfaltung wird von den Frauen zwar in den Lebensverlauf integriert, aber eine theoretische oder gar praktische Verarbeitung ist damit längst nicht verbunden.

Wohlrab-Sahr problematisiert in diesem Kontext die traditionelle Arbeitsteilung der Geschlechter, der zufolge Frauen aufgrund ihrer Zuständigkeit für den Reproduktionsbereich, immer die Aufgabe der Verknüpfung disparater Lebensbereiche zu bewältigen hatten.[481]

Das würde bedeuten, Frauen nehmen resultierend aus ihren geschlechtsspezifischen Erfahrungen oder Erfahrung mit Diskontinuität dieses Schicksal oftmals klaglos hin.

Mit den Worten der Interviewpartnerinnen formuliert heißt das, sie versuchen, das Beste daraus zu machen.

Vor diesem Hintergrund stellt sich nunmehr die Frage, wie die Frauen mit diesem Problembestand umgehen.

Zunächst ist vordergründig ein Bemühen der Frauen um Kohärenz der disparaten Lebensbereiche zu erkennen. Wird jedoch dieses Bemühen hinterfragt, kommen Konflikte oder systematische Widersprüche zwischen den dominanten lebensgeschichtlichen Ordnungsstrukturen und der ausformulierten thematisch-autobiografischen Gesamtsicht zum Vorschein.

So offenbaren sich gerade in der Orientierung an normativen Einheitsvorstellungen idealisierende Attitüden, die von den Befragten mit keinem eigenen Sinngehalt versehen werden und daher stereotyp wirken.

---

479 vgl. ebd., 144
480 vgl. ebd., 145
481 vgl. Wohlrab-Sahr 1994, 298

284

Die Betrachtung dieser Widersprüche, die Schütze auch als autobiografische Deutungssysteme der Selbstverschleierung[482] bezeichnet und sie damit zugleich treffend charakterisiert, sowie insbesondere die Untersuchung ihrer Ursachen erhalten in diesem Kontext eine zentrale Bedeutung.

So lassen sich drei Hauptquellen für das Aufkommen dieser autobiografischen Deutungssysteme der Selbstverschleierung unterscheiden, wobei ich aufgrund ihrer Relevanz für die Genese eines Prozessmodells an dieser Stelle nur zwei davon aufgreifen möchte.

Eine Quelle ist das Festhalten an einer alten Ordnungsstruktur des Lebensablaufs, die zwar faktisch von der Lebenssituation der Biografieträgerin längst überholt worden ist, in die aber intensive, Lebenszeit und –energie beanspruchende Orientierungs- und Aktivitätsleistungen investiert worden sind.[483]

Beispielhaft zu nennen sind die Partnerschaften von Frau Kramer und Frau Pfeifer. Einerseits verkörpern die Partnerschaften das angestrebte institutionalisierte Ablaufmuster in einer stabilen Familienbeziehung, andererseits widerspricht die soziale Realität den idealisierten Vorstellungen der beiden Frauen in Bezug auf Familie und Partnerschaft zunehmend. Und dennoch halten beide aufgrund ihrer erbrachten Aktivitäten lange Zeit an diesem Lebenskonzept fest. Zudem versuchen sie, Außenstehenden ein möglichst intaktes Bild ihrer Paarbeziehung zu vermitteln. Die Partnerschaften haben somit vor allem einen funktionalen Charakter, weil sie das biografische Orientierungsmuster der Frauen komplettieren.

Auch Frau Hinze kann sich infolge ihres beruflichen Engagements nicht von der lebensgeschichtlichen Ordnungsstruktur des institutionalisierten Ablaufmusters der Berufskarriere lösen, obwohl sich bereits erhebliche geschäftliche sowie familiale Probleme abzeichnen. Auch sie bemüht sich um die Wahrung des Scheins nach außen.

Selbst zu dem Zeitpunkt, als die dominante Ordnungsstruktur bereits die einer Verlaufskurve ist, orientieren sich die Frauen noch immer an ihrem institutionellen Ablaufmuster, wenngleich die äußeren Ereignisse und damit die konditionale Gesteuertheit längst übermächtig sind.

Eine weitere Quelle für illusionäre autobiografische Thematisierungen sind entweder vergangene oder gegenwärtig dominante lebensgeschichtliche Ordnungsstrukturen, die traumatische Erlebnisse bereithalten, wie es z.B. negative Verlaufskurven tun.[484]

Es ist konstitutiv für Verlaufskurven, dass die Biografieträgerin ihre konditionale Gesteuertheit im Zuge der Ereigniskaskaden zunächst nicht zur Kenntnis nimmt und genau deswegen keine gezielten Abwehrmaßnahmen

---

482 vgl. Schütze 1981, 117f.
483 vgl. ebd., 117
484 vgl. ebd., 120

einleitet, wodurch sie sich unmerklich immer tiefer in die Verlaufskurvenbedingungen verstrickt. Die sich immer intensiver einstellenden Verlaufskurventraumata können aber nur deshalb ertragen werden, weil die Aufmerksamkeitsleistung systematisch davon abgelenkt bzw. defokussiert wird. Stattdessen erfolgt die Orientierung an höhersymbolischen Ersatzkonstruktionen sowie die Verdrängung der Traumata durch alltagsweltliche Handlungsschemata:[485]

Die illusionäre autobiographische Gesamtthematisierung hat in diesem Zusammenhang die Funktion, nicht-ignorierbare Erlebnisse und Ereignisse, die sich auf Verlaufskurventraumata beziehen, als letztlich nicht ins Gewicht fallende und handlungsschematisch kontrollierte Elemente in den Rahmen einer kontrafaktischen Theorie über den eigenen Lebensablauf einzubauen. Dadurch werden die Operationalisierungsspielräume für Defokussierungs- und Verdrängungsmechanismen stabilisiert und verstärkt.[486]

Demzufolge stellen die erzählerisch vorzufindenden Widersprüche in Gestalt von Defokussierung der sozialen Wahrnehmungen und Situationsdefinitionen, Verdrängung historisch-faktischer Prozesse, Theorien der sekundären Legitimation und der Verschleierung eine Verarbeitungsform zwischen der autobiografischen Illusion und der lebensgeschichtlichen Realität dar.

Die Frauen verdrängen demnach die soziale Realität, indem sie die Aufmerksamkeit von ihren eigenen Problemen ablenken. Gleichwohl konstituiert sich darüber eine illusionäre Sichtweise, die ihrerseits auch wieder neue Defokussierungsvoraussetzungen schafft.

In diesem wechselseitigen Bedingungsgefüge generiert sich eine illusionäre thematisch autobiografische Gesamtsicht, die für die Frauen lebensgeschichtlichen Sinn bereit hält, wenn auch in verzerrter kontrafaktischer Form. Das im Wege der Selbsttäuschung konstruierte biografische Orientierungssystem wird von den Frauen als real erlebt. Auf diese Weise ist es ihnen möglich, die Behinderung ihrer biografischen Entfaltung in Konkordanz zur bisherigen Lebensgeschichte und in Kohärenz zu den anderen Lebensbereichen darzustellen.

Die Konfrontation mit dieser illusionären Sichtweise und ggf. die Vornahme einer Korrektur würde von den Frauen das Eingeständnis verlangen, in biografisch relevanten Zeitspannen in ein realitätsdiskrepantes Biografiemodell investiert zu haben. Auch müssten sie zur Kenntnis nehmen, über kein wirksames biografisches handlungsschematisches Orientierungssystem zu verfügen. Im Kontext der negativen Verlaufskurven müssten die Frauen zudem das Verlaufskurvenpotenzial bewusst erfassen und verarbeiten, was aber genau so gut mit einem kompletten Orientierungsverlust verbunden sein könnte. Zugleich würden sich die bisherigen Sinnquellen auflösen, obwohl neue nicht zur Verfügung stünden.

---

485 vgl. ebd., 120
486 ebd., 120f.

Aufgrund dieser Umstände, die als Resultat der spezifischen Sozialisationserfahrungen einschließlich der Behinderung der biografischen Selbstentfaltung und infolgedessen der Mangel an eigenen biografischen Entwürfen zu werten sind, verfügen die Frauen nicht ohne weiteres über die Ressourcen, neue Handlungs- und Orientierungskonzepte zu etablieren, weshalb sie an den bisherigen Mustern festhalten (müssen).[487]

Daraus ergibt sich eine strukturelle Abhängigkeit von diesen als aufgezwungen empfundenen Ablaufmustern und Erwartungen oder fremden biografischen Entwürfen. Die Frauen sehen sich wegen der unzureichenden eigenen Handlungsalternativen nicht in der Lage, dieser problematischen Konstellation zu entkommen.

In diesem Kontext potenziert sich jedoch die Gefahr, durch die Mechanismen der Defokussierung, Selbsttäuschung und Verdrängung zunehmend einer konditionalen Gesteuertheit zu unterliegen, weil die realen Orientierungsmuster, Handlungszusammenhänge und primären Problemlagen nicht mehr hinreichend reflektiert werden.

Indem beispielsweise höhersymbolische Ersatzkonstruktionen, wie die berufliche Selbstständigkeit der Frau Hinze oder der Frau Kramer, fokussiert in den Blick geraten, werden die Ereignisse im familialen Bereich vernachlässigt.

So realisiert z.B. Frau Hinze nicht, welche Konsequenz die Zuspitzung des familialen Konflikts für ihre eigene geschäftliche Handlungskompetenz hat. Sie bemüht sich daher auch nicht um eine Problemlösung, wie etwa in Form der Herbeiführung eines klärenden Gespräches mit der Mutter. Ebenso wenig versucht sie, ihre geschäftliche Kompetenz durch eine eigene bzw. von der Mutter unabhängige Buchführung zu stärken.

Die systematische Ausblendung und Selbsttäuschung begünstigt ein unkontrolliertes Fortschreiten der Ereignisse in eben diesem Problembereich, womit auch dem Verlust der diesbezüglichen Handlungsintentionalität Vorschub geleistet wird. Die Verstrickung in immer weitere Probleme und die zunehmende Ausweglosigkeit der Lage entwickeln sich sukzessive zur Fallensituation, in deren Konsequenz die Verlaufskurve der Überschuldung in Gang gesetzt wird. Die vormals kontrollierte Verschuldung für die berufliche Selbstständigkeit eskaliert durch das Nicht-wahrhaben-wollen der sozialen Wirklichkeit zur Überschuldung infolge der Provokation der Geschäftsauflösung und fehlender Handlungsalternativen der Frau Hinze.

Und auch die zunehmende Fokussierung alltäglicher Handlungsroutinen und vor allem das Bemühen, dem normativen Rahmen zu entsprechen, wie

---

487 Dieser Umstand widerspricht nicht der Tatsache, dass Frauen sich im Vergleich zu Männern früher aus problematischen Lebenssituationen lösen können (vgl. Becker-Schmidt 1994, 161), jedoch unter Beibehaltung ihrer Orientierungsmuster (vgl. Flamm u.a. 1989, 82).

etwa bei Frau Pfeifer, haben eine Verdrängung der Beziehungsprobleme und damit eine immer intensivere Verstrickung in die Verschuldungsprobleme ihres zweiten Partners zur Folge. Erst mit seinem plötzlichen Verschwinden und der prekären Veränderung ihrer finanziellen Lage realisiert Frau Pfeifer, dass nunmehr sie selbst zur Schuldnerin geworden ist und die Ereignisse an Übermacht gewinnen.

> In den Fällen, wo sich Verlaufskurvenstrukturen bereits manifestiert haben, bilden Selbsttäuschungs- und Defokussierungsstrategien aufgrund derartiger Ausblendungen primärer Probleme resp. Verlaufskurvenpotenziale die Basis für die Transformation der Verlaufskurve in einen anderen Lebens- bzw. Problembereich.

Zwischenresümee

Während die Selbsttäuschungs- und Defokussierungsstrategien auf der einen Seite den Frauen die Möglichkeit bieten, die Behinderung der Entfaltung biografischer Selbstkonzepte lebensgeschichtlich zu integrieren, bahnen sie auf der anderen Seite den Weg für die ungehinderte Ausbreitung der verdrängten Probleme.

Der Mangel an eigenen biografischen Entwürfen und Handlungsalternativen erschwert zudem ein Durchbrechen dieser problematischen Konstellation, wodurch die Erfahrung struktureller Abhängigkeit verstärkt und die Basis für neuerliche Defokussierungen gebildet wird.

> In diesem wechselseitigen Bedingungsgefüge aus Verdrängung, Selbsttäuschung und struktureller Abhängigkeit gedeihen die Voraussetzungen für die äußere Beeinflussung, die Vernachlässigung primärer Problemlagen und eine Selbst- und Weltsicht, welche die eigene Persönlichkeit in den Schatten der Interessen anderer InteraktionspartnerInnen stellt.

So werden, unter Ausblendung der eigenen Skepsis und der vorhandenen Probleme, Verschuldungen für die berufliche Selbstverwirklichung des Freundes, für die Regulierung der finanziellen Verbindlichkeiten des Lebenspartners oder für die bereits gescheiterte und somit wiederholte Neugestaltung eines gemeinsamen Lebensraums eingegangen.

Das vorhandene Problempotenzial erhält damit eine neue kritische Dimension, nämlich die der Verschuldung, der finanziellen Verpflichtung oder Abhängigkeit gegenüber Dritten. Die ohnehin fragile persönliche Situation wird nunmehr durch einen finanziellen Unsicherheitsfaktor zusätzlich verstärkt.

Die potenzielle Möglichkeit der äußeren Einflussnahme seitens eines Gläubigers, der Wegfall einer finanziellen Quelle oder das berufliche Scheitern erhöhen die Fragilität der persönlichen Lage. Mit dieser Zunahme der

Wahrscheinlichkeit, in eine Konfrontation mit äußeren Ereignissen zu geraten, wächst auch die Gefahr einer Eskalation des Bedingungspotenzials verbunden mit der Ingangsetzung einer Verlaufskurve der Überschuldung.

4.3. Die Dynamisierung der Verlaufskurve der Überschuldung durch äußere Ereignisse

Die Ausbreitung von illusionären autobiografischen Sichtweisen und die Konzentration auf sekundäre Problemaspekte forcieren eine Vernachlässigung der primären Problempotenziale, wie bereits erörtert wurde. Diese Potenziale können sich somit ungehindert weiter entfalten und auf andere Handlungsbereiche übergreifen. Die Ereignisabläufe in diesen Bereichen können mangels gezielter Abwehrmaßnahmen eine Eigendynamik entwickeln, denen die Biografieträgerinnen letztendlich handlungsunfähig und geradezu ohnmächtig gegenüberstehen.

Selbst das Ergreifen eines situativen Bearbeitungs- und Kontrollschemas von biografischer Relevanz kann das Fortschreiten des Verlustes der Handlungsautonomie in den betroffenen Handlungsbereichen nur noch verzögern, aber nicht mehr aufhalten, da es keine eigenen biografischen Handlungs- und Orientierungsalternativen gibt. Die Diskrepanz zwischen Planungs- und Antizipationsvorstellungen und den sich einstellenden Ereignissen vergrößert sich zusehends.

In den Fällen, bei denen die primären Verlaufskurvenmechanismen besonders ausgeprägt sind, ist die Handlungsintentionalität ohnehin eingeschränkt, wodurch gezielte Versuche des Gegensteuerns erst gar nicht stattfinden. Es genügt nunmehr eine plötzliche Grenzüberschreitung, die das Verlaufskurvenpotenzial zu einer übermächtigen Ereignisverkettung dynamisiert, worauf die Frauen nur noch konditionell reagieren können.

Die drei vorgestellten Fallporträts lassen sich im Hinblick auf die Auslösung der Verlaufskurve der Überschuldung in zwei Fallgruppen unterscheiden.

So repräsentiert Frau Hinze jene Gruppe, die durch die Konfrontation mit einer befremdenden Situation bzw. ereigniserzwungen plötzlich in eine Verlaufskurve gerät.

Während Frau Pfeifer und Frau Kramer für die Frauen stehen, die sich im Zuge der Transformation einer primären Verlaufskurve nunmehr in einem Überschuldungsprozess wiederfinden.

Entgegen der Unterscheidung von Schütze in handlungsschematische oder ereigniserzwungene Auslösungsbedingungen von Verlaufskurven[488] und

---

488 vgl. Schütze 1981, 98

der sich noch deutlicher abhebenden Differenzierung Brüsemeisters in Trans-
intentionalität des eigenen Handelns oder Konfrontation mit kontraintentio-
nalen Ereignissen[489], lässt sich diese Zweiteilung auf die vorliegende Studie
nicht ohne weiteres übertragen.

So provoziert das Handlungsschema der Frau Hinze ja gerade erst das
Konfrontationsereignis. Oder anders formuliert, mit einem anderen Handlungsmuster hätte Frau Hinze auf ihre Umwelt und die Ereignisse anders reagieren können, und möglicherweise wäre eine Eskalation dadurch vermeid-
bar gewesen.

Bei Frau Pfeifer und Frau Kramer sind dahingegen auch nicht nur ein
schleichender Prozess der Aufschichtung des Verlaufskurvenpotenzials sowie
keine bloße Verstrickung in die eigenen Handlungsschemata zu konstatieren,
sondern bestimmte herausgehobene (äußere) Ereignisse dynamisieren diesen
Prozess zusätzlich. Vielleicht hätten sogar andere Begleiterscheinungen niemals zu einem völligen Zusammenbruch der Handlungsorientierung geführt.
Dieser Auffassung kann man natürlich wieder entgegen setzen, dass bestimmte Handlungsmuster auch entsprechende Begleiterscheinungen provozieren
usw.

Mit dem soeben vollzogenen Exkurs soll die wechselseitige Beziehung
von biografischen Handlungsschemata und Ereigniskonstellationen sowohl zu
Beginn als auch in der Konsequenz der Verlaufskurve[490] skizziert werden.

Die Auslösung der dargestellten Verlaufskurven der Überschuldung basiert demzufolge in untrennbarer Einheit auf dem Zusammentreffen von Komponenten biografischer Verletzungsdispositionen mit Komponenten der Konstellation zentraler Widrigkeiten in der aktuellen Lebenssituation.[491]

Die Komponenten biografischer Verletzungsdispositionen, wie etwa die ver-
hinderte Entfaltung biografischer Selbstkonzepte, ziehen bei ausbleibender
Bearbeitung in der Konsequenz die Komponenten der Konstellation zentraler
Widrigkeiten der aktuellen Lebenssituation, wie beispielsweise der partielle
Handlungsverlust infolge der Verdrängung primärer Probleme, nach sich.
Allein daran zeigt sich der lebensgeschichtliche wie auch sinnlogische Zu-
sammenhang dieser Komponenten.

Das Auftreten von zentralen Widrigkeiten der aktuellen Lebenssituation wird
aber durch das Hinzukommen der Dimension der Verschuldung wahrschein-
licher, denn in einer ohnehin prekären lebensgeschichtlichen Lage vergrößert
sich durch die Eingehung der Verbindlichkeiten die potenzielle Angriffsfläche für äußere Ereignisse.

---

489 vgl. Brüsemeister 2000, 142
490 Im Gegensatz dazu meint Brüsemeister, dass am Startpunkt einer Verlaufskurve ganz klar
     zwei Ursachen zu unterscheiden sind (vgl. ebd., 142).
491 vgl. Schütze 1999, 201

Hinzu kommt die Sorge um eine existenzielle Gefährdung im Hinblick auf materielle Aspekte, potenziellen Statusverlust oder die Konfrontation mit gesellschaftlichen Tabus, die auch die innere Verfasstheit der Betroffenen negativ beeinträchtigt.

Unter diesen Voraussetzungen und in Anbetracht des vorhandenen Verlaufskurvenpotenzials führt eine Kumulation der Ereignisse unweigerlich zu einer dramatischen Dynamisierung der Verlaufskurvenmechanismen.

Während zuvor in erster Linie strukturelle Abhängigkeiten im Innenverhältnis bestanden, existieren nun zusätzlich Abhängigkeiten im Außenverhältnis.

> Indes den inneren problematischen Zuständen handlungsschematisch mit Verdrängung, Ausblendung und Defokussierung begegnet werden konnte, lässt sich dieses Handlungsmuster bei auftretenden Schwierigkeiten in einem zudem noch vertraglich fixierten, rechtsverbindlichen Außenverhältnis nicht ohne weiteres fortsetzen.

Kein Wirtschaftsunternehmen würde dauerhaft akzeptieren, wenn die vertraglichen Vereinbarungen aufgrund persönlicher Probleme und Verdrängungsstrategien unterlaufen werden.

Gerade hierin liegt ein ganz wesentliches Moment für das plötzliche Umschlagen des aktiven Handlungsschemas in konditionale Gesteuertheit.

Im Zuge der Konfrontation mit den äußeren Ereignissen erleben die Frauen, wie ihre bisherigen Orientierungsmuster progressiv ins Leere greifen. Und auch wenn z.B. Frau Kramer sich immer stärker auf den Fortbestand des Geschäftsbetriebes konzentriert, bei gleichzeitiger Verdrängung der Beziehungsprobleme, die Schulden wachsen bedrohlich an und das Geschäft wirft keinen Gewinn ab.

Ebenso bei Frau Hinze, die eine stete Unterstützung ihrer Familie ausblendet, und stattdessen durch die abrupte Geschäftsauflösung und den Rauswurf der Mitarbeiterinnen den Bruch mit ihrer Mutter provoziert, wodurch ihre Handlungskompetenz auch gegenüber den Gläubigern schlagartig zum Erliegen kommt.

Oder Frau Pfeifer, die immer bemüht ist, den normativen Anforderungen zu entsprechen und den äußeren Schein zu wahren. Sie muss mit dem Verschwinden des Partners plötzlich realisieren, dass sie selbst in massiven finanziellen und persönlichen Schwierigkeiten steckt und mit ihrer Schuldensituation gesellschaftliche Tabus antastet. Auch ein Verheimlichen dieser Umstände ist ihr nicht mehr möglich, denn insbesondere die Vermieterin lässt nichts unversucht, ihre Außenstände einzutreiben.

Das Verlaufskurvenpotenzial, welches unter dem Einfluss der Verschuldung eine Dynamisierung erfahren hat, konkretisiert sich zu einer übermächtigen Kaskade der äußeren Ereignisse, denen die Frauen nicht mehr intentional begegnen können.

Die Verschuldung gerät mit dem Wirksamwerden der Verlaufskurvenmechanismen außer Kontrolle und entgleitet in die Überschuldung, weshalb auch der Begriff einer Verlaufskurve der Überschuldung verwendet wird. Mit diesem Moment befinden sich die Frauen in einer Überschuldungssituation.

Wenngleich die Beantwortung der Forschungsfrage und des Erkenntnisinteresses an diesem Punkt beendet ist, so soll das Prozessmodell abschließend noch um jene Aspekte komplettiert werden, die den Verlaufskurvenprozess und insbesondere die etwaige Überwindung des Verlaufskurvenpotenzials maßgeblich beeinflussen.

Die Gestaltung der einzelnen Prozessphasen hängt entscheidend von den InteraktionspartnerInnen ab, den so genannten Verlaufskurvenprozessoren (z.B. professionelle Helfer) und den Verlaufskurvendritten (z.B. Freunde, Verwandte):

In Abweichung von der Verlaufskurven-„Normalformsequenz" können zudem spezielle (nicht immer, aber häufig professionelle) Handlungsschemata der Verlaufskurven-Transformation Verlaufskurven beschleunigen, retardieren, auf neue Lebensbereiche übertragen, in andere Organisationsbereiche verschieben, ihren Verlaufskurvencharakter durch fiktional-handlungsschematische Symbolisierung verschleiern usw. [Herv. i. O.][492]

Ihre Interventionen haben Einfluss auf den Verlauf der Krisensituation, besonders im Hinblick auf die Entstabilisierung der Lebenssituation und den völligen Zusammenbruch der Handlungsorientierung.

Es darf dabei auch ihre Rolle in Bezug auf die Beibehaltung des inadäquaten Orientierungsmusters, dem das Verlaufskurvenpotenzial noch implizit ist, nicht unterschätzt werden.

Bei Frau Hinze zeigt sich beispielsweise, wie durch das Eingreifen des Vaters der Orientierungszusammenbruch zwar verhindert, die illusionäre Sichtweise aber noch verstärkt wird. Sie erlebt, wie ihr altes Handlungsmuster eben doch funktioniert, weshalb die Notwendigkeit zur Bearbeitung des Bedingungspotenzials nicht erkannt wird. Die Gefahr einer neuerlichen Eskalation des Verlaufskurvenpotenzials ist damit jedoch nicht gebannt.

Der Zusammenbruch der Alltagsorganisation und der Selbstorientierung ist für die Frauen der wesentliche Impuls fremde bzw. professionelle Hilfe in Anspruch zu nehmen. Dabei konzentrieren sie sich auf den „sichtbaren" Bereich ihrer Krise, weshalb die Regulierung ihrer finanziellen Situation und die Kontaktierung einer Schuldnerberatungsstelle im Vordergrund stehen.

Indem die Beratungskräfte stellvertretend die Verhandlungen mit den Gläubigern führen und damit konfliktträchtige Korrespondenz übernehmen, konstatieren die Frauen eine Entspannung ihrer persönlichen Lage. Doch selbst mit einer Stabilisierung der Verhältnisse, ist nur in wenigen Fällen eine eigenverantwortliche Schuldenproblemlösung zu beobachten.

---

492 Schütze 1981, 101

Die Frauen greifen mehrheitlich ihr altes Handlungsmuster wieder auf, wobei sie durch die professionelle Intervention oftmals darin unterstützt werden. Den normativ-institutionellen Erwartungen der Beratungsstelle entsprechend, fügen sie sich in die Abläufe dieser Institution ein.

Und auch die häufig festzustellende Konzentration der Beratungskräfte auf den monetären Aspekt der Überschuldung und die Übernahme der Regulierungsangelegenheit begünstigen bei den Frauen geradezu das Verdrängen der faktischen Verursachung der Krisensituation. Die biografischen Komponenten des Überschuldungsgeschehens werden von den Beteiligten nur unzureichend berücksichtigt. Die theoretische Verarbeitung der Verlaufskurvenerfahrung wird durch derartige Interventionen behindert, womit das kritische Verlaufskurvenpotenzial weder eine Bearbeitung noch eine Überwindung erfahren kann.

Die durch die professionelle Hilfe zurückgewonnene partielle Handlungsfähigkeit ermöglicht eine Wiederaufnahme der Alltagsgestaltung im Rahmen von Routinehandlungsschemata, wodurch das Fehlen wirksamer biografisch-handlungsschematischer Orientierungsmuster verschleiert wird. Auch die Situations- und Selbstdefinition wird unter diesen Umständen keiner kritischen Reflexion unterzogen, sodass auch die Verlaufskurve und ihre Ursachen von den Betroffenen nicht erfasst werden können. Damit fehlt es zugleich an den Voraussetzungen, um über gezielte praktische Versuche handlungsschematischer Behandlungs- und Kontrollstrategien die Verlaufskurve zu beherrschen oder gar zu überwinden.

Es gibt zwar in einigen Fällen des Samples Modalisierungstendenzen, die als Ansätze für eine Emanzipation von den bisherigen Handlungsmustern gedeutet werden können. Diese sind jedoch noch recht vage, um sie als einschneidende Veränderung des biografischen Konzepts werten zu können.

Nur im Fall der Frau Pfeifer lässt sich nach einem jahrelangen Moratorium der Auseinandersetzung mit sich selbst und ihrer sozialen Umwelt nunmehr ein biografischer Prozess der Persönlichkeitsentfaltung verzeichnen. Die Intensität der Auseinandersetzung und die subjektiven Erfahrungen damit machen jedoch auf eindringliche Weise deutlich, mit welchen Schwierigkeiten die Überwindung einer Verlaufskurve verbunden ist.

Mit dem vorgestellten Prozessmodell wird nachhaltig die Bedeutsamkeit der biografischen Dimension des Überschuldungsprozesses betont, welche in der Auseinandersetzung mit den Konstitutionsbedingungen von Selbstkonzepten, einschließlich der verhinderten Entfaltung persönlicher Entwürfe im Lebensverlauf, den biografischen Lernprozessen sowie der Eskalation eines biografisch konstituierten Bedingungspotenzials und der Relevanz der lebensgeschichtlichen Bearbeitung desselben zum Ausdruck kommt.

Das Prozessmodell ist zugleich als gegenstandsbezogener theoretischer Ansatz zu verstehen, der den Überschuldungsverlauf bei Frauen im Zusammenhang mit dem Verlaufskurvenkonzept erklärt.

Zusammenfassung und Perspektiven

Rekurrierend auf die Ausgangsfragen, Intentionen sowie das Erkenntnisinteresse erfolgt nunmehr eine Zusammenfassung der Inhalte und Ergebnisse der Dissertation. Zudem werden mögliche Perspektiven eröffnet und Forderungen hinsichtlich bestehender struktureller Defizite postuliert.

Wie bereits mehrfach betont, war das Forschungsdesign der vorliegenden Untersuchung nicht handlungsorientiert konzipiert, weshalb die vorgestellten Ergebnisse auch nicht als technokratische Anleitung für sozialpädagogisches Handeln gedacht sind. Die Ergebnisse sollen vielmehr die Bemühungen der ExpertInnen in der Praxis zur Etablierung ganzheitlicher resp. mehrdimensionaler Beratungsansätze wissenschaftlich-theoretisch und argumentativ untermauern.

Vor dem Hintergrund der gegenwärtigen gesellschaftlichen, ökonomischen und sozialen Strukturen sowie der politischen Schlussfolgerungen wurde die Situation der privaten Überschuldung dargestellt. Dabei zeichnete sich nicht nur die wechselseitige Bedingung dieser einzelnen Faktoren ab, sondern auch die ambivalente Haltung von Gesellschaft und Politik zu dem sozialen Phänomen der privaten Ver- und Überschuldung. Während die Kreditierung des Konsums volkswirtschaftlich gewünscht und forciert wird, erfahren die negativen Folgeerscheinungen einer vormals kontrollierten Verschuldung eine Ausblendung. Die Individualisierung der Problemlage schlägt sich in einer ausgrenzenden Behandlung der Betroffenen, aber ebenso in der ungenügenden sozialpolitischen Unterstützung der sozialpädagogischen Hilfeangebote nieder.

Bei der Betrachtung der auslösenden Momente einer Überschuldung, die zumeist mit kritischen Ereignissen (Arbeitslosigkeit, Trennung/ Scheidung) korrelieren, verdeutlichte sich zudem die besondere Disposition von Frauen in diesem Kontext. Unzureichende rechtliche und politische Maßnahmen führen zur strukturellen Benachteiligung von Frauen sowohl am Arbeitsmarkt als auch in Trennungssituationen.

Diese strukturellen Zusammenhänge im Kontext der privaten Überschuldung, einschließlich der rechtlichen und politischen Defizite, gilt es konsequent aufzudecken, kontinuierlich öffentlich zu thematisieren und damit ins gesellschaftliche Bewusstsein zu holen. Die Ursachen und Begleiterscheinungen der privaten Überschuldung, insbesondere auch die damit korrelierende strukturelle Diskriminierung von Frauen, müssen sich nachhaltig im politischen Handeln widerspiegeln.

Es ist ein moralisch völlig inakzeptables Vorgehen, wenn die VertreterInnen von Wirtschaft und Politik an die Gesellschaft appellieren, im Interesse der Binnenkonjunktur zu konsumieren, im Gegenzug aber zu wenig Maßnahmen ergriffen werden, um die damit verbundenen individuellen Risiken abzufedern.

Die tradierten Formen zum Erwerb der individuellen ökonomischen und Haushaltsführungskompetenzen genügen längst nicht mehr den Anforderungen einer hochkomplexen Gesellschaft mit einem ebensolchen Kredit-, Konsum- oder Wirtschaftssystem. Doch noch immer fehlt es an einer ausreichenden Institutionalisierung von Angeboten, die vor allem in primärpräventiver Hinsicht bestehenden Informations- und Bildungsdefiziten begegnen. So bilden diesbezügliche Lerneinheiten noch immer die Ausnahme in den vorhandenen Curricula.[493] Dabei könnte eine zeitgemäße ökonomische bzw. monetäre Sozialisation einen wesentlichen Beitrag leisten, um den bewussten Umgang mit Geld, Konsum oder Vertragsabschlüssen bereits im Schulalter zu erlernen.

Die Schuldnerberatungsstellen könnten in diesem Zusammenhang sowohl Multiplikatorenfunktionen übernehmen als auch unmittelbare Angebote zum Erwerb der notwendigen finanziellen und sozialen Kompetenzen vorhalten. Hier besteht jedoch erheblicher politischer Handlungsbedarf, denn bislang wurde die präventive Arbeit von den Fördermittelgebern kaum berücksichtigt.

Unter dem zunehmenden Druck der Ökonomisierung Sozialer Arbeit kann die Praxis der Schuldnerberatung nur begrenzt Konzepte etablieren, die den Bedürfnissen und Problemen der AdressatInnen situativ und individuell gerecht werden. So wurde erörtert, wie die strukturellen Defizite der verschiedenen Ebenen und Beteiligten kumulieren und zu einer diffusen Lage hinsichtlich der methodischen und beraterischen Ansätze in der Schuldnerberatungspraxis führen.

Dieser Umstand kann maßgeblich durch eine bedarfsgerechte Ausgestaltung resp. Finanzierung der karitativen Schuldnerberatungsangebote verbessert werden, denn der eindeutige Kontrast zwischen den personellen Kapazitäten und der Nachfrage der Ratsuchenden intensiviert die Schwierigkeiten der Beratungsstellen zusehends.

Doch auch die mangelnde wissenschaftlich-theoretische Auseinandersetzung auf der Grundlage eigener empirischer Forschungen erschwert die Reflexion und Evaluation sozialpädagogischen, schuldnerberaterischen Handelns und die Etablierung professioneller Standards. Die Forderung, dieses Handlungsfeld aus möglichst vielen Sichtweisen zu erfassen und zu analysieren, kann hiermit nur bekräftigt werden.

Indem die vorliegende Studie sich den Perspektiven der Adressatinnen von Schuldnerberatung widmet, versucht sie ihren Beitrag zur Schaffung

---

493 Das Bundesministerium für Familie, Senioren, Frauen und Jugend hat zwar Unterrichtshilfen zur Stärkung der Finanzkompetenz herausgegeben, doch obliegt der Einsatz den Lehrkräften (siehe www.unterrichtshilfe-finanzkompetenz.de).

fundierter Datenbasen zu leisten, die wiederum den Ausgangspunkt wissenschaftlicher Diskurse markieren können.

Mit der Frage, wie Frauen innerhalb ihrer Lebensverläufe zu Schuldnerinnen werden, wurde den biografischen Bedingungen zur Ausbildung von Selbst- und Weltverständnissen nachgegangen, die für das spätere Ver- und Überschuldungshandeln konstitutiv sind.

Durch das qualitativ angelegte Forschungsdesign und eine größtmögliche Offenheit gegenüber dem Untersuchungsgegenstand konnten aus den empirischen Daten heraus gegenstandsbezogene theoretische und vor allem neuartige Erkenntnisse generiert werden, die nicht hypothetiko-deduktiv bereits bestehende Theorien verifizieren.

Die methodologischen und methodischen Grundlagen der vorliegenden Arbeit, die in der Biografieforschung verwurzelt sind, weisen insbesondere durch ihre Fallförmigkeit bzw. Subjektbezogenheit, biografische Orientierung und hermeneutischen Interpretationsansätze eine große Affinität zu sozialpädagogischen Methoden auf. Hinzu kommt analytische Einbindung eines theoretischen Konzeptes, welches gesellschaftliche und subjektive Destrukturierungsprozesse sozialer Realität aufgreift. Mit dem Verlaufskurvenkonzept werden soziale Prozesse des Erleidens oder konditionaler Gesteuertheit abgebildet, die für gewöhnlich nicht im Fokus der Sozialforschung stehen. Da aber gerade anomische bzw. ungeordnete Aspekte sozialer Wirklichkeit das Handlungsfeld Sozialer Arbeit bestimmen, ist eine entsprechende forschungsmethodische Berücksichtung empfehlenswert.

Wenngleich zwischen den unterschiedlichen Strukturlogiken der Ebenen von Wissenschaft und Praxis zu differenzieren ist, so lassen sich qualitative Ansätze der Sozialforschung aber durchaus für die praktische Arbeit erschließen.

Beispielsweise lassen sich aus der biografisch-narrativen Gesprächsführung oder der hermeneutischen Rekonstruktion Konzepte für die sozialpädagogische Praxis ableiten.[494] Schütze hebt hierbei die Entwicklung ethnografischer, verstehender Sichtweisen in der Praxis der Sozialen Arbeit hervor, wozu es selbstredend fundierter sozialwissenschaftlicher Vorkenntnisse und praktischer Forschungserfahrungen bedarf, deren Erwerb in Aus- und Weiterbildung realisiert werden sollte.[495]

In den lebensgeschichtlichen Selbstthematisierungen kommt die biografische Aufschichtung von Problemlagen und Leidenserfahrungen der AdressatInnen Sozialer Arbeit zum Ausdruck, womit sich die Relevanz der Biografieforschung für dieses Handlungsfeld verdeutlicht.[496] Gerade das autobiografisch-narrative Interview erscheint besonders geeignet zur Genese lebensgeschichtlicher Erfahrungsaufschichtungen, die in der Analyse Aufschluss ge-

---

494 siehe dazu u.a. Nittel 1994, 158f., Völzke 1997, 271f. oder Nölke 1997, 177f.
495 siehe Schütze 1994, 189f.
496 vgl. dazu Nittel 1994, 155

ben über die Entfaltung resp. Verhinderung von Handlungs- oder Erleidensmustern als auch Selbstkonzepten der BiografieträgerInnen.

Die Konzipierung praxisnaher Formen der biografisch orientierten Gesprächsführung oder Beratung in Anlehnung an die Methodologie des autobiografisch-narrativen Interviews ist als Möglichkeit zur Verknüpfung elabo-
rierter wissenschaftlicher Verfahren der Biografieanalyse mit den „natur-
wüchsigen Formen lebensgeschichtlicher Selbstthematisierung im Berufsall-
tag" Sozialer Arbeit zu betrachten.[497]

Die Verbindungslinien zwischen Theorie und Praxis werden m.E. anhand der
vorgestellten Fallporträts am deutlichsten. Indem die Einzelfallstudien ein
biografieanalytisches Fallverstehen exemplarisch abbilden, wird das methodische Vorgehen transparent und praktisch nachvollziehbar.

Durch den offenen Fragestimulus werden zunächst umfangreiche Daten
generiert, welche eine Einsicht erlauben in die unterschiedlichen biografischen Erfahrungsaufschichtungen der interviewten Person. In der Analyse
kommen wiederum auch jene Erfahrungen von Ereignissen und Entwicklungen zum Vorschein, die der Biografieträgerin nicht voll bewusst und theoretisch sogar ausgeblendet werden.

Hierin liegt auch der entscheidende Vorteil der Methode, denn durch die
fehlende äußere Vorstrukturierung werden die für die Informantinnen relevanten Erfahrungsbereiche erfassbar, die beispielsweise in einem problemzentrierten oder geschlossenen Interview möglicherweise keine Berücksichtigung erfahren.

Im Hinblick auf die herausgearbeiteten Verlaufskurvenprozesse ist dieser
Vorteil gegenüber vorstrukturierten Erhebungen besonders entscheidend,
denn wirksame Verlaufskurvenpotenziale werden von den Betroffenen zumeist nicht erkannt und können daher auch nicht explizit thematisiert werden.

Die mangelnde Verbalisierung der problematischen Zusammenhänge
sagt demzufolge nichts über deren Virulenz aus. Wohingegen die explizite
Thematisierung bestimmter Kontexte ebenso wenig über deren Qualität, Intensität oder ursächliche Bedeutung verrät.

Vielmehr sind die Befragten bei bestimmten Aspekten eher in der Lage,
sie als Ursache ihrer Probleme zu akzeptieren bzw. zu artikulieren. Möglicherweise entsprechen die thematisierten Bereiche sogar defokussierten Ersatzkonstruktionen und sind damit Bestandteil von Verdrängungsmechanismen.

Die bislang geführte Diskussion um die vermeintlichen Ursachen und
Auslöser von Überschuldungssituationen, die sich mehrheitlich auf offen-
kundige Fakten stützt, müsste um diese Perspektive erweitert werden. Durch
die forschungsmethodische Berücksichtung auch latenter Sinnstrukturen können diese Zusammenhänge erhellt werden.

---

497 vgl. ebd., 177f.

In Anbetracht der Tatsache, keine umfassende empirische Datenbasis im Bereich der Überschuldungsforschung vorhalten zu können, sollten in erster Linie Forschungsvorhaben forciert werden, die möglichst viele Facetten der privaten Überschuldung erfassen. Qualitative Untersuchungsansätze sind durch ihre Offenheit und Gegenstandsangemessenheit prädestiniert, unerforschte Felder zu sondieren oder zu strukturieren. Wohingegen quantitative Projekte ihren Fokus möglicherweise vorschnell auf Mechanismen und Strukturen lenken, denen u.U. nur marginale Bedeutung zukommt.

Infolge der Herausarbeitung von Verlaufskurvenstrukturen in den analysierten Lebensverläufen wurde in den Falldarstellungen eine chronologische Rekonstruktion der Verlaufskurven der Überschuldung vorgenommen. Gleichzeitig wurden die Lern- und Bildungsprozesse zur Konstitution von Selbst- und Weltverständnissen in Korrelation mit den biografischen Handlungsorientierungen der Adressatinnen fokussiert, welche als konstitutive lebensgeschichtliche Momente der Ver- und Überschuldung in Betracht kamen. Auf diese Weise ließen sich die biografischen Dimensionen der Überschuldung und der prozessuale Verlauf in die Ver- und Überschuldung sowie mögliche Bewältigungsmuster veranschaulichen.

Die divergenten Verlaufsmuster wurden in einem nächsten Schritt systematisiert und zu einem gegenstandsbezogenen theoretischen Prozessmodell zusammengefügt.

Die Entwicklung einer deterministischen Typologie von Schuldnerinnenkarrieren war nicht vorgesehen, sondern die Konstruktion eines Modells, welches die Dynamik des Überschuldungsprozesses einfängt und zugleich theoretisch erklärt, wie Frauen innerhalb ihrer Lebensverläufe zu Schuldnerinnen werden können.

In den verschiedenen Verlaufsmustern ließen sich u.a. mangelnde Möglichkeiten zur Reflexion und Modifizierung sozialer Normen feststellen, wodurch wiederum die Aneignung identitätsfördernder Fähigkeiten erschwert ist. Störungen im Prozess der Identitätsbildung haben jedoch Auswirkungen auf die Entfaltung von Selbstkonzepten, Handlungs- und Interaktionsmustern, sodass sich in der Folge eine thematische Anbindung des Prozessmodells an Identitätskonzepte im Sinne des Symbolischen Interaktionismus konkretisierte.

Zudem bildete das Verlaufskurvenkonzept den theoretischen Bezugsrahmen. Somit konnte dargestellt werden, wie aufgrund der zugewiesenen sozialen Rolle die Entfaltung biografischer Entwürfe und Selbstkonzepte verhindert wird und dadurch das Bedingungspotenzial für strukturelle Abhängigkeiten entsteht, welche wiederum die Ingangsetzung der späteren Verlaufskurve beeinflussen. Die biografische Dimension des Überschuldungsprozesses bei Frauen wurde dadurch nicht nur exemplarisch deskriptiv erschlossen, sondern im Rahmen des Prozessmodells auch theoretisch kontextualisiert.

Anhand des Prozessmodells werden die Interaktions- und Orientierungsmuster sowie die Phasen der Verlaufskurven der Überschuldung offensichtlich und theoretisch erklärbar.

Ein Ertrag der Studie kann daher auch darin gesehen werden, die Erkenntnisse über intentionale Handlungsmuster und konditionale Gesteuertheit im Lebensverlauf der überschuldeten Frauen zur zielgruppengerechteren Gestaltung der Interventionskonzepte nutzen zu können.

Im Hinblick auf den Mangel an eigenen biografischen Entwürfen und einer Ausrichtung an fremden Lebenskonzepten sollten Schuldnerberatungsstellen eine Reflexion der herkömmlichen Handlungs- und Interaktionsmuster der ratsuchenden Frauen in den Mittelpunkt der Interventionen stellen. Den sozialen und persönlichen Ressourcen der Ratsuchenden sollte deshalb generell eine Schlüsselfunktion zukommen, und nicht nur im Falle fehlender finanzieller Alternativen. Diese Ressourcen zu erfassen und zu optimieren kann eine richtungsweisende Aufgabe von Schuldnerberatung sein.

Eine schnelle Übernahme der Schuldenregulierungsangelegenheiten seitens der Beratungskräfte stützt dahingegen die bisherigen, kritischen Orientierungsmuster bzw. die vorhandenen Verlaufskurvenpotenziale.

Die Kenntnis über die Verlaufskurvenprozesse kann jedoch noch eine weitergehende Relevanz für das Beratungsgeschehen bzw. die Methodik haben.

In der Regel basieren die bisherigen Interventionsstrategien auf der Annahme intentional handelnder AkteurInnen. Die Ergebnisse der Studie zeigen jedoch, dass darauf gerade nicht abgestellt werden kann. Das bedeutet für die Praxis, intentionale Handlungsorientierungen bei den Ratsuchenden erst wieder aktivieren zu müssen, bevor in einem weiteren Schritt Perspektiven zur zielgerichteten, bewussten Lebensgestaltung entwickelt werden können.

Um die Komplexität und kausalen Zusammenhänge der individuellen Problemlage im Zuge der Aufschichtung von Bedingungspotenzialen in der Schuldnerberatungspraxis nachvollziehen zu können, müssen zudem bei der Schuldengenese zeitliche Dimensionen beleuchtet werden, die jenseits der akuten oder gegenwärtigen Überschuldungssituation liegen.

Die Notwendigkeit zur Umsetzung ganzheitlicher sozialpädagogischer Beratungsansätze in der Schuldnerberatung zeigt sich vor allem hinsichtlich der Bearbeitung oder Überwindung der primären Verlaufskurvenpotenziale. Da die betroffenen Menschen wirksame Verlaufskurvenpotenziale selbst nicht unbedingt theoretisch erfassen können und die Verbalisierung infolgedessen ausbleibt, bedarf es geeigneter methodischer Ansätze, diese (latente) Problemlage dennoch zu erkennen. Etwaige Anlehnungen an die biografisch-narrative Gesprächsführung würden sich anbieten.

Beachtet werden muss jedoch auch die Funktion, die Ersatzkonstruktionen bei Verdrängungsmechanismen übernehmen. Die „Demontage" illusionärer Sichtweisen kann nur gelingen, wenn neue Sinnquellen zur Verfügung stehen. Der systemische Ansatz könnte hierbei unterstützend wirken, da nicht nur der einzelne Mensch, sondern auch das ihn umgebende System als Ganzes geachtet wird. Dabei wird respektiert, dass jedes System die so genannte Homöostase anstrebt, das heißt die Balance der beteiligten Systeme oder Subsysteme. Illusionäre Ersatzkonstruktionen werden sozusagen entbehrlich, weil die Entwicklung alternativer Strukturen und Perspektiven diesen Verlust ausbalanciert.

Vernachlässigen professionelle AkteurInnen dahingegen die (latenten) Problempotenziale, forcieren sie u.U. eine Transformation der Verlaufskurve in andere Bereiche.

Dieser Aspekt erlangt eine besondere aktuelle Bedeutung im Kontext von Verbraucherinsolvenzverfahren oder den Eingliederungsdienstleistungen gemäß SGB II. Die private Überschuldung wird hierbei allzu oft lediglich als ein monetäres Problem oder ein Vermittlungshemmnis definiert und die schnellstmögliche finanzielle Regulierung hat Vorrang. Solange jedoch soziale Komponenten der Überschuldung ausgeblendet werden, generieren und konsolidieren sich langfristig weitere soziale Probleme.

Literatur

Andreß, Hans-Jürgen (2004): Die wirtschaftlichen Folgen von Trennung und Scheidung insbesondere für Familien. In: Gewerkschaftliche Monatshefte 7-8 (55. Jg.), 474–482

Andreß, Hans-Jürgen u.a. (2003): Wenn aus Liebe rote Zahlen werden. Über die wirtschaftlichen Folgen von Trennung und Scheidung. Gutachten im Auftrag des Bundesministeriums für Familie, Senioren, Frauen und Jugend. Opladen

Arbeitsgemeinschaft Schuldnerberatung der Verbände (AG SBV) (2002): Berufsbild Schuldnerberater. Entwurf des Arbeitskreises-Berufsbild der AG SBV vom 30. April 2002

Arbeitsgemeinschaft Schuldnerberatung der Verbände (AG SBV) (2003): Beratung von (ehemals) Selbständigen in der Schuldner- und Insolvenzberatung. Arbeitspapier des AK InsO der AG SBV vom Februar 2003

Arbeitsgemeinschaft Schuldnerberatung der Verbände (AG SBV) (Hg.) (2000): Schuldnerberatung - eine neue Profession? Dokumentation einer Fachtagung am 14./ 15. Dezember 1999 im Katholisch Sozialen Institut, Bad Honnef. Düsseldorf

Arbeitsgruppe Bielefelder Soziologen (1976): Kommunikative Sozialforschung. München

Bäcker, Gerhard (2002): Jenseits der Mitte: Armut in Deutschland. In: Gewerkschaftliche Monatshefte 4-5 (53. Jg.), 243-251

Backert, Wolfram/ Lechner, Götz (2005): Materialien zur Familienpolitik Nr. 21/ 2005. Dynamik des Verbraucherinsolvenzverfahrens – Regionale Disparitäten und aktivierende Wirkungen. Expertise im Auftrag des Bundesministeriums für Familie, Senioren, Frauen und Jugend. Berlin

Bast-Haider, Kerstin (1994): Kultureller Kontext der Forschenden und die Methodik der Transformationsforschung. In: Diezinger, Angelika u.a. (Hg.): Erfahrung mit Methode. Wege sozialwissenschaftlicher Frauenforschung. Freiburg i. Br., 201-217

Beck, Ulrich (1986): Risikogesellschaft. Auf dem Weg in eine andere Moderne. Frankfurt/ Main

Beck, Ulrich (2003): Risikogesellschaft. Auf dem Weg in eine andere Moderne. Sonderausgabe zum 40-jährigen Bestehen der edition suhrkamp. Frankfurt/ Main

Becker-Schmidt, Regina (1994): Diskontinuität und Nachträglichkeit. Theoretische und methodische Überlegungen zur Erforschung weiblicher Lebensläufe. In: Diezinger, Angelika u.a. (Hg.): Erfahrung mit Methode. Wege sozialwissenschaftlicher Frauenforschung. Freiburg i. Br., 155-182

Bergmann, Ottmar (2000): Gängige Konstellationen, in denen Frauen Haftung für Andere übernehmen. In: Schulden für andere – ein frauenspezifisches Phänomen? Interdisziplinäre Fachtagung am 7./8./9. April 2000 der Initiative für Bürgschaftsgeschädigte Frauen (Dokumentation). Berlin, 54-77

Bergmann, Ottmar/ Schmedt, Annette (2000): Schulden für andere – ein frauenspezifisches Phänomen? Interdisziplinäre Fachtagung am 7./8./9. April 2000 der Initiative für Bürgschaftsgeschädigte Frauen. In: BAG-SB Informationen 3 (15. Jg.), 48-52

Blanke, Bernhard (1996): Die Überschuldung privater Haushalte, ein neues sozialpolitisches Handlungsfeld. In: Meilwes, Michael: Konsumentenkredit – Soziale Ausgrenzung – Schuldnerberatung. Hemmingen, 6-9

Bohnsack, Ralf (1992): Interaktion und Kommunikation. In: Korte, Hermann/ Schäfers, Bernhard (Hg.): Einführung in die Hauptbegriffe der Soziologie. Opladen, 35-57

Bohnsack, Ralf (1993): Rekonstruktive Sozialforschung. Einführung in die Methodologie und Praxis qualitativer Forschung. Opladen

Bohnsack, Ralf/ Marotzki, Winfried (1998) (Hg.): Biographieforschung und Kulturanalyse. Opladen

Brunner, Reinhard/ Zeltner, Wolfgang (1980): Lexikon zur Pädagogischen Psychologie und Schulpädagogik. München

Brüsemeister, Thomas (2000): Qualitative Forschung. Hagener Studientexte zur Soziologie, Bd. 6. Wiesbaden

Bublitz, Hannelore (1992): Geschlecht. In: Korte, Hermann/ Schäfers, Bernhard (Hg.): Einführung in die Hauptbegriffe der Soziologie. Opladen, 59-78

Buhr, Petra (1995): Dynamik von Armut. Dauer und biographische Bedeutung von Sozialhilfebezug. Opladen

Bundesministerium der Justiz (Hg.) (2005): Bundesgesetzblatt I S. 493, Pfändungsfreigrenzen für Arbeitseinkommen (gemäß Bekanntmachung vom 25. Februar 2005). Berlin

Bundesministerium für Familie, Senioren, Frauen und Jugend (Hg.) (2001): Bericht zur Berufs- und Einkommenssituation von Frauen und Männern/ Kurzfassung. Düsseldorf, Stadtbergen, Berlin

Bundesministerium für Familie, Senioren, Frauen und Jugend (Hg.) (2002): Materialien zur Gleichstellungspolitik Nr. 85/ 2002: Bericht zur Berufs- und Einkommenssituation von Männern und Frauen/ Kurzfassung (veröffentlicht am 07.05.2002). Berlin

Bundesministerium für Familie, Senioren, Frauen und Jugend (2004a): Material für die Presse. Überschuldung privater Haushalte – Eine Information nach Stichworten (Oktober 2004), Berlin

Bundesministerium für Familie, Senioren, Frauen und Jugend (2004b): Überschuldung: Betroffenen helfen, finanzielle Allgemeinbildung verbessern. Pressemitteilung Nr. 272/2004 (veröffentlicht am 18.10.2004), Berlin

Bundesministerium für Familie, Senioren, Frauen und Jugend (Hg.) (2005): Was mache ich mit meinen Schulden? Berlin

Bundesministerium für Gesundheit und Soziale Sicherung (Hg.) (2005): Lebenslagen in Deutschland – Der zweite Armuts- und Reichtumsbericht der Bundesregierung/ Kurzfassung. Bonn

Bundesministerium für Wirtschaft und Arbeit (Hg.) (2005): Vorrang für die Anständigen – Gegen Missbrauch, „Abzocke" und Selbstbedienung im Sozialstaat. Ein Report vom Arbeitsmarkt im Sommer 2005. Berlin

Bundesregierung (Hg.) (2001): Lebenslagen in Deutschland – Der erste Armuts- und Reichtumsbericht der Bundesregierung. Berlin

Conen, Marie-Luise (1992): Schuldnerberatung aus systemischer Sicht. Ein kompetenter Schuldner überzeugt kompetent. In: Sozialpädagogik 3 (34. Jg.) 127-131

Conen, Marie-Luise (1994): Familie und Überschuldung. Möglichkeiten sozialpädagogischer Hilfestellung. In: Theorie und Praxis der sozialen Arbeit 1, 22-26

Conen, Marie-Luise (1994): Ressourcenorientierte Schuldnerberatung. In: Soziale Arbeit 9–10, 321 - 329

Dausien, Bettina (1994): Biographieforschung als „Königinnenweg"?. Überlegungen zur Relevanz biographischer Ansätze in der Frauenforschung. In: Diezinger, Angelika u.a. (Hg.): Erfahrung mit Methode. Wege sozialwissenschaftlicher Frauenforschung. Freiburg i. Br., 129-153

Deutscher Caritasverband e.V. und Diakonisches Werk der EKD e.V. (1997): Menschen im Schatten. Freiburg i. Br., Stuttgart

Dewe, Bernd (2000): Beratung. In: Krüger, Heinz-Hermann/ Helsper, Werner (Hg.): Einführung in die Grundbegriffe und Grundfragen der Erziehungswissenschaft. Opladen, 119-130

Dewe, Bernd/ Otto, Hans-Uwe (1987): Professionalisierung. In: Eyferth, Hanns u.a. (Hg.): Handbuch zur Sozialarbeit/ Sozialpädagogik. Neuwied, Darmstadt, 775-810

Dietz, Bernhard (1997): Soziologie der Armut. Eine Einführung. Frankfurt/ Main

Diezinger, Angelika u.a. (Hg.) (1994): Erfahrung mit Methode. Wege sozialwissenschaftlicher Frauenforschung. Freiburg i. Br.

Ebli, Hans (1996): Professionelles soziales Handeln in der Schuldnerberatung. Frankfurt/ Main

Ebli, Hans (2003): Überschuldung und Schuldnerberatung im Kontext aktueller gesellschaftlicher Entwicklungen. Beitrag zur Fachtagung „Schuldnerberatung vor neuen Herausforderungen – Forum 2003: Gesetzliche Neuregelungen, Dienstleistungen für Job-Center, Finanzierungsfragen und Überprüfbarkeit der Wirksamkeit" des Deutschen Vereins für öffentliche und private Fürsorge am 16.10./17.10.2003 in Frankfurt/Main

Ebli, Hans (2004): Professions- und beratungstheoretische Anmerkungen zur Debatte um Schuldnerberatung als integrale Dienstleistung in Job-Centern. Beitrag zur Jahresfachtagung der BAG Schuldnerberatung in Berlin

Ecarius, Jutta (1998): Biographie, Lernen und Gesellschaft. Erziehungswissenschaftliche Überlegungen zu biographischem Lernen in sozialen Kontexten. In: Bohnsack, Ralf/ Marotzki, Winfried (Hg.): Biographieforschung und Kulturanalyse. Opladen, 129-151

Effinger, Herbert (1996): Kundenorientierung Sozialer Arbeit – Ökonomische Engführung oder Erweiterung des Sozialen? In: Sozialmagazin 11 (21. Jg.), 36-46

Ehlen, Hans-Peter (2003): Vom Klienten zum Kunden – Konsequenzen für das Berufsbild. In: Ent-schuldigt mal bitte... Anspruch und Wirklichkeit der Schuldnerberatung. Dokumentation der Fachtagung am 14. Mai 2003. Frankfurt/ Oder, 25-27

Fetscher, Iring (2002): Solidarität und Individualisierung. In: Gewerkschaftliche Monatshefte 4-5 (53. Jg.), 196-200

Fischer, Wolfgang/ Kohli, Martin (1987): Biographieforschung. In: Voges, Wolfgang (Hg.): Methoden der Biographie- und Lebenslaufforschung. Opladen, 23-50

Fischer, Wolfram (1978): Struktur und Funktion erzählter Lebensgeschichten. In: Kohli, Martin (Hg.): Soziologie des Lebenslaufs. Darmstadt, Neuwied, 311-336

Fischer-Rosenthal, Wolfram (1991): Biographische Methoden in der Soziologie. In: Flick, Uwe/ Kardorff, Ernst von/ Keupp, Heiner/ Rosenstiel, Lutz von/ Wolff, Stephan (Hg.): Handbuch qualitative Sozialforschung. Grundlagen, Konzepte, Methoden und Anwendungen. München, 253-256

Fischer-Rosenthal, Wolfram/ Rosenthal, Gabriele (1997a): Narrationsanalyse biographischer Selbstpräsentationen. In: Hitzler, Ronald/ Honer, Anne (Hg.): Sozialwissenschaftliche Hermeneutik. Opladen, 133–164

Fischer-Rosenthal, Wolfram/ Rosenthal, Gabriele (1997b): Warum Biographieanalyse und wie man sie macht. Zeitschrift für Sozialisationsforschung und Erziehungssoziologie 17.4, 405–427

Fischer-Rosenthal, Wolfram/ Rosenthal, Gabriele (2000): Analyse narrativ-biographischer Interviews. In: Flick, Uwe/ Kardorff, Ernst von/ Steinke, Ines (Hg.): Qualitative Forschung. Ein Handbuch. Reinbek bei Hamburg, 456–468

Flamm, Monika u.a.: Grenzüberschreitungen. Feministische Fragestellungen in der Sozialpädagogik 1974 und 1987 am Studienschwerpunkt „Frauenforschung". In: Studienschwerpunkt „Frauenforschung" am Institut für Sozialpädagogik der TU Berlin (Hg.): Mittäterschaft und Entdeckungslust. Berlin 1989, 52-86

Flick, Uwe (1991): Stationen des qualitativen Forschungsprozesses. In: Flick, Uwe/ Kardorff, Ernst von/ Keupp, Heiner/ Rosenstiel, Lutz von/ Wolff, Stephan (Hg.): Handbuch Qualitative Sozialforschung. Grundlagen, Konzepte, Methoden und Anwendungen. München, 148–73

Flick, Uwe/ Bauer, Martin (2000): Qualitative Forschung lehren. In: Flick, Uwe/ Kardorff, Ernst von/ Steinke, Ines (Hg.): Qualitative Forschung. Ein Handbuch. Reinbek bei Hamburg, 600–614

Flick, Uwe/ Kardorff, Ernst von/ Keupp, Heiner/ Rosenstiel, Lutz von/ Wolff, Stephan (Hg.) (1991): Handbuch qualitative Sozialforschung. Grundlagen, Konzepte, Methoden und Anwendungen. München

Flick, Uwe/ Kardorff, Ernst von/ Steinke, Ines (2000): Was ist qualitative Forschung. In: Flick, Uwe/ Kardorff, Ernst von/ Steinke, Ines (Hg.): Qualitative Forschung. Ein Handbuch. Reinbek bei Hamburg, 13-29

Flick, Uwe/ Kardorff, Ernst von/ Steinke, Ines (Hg.) (2000): Qualitative Forschung. Ein Handbuch. Reinbek bei Hamburg

Fuchs, Werner (1984): Biographische Forschung. Opladen

Fuchs-Heinritz, Werner (2000): Biographische Forschung. Eine Einführung in Praxis und Methoden. Wiesbaden

Geißler, Heiner (1976): Die neue soziale Frage. Analysen und Dokumente. Freiburg i. Br.

Geißler, Rainer (2002): Die Sozialstruktur Deutschlands. Wiesbaden

Gigler, Gabi (2001): Der prozessual-systemische Ansatz in der Schuldner- und Insolvenzberatung. In: BAG-SB Informationen 3 (16. Jg.), 42 - 45

Gildemeister, Regine (2000): Geschlechterforschung (gender studies). In: Flick, Uwe/ Kardorff, Ernst von/ Steinke, Ines (Hg.): Qualitative Forschung. Ein Handbuch. Reinbek bei Hamburg, 213–223

Gildemeister, Regine/ Wetterer, Angelika (1992): Wie Geschlechter gemacht werden – Die soziale Konstruktion der Zweigeschlechtlichkeit und ihre Reifizierung in der Frauenforschung. In: Knapp, Gudrun-Axeli/ Wetterer, Angelika (Hg.): Traditionen, Brüche – Entwicklungen feministischer Theorie. Freiburg i. Br., 201–254

Girtler, Roland (1988): Methoden der qualitativen Sozialforschung. Anleitung zur Feldarbeit. Wien, Köln, Graz

Goffman, Erving (1966): Role Distance. In: Goffman, Erving: Encounters. Indianapolis, 83-152

Goffman, Erving (1967): Stigma. Frankfurt/ Main

Grossmann, Heidrun/ Huth, Sabine (1994): Alleinerziehende Frauen berichten. Erfahrungen einer Ost-West vergleichenden Untersuchung. In: Diezinger, Angelika u.a. (Hg.): Erfahrung mit Methode. Wege sozialwissenschaftlicher Frauenforschung. Freiburg i. Br., 219-242

Groth, Ulf (1984): Schuldnerberatung. Praktischer Leitfaden für die Sozialarbeit. Frankfurt/ Main, New York

Groth, Ulf (1990): Schuldnerberatung. Praktischer Leitfaden für die Sozialarbeit. Frankfurt/ Main, New York

Groth, Ulf (2003): "Abrechnung" mit der Schuldnerberatung. Zukunft und Perspektiven von sozialer Schuldnerberatung. In: Ent-schuldigt mal bitte... Anspruch und Wirklichkeit der Schuldnerberatung. Dokumentation der Fachtagung am 14. Mai 2003. Frankfurt/ Oder, 7-12

Groth, Ulf/ Schulz, Rolf/ Schulz-Rackoll, Rolf (1994): Handbuch Schuldnerberatung: neue Praxis der Wirtschaftssozialarbeit. Frankfurt/ Main, New York

Hanesch, Walter/ Krause, Peter/ Bäcker, Gerhard (2000): Armut und Ungleichheit in Deutschland. Reinbek bei Hamburg

Heisterhagen, Tilman u.a. (2000): Geld – Krise – Generation. Soziomonetäre Streifzüge im 20. Jahrhundert. In: Soziale Welt 4 (51. Jg.), 463-485

Hermanns, Harry (1991): Narratives Interview. In: Flick, Uwe/ Kardorff, Ernst von/ Keupp, Heiner/ Rosenstiel, Lutz von/ Wolff, Stephan (Hg.): Handbuch Qualitative Sozialforschung. Grundlagen, Konzepte, Methoden und Anwendungen. München, 182–85

Hermanns, Harry/ Tkocz, Christian/ Winkler, Helmut (1984): Berufsverlauf von Ingenieuren. Biografieanalytische Auswertung narrativer Interviews. Frankfurt/ Main, New York

Hildenbrand, Bruno (1998): Biographieanalysen im Kontext von Familiengeschichten: Die Perspektiven einer klinischen Soziologie. In: Bohnsack, Ralf/ Marotzki, Winfried (Hg.): Biographieforschung und Kulturanalyse. Transdisziplinäre Zugänge qualitativer Forschung. Opladen

Hildenbrand, Bruno (2000): Anselm Strauss. In: Flick, Uwe/ Kardorff, Ernst von/ Steinke, Ines (Hg.): Qualitative Forschung. Ein Handbuch. Reinbek bei Hamburg, 32-42

Hodemacher, Hans-Jörg (2004): Die Hartz-Konzepte und ihre möglichen Auswirkungen auf die Schuldnerberatungsstellen. Unveröffentlichte Diplomarbeit an der Universität Hildesheim. Hildesheim

Hoffmann-Riem, Christa (1980): Die Sozialforschung einer interpretativen Soziologie. Der Datengewinn. Kölner Zeitschrift für Soziologie und Sozialpsychologie 32, 339–372

Hohmeier, Jürgen (1975): Stigmatisierung als sozialer Definitionsprozess. In: Brusten, Manfred/ Hohmeier, Jürgen (Hg.): Stigmatisierung 1. Zur Produktion gesellschaftlicher Randgruppen. Neuwied, 5-24

Hopf, Christel (2000): Qualitative Interviews – ein Überblick. In: Flick, Uwe/ Kardorff, Ernst von/ Steinke, Ines (Hg.): Qualitative Forschung. Ein Handbuch. Reinbek bei Hamburg, 349–360

Hradil, Stefan (1987): Sozialstrukturanalyse in einer fortgeschrittenen Gesellschaft. Opladen

Hradil, Stefan (1992): Schicht, Schichtung, Mobilität. In: Korte, Hermann/ Schäfers, Bernhard (Hg.): Einführung in die Hauptbegriffe der Soziologie. Opladen, 145-164

Internet 1: www.bmfsfj.de/bmfsfj/generator/Politikbereiche/familie,did=25592.html, vom 02.03.2005

Internet 2: www.agentur-für-arbeit.de unter Presse Info 067 vom 29.09.2005

Internet 3: www.bundesbank.de/stat/download/saisonbwirt/i422.pdf vom 09.09.2005

Internet 4: www.bundesbank.de/statistik/statistik_zeitreihen.php?func=row&tr=pq3002 vom 18.08.2005

Internet 5: www. zentraler-kreditausschuss.de/index.php?theme=main.htm weiter unter „Girokonto für jedermann" vom 29.09.2005

Internet 6: www.forum-schuldnerberatung.de vom 03.06.2002

Internet 7: www.forum-schuldnerberatung.de vom 03.07.2002

Internet 8: www.creditreform.de/print.php?url=presse/00118.php vom 28.06.2005

Internet 9: www.forum-schuldnerberatung.de vom 16.10.2005 unter Link „Geschäfte mit der Armut" Meldung vom 21.07.2004: Böses Erwachen für Schuldner – (aus Abseits!?)

Jakob, Gisela/ Wensierski, Hans-Jürgen von (Hg.) (1997): Rekonstruktive Sozialpädagogik. Konzepte und Methoden sozialpädagogischen Verstehens in Forschung und Praxis. Weinheim, München

Jakob, Gisela (1997): Sozialpädagogische Forschung. Ein Überblick über Methoden und Ergebnisse qualitativer Studien in Handlungsfeldern der Sozialen Arbeit. In: Jakob, Gisela/ Wensierski, Hans-Jürgen von (Hg.): Rekonstruktive Sozialpädagogik. Konzepte und Methoden sozialpädagogischen Verstehens in Forschung und Praxis. Weinheim, München, 125-160

Just, Werner (1990): Sozialberatung für SchuldnerInnen. Methodische, psychodynamische und rechtliche Aspekte. Freiburg i. Br.

Kallmeyer, Werner (2000): Beraten und Betreuen. Zur gesprächsanalytischen Untersuchung von helfenden Interaktionen. In: Zeitschrift für Qualitative Bildungs-, Beratungs- und Sozialforschung 2, 227-252

Kallmeyer, Werner/ Schütze, Fritz (1976): Konversationsanalyse. In: Studium Linguistik 1, 1-28

Kallmeyer, Werner/ Schütze, Fritz (1977): Zur Konstitution von Kommunikationsschemata der Sachverhaltsdarstellung. In: Wegner, Dirk (Hg.): Gesprächsanalysen. Hamburg, 159–274

Kelle, Udo/ Kluge, Susann (1999): Vom Einzelfall zum Typus. Opladen

Klein, Gabriele (1992): Evolution, Wandel, Prozeß. Zur Geschichte der Begriffe und theoretischen Modelle. In: Korte, Hermann/ Schäfers, Bernhard (Hg.): Einführung in die Hauptbegriffe der Soziologie. Opladen, 165-180

Kohli, Martin (1985): Die Institutionalisierung des Lebenslaufs. Historische Befunde und theoretische Argumente. In: Kölner Zeitschrift für Soziologie und Sozialpsychologie 37, 1–29

Könen, Ralf (1990): Wohnungsnot und Obdachlosigkeit im Sozialstaat. Frankfurt/ Main

Köppen, Ruth (1985): Die Armut ist weiblich. Berlin

Korczak, Dieter (1997): Marktverhalten, Verschuldung und Überschuldung privater Haushalte in den neuen Bundesländern. Gutachten im Auftrag des Bundesministeriums für Familie, Senioren, Frauen und Jugend. Stuttgart, Berlin, Köln

Korczak, Dieter (2001): Ergebnisse der Überschuldungsforschung im Kontext gesamtgesellschaftlicher Veränderungen. In: BAG-SB Informationen 4 (16. Jg.), 44-54

Korczak, Dieter/ Roller, Karin (2000): Überschuldung in Deutschland zwischen 1988 und 1999. Gutachten im Auftrag des Bundesministeriums für Familie, Senioren, Frauen und Jugend. München

Krappmann, Lothar (1993): Soziologische Dimensionen der Identität: strukturelle Bedingungen für die Teilnahme an Interaktionsprozessen. Stuttgart

Krappmann, Lothar (1998): Die Identitätsproblematik nach Erikson aus einer interaktionistischen Sicht. In: Keupp, Heiner/ Höfer, Renate (Hg.): Identitätsarbeit heute: klassische und aktuelle Perspektiven der Identitätsforschung. Frankfurt/ Main, 66-92

Kraul, Margret (1999): Biographieforschung und Frauenforschung. In: Krüger, Heinz-Hermann/ Marotzki, Winfried (Hg.): Handbuch erziehungswissenschaftliche Biographieforschung. Opladen, 455-469

Krause, Christina (1991): Familiale Sozialisation von Jungen und Mädchen in Ostdeutschland. In: Büchner, Peter/ Krüger, Heinz-Hermann (Hg.): Aufwachsen hüben und drüben. Opladen, 89-95

Krüger, Heinz-Hermann (1997): Einführung in die Theorie und Methoden der Erziehungswissenschaft. Opladen

Krüger, Heinz-Hermann/ Marotzki, Winfried (Hg.) (1999): Handbuch erziehungswissenschaftliche Biographieforschung. Opladen

Kudera, Werner (1989): Zum Problem der Generalisierung in der qualitativen orientierten Sozialforschung. In: Sonderforschungsbereich 333 der Universität München: Probleme der Generalisierung in der qualitativen Sozialforschung, Arbeitspapier 12. München, 9-16

Kuntz, Roger (1992): Arbeitsansätze und Arbeitsinhalte. In: Münder, Johannes u.a.: Schuldnerberatung in der sozialen Arbeit. Münster, 23-29

Kuntz, Roger (2003): Schuldnerberatung ist Sozialarbeit. In: Schruth, Peter/ Kuntz, Roger/ Westerath, Jürgen u.a.: Schuldnerberatung in der Sozialen Arbeit. Weinheim, Basel, Berlin, 38-52

LAG-Infodienst (2001): Für das Recht auf ein Girokonto und den Erhalt von Girokonten. Ergebnisse und Schlussfolgerungen einer Umfrage. Sonderausgabe Informationsdienst der LAG-SB Hessen e.V. 12 (Dezember)

Lamnek, Siegfried (1993a): Qualitative Sozialforschung. Bd.1: Methodologie. Weinheim

Lamnek, Siegfried (1993b): Qualitative Sozialforschung. Bd.2: Methoden und Techniken. Weinheim

Leibfried, Stephan/ Leisering, Lutz u.a. (1995): Zeit der Armut. Lebensläufe im Sozialstaat. Frankfurt/ Main

Lindner, Ruth/ Steinmann-Berns, Ingeborg (1998): Systemische Ansätze in der Schuldnerberatung. Dortmund

Loerbroks, Katharina/ Schwarze, Uwe (2002): Schulden und Schuldnerberatung aus Sicht der Biographieforschung. Ein Beitrag zur Qualitätsentwicklung durch lebenslaufbezogene und systemische Perspektiven im sozialberuflichen Handeln. In: BAG-SB Informationen 4 (17. Jg.), 30-39

Lüders, Christian (1997): Qualitative Kinder- und Jugendforschung. In: Friebertshäuser, Barbara/ Prengel, Annedore (Hg.): Handbuch Qualitative Forschungsmethoden in der Erziehungswissenschaft. Weinheim, München, 795-810

Lüders, Christian (2000): Herausforderungen qualitativer Forschung. In: Flick, Uwe/ Kardorff, Ernst von/ Steinke, Ines (Hg.): Qualitative Forschung. Ein Handbuch. Reinbek bei Hamburg, 632-642

Ludwig, Monika (1996): Armutskarrieren. Zwischen Abstieg und Aufstieg im Sozialstaat. Opladen

Marotzki, Winfried (1999): Forschungsmethoden und Methodologie der erziehungswissenschaftlichen Biographieforschung. In: Krüger, Heinz-Hermann/ Marotzki, Winfried (Hg.): Handbuch erziehungswissenschaftliche Biographieforschung. Opladen, 110-133

Marotzki, Winfried (2000): Qualitative Biographieforschung. In: Flick, Uwe/ Kardorff, Ernst von/ Steinke, Ines (Hg.): Qualitative Forschung. Ein Handbuch. Reinbek bei Hamburg, 175-186

Mayring, Philipp (1996): Einführung in die qualitative Sozialforschung. Weinheim

Meilwes, Michael (1996): Konsumentenkredit – Soziale Ausgrenzung – Schuldnerberatung. Hemmingen

Meinefeld, Werner (2000): Hypothesen und Vorwissen in der qualitativen Sozialforschung. In: Flick, Uwe/ Kardorff, Ernst von/ Steinke, Ines (Hg.): Qualitative Forschung. Ein Handbuch. Reinbek bei Hamburg, 265-275

Mesch, Rainer (2003): Helfer für alle Lebenslagen? Vermittler zwischen Schuldner und Gläubiger? InsO-Abwickler? In: BAG-SB Informationen 2 (18. Jg.), 42-45

Müller, Klaus (2003): Schuldnerberatungsstellen: Leistungsumfang und Organisationsstrukturen. In: Schruth, Peter/ Kuntz, Roger/ Westerath, Jürgen u.a.: Schuldnerberatung in der Sozialen Arbeit. Weinheim, Basel, Berlin, 53-67

Müller-Rückert, Gabriele (1993): Frauenleben und Geschlechterverhältnis in der ehemaligen DDR. Bielefeld

Münder, Johannes u.a. (1992): Schuldnerberatung in der sozialen Arbeit. Münster

Nittel, Dieter (1994): Biographische Forschung – ihre historische Entwicklung und praktische Relevanz in der Sozialen Arbeit. In: Groddeck, Norbert/ Schumann, Michael (Hg.): Modernisierung Sozialer Arbeit durch Methodenentwicklung und -reflexion. Freiburg i. Br., 147-188

Nölke, Eberhard (1997): Der biographische Blick auf Marginalisierung. Hermeneutische Rekonstruktionen gescheiterter Sozialisationsverläufe von Jugendlichen und ihre sozialpädagogische Bedeutung. In: Jakob, Gisela/ Wensierski, Hans-Jürgen von (Hg.): Rekonstruktive Sozialpädagogik. Konzepte und Methoden sozialpädagogischen Verstehens in Forschung und Praxis. Weinheim, München, 177-191

Novak, Bartholomäus-Jan/ Zimmermann, Dieter (2001): Kreditauskünfte, Scoring, Inkasso, Selbstauskunft...- die Firmengruppe InFoScore in Baden-Baden. In: BAG-SB Informationen 4 (16. Jg.), 39-42

Oevermann, Ulrich (1988): Eine exemplarische Fallrekonstruktion zum Typus versozialwissenschaftlichter Identitätsformation. In: Brose, Hanns-Georg/ Hildenbrand, Bruno (Hg.): Vom Ende des Individuums zur Individualität ohne Ende. Opladen, 243-286

Riemann, Gerhard (2000): Die Arbeit in der sozialpädagogischen Familienberatung. Weinheim, München, 175-202

Rosendorfer, Tatjana (1997): Kinder und Geld. In: DISKURS – Studien zu Kindheit, Jugend, Familie und Gesellschaft 2 (7. Jg.), 68-75

Rosendorfer, Tatjana (2000): Kinder und Geld. Gelderziehung in der Familie. Frankfurt/ Main

Schäfers, Bernhard (1992a): Die Grundlagen des Handelns: Sinn, Normen, Werte. In: Korte, Hermann/ Schäfers, Bernhard (Hg.): Einführung in die Hauptbegriffe der Soziologie. Opladen, 17-34

Schäfers, Bernhard (1992b): Zum öffentlichen Stellenwert von Armut im Sozialen Wandel der Bundesrepublik Deutschland. In: Leibfried, Stephan/ Voges, Wolfgang (Hg.): Armut im modernen Wohlfahrtsstaat. Sonderheft der Kölner Zeitschrift für Soziologie und Sozialpsychologie, Opladen, 104-123

Schirilla, Nausikaa (2003): Verordnete Autonomie. Repressive Pädagogik in aktuellen sozialpolitischen Konzepten. In: Sozialmagazin 3 (28. Jg.), 28-36

Schmedt, Annette (1999): Schulden für Andere – ein frauenspezifisches Phänomen? In: BAG-SB Informationen 4 (14. Jg.), 33–37

Schmedt, Annette (2002): Die Initiative für Bürgschaftsgeschädigte Frauen. In: BAG-SB Informationen 2 (17. Jg.), 72-81

Schruth, Peter (2003a): Schuldnerberatung als Aufgabe der sozialen Arbeit. In: Schruth, Peter/ Kuntz, Roger/ Westerath, Jürgen u.a.: Schuldnerberatung in der Sozialen Arbeit. Weinheim, Basel, Berlin, 19-27

Schruth, Peter (2003b): Spezifische Überschuldungen von Frauen. In: Schruth, Peter/ Kuntz, Roger/ Westerath, Jürgen u.a.: Schuldnerberatung in der Sozialen Arbeit. Weinheim, Basel, Berlin, 232-243

Schruth, Peter (2003c): Finanzierung der Schuldnerberatung in der sozialen Arbeit. In: Schruth, Peter/ Kuntz, Roger/ Westerath, Jürgen u.a.: Schuldnerberatung in der Sozialen Arbeit. Weinheim, Basel, Berlin, 68-91

Schruth, Peter (2004): Gesetzliche Neuverankerung der sozialen Schuldnerberatung und rechtliche Handlungsmöglichkeiten bei unzureichender finanzieller Förderung. Beitrag zur Jahresfachtagung der BAG Schuldnerberatung

Schulz-Nieswandt, Frank (2005): Materialien zur Familienpolitik Nr. 20/2005. Entwicklungspotenziale und Interventionen in der Wohlverhaltensperiode. Expertise im Auftrag des Bundesministeriums für Familie, Senioren, Frauen und Jugend. Köln, Berlin

Schütze, Fritz (1977): Die Technik des narrativen Interviews in Interaktionsfeldstudien – dargestellt an einem Projekt zur Erfassung von kommunalen Machtstrukturen. Universität Bielefeld, Fakultät für Soziologie. Bielefeld

Schütze, Fritz (1981): Prozessstrukturen des Lebensablaufs. In: Matthes, Joachim/ Pfeiffenberger, Arno/ Stosberg, Manfred (Hg.): Biographie in handlungswissenschaftlicher Perspektive. Nürnberg, 67–156

Schütze, Fritz (1983): Biographieforschung und narratives Interview. In: Neue Praxis 3 (13. Jg.), 283–293

Schütze, Fritz (1984): Kognitive Strukturen autobiographischen Stegreiferzählens. In: Kohli, Martin/ Robert, Günther (Hg.): Biographie und soziale Wirklichkeit. Neue Beiträge und Forschungsperspektiven. Stuttgart, 78-117

Schütze, Fritz (1987): Das narrative Interview in Interaktionsfeldstudien: erzähltheoretische Grundlagen. Teil 1: Merkmale von Alltagserzählungen und was wir mit ihrer Hilfe erkennen können. Studienbrief der Fernuniversität Hagen. Hagen

Schütze, Fritz (1992): Sozialarbeit als „bescheidene Profession". In: Dewe, Bernd/ Ferchhoff, Wilfried/ Olaf-Radtke, Frank (Hg.): Erziehen als Profession. Zur Logik professionellen Handelns in pädagogischen Feldern. Opladen, 132-170

Schütze, Fritz (1994): Ethnographie und sozialwissenschaftliche Methoden der Feldforschung. Eine mögliche methodische Orientierung in der Ausbildung und Praxis der Sozialen Arbeit? In: Groddeck, Norbert/ Schumann, Michael (Hg.): Modernisierung Sozialer Arbeit durch Methodenentwicklung und –reflexion. Freiburg i. Br., 189-297

Schütze, Fritz (1999): Verlaufskurven des Erleidens als Forschungsgegenstand der interpretativen Soziologie. In: Krüger, Heinz-Hermann/ Marotzki, Winfried (Hg.): Handbuch erziehungswissenschaftliche Biographieforschung. Opladen, 191-223

Schwarze, Uwe (1999): Die Schuldnerberatung in unterschiedlichen Verläufen von Schuldnerkarrieren – Ergebnisse einer empirischen Untersuchung mit Folgerungen für Beratungspraxis und Verbraucherinsolvenzverfahren. In: BAG-SB Informationen 2 (14. Jg.), 40-55

Schwarze, Uwe (2000): Standardisierung des Tätigkeitsfeldes Schuldnerberatung – Eine historisch soziologische Betrachtung. In: Schuldnerberatung – eine neue Profession? Dokumentation einer Fachtagung am 14./ 15. Dezember 1999 im Katholisch Sozialen Institut, Bad Honnef. Düsseldorf, 69-99

Seiterich, Bernhard (2005): Raus aus dem Schuldenstrudel. In: Sozialcourage. Das Magazin für soziales Handeln 3, 9-11

Sidler, Nikolaus (1989): Am Rande leben, abweichen, arm sein. Freiburg i. Br.

Sozialgesetzbuch, Zweites Buch (SGB II) (2003): Grundsicherung für Arbeitssuchende (vom 24.12.03). Bundesgesetzblatt I S. 2954/2955

Sozialgesetzbuch, Zwölftes Buch (SGB XII) (2003): Sozialhilfe (vom 27.12.03). Bundesgesetzblatt I S. 3022/3023

Spector, Malcolm/ Kitsuse, John (1983): Die „Naturgeschichte" sozialer Probleme: Eine Neufassung. In: Stallberg, Friedrich W./ Springer, Werner (Hg.): Soziale Probleme. Grundlegende Beiträge zur Theorie und Analyse. Neuwied, Darmstadt, 32-47

Stachura, Jörn (2005): Hartz-IV-Missbrauch auch in Braunschweig? Interview mit dem Chef der Agentur für Arbeit Braunschweig Michael Stier. Braunschweiger Zeitung/ Braunschweiger Ausgabe (5. November). Braunschweig, 25

Statistisches Bundesamt (Hg.) (2003): Sozialhilfe in Deutschland 2003 – Entwicklung, Umfang, Strukturen. Wiesbaden

Statistisches Bundesamt (Hg.) (2004): Datenreport 2004. Zahlen und Fakten über die Bundesrepublik Deutschland. Berlin

Steinke, Ines (2000): Gütekriterien qualitativer Forschung. In: Flick, Uwe/ Kardorff, Ernst von/ Steinke, Ines (Hg.): Qualitative Forschung. Ein Handbuch. Reinbek bei Hamburg, 319-331

Strauss, Anselm (1998): Grundlagen qualitativer Sozialforschung. München

Strauss, Anselm/ Corbin, Juliet (1996): Grounded Theory. Grundlagen qualitativer Sozialforschung. Weinheim

Thiersch, Hans (1997): Soziale Beratung. In: Nestmann, Frank (Hg.): Beratung. Bausteine für eine interdisziplinäre Wissenschaft und Praxis. Deutsche Gesellschaft für Verhaltenstherapie. Tübingen, 99-110

Tiefel, Sandra (2002): Beratung und Reflexion. Dissertation an der Otto-von-Guericke-Universität Magdeburg. Magdeburg

Townsend, Peter (1979): Poverty in the United Kingdom. A Survey of Household Resources and Standards of Living. Harmondsworth

Völzke, Reinhard (1997): Biographisches Erzählen im beruflichen Alltag. Das sozialpädagogische Konzept der biographisch-narrativen Gesprächsführung. In: Jakob, Gisela/ Wensierski, Hans-Jürgen von (Hg.): Rekonstruktive Sozialpädagogik. Konzepte und Methoden sozialpädagogischen Verstehens in Forschung und Praxis. Weinheim, München, 271-286

Wensierski, Hans-Jürgen von (1997): Verstehende Sozialpädagogik. Zur Geschichte und Entwicklung qualitativer Forschung im Kontext der Sozialen Arbeit. In: Jakob, Gisela/ Wensierski, Hans-Jürgen von (Hg.): Rekonstruktive Sozialpädagogik. Konzepte und Methoden sozialpädagogischen Verstehens in Forschung und Praxis. Weinheim, München, 77-124

Wensierski, Hans-Jürgen von (1999): Biographische Forschung in der Sozialpädagogik. In: Krüger, Heinz-Hermann/ Marotzki, Winfried (Hg.): Handbuch erziehungswissenschaftliche Biographieforschung. Opladen, 434–453

Westerath, Jürgen (2003): Konsum und Überschuldung. In: Schruth, Peter/ Kuntz, Roger/ Westerath, Jürgen u.a.: Schuldnerberatung in der Sozialen Arbeit. Weinheim, Basel, Berlin, 167-215

Wohlrab-Sahr, Monika (1994): Vom Fall zum Typus: Die Sehnsucht nach dem „Ganzen" und dem „Eigentlichen" – „Idealisierung" als biographische Konstruktion. In: Diezinger, Angelika u.a. (Hg.): Erfahrung mit Methode. Wege sozialwissenschaftlicher Frauenforschung. Freiburg i. Br., 269-299

Zimmermann, Gunter (2001): Überschuldung – die andere Seite der Wohlstandsgesellschaft. Über den Zusammenhang zwischen Wohlstand, konsumorientierter Lebensweise und Verschuldung. Vortrag im Rahmen der Jubiläumsfeier „10 Jahre INFODIENST Schuldnerberatung" (09.11.2001). Stuttgart

Abbildungsverzeichnis

FachZeitschriften
im Verlag Barbara Budrich

BIOS

Zeitschrift für Biographieforschung, Oral History und
Lebensverlaufsanalysen
BIOS erscheint halbjährlich mit einem Jahresumfang von rund 320 Seiten.
BIOS ist seit 1987 *die* wissenschaftliche Zeitschrift für Biographieforschung,
Oral History Studien und – seit 2001 – auch für Lebensverlaufsanalysen. In ihr
arbeiten über Disziplin- und Landesgrenzen hinweg Fachleute u.a. aus der
Soziologie, der Geschichtswissenschaft, der Pädagogik, der Volkskunde, der
Germanistik.

ZBBS

Zeitschrift für qualitative Bildungs-, Beratungs- und Sozialforschung
Die ZBBS erscheint halbjährlich.
Das Team der HerausgeberInnen setzt sich aus den Vorstandsmitgliedern
des Magdeburger Zentrums für Bildungs-, Beratungs- und Sozialforschung
zusammen und gewährleistet durch diese Konstellation die Repräsentanz der
wichtigsten an der qualitativen Forschung beteiligten Fachdisziplinen.

Zeitschrift für Familienforschung

Beträge zu Haushalt, Verwandtschaft und Lebenslauf
Die Zeitschrift für Familienforschung erscheint dreimal jährlich.
Die Zeitschrift für Familienforschung will die interdisziplinäre Kommunikation
und Diskussion fördern. Dies geschieht durch die Veröffentlichung von
Beiträgen zur Familien- und Haushaltsforschung aus den Fachdisziplinen:
Familiensoziologie, Familiendemographie, Familienpsychologie,
Familienpolitik, Haushaltswissenschaft, historische Familienforschung sowie
aus Nachbargebieten. Die Zeitschrift für Familienforschung möchte auch ein
Forum sein für die Diskussion über Familie und Gesellschaft bzw. Familie in
der Gesellschaft. Dabei sollen auch aktuelle Entwicklungen hinsichtlich der
Familienformen und der Lebenslagen von Familien aufgegriffen werden.

Weitere Informationen unter www.budrich-verlag.de

UTB-Lehrbücher beim Verlag Barbara Budrich

In der UTB erscheinen Einführungen und Grundlegungen, die sich ausgezeichnet für Studium und Lehre an der Hochschule eignen. Durch die besonders strukturierte Aufbereitung der Inhalte und die gute Lesbarkeit eignen sich die Bände auch für Interessierte, die eine Einstiegshilfe für die jeweilige Thematik suchen.
Unter erscheint im Verlag Barbara Budrich die UTB-Lehrbuchreihe:

Einführungstexte Erziehungswissenschaft
herausgegeben von Prof. Dr. Heinz-Hermann Krüger

Die Reihe ist so konzipiert, dass sie Studierenden in erziehungswissenschaftlichen Hauptfachstudiengängen an Universitäten und Fachhochschulen im Grundstudium sowie Lehramtsstudierenden eine Einführung in Geschichte, Grundbegriffe, theoretische Ansätze, Forschungsergebnisse, Institutionen, Arbeitsfelder, Berufsperspektiven und Studienorte der Pädagogik/Erziehungswissenschaften sowie der verschiedenen Studienschwerpunkte und Fachrichtungen gibt. Die einzelnen Bände sind so strukturiert, dass sie sich als Grundlagentexte für einführende Lehrveranstaltungen eignen. In der Reihe erscheinen z.B. folgende Bände:

Band 4:
Jürgen Wittpoth: Einführung in die Erwachsenenbildung
UTB L. 2., aktualisierte Auflage 2006. 224 S. Kart.
UTB-ISBN 3-8252-8244-9
Die Einführung vermittelt die zentralen Aspekte der Erwachsenenbildung und hilft, Positionen und Ansätze zu verstehen und einzuordnen. Nun in zweiter, aktualisierter Auflage.

Band 6:
Rolf Arnold/ Philipp Gonon:
Einführung in die Berufspädagogik
UTB L. 2006. 252 S. Kart.
UTB-ISBN 3-8252-8280-5
Das Buch führt in den Diskussionsstand der modernen Berufspädago-
gik ein, stellt dabei zugleich ihre traditionellen Begrifflichkeiten sowie
historischen Leitstudien und Leitkonzepte dar.

Band 7:
Elke Wild/ Judith Gerber
Einführung in die Pädagogische Psychologie
UTB L. 2006. 224 S. Kart.
UTB-ISBN 3-8252-8327
Das Buch gibt einen Einblick in die Forschungsgebiete der Pädago-
gischen Psychologie. Studierenden der Pädagogik, Sonderpädagogik
und Sozialwissenschaften wird gezeigt, wo pädagogisch-psychologi-
sches Fachwissen Anwendung findet.

Band 9:
Ingrid Gogolin/ Marianne Krüger-Potratz
Einführung in die Interkulturelle Pädagogik
UTB L. 2006. 262 S. Kart.
UTB-ISBN 3-8252-8246-5
Das Buch bietet einen Überblick über das Aufgabengebiet der Inter-
kulturellen Pädagogik in Deutschland als Einwanderungsland.

Weitere Bände und Neuauflagen in Vorbereitung.

FachZeitschriften
beim Verlag Barbara Budrich

Diskurs Kindheits- und Jugendforschung

Der neue „Diskurs Kindheits- und Jugendforschung" widmet sich dem Gegen-standsfeld der Kindheits- und Jugendforschung unter der integrativen Frage-stellung von Entwicklung und Lebenslauf; er arbeitet fächerübergreifend und international mit deutschen und internationalen AutorInnen aus den einschlä-gigen Disziplinen wie z.b. der Psychologie, Soziologie, Erziehungswissen-schaft, der Ethnologie, Verhaltensforschung, Psychiatrie und der Neurobiolo-gie.

Gesellschaft. Wirtschaft. Politik (GWP)
Sozialwissenschaften für politische Bildung

GWP ist die älteste Fachzeitschrift in der Bundesrepublik für Studium und Praxis des sozialwissenschaftlichen Unterrichts. Als sozialwissenschaftliches Magazin ist sie der Aktualität wie dem Grundsätzlichen verpflichtet, der sorg-fältigen Fundierung wie der lebendig wechselnden Stilistik.

GWP finden Sie im Interent unter www.gwp-pb.de

femina politica
Zeitschrift für feministische Politik-Wissenschaft

femina politica ist die einzige Zeitschrift für feministische Politik-Wissenschaft im deutschsprachigen Raum. Sie wendet sich an politisch und politikwissen-schaftlich Arbeitende, die den Gender-Aspekt bei ihrer Arbeit berücksichtigen. *femina politica* analysiert und kommentiert aktuelle tagespolitische und politik-wissenschaftliche Themen aus feministischer Perspektive, berichtet über For-schungsergebnisse und informiert über Projekte, Tagungen und einschlägige Neuerscheinungen.

Die neue Reihe:
Rekonstruktive Forschung in der Sozialen Arbeit

herausgegeben von
Wolfram Fischer, Cornelia Giebeler,
Martina Goblirsch, Ingrid Miethe, Gerhard Riemann

Band 1:
Cornelia Giebeler • Wolfram Fischer • Martina Goblirsch • Ingried Miethe • Gerhard Riemann (Hrsg.)
Fallverstehen und Fallstudien
Interdisziplinäre Beiträge zur rekonstruktiven Sozialarbeitsforschung
2007. ISBN 978-3-86649-013-0
Das Buch untersucht, wie die Methoden qualitativer Forschung in der sozialen Arbeit hilfreich sein können.

Band 2:
Ulrike Loch: Sexualisierte Gewalt in Kriegs- und Nachkriegskindheiten
Lebens- und familiengeschichtliche Verläufe
2007. ISBN 978-3-86649-070-3
Auf der Grundlage von Biographien von Frauen der Kriegs- und Nachkriegsjahrgänge, die in der Kindheit durch sexualisierte Gewalt innerhalb der Familie traumatisiert wurden und deren Eltern MitläuferInnen und/oder TäterInnen im Nationalsozialismus waren, werden die Auswirkungen von Gewalt auf das Leben der Frauen und auf ihre Familienbeziehungen aufgezeigt.

Band 3:
Jutta Müller: Coaching, Biografie und Interaktion
Eine qualitative Studie zum Coach in Ausbildung
2006. ISBN 978-3-86649-063-5
Im Zentrum des Buches steht die fallrekonstruktive Erforschung des Zusammenhangs zwischen Biografie und Interaktion am Beispiel einer spezifischen, professionellen Kommunikationssituation, dem Coaching, als einem sich interaktiv vollziehenden Beratungsprozesses. Innovativ ist die methodische Kombination von Biografieanalyse und Interaktionsanalyse.

Weitere Informationen unter
www.budrich-verlag.de • www.barbara-budrich.net

Studien zur qualitativen Bildungs-, Beratungs- und Sozialforschung. ZBBS-Buchreihe

herausgegeben von

Werner Fiedler, Jörg Frommer, Heinz-Hermann Krüger, Winfried Marotzki, Ursula Rabe-Kleberg, Fritz Schütze

Susan Bittkau-Schmidt/ Jeannette Drygalla/ Martina Schuegraf (Hrsg.)
Biographische Risiken und neue professionelle Herausforderungen
Identitätskonstitutionen – Wandlungsprozesse – Handlungsstrategien.
2007. 202 S. Kt. 22,00 € (D), 22,70 € (A). ISBN 978-3-86649-058-1
Das Buch stellt aktuelle Untersuchungsergebnisse aus Soziologie, Erziehungswissenschaft, Psychologie und anderen Disziplinen vor.

Walburga Hoff: Schulleitung als Bewährung
Ein fallrekonstruktiver Generationen- und Geschlechtervergleich
2005. 358 S. Kt. 39,00 € (D), 40,10 € (A). ISBN 978-3-938094-50-1
Das Buch hinterfragt, warum mehr Männer als Frauen als SchuldirektorInnen von Gymnasien arbeiten.

Monika Müller: Von der Fürsorge in die Soziale Arbeit
Fallstudie zum Berufswandel in Ostdeutschland
2006. 359 S. Kt. 36,00 € (D), 37,10 € (A). ISBN 978-3-86649-019-2
Die qualitative Studie befasst sich mit Berufsverläufen und Handlungsorientierungen in der Sozialen Arbeit in zwei Gesellschaftsformationen.

Dieter Nittel/ Cornelia Maier (Hrsg.)
Persönliche Erinnerung und kulturelles Gedächtnis
Einblicke in das lebensgeschichtliche Archiv der hessischen Erwachsenenbildung
2006. 446 S. Kt. 39,90 € (D), 41,10 € (A). ISBN 978-3-86649-020-8
Die Publikation liefert einen Einblick in das auch für andere Bundesländer wegweisende lebensgeschichtliche Archiv der hessischen Erwachsenenbildung.

In Ihrer Buchhandlung oder direkt bei

Verlag Barbara Budrich
Barbara Budrich Publishers

Stauffenbergstr. 7. D-51379 Leverkusen Opladen
Tel +49 (0)2171.344.594 • Fax +49 (0)2171.344.693 • info@budrich-verlag.de

www.budrich-verlag.de • www.barbara-budrich.net